中华传世藏书

【图文珍藏版】

欽定古今圖書集成

精华本

[清]陈梦雷 蒋廷锡⊙原著
刘宇庚⊙主编

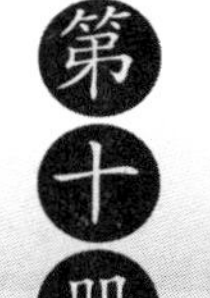
第十册

线装书局

第三章　相术汇考三

《神相全编》三

五行象说

夫人之受精于水，禀气于火，而为人。精合而后神生，神生而后形全。是知全于外者，有金木水火土之相，有飞禽走兽之相。金不嫌方，木不嫌瘦，水不嫌肥，火不嫌尖，土不嫌浊。似金得金刚毅深，似木得木资财足，似水得水文学贵，似火得火见机果，似土得土厚樻术。故丰厚严谨者，不富即贵；浅薄轻燥者，不贫则夭。如女子之气，欲其和媚。相貌，欲其严整。若此者，不富则贵也。

论形

人禀阴阳之气，肖天地之形，受五行之资，为万物之灵者也。故头像天，足像地，眼像日月，声音像雷霆，血脉像江河，骨节像金石，鼻额像山岳，毫发像草木。天欲高远，地欲方厚，日月欲光明，雷霆欲震响，江河欲润，金石欲坚，山岳欲峻，草木欲秀，此皆大概也。然郭林宗有观人八法是也。

论神

夫形以养血，血以养气，气以养神。故形全则血全。血全则气全，气全则神全。是知形能养神，托气而安也，气不安则神暴而不安。能安其神，其惟君子乎寤则神游于眼，寐则神处于心。是形出处于神而为形之表，犹日月之光外照万物，而

其神固在日月之内也。眼明则神清，眼昏则神浊，清则贵，浊则贱。清则寤多而寐少，浊则寤少而寐多。能推其寤者，可以知其贵贱也。夫梦之境界，盖神游于心，而其所游之远，亦不出五脏六腑之间，与夫耳目视听之门也。其所游之界与所见之事，或相感而成，或遇事而至，亦吾身之所有也；梦中所见之事，乃吾身中，非出吾身之外也。白眼禅师曰：梦有五境；一曰灵境，二曰宝境，三曰过去境，四曰见在境，五曰未来境。神躁梦生，补静则境灭。夫望其形，或洒然而清，或朗然而明，或凝然而重，然由神发于内而见于表也。神清而和彻，明而秀者，富贵之相也；昏而柔弱、浊而结者，贫薄之相也。实而静者，其神安，虚而急者，其神躁。

达摩相主神有七

藏不晦，安不愚，发不露，清不枯，和不弱，怒不争，刚不孤。诗曰：神居形内不可见，气以养神为命根。气壮血和则安固，血枯气散神光奔。英标清秀心神爽，气血和调神不昏。神之清浊为形表，能定贵贱最堪论。

论气

夫石蕴玉而山辉，沙怀金而川媚。此至精之宝，见乎色而发于形也。夫形者，质也。气所以充乎质质，因气而宏。神完则气宽，神安则气静。得失不足以暴其气，喜怒不足以惊其神，则于德为有容，于量为有度，乃重厚有福之人也。形犹材，有杞梓楩柟荆棘之异；神犹土，所以治材用其器；声犹器，听其声然后知其器之美恶；气犹马，驰之以道善恶之境。君子则善养其材，善御其德，又善治其器，善御其马；小人反是。其气宽，可以容物；和，可以接物；清，可以表物；正，可以理物。不宽则隘，不和则戾，不刚则懦，不清则浊，不正则偏。视其气之浅深，察其色之躁静，则君子小人辨矣。气表而舒，和而不暴，为福寿之人；急促不均，暴然见乎色者，为下贱之人也。《医经》以一呼一吸为一息，凡人一昼夜计一万三千五百息。今观人之呼吸疾徐不同，或急者十息，迟者尚未七八，而老肥者大疾，幼瘦者差迟。故恐古人之言，犹未尽理。夫气呼吸，发乎颜表而为吉凶之兆，其散如毛发，其聚如黍米，望之有形，按之无迹。苟不精意以观之，则祸福无凭也。气出入无声，耳不自察。或卧而不喘者，谓之龟息气象也。呼吸气盈而身动，近死之兆也。孟子不顾万钟之禄，能养气者也。争可欲之利，悻悻然戾其色而暴其气者，亦何以论哉！

诗曰：气乃形之本，察之见贤愚。小人多急躁，君子则宽舒。暴戾灾相及，深沉福有余。谁知公辅量，虚受若重渊。

柳庄曰：从发际至承浆，左右气止一百二十五部。若言黑子皆为助相，视其骨气美者为妙也。

论五音

五行散而为万物。人生万物之上，声亦辨其五音。故木音嘹亮高畅，激越而和；火音焦烈躁怒，如火烈之声；金音和而不戾，润而不枯，如调簧奏曲，玉磬流音；水音圆而清，急而畅，感条达之间也。与形相养相生者，吉；与形相克相犯者，凶。

论声

夫人之有声，如钟鼓之响，器大则声宏，器小则声短。神清则气和，气和则声润深而圆畅也。神浊则气促，气促则声焦急而轻嘶也。故贵人之声多出于丹田之中，与声气相通，混然而外达。丹田者，声之根也；舌端者，声之表也。夫根深则表重，根浅则表轻，是知声发于根而见于表也。若夫清而圆，坚而亮，缓而烈，急而和，长而有力，勇而有节，大如洪钟腾韵，鼍鼓振音，小如玉水流鸣，琴徽奏曲，见其色则睟然而后动，与其言久而后应，皆贵人之相也。小人之言皆发舌端之上，促急而不达。何则？急而嘶，缓而涩，深而滞，浅而燥大，大则散，散则破，或轻重不均，嘹亮无节，或睚眦而暴，繁乱而浮；或如破锣之响，败鼓之鸣；又如寒鸦哺雏，鹅雁哽咽；或如病猿求侣，孤雁失群；细如蚯蚓发吟，狂如青鼍夜噪；有如犬之吠，如羊之鸣，皆贱薄之相也。男有女声单贫贱，女有男声亦妨害。然身

大而声小者凶。或干湿而不齐谓之罗网声，大小不均谓之雌雄声。或先迟而后急，或先急而后迟，或声未止而气先绝，或心未举而色先变，皆贱之相也。夫神定于内，气和于外，然后可以接物非难，言有先后之叙而色亦不变也。苟神不安而意不和，则其言失先后之叙，辞色挠矣。此小人之相也。夫人禀五行之形。则气声亦配五行之象也。故土声深厚，木声高唱，火声焦烈，水声缓急，金声和润。又曰：声轻者断事无能，声破者作事无成，声浊者谋运不发，声低者鲁钝无文，清吟如涧中流水者极贵，发声溜亮自觉如瓮中之响者主五福全备之人也。

许负听声篇

声小亮高，贤贵之极，语声细嫩，必主贫寒，兼须危困。女人雄声，终身不荣，良人早殒，虚有夫名。男子雌声，妨妇多男。女声急切，妨夫一绝。

诗曰：木声高唱火声焦，和润金声最富饶，土语却如深瓮里，水声圆急又飘飘。贵人音韵出丹田，气实喉宽响又坚。贫贱不离唇舌上，一生奔走不堪言。

声大无形，托气而发。贱者浮浊，贵者清趣。太柔则靡，太刚则折。隔山相闻，圆长不缺。斯乃贵人远见风格。

富格例

形厚，神安，气清，声扬，眉阔，耳厚，唇红，鼻直，面方，背厚，腰正，皮滑，腹垂，牛齿，鹅行，已上皆富贵相也。主少年奋发，家财丰厚也。

大富格

耳大贴肉，鼻如截筒，鼻如悬胆，面黑身白，背耸三山，声如远钟，背阔胸平，腹大垂下，头皮宽大，主大富也。

中富格

三停平等，五岳朝归，五长俱全，五短俱全，五露俱全，眼如丹凤，声似鸣钟，秉此格者，主中富也。

贵格例

面黑身白，面粗身细，脚短手长，身小声大，龙来吞虎，面短眼长，不臭而香，肉角少顶，已上皆贵相也。若人有此相，求功名者官高职显，求财利者钱谷巨富之相也。

大贵格

虎头燕颔，日月角起，伏犀贯顶，眼有定睛，凤阁插天，两手垂膝，口中容拳，舌至准头，虎步龙行双凤眼，此为大贵之相也。

中贵格

须如铁线，耳白过面，眼如点漆，上长下短，口如四字，三十六牙，龙吞虎吻，此为中贵之相也。

小贵格

天庭高耸，地阁方圆，小便如珠，大便方细，齿白而大，眉疏目秀，口如弓角，唇似珠红，此为小贵之相也。

富相口诀

腰圆背厚者，富贵有梁柱。左右颧起，口方而地阁方圆，四维有朝拱者，主富之相。气色润秀，身体细腻，面正平满，背格古怪清奇者，主富。手背厚，行立坐食端正者，主富。精神秀异，举止沉重者，主富相也。

贵相口诀

看官贵在眼有神，有骨耸秀，皆异常人。身短而面长者贵，面方眼长者贵，肩

背重厚者贵，头有角骨者贵，面有骨格者贵，凤目龙睛者贵，额有角起、声音清亮、耳白如面、额有幞头棱者贵，胡须似铁，手足似玉，不贵而富。

寿相格

颧骨重贯耳者寿，命门光泽者寿，项下有皮如绦者，长寿之相也。双绦妻偕老，一绦则孤。人中著齿而齐者，福寿。喉音高者，卧而不喘，谓之龟息，乃寿相。颧骨相连入耳，后骨高起，年寿上不陷者，主寿。耳是木星，又为寿星，山根上正直者，主福寿。耳后有骨，名寿星骨，生丰起者，长年。脑后三玉枕如果栗者，福寿。鼻梁隆起者，寿相。食物急登溷缓者寿。

五岳丰隆，法令分明，眉有长毫，项有余皮，额有横骨，面皮宽厚，声音清响，背肉负厚，胸前平阔，齿齐坚密，行坐端庄，两目有神，耳有长毫，鼻梁高耸，以上皆寿相也。

福德格例

眉长过目，眉如新月，面有和气，星辰拱朝，金木朝元，目秀而长。

成格例

正面开敷，城郭端正，眼光不流，五拱六满，三处平阔，三光五泽。

成败不足格

地角尖削者主成败。骨节粗恶，面上尘埃，面赤气黑，行步摆摇者，主成败。鼻露梁者，主耗散。

进格例

红黄不改，五岳光华，气和色润，气宇轩昂，五星朝拱，四渎无倾。

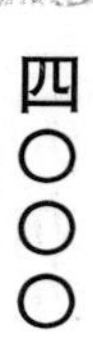

退格例

额上断纹，口眼偏斜，背皮单薄，气色尘昏，灰色如黑，城郭欠明，鼻露土流，齿牙不齐，印堂穿破，两耳焦黑。

动格例

耳反无轮，山根无肉，面无城郭，上短下长，身长项长，三尖六削。

散格例

双眉尾散，两耳无弦，面无城郭，鼻头仰露，四大空亡，面皮急绷，气色烟尘，纹破痣侵。

发达

满面光润者发达，红黄满面者发财，气体充越者发福，神气清爽者发福也。

清闲安乐

手足细腻，一生清闲。面皮滑泽，一生安乐。眉毛疏淡，一生清闲。骨格清雅，一生安宁。神清气和，一生聪慧。

稳厚

形貌端谨，言语详细，做事有始有终，气宇宽和，精神不露，部位无伤，稳厚端重，方正公平，近君子，远小人。

聪明

目秀神清，主聪明；肉皮细滑，主聪明；指甲尖秀，主聪明；耳有轮廓，主聪

明；眉毛疏秀，齿白而齐，骨格清楚，主聪明。

愚顽慵懒

神昏昧者愚顽；面骨横粗者愚顽；耳前暗昧者慵懒；眉重浊者性懒；气浊者愚鲁之汉。

刚强狠癖

眼中如火，主刚强；面上青容冷面，主狠癖；眼有三角，面肉横，主刚勇；唇高嘴翘，主性刚；眼白多，主性癖。

伎巧

眉毛纤细，重重技艺；眉中黑子，必有伎俩；鼻广面长，伎俩非常。

孤格

骨重者主孤。垂珠大者，眉交眉浓鬓发厚者，俱孤。冬天出汗者主贫孤。耳反者孤。华盖重者孤。骨体响者孤。声如雷者主孤。有腋气者主孤。地角亏者主孤。又曰：颧骨生峰者孤。口角低者孤。眉如八字者主孤。

夭相

肉重无骨者夭。两目无神，两耳低小，筋骨柔弱，无神无气，身长面短，面皮绷急，背负坑陷，桃花面色，步折腰斜，已上所说，当与后《夭相歌》十知同看也。

穷蹇

满面忧容者迍而贫。尘埃满面者贫。背负薄肉者多迍，井灶露孔者不聚财，气色困滞者多迍，神气不定者多迍。

刑克

结喉露齿，眼下无肉，泪堂深陷，人中纹理，人中黑子，山根断折，鱼尾枯陷，颧骨枯槁，眼带桃花，口如吹火，嘴如卧蚕穿破，两耳反掀，眼下泪痣，眼下又如荔枝色者，皆刑克也。

克父母

左偏损父，右偏损母。二处有疤痕，露齿结喉，损父。阴气重者损母。

克妻妾

两颧骨凸露，主克三妻。山根有横纹，克三妻。鱼尾枯陷，克头妻。眉重压眼，克妻。山根陷，克妻。结喉露齿，克妻害子。眉中有痣，妨妻。面如面袋，克妻妨子。羊纹者，刑妻，一纹刑一妻，两纹下低刑三妻。左目小，损妻眼。尾有纹，克妻，三纹克三妻。左眼角下，神光之位，有青色者，主七旬内难为妻子。黑子者主生离。华盖骨重，眼尾纹长，鱼尾枯，山根痣斑麻，三次做新郎。

克子息

眼下泪痕克儿女。人中斜侧克儿。耳无轮廓主刑克。山根断折克儿女。人中高尖克儿女。三阴三阳不宜疤痕及有纹痣。鼻如界方，鼻梁剑脊骨见，地角有亏，阴气太重，有女无男。有背无脊，头低步缓，狼虎之声，主刑克也。

孤神格

颧骨生峰。

主孤无子，纵有亦是螟蛉儿。此乃俱不得力之相。

耳无弦根。

主父母妻子生离死别，田园耗散，无祖业之相。

面无和气。

主有妻无子，父母隔各，六亲无情。

眉棱骨起。

主三妻，有破祖无情。主有宿疾，性刚气暴。

眼下无肉。

主儿女有克，得力者少，与人无情，小人不足之相。

寡宿格

面无人色。

主与人寡合，为人心毒，最爱便宜。

处事不和。

主人常招是非。主孤，有妻无子。

不爱老幼。

主六亲不和，救人无功。

眉头常蹙。

主早年克伤，见孤单，不伤妻女，早见刑伤。

不哭常泪。

必主伤妻克子，晚景孤单，一双流泪眼，只会送人亡。

亡神格

头尖项大。

主人牢狱之分，性急无定。

面小鼻大。

主守空房，为事颠悔，才禄俱滞。

须拳鬓卷。

主人凶暴性狠毒。

鼻梁横起。

主与朋友难交，性严难犯。

劫杀格

眉骨枯棱。

主妻子难为，六亲冰炭，性情不常。

鼻梁尖薄。

主杀妻害子，其心最毒，孤单相。

眼深无肉。

主人奸诈便宜，早年父母不得力，兄弟分离，财寿不足。

喉下结高。

主伤妻子，寿命不长。

六冲格

面多漏气。

主作事犯重，妻子重见。亦主离亲相。

眉眼不朝。

主为人六亲不和。

口角下垂。

主为人爱便宜。

齿乱牙疏。

主骨肉不和，阴人不和。

星辰不拱。

主背禄奔波，无成无立。

眉目杂乱。

主有人口生离死别，百事无成。

六害格

鼻尖齿乱。

主自家不睦不和，阴人不得力之相。

悬针梁露。

主兄弟分离，父母隔各，持刀弄斧。

肉露肉横。

主为人反面无情，为事不仁。女人主孤。

华盖格

横纹额上。

主人幼年辛苦劳碌，妻迟子晚。又主孤单。

眼上露堂。

主人有艺压身，为人悭吝。

鼻准丰大。

主为人心善爱道，为事进退。

额上高骨。

主有寿，不染瘟病，相刑妻子。

羊刃破家纹

印堂上穿。

主持刀把斧性重，别祖离宗之人。

鼻露尖薄。

主田宅破耗，屋宅破财，限行到此必危。

鼻梁剑脊。

主六亲冰炭，三十六九一厄，末年田园耗散。

两眼昏沉。

主一世贫穷，奔波劳碌，妻离子散。

鱼尾偏亏。

主小人不足，妻子刑克，财散。

面如洗光。

主自破家产，一世贫穷。

皮薄绷鼓。

主人无寿，一生财禄不聚，奔波劳碌之相。

灰土尘蒙。

主为人死无所归。

面上十大空亡

额尖为天空。

额尖绷鼓，官贵无分，祖业难招，主孤刑，父母有伤，五十不齐，五十以前凡事不吉利也。

颏削为地空。

无地角，主晚岁孤寒，妻子难为，无结果之处，夫妻隔各，六亲不和。此为平常之相也。

天仓陷为一空。

此空主食禄浅薄，主人斋戒，口腹浅薄，得祖业难招奔波，晚景辛苦之相也。

面无城郭为一空。

此相大忌，主人无成虚花，无寿而无略，亦无祖业之人。此为平常之相也。

山根陷为一空。

此空主人离祖，六亲无力，骨肉无情，兄弟隔各，为人少力也。

风门露为一空。

此空当主财散，六亲隔各，夫妻不能偕老，庄田祖业主有破难存也。

须不过唇为一空。

此空主为人费力，朋友无情，财帛破耗，主其子孙不得力之相也。

耳无弦根为一空。

此空之相，主人破祖离宗，身无居住之地，财禄耗散无成，亦无结果之相也。

唇无须为一空。

此空主孤刑，晚景贫寒，衣食困乏，绝无妻子，若有定是虚花，到头一场辛苦。此为贱相也。

十杀格

人行如醉为一杀，鼻曲者为二杀，面如散麻者为三杀，面如菇萎为四杀，眉浓为五杀，豺声为六杀，声高为七杀，寅申戌为八杀，口阔为九杀，眼大为十杀。

奸诈格

斜视者多诈，口尖唇薄者多妄，冷笑无情多诈，偷视不正多诈，视上顾下多诈，妄说语言如太急者多诈，牙齿疏者多诈。又曰：鼻尖毫出，眼细视低，口角高低，步履纵横，行步不匀，脚走高低，多诈。

宽大格

升斗满，部位中正，印堂开阔，诸部圆满，鼻窍微露。阴德眼，上下堂有黄气，卧蚕出见，印堂黄气，精舍黄气。带令地角朝天，耳有轮廓朝水，口有棱角，眼带桃花，眉如线，又如新月，久视意气可人。

贪食格

鼻如鹰嘴者多贪，心狡眼红者多贪，心毒眉卓者多贪，嘴尖者多贪，鼻勾者多贪。

劳碌格

眼长多劳碌，骨粗多劳碌，面如马面驴唇劳碌，眉重气弱者劳碌，鱼尾纹多者劳碌。

四反格

耳无轮，口无棱，鼻仰孔，目无神。

三尖格

鼻尖，头尖，额尖。

六削格

眉无尾，额无角，目无神，鼻无梁，口无棱，耳无轮。

恶死格

眼睛黄色主卒死，眉卓如刀主横亡。面黑常带怒容，眼中如血者，皆主暴亡。赤脉贯睛鼻露梁，主恶死。眉生逆毛主恶亡。此为恶死之相也。

溺水格

人中交纹，溺水招魂。额上忽如尘污者，五十日内主坠井亡，名曰横殃休废。眉间黑子，初年水厄之忧。痣生鱼尾之中，主水厄之忧。口角黑靥，末防水厄。

火灾格

山根赤，七日之忧，慎火。天罗纹在额上数十条者，有灾，遭火殃。痣在眉毛，终年必遭火厄。

妻美格

蚕下黄色起纷纷，贵人欲要立为婚。有妻必是多贤德，才子文章人帝京。

《神机》云：准头圆，窍不露不昂，兰台廷尉二部相应，人生主得美貌之妻。山根有奇骨伏起者，为婚得贵妻。眉如画者，一生得阴人之财。

人面总论

天庭欲起司空平，中正广阔印堂清，山根不陷年寿润，准头齐圆人中正。口好四字承浆阔，地阁朝归仓库盈，山根圆满驿马丰，日月高兮边地静。阴阳肉多鱼尾长，正面颧骨有神光，兰台平满法令正，金匮海角生微黄。三阴三阳不枯焦，龙藏虎伏仍相当，五岳四渎无克破，便是人间可相郎。

论面

列百部之灵居，通五脏之神路，唯三才之成象，定一身之得失者，面也。故五岳四渎欲得相朝，三停诸部欲得丰满也。貌端神静气和者，乃富贵之基也。若夫欹斜不正，倾侧缺陷，色泽昏暗，气貌丑恶者，贫贱之相也。是以面色白如玉润，黑如漆光，黄如蒸栗，紫如绛缯者，皆属吉相。面色有赤暴如火者，命短卒亡。面色尘埃，贫下夭死。面色怒变青蓝者，毒害之人。面作三拳者，男主克子而贫，女主克夫而贱。面如满月，清秀而神彩射人者，谓之朝霞之面，男主公侯将相，女主后妃夫人。面皮厚者，性纯而富；面皮薄者，性敏而贫。身肥面瘦者，命长性缓；身瘦面肥者，命短性急。面白身黑者，性易而贱；面黑身白者，性难而贵。若面如黄瓜者，富贵荣华；面如青瓜者，贤哲堪夸也。

相面

面欲长而方，若上下尖如枣核者，贫贱。面有六府，头骨为上二府，颧骨为中两府，颐骨为下两府。上尖者不利，下尖狭者贱无下梢。颧骨有寿纹入耳若兼入鬓者贵，高狭者孤。颔骨阔者富，尖者穷。腮骨大开阔耳后见者心毒。面有三停，上自发际至眉为上停，自眉至准头为中停，自准头至地阁为下停。上停长者贵，中停长者无中主，下停长者无下梢。面有六曜五星，头为火星，鼻为土星，左眉为罗睺，右眉为计都，口为水星，左眼为太阳，右眼为太阴，左耳为金星，右耳为木星，眉中为紫炁，山根为月孛。诗曰：鼻梁高起岂寻常，纹促中年寿不长。地阁丰圆田宅盛，天庭平阔子孙昌。

又云：对面不见耳，问是谁家子。对面不见腮，此人何处来？大不好。又云：面粗身细人之福，面细身粗一世贫。总有玉楼无纵发，一生无义又无亲。

相头

头者，一身之尊，百骸之长，诸阳之会，五行之宗。居高而圆，象天之德也。其骨欲丰而起，欲峻而凸。皮欲厚，额欲方，短则欲厚，长则欲方。顶凸者高贵，陷者夭寿。皮薄者主贫贱。头有肉角者主大贵。右陷者损母，左陷者损父。耳后有骨，名曰寿骨，起者长年，陷者寿夭。太阳穴有骨名曰扶桑骨，耳上有骨名曰玉楼骨，并主富贵。行不欲摇头，坐不欲低首，皆贫贱之相。发际低者性愚而夭，发际高者性和而寿。项后发高，其性僻下。发欲疏而黑，短而润。头小发长，散走他乡。发黄而焦，不贫则夭。发短如拳，立性刚强。或赤或白，贫穷之相。

诗曰：脑后太阳骨丰起，为官享寿自延年。发疏面薄皆贫相，父母难为左右偏。

头小颈长，贫乏异常；蛇头屈曲，糟糠不足；头短而圆，福禄绵绵；腹肚下垂，人仆相随。又云：头小发长踪迹散，发长头窄命难长，发生到耳须饿死，发卷如螺必有伤。发早白者凶，白而再黑者吉。自古无浓发宰相，亦无突发之健儿。大概发欲润泽而黑，不喜焦枯而浓，若双顶者多妨父。又云：头上方圆额又平，定是富贵有高名。顶骨连鼻终拜相，世世生生不受贫。头生角骨武封侯，脑后连山富贵流。枕骨更生终不贱，上尖下长贱薄人。兔头多是性轻狂，额上金微父早亡。少年白发多妨克，两鬓毛疏性不良。顶中低下是贤人，女长头青嫁贵人。更得发光面圆

润，必为妃后国恩频。男女头鼻面靥多，再嫁重婚苦奔波。无病面带尘埃色，短命孤寒受坎坷。又云：发青发细贵荣高，女妃男贵佐明朝。黄粗更有卷毛者，定主亡夫杀婿苗。两鬓毛疏好杀人，少生白发克双亲，有旋垂额兼垂项，多淫杀妇岂堪论。

论发

人之有发，象山岳之有草木。草木茂盛，则山岳蔽而不明，郁而不清。故毛发欲得密而细，短而润，黑而光，秀而香，乃贵人之相也。若夫发色黄者多妨克，发色赤者多灾害。发租硬而索者，性刚而孤独。发繁多而气臭者，迍滞而贫贱。发如蓬拳者，性狡而贫苦。发际多者贫贱，发际高者性和。项后发高，其性僻毒。是以耳边无鬓，心怀毒刃；侵眉乱额，多见灾厄；鬓发粗疏，财食无余；鬓发干燥，忧愁至老；发细润泽，宜求官职；黑细如丝，荣贵之资；发鬓乱生，狡诈人憎；发中赤理，必主兵死；额发乱垂，妨母之宜；鬓发不齐，克害妻儿。未及四十而发白者，是谓血衰，乃性乐而命短矣。毛发硬磔如猬毛者，为子为臣，必不忠孝矣。

论眉

夫眉者媚也，为两目之华盖，一面之表仪，且谓目之英华，主贤愚之辨也。故眉欲细平而阔，秀而长者性乃聪明也。若夫粗而浓，逆而乱，短而蹙者，性又凶顽也。若眉过眼者，富贵；短不覆眼者，乏财；压眼者穷逼；昂者气刚；卓而竖者性豪；尾垂眼者性儒；眉头交者贫薄妨兄弟；眉逆生者不良，妨妻子；眉骨棱起者，凶恶多滞；眉中黑子者，聪贵而贤；眉高居额中者大贵；眉中生白毫者多寿；眉上多直理者富贵；眉上多横理者贫苦；眉中有缺者多奸诈；眉薄如无者多狡佞。

诀曰：眉高耸秀，威权禄厚；眉毛长垂，高寿无疑；眉毛润泽，求官易得；眉交不分，早岁归坟；眉如角弓，性善不雄；眉如初月，聪明超越；重重如丝，贪淫无守；弯弯如蛾，好色虽多；眉长过目，忠直有禄；眉短于目，心性孤独；眉头交斜，兄弟各家；眉毛细起，不贤则贵；眉角入鬓，为人聪俊；眉俱旋毛，兄弟同胞；眉毛婆娑，男少女多；眉覆眉仰，两目所仰；眉若高直，身当清职；眉中纹破，迍邅常有。

相眉

双眉为罗计星，欲疏而秀，平而阔，直而长，过目丰富。左有旋纹者损父，右则损母。毛长者寿。毫白者主超群。眉愁者孤。短不覆目者孤贫。粗者愚。夫斜而卓者性豪。头起尾低者性懦。眉交者贫贱，不得兄弟力。眉头有旋纹者，多好争斗劫杀。

眉是人伦紫炁星，
棱高疏淡秀兼清。
一生名誉居人上，
食禄荣家有政声。
眉浓发厚人多贱，
眉逆毛粗不可论。
若有长毫过九十，
愁容蹙短乏田园。
眉细平过眼，清疏秀出群。
更加新月样，名誉四方闻。
眉长过眼目，弟兄须五六。
后曲儿孙淫，绝毛离乡曲。
眉短家无兄弟真，
浓长过目四三人。
不过两目只言二，
淡薄短散孤伶仃。
眉毛浓黑财难破，
纹过耳头长不乐。

眉头有痣道人术，
更云有寿官寂寞。
眉后毫长寿更长，
逆生非见一亲亡。
左眉尾上还生痣，
奸私盗贼切须防。
眉后旋毛多独自，
男带女眉淫色事。
毫毛长生莫去嫌，
此是保寿更无二。
眉后一旋弟兄二，
两旋知君有三二。
三旋浓长四五人，
浓润无疏六七是。
眉生逆毛小幼孤，
女儿如此必妨夫。
两眉相接人多厄，
淡薄财散兄弟殂。
眉骨棱高无孝心，
女眉弯曲更多淫。
旋毛生向眉头后，
客走他乡少信音。
眉上纹生八字形，
知君两妾怅平生。
日月骨生于额上，
长寿官高富且荣。

鬼眉

眉粗压眼心不善，
假施仁义暗毒奸。
百般生活无沾染，
常思窃盗过平生。

疏散眉

平生财帛多兴废，
不亏我用亦无余。
外和内淡如无有，
始末虚盈更不舒。

黄薄眉

眉短疏散目且长，
早年财帛有虚张。
部位虽好发不久，
神昏气浊丧他乡。

扫帚眉

前清后疏眉散朗，
兄弟无情心妒欺。
定有一二无后裔，
老年财帛不如之。

尖刀眉

眉粗恶煞心奸险，
见人一面假和情。
执拘枭雄性凶暴，
典刑不免丧其身。

八字眉

头疏尾散压奸门，
到老数妻结不成。
财帛一生足我用，
子息终须倚螟蛉。

罗汉眉

此眉相中大不欢，
妻迟子晚早艰难。
晚年娶妾方一子，
正妻不产主孤单。

龙眉

眉秀弯弯毫且稀，
雁行六七拜丹墀。
父母清寿皆齐贵，
拔萃超群天下奇。

柳叶眉

眉粗带浊浊中清，
骨肉情疏生子迟。
友交忠信贵人盼，
定须发达显扬名。

剑眉

眉若山林秀且长，
威权智识辅君王。
纵贫不日成清贵，
孙子行行后且康。

狮子眉

眉毫粗浊喜高眼，
此相须当发达迟。
三停得配狮形象，
富贵荣华老更辉。

前清后疏眉

眉清尾散散中清，
早岁功名财帛平。
中岁末年名利遂，
收成显擢耀门庭。

轻清眉

眉秀弯长尾带疏，
飞翔腾达拜皇都。
荣华兄弟情皆顺，
交结相知亦似初。

短促秀眉

秀短之眉寿且高，
联芳双桂俊英豪。
平生不违鸡黍约，
忠孝仁廉子亦高。

旋螺眉

旋螺之眉世间稀，
威权得此正相宜。
平常之人皆不利，
英雄武职应天机。

一字眉

毫清首尾皆如盖，
富贵堪夸寿且高。
少年发达登科早，
夫妇齐眉到白头。

卧蚕眉

眉弯带秀心中巧，
宛转机关甚可人。
早岁鳌头宜可占，
雁行犹恐弗相亲。

新月眉

眉清目秀最为良，
又喜眉尾拂天仓。
棠棣怡怡皆富贵，
他年及第拜朝堂。

虎眉

此眉虽粗且有威，
平生胆志有施为。
不富终能成大贵，
遐龄鹤算雁行亏。

小扫帚眉

若浓若大毫不粗，
齐拂天仓尾不枯。
兄弟背情分南北，
骨肉刑伤不可无。

大短促眉

短秀毫清尾略黄，
眉头竖立最为良。
资财来往难居积，
子俊妻和雁侣强。

清秀眉

秀弯长顺过天仓，
盖目入鬓更清长。
聪明早岁登科第，
弟恭兄友姓名香。

间断眉

若黄若淡有勾绞，
兄弟无缘有必伤。
财帛进退多兴废，
后损爹兮先损娘。

交加眉

最嫌此眉主大凶，
中年末景陷牢中。
破家累及兄和弟，
父在西兮母在东。

相目论

天地之大，托日月以为光。日月为万物之鉴，眼乃为人一身之日月也。左眼为日，父象也；右眼为月，母象也。寐则神处于心，寤则神依于眼，是眼为神游息之宫也。观眼之善恶，可以见神之清浊也。眼长而深、光润者，大贵。黑如点漆，聪慧文章。含神不露，灼然有光者，富贵。细而深者，长寿兼性隐僻。浮而露睛者，夭死。大而凸、圆而怒者，促寿。凸暴流视者，淫盗。眊然而偏视者，不正之人。赤缕贯睛者，恶死。视定不怯者，其神壮。羊眼者，孤而狠。短小者，愚贱。卓起者，性急。眼下卧蚕者，生贵子。妇人眼黑白分明者，貌重；眼下赤色者，忧产厄；偷视淫荡；神定不流者，福全。大抵眼不欲怒，缕不欲赤，白不欲多，黑不欲少，势不欲坚，视不欲偏，神不欲困，眩不欲反，光不欲流。其或圆而小，短而深，不善之相也。两眼之间名子孙宫，欲丰满而不失陷。

达摩相眼

秀而正，细而长，定而出，出而入，上下不白，视久不脱，遇变不眊。

诀曰：目秀而长，必近君王；眼似鲫鱼，必定家肥；目大而光，多进田庄；目头破缺，家财歇灭；目露四白，阵亡兵绝；目如凤鸾，必定高官；目有三角，其人必恶；目短眉长，愈益田庄；目睛如凸，必定夭折；赤痕侵瞳，官事重重；目赤睛黄，必主夭亡；目长一寸，必佐明王；目烈有威，万人皈依；目如羊目，相刑骨肉；目如蜂目，恶死孤独；目如蛇睛，狼毒孤刑；目尾相垂，夫妻相离。又云：红眼金睛，不认六亲；乌睛小而白睛多，不为囚系主奔波。

眼如日月要分明，凤目龙睛切要清。最怕黄睛兼赤脉，一生凶害活无成。浮大羊睛必主凶，身孤无著货财空。细深多是无心腹，斜视之人不可逢。睛目为身主，还同日月台。群星天上伏，万象鉴中开。秀媚官荣至，清长富贵来。莫教黄更露，往往见迍灾。眼内多白女杀夫，男儿似此亦多愚。更兼睛黄及赤脉，男人发病女妨夫。眼深定是乏资粮，带泣妨夫子不强。更见目中尘蒙现，多应贫贱死他乡。眼中

黑靥女多奸，两眼方而保寿颜。莫见黑睛圆更大，定知贤士更多贤。看君左眼虽然小，我且知君是长男。见右眼轮还不薄，女人最大敢言谈。两眼胞下痣分明，家有食粮僧道人。左眼直下还生痣，封侯伯子至公卿。眼下横肉卧蚕子，知君久远绝子嗣。更生纹靥多瘢疵，克子无儿端的是。眼下一字封侯伯，龙眉凤眼人中贵。黑白分明信义流，鸡眼昏暗终是害。

两眼光明是贵人，虎观狮视国将军。牛眼多慈龟目滞，蛇睛羊眼莫为邻。偷眼视人贼兵死，鼠望猫窥亦如此。鹰眼从来道不慈，猿猴之眼颠狂死。左眼小知君怕妇，鱼目多在兵刑死。大小不同何所招？弟兄生时异父母。妻刑财破要知根，眼后纹多入鬓门，更见右边口角畔，竖纹黑靥没毫分。

龙眼

黑白分明精神彩，
波长眼大气神藏。
如此富贵非小可，
竟能受禄辅明皇。

凤眼

凤眼波长贵自成，
影光秀气又神清。
聪明智慧功名遂，
拔萃超群压众英。

猴眼

黑睛昂上波纹矗，
转动机关亦有宜。
此相若全真富贵，

好餐果品坐头低。

象眼

上下波纹秀气多，
波长眼细亦仁和。
及时富贵皆为妙，
遐算清平乐且歌。

龟眼

龟眼睛圆藏秀气，
数条上有细纹波。
康宁福寿丰衣足，
悠远绵绵及子孙。

鹊眼

上有如纹秀且长，
平生信实有忠良。
少年发达如平淡，
终末之时更吉昌。

狮眼

眼大威严性略狂，
粗眉趁此又端庄。
不贪不酷施仁政，
富贵荣华福寿康。

虎眼

眼大睛黄淡金色，
瞳人或短有时长。
性刚沉重而无患，
富贵终年子有伤。

牛眼

眼大睛圆视见风，
见之远近不分明。
兴财巨万无差跌，
寿算绵长福禄终。

孔雀眼

眼有波明睛黑光，
青多白少恶凶强。
素廉清洁嫌乍暖，
始末兴隆姓氏扬。

鸳鸯眼

眼秀睛红润有纱，
眼圆略露带桃花。
夫妻情顺又且美，
若还富贵恐淫些。

鸣凤眼

上层波起亦分明，
视耳睁睁不露神。
敢取中年而遇贵，
荣宗耀祖改门庭。

睡凤眼

平平瞻视不偏斜，
笑带和容秀气华。
天性容人而有量，
须知富贵足堪夸。

瑞凤眼

日月分明两角齐，
二波长秀笑微微。
流而不动神光色，
翰苑声名达凤池。

雁眼

睛如黑漆带金黄，
上下波纹二样长。
入相为官恭且蕴，
连枝同气姓名香。

阴阳眼

两目雌雄睛大小，
精神光彩视人斜。
心非口是无诚实，
富积奸谋诡不奢。

鹤形眼

上层波秀到奸门，
黑白分明清秀瞳。
正视无偏人可爱，
高明广大贵而荣。

鹅眼

数波纹秀射天仓，
视物分明神更长。
白少黑多心且善，
绵绵福禄老安详。

桃花眼

男女桃花眼不宜，
逢人微笑水光迷。
眼皮湿泪兼斜视，
自足欢娱乐且嬉。

醉眼

红黄混杂却流光，
如醉如痴心昧昂。
女犯贪淫男必夭，
僧人道士亦淫荒。

鹤眼

眼秀精神黑白清，
藏神不露显功名。
昂昂志气冲牛斗，
富贵须当达上卿。

羊眼

黑淡微黄神不清，
瞳人纱样却昏睛。
祖财纵有无缘享，
晚岁中年又且贫。

鱼眼

睛露神昏若水光，
定睛远近视汪洋。
如逢此眼皆亡早，
百日须惊叹夭殇。

马眼

皮宽三角睛睁露，
终日无愁湿泪堂。
面瘦皮绷真可叹，
刑妻克子又奔忙。

猪眼

白昏睛露黑尤濛，
波厚皮宽性暴凶。
富贵也遭刑宪罹，
纵归十恶法难容。

蛇眼

堪叹人心毒似蛇，
睛红圆露带红纱。
大奸大诈如狼虎，
此目之人子打爷。

鸽眼

鸽眼睛黄小垤圆，
摇头摆膝坐还偏。
不拘男女多淫乱，
少实多虚心湛然。

鸾眼

准头圆大眼微长，
步急言辞媚且良。
身贵近君终大用，
何愁不似雪衣娘。

狼目

狼目睛黄视若颠，
为人贪鄙自茫然。
仓皇多错精神乱，
凶暴狂徒度百年。

伏犀眼

头圆眼大两眉浓，
耳内毫长体厚丰。
此目信聪台鼎位，
定教富贵寿如松。

鹭鸶眼

眼黄身洁不沾尘，
行摇动缩本天真。
眉缩身长脚瘦细，
纵然巨富也教贫。

猿眼

猿目微黄欠上开，
仰看心巧有疑猜。
名虚多子俱灵性，
终作伶人且不才。

鹿眼

鹿目青黑两波长，
行步如飞性且刚。
义隐山林沉映处；
自然福禄异寻常。

熊眼

熊目睛圆又匪猪，
徒然力勇逞凶愚。
坐伸不久喘息急，
敖氏还能灭也无。

虾眼

虾目操心貌卓然，
英风挺挺自当前。
迍邅火岁水得志，
晚末虽荣寿不延。

蟹眼

蟹目睛露又顽愚，
生平赋性喜江湖。
有儿不得供亲养，
休问斑衣有与无。

燕眼

口小唇红更摆头，
眼深黑白朗明收。
语多准促而有信，
机巧徒劳衣食周。

鹧鸪眼

眼赤黄兮面带红，
摇头征步貌非隆。
小身小耳常看地，
一生终不足珍丰。

猫眼

猫目睛黄面阔圆，
温纯禀性好饱鲜。
有才有力堪任使，
常得高人一世怜。

第四章　相术汇考四

《神相全编》四

相印堂

印堂为紫炁星，在面眉头中间。要丰阔平正，两眉舒展，及得兰台廷尉之处相朝，方为贵相。若小而倾陷，眉头交促，及腮短少髯，即主破产习下，学问无成，且平生孤贱。印堂中有骨隆，隆起者贵，尖狭贫乏。印堂中眉头相连，一生不贵，不习好人，破祖业，妻子难为，又无实学，碌碌之人也。印堂中有三纹直下如川字者，主多忧事也。

诗曰：印堂名为紫炁星，两眉头角要宽平，分明隆起无相杂，祖业家财作事成。

相山根

山根为孛星，鼻梁上也。宜高不宜低折。若鼻梁不斜曲而常常莹润者，晚年有禄，主男得贤妻，女得贤夫，富贵寿考。若是无肉，与人不足，可宜守善心，不可与交接。山根连额，鼻梁隆隆而起与额平者，主位至三公。山根蹙折，鼻梁蹙小陷折者，主贫乏无成。山根枯暗，鼻梁无肉而枯暗者，主与人多不足。山根不陷主寿。山根斜曲官灾。

诗曰：凡人眼下枯无肉，定见妻儿多不足，更及山根肉亦薄，夫妻对面相泣哭。

竟能富贵列朝班。

弯弓口

口似弯弓乍上弦，
两唇丰厚若丹鲜。
神清气爽终为用，
富贵终年福自然。

牛口

牛口双唇厚且丰，
平生衣禄更昌隆。
浊中带清心灵巧，
富贵康宁福若松。

龙口

龙口两唇丰且齐，
光明口角更清奇。
聚呼喝散权通变，
玉带围腰世罕稀。

虎口

虎口阔大有收拾，
须知此口必容拳。
若然不贵且大富，
积玉堆金乐自然。

羊口

羊口无须长且尖，
两唇又薄得人嫌。
口尖食物如狗样，
贱且贫而凶又遭。

猪口

猪口上唇长粗阔，
下唇尖小角涎流。
诱人讪谤心奸险，
落在途中半路休。

吹火口

口中吹火开不收，
嘴尖衣食苦强求。
生成此口多贫夭，
荫下须教破且休。

皱纹口

唇上皱纹似哭颜，
纵然有寿主孤单。
早年安乐末年败，
若有一子属幽关。

樱桃口

樱桃口大唇胭脂，
齿似榴牙密且宜。
笑如含莲情和畅，
聪明拔萃紫袍衣。

猴口

猴口两唇喜又长，
人中破竹更为良。
平生衣禄皆荣足，
鹤算龟龄福寿康。

鲇鱼口

鲇鱼口阔角低尖，
枭薄双唇又欠圆。
如此之人主贫贱，
须臾一命丧黄泉。

鲫鱼口

鲫鱼口小主贫穷，
一生衣食不丰隆。
更兼气浊神枯涩，
破败漂蓬运不通。

覆船口

口角浑如覆破船，
两唇牛肉色烟联。
人逢此口多为丐，
一生贫苦不需言。

论唇

唇者为口之城郭，作舌之门户。一开一阖，荣辱之所系者，唇也。故欲厚而不欲薄，欲棱而不欲缩矣。唇色红如丹砂者，贵而福。青如蓝靛者，灾而夭。色昏黑者，苦疾恶死。色紫光者，快乐衣食。色白而艳者，招贵妾。色黄而红者，招贵子。蹇缩者夭亡，薄弱者贫贱。上唇长者先妨父，下唇长者先妨母。上唇薄者，言语狡诈；下唇薄者，贫贱蹇滞。上下俱厚者，忠信之人；上下俱薄者，妄语。两唇上下不相覆者，贫寒偷盗；上下两相称者，言语正直。龙唇者富贵，羊唇者贫贱。唇尖撮者贫死，唇坠下者孤寒。有纹理多子孙，无纹理性孤独。

诀曰：唇如鸡肝，至老贫寒；唇如青黑，饿死涂陌；唇色光红，不求自丰；唇色淡黑，毒杀之客；唇平不起，饥饿莫比；唇缺而陷，主人下贱；长唇短齿，长命不死；唇生不正，言辞难定。

许负相唇篇

下唇过上唇，妨夫的是真，上唇过下唇，法多虚假人。唇紫色，足衣食。唇常赤，为贵客。上唇厚，命非久。下唇薄，主贪食。唇上下相当，语音易善，好集文章。女唇紫，夫早死，兼妨首子。唇赤如丹，不要师看。唇上下不相覆，常怀盗窃，终身不富。唇多纹理，儿多无比。唇上纹多红似花，一生富贵足荣华，唇厚少语薄多讼，依此言之定不差。

论齿

构百骨之精华，作一口之锋刃，运化万物，以颐六腑者，齿也。故欲得大而密、长而直、多而白为佳也。坚牢密固者长寿。缭乱叠生者狡横。露出者暴亡。疏漏者贫薄。短缺者愚下。焦枯横夭。语不见齿者富贵。壮而齿落者寿促。三十八齿者王侯，三十六齿者卿相，三十四齿者朝郎巨福，三十二齿者中人福禄，三十者平常之人，二十八者下贫之辈。莹白者百谋百称，黄色者千求阻滞。如白玉者高贵，如烂银者清职，如榴子者福禄，如剑锋贵寿。如粳米者高年，如黑葚者命短。上阔下尖如列锯者，性粗而食肉；上尖下阔如排角者，性鄙而食菜。羊齿者子息显达，牛齿者自身起荣。鼠齿者贫夭，大齿者毒忿。

诀曰：齿如含玉，受天福禄；齿如烂银，富贵不贫；白而密者，仕宦无殃；黑而疏缝，一生灾重；直长一寸，极贵难论；参差不齐，心行诈欺。

许负相齿篇

齿白如玉，自然歌乐，财食自至，不用苦作。齿如斩银，必是贵人。齿如石榴，富贵他求。齿如龙齿，法生贵子。齿龈窍出，每事漏失。齿缝疏稀，财食无余，如此之人，与鬼同居。齿数三十六，贵圣有天禄，若三十向上，富贵豪望足；满三十，衣食自如。齿色黑，多妨克，三十以下，渐多饥寒，衣食必少，寿命短促。

诗曰：齿密方为君子儒，分明小辈齿牙疏，色如白玉须相称，年少声名达帝都。唇红齿白文章士，眼秀眉高是贵人。细小短粗贫且夭，灯窗费力枉劳神。

论舌

夫舌之为道，内与丹元为号令，外与重机为铃铎。故善性灵液也，则为神之舍体；密传志虑也，则为心之舟楫。是以性命枢机，一身得失，有所托焉。由是古人评其端丑，戒其妄动也。故舌之形欲得端而利，长而大者，上相也。若狭而长者，

诈而贼；秃而短者，迍而蹇；大而薄者，多妄谬；尖而小者，为贪人。引至鼻者，位至侯王；刚如掌者，禄至卿相。色红如朱者贵，色黑如翳者贱，色赤如血者禄，色白如灰者贫。舌上有直理者，官至卿监；舌上有纵纹者，职任馆殿。舌纹有理而绕者至贵，舌艳而吐满口者至富。舌上有锦纹者，出入朝省。舌上有黑子者，言语虚伪。舌出如蛇者毒害，舌断如掘者蹇滞。未语而舌先至者好妄谈，未言而舌舔唇者多淫逸。

诀曰：舌短而大，愚卤懈怠；舌小而长，仕宦吉昌；长而舔鼻，位隆辅弼；舌出如蛇，毒害淫奢；舌形欲方，舌势欲深；舌无纹理，寻常之侣。

许负相舌篇

舌小窄方，法主公王。舌上长理，三公可拟。舌小多纹理，安乐常不已。舌至鼻头，必得封侯。舌大而薄，万事虚耗。舌大口小，言不了了；舌小口大，言语捷快。舌过粗大，主多饥饿；舌小而短，法主贫贱。舌上黑紫，必无终始。口语未出，其舌先见，好语他事，必自改变。舌上绣文，奴马成群，财帛千万，富贵凌云。舌有支理纹，富贵必超升。

论髭髯

上为禄，下为官。宁可有禄而无官，莫教有官而无禄。有禄无官主富，有福有寿。有官无禄贫贱，财散人离，纵有五官，亦主贫寒却有寿。若官禄双全，五福俱全之相。须拳发卷，可作贫穷之汉，则为弓兵祇侯，死凶之相也。

髭须黑而清秀者，贵而富。滋润者发福，干燥者蹇滞。劲直者性刚，不住财。柔者性柔。赤者孤克。又曰：卷发赤须，贫困路途；黑而光泽，富贵无亏。

相鱼尾

眼尾生鱼尾，多财必主荣，太阴相对照，晚岁定功名。

论颈项

上扶一首之谓栋，下据四体之谓梁，高然特立者，项也。故立隆光润者大贵，丰圆坚实者大富。侧而小，细而弱者，非栋梁之才也。肥人项欲短，瘦人项欲长，反此者不贫则夭。或太长如鹅，或短如豕，或大如樱木，或小如酒瓶者，皆不合之表也。项有结喉者，贫滞多灾。瘦而结喉者，迍邅尚可；肥人结喉者，多招横祸。项后丰起者，主富厚。项后有皮如绦者，主上寿。短而方者福禄，细而长者贫贱。颈袅而斜曲者，性弱贫苦。项斑而不洁者，性鄙多滞。颈势前临者，性和而吉；颈势偃后者，性弱而凶。颈立端直者，性正而福薄。侧如马颈者，妨害。圆叠如农袖者，富寿。圆粗如虎颈者，善而福薄。曲如蛇颈者，毒而贫。圆长如鹤颈者，清贫。圆肥如燕颈者，高贵。项若不胜头者，贫下短命。项立相应面者，清贵长吉。

诗曰：肥人项短瘦人长，少后声名播四方。莫教反此应难断，必然离祖走他乡。

论背

夫背之为质，观其厚薄也。一身所恃之安危，详其丰陷也。百岁可定之贫富。故平阔而丰者，一身少灾而福；褊狭而陷者，一世多厄而贫。有骨隆然而起如伏龟状者，二千石禄。背三甲成者，贵而寿。丰厚突起者，福多子孙；斜薄洼下者，贫寒孤独。方而长者，有智而福，偃而短者，无识而贱。圆厚如团扇者，至贵；洼深如沟渠者，至贫。前见似仰而后见似俯而前者，不贵则富矣。

相背

背欲长不欲短，欲厚不欲薄。坑陷者，贫贱之人。平阔丰厚则安于一身矣。背如有负，丰厚突起，主后福，又云多子孙。偏薄则贫夭。

诗曰：背脊丰隆福自坚，莫教偏薄损长年。不知三甲如何说，借问先生觅正传。

论腰

腰者，为腹之山，如物依山以恃其安危也。故欲端而直，阔而厚者，福禄之人也。若偏而陷，狭而薄者，卑贱之徒也。是以短薄者多成多败，广长者禄保永终。直而厚者富贵，细而薄者贫贱，凹而陷者穷下，袅而曲者淫劣。蜥蜴腰者，性宽而善；黄蜂腰者，性鄙而邪。夫臀高而腰陷者主贱，腰高而臀陷者主贫。大抵腰欲端阔，臀欲平圆，则相称也。

相腰

行步缓而轻，坐起直而平，前视如负物，后视如甲形。有背无腰，初发平平，中滞；有腰无背，初困中亨，但于横发多忧疑也。腰背两全，富贵双全，毁辱不能及，利害不能动，此乃腰背好也。

诗曰：腰背负物似甲形，行轻坐起直而平。有腰无背中年好，有背无腰早岁成。

论腹

腹者身之炉冶，所以包肠胃而化万物者也。欲圆而长，厚而坚，势欲垂而下，皮欲厚而清。故曰：腹圆向下，富贵寿长；腹坠而垂，智合天机。腹象阴而藏物，势欲向下，万物皆聚此，所以为贵也。腹近上者，贱而愚。腹上而短，饭不满碗。腹如抱儿，四方闻知。皮厚者少病而贵，皮薄者多病而贱。

相腹

许负曰：腹小而下，大富长者。腹大垂下，名遍天下。腹如抱儿，万国名题。腹如雀腹，贫贱无屋。腹有三甲，背有三壬，如此之人，法蓄黄金。腹脐突出，寿命早卒。

诗曰：貌有殊形各有宜，腹皮垂厚足丰衣，莫言一见知凶吉，须用留心仔

细推。

论胸乳

夫胸者，百神之掖庭，万机之枕府。宫庭平广，则神安而气和；府库倾陷，则智浅而量小。故胸欲平而长，阔而厚，乃为智高福禄之人。若夫突而短，狭而薄者，乃是神露贫薄之人也。胸能覆身，富贵；胸短于面者，贫贱。突然而起者愚下，洼然而倾者贫穷。平阔如砥者英豪，狭窄如堆者顽钝，骨起如柴者贫苦，凹落如槽者穷毒。胸中黑子者，为兵万里；胸中毫毛，播名四方。胸阔而长者，财易积胸；狭而长者，谋难成。骨肉平匀者仁智，骨肉高低者愚狠。既已论乎胸，次则评乎乳。乳者，道血脉之英华，据心胸之左右，乃哺养子息之宫，为辨别贵贱之表。故乳欲得阔而黑，垂而坠，不可狭而白，曲而细也。是以乳阔一尺二寸者至贵，乳阔一尺者次贵。乳头大者，志气而多儿；乳头小者，懦弱而绝嗣。乳头狭者易贫贱，乳头曲者难养儿，乳头仰者子如玉，乳头低者儿如泥。乳头壮而方大者，寿而福；乳头白而黄者，贱而乏嗣。乳头紫如烂葚者，贵多子孙；乳头细如悬针者，财无一分。薄而无肉者，衣食不足；实而有肉者，财帛丰隆。乳头生毛者，多藏见解；乳头黑子者，必生贵子。

相胸乳

胸中为万事之府，平正而广阔者富贵，凹凸而狭薄者贫贱。男昂则愚，女昂则淫。乳为血脉之穴，圆紫而垂下者，富贵而多子；白小而斜狭者，穷困而蹇滞。胸狭而长，不可求望。胸广而长，主得公王。胸短于面，法主鄙贱。胸上黑紫，为兵万里。胸独高起，贫贱不已。胸若覆身，富贵名真。胸不平均，未足为人。胸均平满，豪播天畔。胸有毫毛，必主贵豪。胸广而长，方智荣昌。

诗曰：胸为血气之宫庭，平广方而衣禄荣。若是偏斜并凹凸，定知劳碌过平生。

麻衣相心

有心无相，相逐心生。有相无心，相随心灭。斯言虽简，实人伦纲领之妙。心又为五脏之主宅，神形体内不可得而见也。其可见者，心之外表也。是知心乃神之宫室玉户金阙，智虑之所居。心欲宽平博厚，不欲坑陷窄狭。宽博者智虑深，窄狭者愚知浅。心头生毛，其性刚豪；心头骨凹，其性贪酷。

诀曰：心为身主，五官之先。神为合止，智虑之元。宽博平厚，荣禄高迁。坑陷偏侧，贫弱夭年。善则福至，恶则祸缠。心宜坦然，先观动静，次见心田，运智藏神，一体之先。相者但能观外表，内者谁能识得全？宽平荣贵，狭隘无钱。不言不语心机重，发语无私耿直人。最怕笑来嗔怒者，口唇尖薄语非真。

三十六善养心要诀

身凸心须懆，心宽气必和。深沉言语少，终是福来多。心思立功名，此心有刚柔。慕善近君子，有美食分人。不评近小人，行阴德方便。能治家有法，不厌人乞觅。常利人克己，不逐恶贪杀。闻事而不惊，与人不失信。不易行改换，夜卧不便睡着，马上不回顾。见人不憎怒，不文过饰非。做事务周匝，受人恩不忘。度量不褊窄，不毁善害恶，能济人之急。不助强欺弱，常不忘故旧。为事众人同，不多言妄语，得人物知感，言语有次序。语次不先起，常务行善事。不嫌恶衣食，能方圆随时。行善常不倦，能知人劳苦。不念人旧恶，能竭心救难。

诗曰：人伦何处定枯荣，先相心田后相形。心发善端诸福集，时藏毒害祸须生。

相脐

脐为筋脉之舍，六腑总领之关也。深阔者智而有福，浅窄者愚薄，向上者福智，向下者贫愚。低者思虑远，高者无识量。大能容李，名播人耳。或凸而出，浅而小，非善相也。

诗曰：脐为脏腑之外表，只要深宽怕窄小。居上则智居下愚，此理凡人知者少。

相下部

谷道急而方者贵，水道宽而圆者贱。大便细而方者贵，小便如撒珠者贵。阴生黑子者贵，阴茎耸出者贱。阴头缩者贵。阴毛逆生者，夫妇不相和睦也。又云：大便迟缓者富贵，速者贱；小便散如雨者贵，直下如篙攒者贱。

诗曰：寿夭穷通各有因，相来僻处便惊人。阴头有痣人多贵，谷道无毛一世贫。

第五章　相术汇考五

《神相全编》五

相行论

夫行者，为进退之节，所以见贵贱之分也。人之善行，如舟之遇水，无所往而不利也。不善行者，如舟之失水，必有漂泊没溺之患也。贵人之行，如水之流下而体不摇；小人之行，如火炎上身轻脚重。行不欲昂首而攫，不欲侧身，不欲折脚。高则亢，太卑则曲，太急则暴，太缓则迟。周旋不失其节，进退各中其度者，至贵之相也。脚跟不至地者，贫而夭。发足如奔，散走他乡。大抵脚不欲折，头不欲低，发足欲急，进身欲直，起步欲阔，俯然而往，不碍滞者，贵相也。龙行虎步，至贵。鹅行鸭步，豪富。鹤行聪明，鼠行多疑虑，牛行巨富，蛇行性毒夭，雀行食不足，鹊行孤独，龟行寿相，马行辛苦。行如流水，贵。人行步沉重，荣贵；行步轻骤，贫贱；行步趋越，聪明；行步跳跃，孤独。行不低昂，富贵双全。

诗曰：虎骤龙奔定贵荣，腰身端厚福来临，累材积福家肥盛，看取牛龟鹅鸭行。行如骤马获如猿，终日区区不可言，步狭腰斜人最贱，趋跻中度富田园。

相行篇

许负曰：凡相行，须行十步即唤回头。须看左转必有官职，右转无官职，又无衣食。行则龟行，必主聪明。行作鹿行马行，必主辛苦。行不低昂，富贵之相。行步两踵，相食早衰。

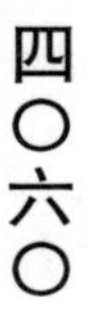

又云：凡相行，须令立定即唤之举足。行若先举左足者贵，先举右足者贱。行走低头者多思虑，行步自言自语者贱。行时一跬步而一俯一仰者，贱相也。

相坐

凡行则属阳，坐则属阴。阳主动，阴主静。凝然不动者，坐之德也。摇膝动者，财散之人。反身转首，入坐如狗，不端不正，贪薄之相。其貌不恭，其体不谨，谓之筋缓肉流，非寿相也。坐欲如山，行欲如水，体欲重，步欲舒，乃行坐之相法也。坐如钉石贵，坐如山据贵。坐常摇膝，木摇叶落，人摇财散。

诗曰：坐如钉石起浮云，情厚情宽说与君。端重谨言多食禄，须知荣贵四方闻。相人坐貌不需偏，摆膝摇身未是贤。为事一身多妄语，必无珍宝住居边。

论卧

卧者，休息之期也。欲得安然而静，怡然不动，福寿之人也。如狗之蟠者上相，如龙之曲者贵人。睡而开口者短命，梦中咬牙者兵死。睡中开眼者，恶死道路；睡中乱语，贱中奴仆。仰形如尸者，贫苦短命；卧中气吼者，愚而易死。合面覆卧者饿死，就床便困者顽贱。爱侧卧者吉寿，多展转者性乱。少睡者神清而贵，多睡者神浊而贱。卧易觉者聪敏，卧难醒者愚顽。喘息调匀者命长，出气多而入气少者短命，气出嘘嘘之声者即死。若睡卧轻摇、未尝安席者，下相也。

相卧

睡常龟息，气出于耳，主贵。睡轻易醒者聪明。睡如猿猪气相吼者贫身。如仰尸，气粗如吼，睡不安席，辗转摇动者，皆下相也。

诗曰：贵人卧起气调匀，喘息恬然似不闻。连睡一宵君不觉，手如攀物福神尊。卧似猿猪气不和，贫穷乏食走奔波。更于梦里多狂语，每向人前妄语多。

论食

气血资之以壮，性命系之以存者，饮食也。饮食失节，则性暴不和矣。是故举物欲徐而有序，嚼物欲宽而有容。下手欲缓，发口欲急。坐欲端庄，首欲平正。急而不暴，迟而不缓应节者，相之贵也。含物不欲语，嚼物不欲怒。食急者易肥，食迟者易瘦。食少而肥者性宽，食多而瘦者性乱。食急而性暴，食缓性和。仰首含物者寒贱，如食而啄者贫穷。敛口食者纯和，哆口食者不义。食而齿出者，辛苦短命；食而淋落者，饿死路岐。食如鼠者饿夫，食如马者贫贱，嚼似牛者福禄，食如羊者尊荣。食如虎者，将帅之权；食如猴者，使相之位。嚼在舌头，一生寒苦；边食迁颜，终身穷饿。食欲快而不欲留，欲详而不欲暴。啜不欲声，吞不欲鸣。

诗曰：虎食狼餐，贵不同，逡巡不觉一盘空。端详迟缓宜相应，牛嚼羊吞福自丰。鸟啄猪餐最贱庸，相他衣禄必无终。咽粗急者人多躁，鼠食从来饮食空。

又曰：相食看详缓，慌忙岂合宜？更嫌如鸟啄，又忌食淋漓。性暴吞须急，心宽下箸迟。问君荣贵处，牛哺福相随。

相德

能忠于君孝于亲，为众德之先，众行之表。不得阳赏，必为阴报。不在其身，而在其子孙。善相者先察其德，后相其形。故德灵而形恶，无妨为君子；形善而行凶，难掩为小人。荀子曰：相面不如相心，论心不如择术。此劝人为善也。形者人之材也，德者人之器也。材既美矣而副之以德，犹加雕琢而成器也。器遇拙工而弃之，是为不材之材也。是知德在形先，形居德后也。郭林宗观人有九德：一曰容物之德，二曰乐善之德，三曰好施之德，四曰进人之德，五曰保常之德，六曰不忘之德，七曰勤身之德，八曰爱物之德，九曰自谦之德。

诗曰：几辈堂堂相貌精，几人相貌太轻盈。要知说相无他技，先相修持后相形。

相善

善恶在心而见于貌，为心之表也。表端则心正，表欹则心曲。故曰：观其表则知其里矣。

诀曰：头耸而坚，额方而广，眉疏而秀，眼长而清，耳轮平厚，鼻梁耸直，心广而宽，背隆而厚，人中分明，口唇端正，气和而顺，声圆而宽，形正而峻，色明而泽，言语有叙，饮食有节，进退有仪，行坐有度，贵人之相而心之善行矣。

诗曰：鸡鸣而起果何如？一念孳孳善有余。相取外形知内里，莫将相法藐江湖。

相恶

头尖额窄，眉重发焦，耳反舌露，口大唇薄，赤脉贯睛，白晕入眼，神如惊，色如垢，准头尖，地阁削。

诗曰：羊目四白皆为恶，耳小唇宽貌亦非。齿鼻偏斜心地窄，准尖额薄性情卑。堪惊蜂眼常怀毒，又说豺声好害人。有此形声须改节，莫教阴祸自来侵。

又曰：相恶原来是恶邻，平生心不契苍旻，豺声蜂目难作伴，不是人伤伤别人。

相名标

耳白过面光凝脂，竦过于眉若有时，腹如抱儿脐纳李，学堂丰满额相宜。日角光隆驿马肥，司空平满神光威，将军案上生红紫，骨坚肉实行如飞。睛如点漆耳门宽，寿上丰隆肉不干，虎视更加狮子鼻，眉疏清薄秀而弯。四渎清明及印堂，犀牛望月最为强，日月丽天颏额古，肤薄色黄年少昌。

相蹇难

瘦而露骨人多难，火色鸢肩事必乖，气色不常随语变，阴阳相反面尘埃。形丰

上锐筋缠束，顾视精神昏不开，眉尾毛旋并压眼，悬针破印步如雷。眉颦口小山根折，食物欲吞须哽噎，不知喉结三两重，定应肌骨如冰铁。声似损锣云不足，面若涂膏名沐浴，此人重浊露胸臀，南相枯干形蹺局。

相忠信慈孝

当门两齿号学堂，齐大而平信有常，若论忠信与慈孝，定知洁白气温黄。

相愚僻凶暴

目细而深名隐僻，下斜偷视亦如然。人中正广及狭下，笑冷无情露两齗。突然项后肉且起，静坐不言口自褰。摇头弄舌胸堂窄，寐语狂言岂是贤。眉斜如草竖还长，皮肉横生性暴刚。睫下看人神反射，豺声蜂目神光鲜。鸢肩虎吻并长鸷，赤缕于瞳气不藏，音似破锣枝干折，心多奸贼主凶亡。

相形带杀

火气贯精，谓之眼带杀。色如昏醉，谓之神带杀。声如破锣，谓之声带杀。肢伤节破而体不具，谓之形带杀。好行贼害，谓之性带杀。

相疾病

缁衣生面耳，面色带烟尘，既竭天精位，看看丧汝身。黄黯满天仓，干枯色不扬，须知脾有疾，不久见身亡。面白皮肤薄，胸高气不舒，发焦须鬓赤，扁鹊亦医难。贵气光浮见，唇焦眼肉干，损肝兼面赤，尤忌鼻头酸。神乱及神痴，心中未可疑，脉红虽见血，伤损更无儿。

观人八相法

一曰威。尊严可畏谓之威，主权势也。如豪鹰搏兔而百鸟自惊，如怒虎出林而百兽自战。盖神色严肃而人所自畏也。

二曰厚。体貌敦重谓之厚，主福禄也。其量如沧海，其器如万斛之舟，引之不来而摇之不动也。

三曰清。清者，精神翘秀谓之清。如桂林一枝，昆山片玉，洒然高秀而尘不染。或清而不厚，则近乎薄也。

四曰古。古者，骨气岩棱谓之古。古而不清则近乎俗也。

五曰孤。孤者，形骨孤寒，而项长肩缩，脚斜脑偏。其坐如摇，其行如攫，又如水边独鹤，雨中鹭鸶，生成孤独也。

六曰薄。薄者，体貌劣弱，形轻气怯，色昏而暗，神露不藏。如一叶之舟而泛重波之上，见之皆知其微薄也。主贫下。

七曰恶。恶者，体貌凶顽，如蛇鼠之形，豺狼之状。或性暴神惊，骨伤节破，皆主其凶暴，不足为美也。

八曰俗。俗者，形貌昏浊，如尘中之物而浅俗，总有衣食，亦多迍也。

相富

形厚神安，气清声畅，项大额隆，眼明眉阔，厚耳红唇，鼻整面方，背厚腰正，皮滑腹垂，牛齿鹤行，皆富相也。

诗曰：五形敦厚形丰足，地阁方平耳伏垂。口带钟音瓮中响，齿如榴子项余皮。背耸三山如负甲，脐深纳李腹垂箕。三阳卧蚕如卧指，鼻梁平直乐且宜。虎头燕额山林秀，口角珠庭抱两眉。四水流通不相反，玉仓俱满福迟迟。眉尾不欺中岳正，鼻如悬胆鬓毛微。四字之口齿平正，牛嚼羊吞悉有仪。虎睡龙蟠息不闻，眉疏有彩眼藏神。山根不断年寿润，轮廓分明贴肉平。三停端正如角起，五岳隆高八卦盈。山移岳峙身躯重，肉滑筋藏骨更清。欲识始贫终富者，满面尘埃骨法成。凡在五行皆有禄，只宜丰满不宜偏。天仓隆起多财禄，地阁方平万顷田。背阔似龟还主贵，额高如凤主福坚。鹅行鸭步身腰厚，须信荣华家世传。

又曰：骨重皮肤慢，丰隆接地仓。口方齿龈白，金玉满仓箱。

头小额颐光，神凝体骨宽。

语声沉更远，珠玉掌中看。

墙壁平如砥，兰台阔更长。

虽然形气浊，其奈蓄金囊。

贵骨连金匮，丰隆耸更端。

掌红如噀血，帏幄拥金銮。

大抵身形瘦，声高气韵舒。

耳朝方口正，积聚自愉如。

相贵

诗曰：自从凿开混沌壳，二气由来有清浊。孕其清者生圣贤，孕其浊者生愚朴。贵相之来固非一，或自修来或神匿。星辰谪降或精灵，或自神仙假胎息。精神澄彻骨隆清，刚毅汪洋谁可识？巉岩气宇旋旋生，行若浮云坐若石。身小声大隔江闻，日角龙颜额悬壁。目光烂若曙星悬，鼻梁耸贯天中出。背后接语身不转，体细面粗情性怿。眉根细丝新月分，独坐如山腰背积。不带芝兰身自香，上长下短手垂膝。重瞳二肘人难会，龙额钟声面盈尺。粪如叠带尿如珠，肤似凝脂目如漆。身如具字面如田，虎骤龙奔自飘逸。颧骨隆平玉枕丰，舌至准头有长理。相对咫尺不见耳，正面巍然如隐指。口丹背负皮生鳞，天地相朝生骨起。清中藏浊浊中清，足下生毛兼黑痣。龙来吞虎指圆长，肉骨出顶耸双耳。九州相继驿马丰，边地隆高无蹇否。

又曰：骨细皮肤滑，应知是贵人。坐时神气稳，须作大功臣。

两眼神清爽，双眉入鬓长。

骨清伸耸直，早见坐朝堂。

坐觉身形重，临行疾似飞。

语声闻远处，先看锦衣归。

声地金玉润，议论春风生。

若也形神秀，留传万古名。

古貌清奇怪，声沉骨更隆。

不为州刺史，便作国三公。

相贫贱

头小额窄，耳薄皮粗，口小肉缓，形俗神怯，气浊声破，腰折背薄，脚长肩促，鼠食蛇行，皆贫贱相也。二局中论备矣，此乃大概论贫贱人形。

诗曰：欲知贫贱人形貌，鼻仰无梁露齿牙。雀腹下轻空上重，攒眉蹙额发交加。背陷成坑胸露骨，乳细如针额削瓜。腰阔露臂眉压眼，身粗藏黑面如花。开口欲言涎已坠，膝拳眉卓步欹斜。口尖一撮如吹火，掉臂摇头喜叹嗟。四水反倾神似困，三停长短鼻门赊。食迟溷速如尸睡，纵文入口号螣蛇。蜂腰声速及声干，气短来从肝胆间。形过于体体不足，色因其色又奚安。准头垂肉颐尖短，寿上悬针口缩囊。青蓝满面生尘垢，皮若枯柴食禄悭。眼堂枯陷奸门耸，笑语无规身束寒。蛇行雀鼠声雄浊，蝇面球头法主奸。口臭生髭兼顾地，勾纹鼻上切须看。五形不正体偏斜，笑语搴唇露齿牙。额小头尖颐颔窄，面容憔悴发交加。常怀悲色如啼泣，锁蹙眉头有怨嗟。此相定知终始薄，仍须防害破人家。

又曰：面细骨头粗，肤干爪更枯。准头尖且细，那解得安居。

耳薄精神浊，额高鼠腹尖。

聚口如吹火，贫贱得人嫌。

口阔无收拾，掀唇定破家。

下轻空上重，怎得见荣华。

步行身欹侧，精神似醉痴。

口涡言语乱，不是养儿家。

墙壁皆倾倒，头尖地阁无。

鼻头仍露孔，贫薄指头粗。

相孤苦

诗曰：人生孤独事因何？颊骨高兮气不和。更兼鱼尾枯无肉，喉结眉交鼻骨蹉。耳薄无轮唇略绰，泪堂坑陷及眉峨。立理人中应抱子，山根断折六亲孤。行如马骤头先进，食似猪餐淋漓多。项短齿疏颧骨高，突胸削额皮如鼍。眉揭露棱羊目狠，吊庭低窄发生过。色带桃花仍不立，喉音焦细走奔波。辅骨露筋年上纹，准头常赤汗河频。举步脚跟不至地，眉短何曾覆眼轮。日角缺陷足横平，才发浑惊弱冠人。尺阳纹理兼卑贱，背陷成坑亦主贫。若是时师依此诀，相中十有九人真。

相寿

诗曰；富贵在人诚易见，世所难知唯寿焉。休将形样定长短，龟鹤未必其可然。神粹骨清肉又坚，朗朗声韵谷中传。背膊如龟行亦似，人中髭满手如绵。笏纹隐隐朝书上，法令相侵地阁宽。鹤形龟息头皮厚，颧骨横飞与耳连。毫生耳内眉长白，项下双绦成骨坚。阳不轻浮阴不腻，精实神灵及省睡。伏犀三路贯天梁，沟恤深平阔更长。阴骘龙宫更深满，荆扬徐豫冀相当。寿长有骨须隆起，固密齐平瓠齿方。目有守睛神隐藏，天庭生骨居中央。更若天根有双肿，三甲三壬入老乡。

又曰：肉缓精神爽，如龟背脊丰。双绦垂项下，此寿比椿松。

耳大分城廓，人中深更长。

眉高毫出白，宜人老人乡。

古貌双眉起，神清眼更深。

自然期上寿，何必问三壬。

安坐腹如囊，唇红口更方。

气宽皮肉厚，享福坐高堂。

寿堂深一指，知是老人乡。

眉耳毫长白，闲居百岁长。

相夭

诗曰：欲识人间速死期，山根青气号魂离。少肥气短色浮紧，眼泛神光肉似泥。蛇行腰折筋寒束，露鼻眉攒蹙似悲。中正生毛眉八字，耳薄无根肉且低。人中渐满唇先缩，失志溶溶坐立欹。睛凸露兮项欲折，耳鼻如绵声似嘶。项陷背深腰又薄，边地全无驿马赢。精神不醉看如醉，鼻毛反出鬓毛垂。眉交锁印妻刑克，气冷形衰寿岂宜？

又曰：气短兼疏齿，神迷色带烟。三长更三短，那得有长年？

肉重皮肤急，神强气不舒。

结喉连露齿，夭折在中殂。

气短精神慢，眉浓目色昏。

发焦唇更白，指日伴青山。

黯黑云烟起，形亏骨不隆。

眼斜神更乱，四九归冥空。

口细胸脯凸，头低视不昂。

肥人如气促，妻子守空房。

相分七字法

一曰清。汉高祖隆准龙颜，唐太宗龙凤之姿，天日之表，李珏月角庭珠，是也。

二曰古。老子身如乔木，孔子面如濛淇，闳夭面无见肤，是也。

三曰秀。张良美如妇人，陈平洁如冠玉，是也。

四曰怪。唐卢杞鬼貌青色龙唇豹首，赵方眼望地观天，鬼谷子露齿结喉，是也。

五日端。皋陶色如削瓜，李白形自秀曜，张飞环眼虎须，是也。

六曰异。尧眉八彩，舜目重瞳，大禹参漏，文王四乳，仓颉四目，李峤龟息，是也。

七曰嫩。颜渊山庭日角岑，文夷眉过目，肉不称骨，是也。

五行歌

秀丽为金骨又清，

鼻高丰起贯天庭。
语言响亮如钟鼓，
自是朝中有大名。
广长为木若琅玕，
形似青松耐岁寒。
方便所为心性缓，
自然怜物作清官。
水势能方面又圆，
骨清神秀几多般。
为人自是心难测，
终是鸣珂一品官。
骨肉高低面不平，
火家兼瘦气须清。
有权猛烈多能断，
建节封侯直取成。
敦厚兼清秀又丰，
虎眉龟背项如熊。
平生自是多豪富，
位应中央不可穷。

五行所生

木为仁，主精华茂秀，定贵贱也。火为礼，主威势勇烈，定刚柔也，金为义，主刑诛危难，定寿夭也。水为智，主聪明敏达，定贤愚也，土为信，主载育万物，定贫富也。

五脏所出

肝为眼，又主筋膜爪甲。心出为口，又主血气毛发。肺出为鼻，又主皮肤喘息。脾出为唇，又主肉色。肾出为耳，又主骨齿也。

五行相应

眉是南方丙丁家，
切宜竦秀有英华。
高高细曲横天贵，
不用低浓压眼斜。
眼为甲乙属东方，
黑白分明势要长。
凝然不动藏瞻视，
必向清朝作栋梁。
鼻为庚辛属西方，
切要隆高贵印堂。
偏曲左父右伤母，
山根还断失须防。
口为戊己土中央，
唇若丹朱势要长。
齿白细多齐更密，
自然平地作公王。
耳为壬癸北方中，
轮廓相朝白又红。
下有垂珠兼过口，
寿齐松柏与山同。

五行相生歌

耳为轮珠鼻为梁，

金水相生主大昌。

眼明耳好多神气，

若不为官富更强。

口方鼻直人虽贵，

金土相生紫绶郎。

唇红眼黑木生火，

为人志气足财粮。

舌长唇正火生土，

此人有福中年聚。

眼长眉秀足风流，

身挂金章朝省位。

五行相克歌

耳大唇薄土克水，

衣食贫寒空有智。

唇大耳薄亦如前，

此相之人终不贵。

鼻大眼小金克木，

一世贫寒主孤独。

眼大耳小学难成，

虽有资财寿命促。

舌小口大水克火，

急性孤单足人我。

耳小鼻蠢亦不佳，

悭贪心恶多灾祸。

舌大鼻小火克金，

钱帛方盛祸来侵。
鼻大舌小招贫苦，
寿长无子送郊林。
眼大唇小木克土，
此相之人终不富。
唇大眼小贵难求，
到老贫寒死无墓。

五行比和相应

耳反须贴肉，
鼻仰山根足，
眼露黑睛多，
唇反齿如玉。
脸不近于眼，
合主公卿富，
只恐寿不延，
性气刚难伏。

相五长

一头长，二面长，三身长，四手长，五足长。五者俱长而骨貌丰隆清秀滋润者，善也。如骨枯槁筋脉迸露，虽是五长，反为贱恶之辈也。或有足长手短者，主贫贱；足短手长者，主富贵。

诗曰：五长之人骨貌粗，只忧筋脉出皮肤，又嫌枯槁无滋润，衣食看来不似初。

又曰：脚长手短人多贱，卖尽田园走四方。手足俱长荣盛相，莫教脚侧手空长。

诀曰：大凡五体要均长，合形入相富文章。下停长者人多贱，只恐终身绝雁行。

相五短

五短之形：一头短，二面短，三身短，四手短，五足短。五者俱短而骨肉细滑、印堂明阔、五岳朝揖者，乃为公卿之相也。虽是五短，而骨肉粗恶，五岳倾陷，则为下贱之人。或上长下短，则多富贵；上短下长，主居贫下也。

诗曰：五短之人形要小，更须骨细印堂丰。笏门五岳相朝拱，食禄封侯有始终。眉圆眼大额如熊，脚短身长上下同。五短气全为证侯，居然官禄至三公。

相五合

骨正直而有阴阳，言正直而有刚柔，是为天地相合也。视瞻稳而声音清，体貌重而行步轻，是为天官相合也。气温粹而有光华，色净洁而无瑕疵，是为天心相合也。识量多而权亦重，度量大而面可诀，是为天机相合也。敬上下而怀忠厚，爱朋友而足信行，是为天伦相合也。解曰：应多合少，官崇声誉；合多应少，名重官侯。应合相。

相五露

眼突，鼻仰，耳反，唇掀，结喉，是也。眼突促寿，耳反无知识，鼻仰主路死，唇掀恶死，结喉必贫薄。

诀曰：一露二露，有衫无裤；露不至五，贫夭孤苦；五露俱全，福禄绵绵。

诗曰：五露俱全福自来，二露三露反为灾，胸门臀高为外露，平生此相有何财？若遇三尖五露人，但言此相便埃尘。有时驿马临边地，也作加官食禄人。

相五小

五小之形：一头小，二眼小，三腹小，四耳小，五口小。五小者，若端正无缺陷而俱小者，乃合贵之相也。其或三四小而一二大者，则不应而贫贱也。若夫头小而有角，眼小而清秀，腹小而圆垂，耳小而轮廓成，口小而唇齿正，则反为贵人矣。

相六大

头面耳鼻口腹六者，反常而不得其正也。

诀曰：头虽大，额无角；目虽大，闪电烁；鼻虽大，梁柱弱；口虽大，语略绰；耳虽大，无轮廓；腹虽大，近上著，皆贫贱之相也。盖头虽大，角要耸；目虽大，不正流光；耳大轮廓要正；鼻大梁柱要高；口大声要清；肚腹大势要下垂。如此则是富贵之相也。

诗曰：六大相停相貌高，平生富贵作英豪。若教偏侧为贫贱，不缺衣粮有苦劳。

相六小极

头小，额小，目小，鼻小，口小，耳小，是也。

诀曰：头小为一极，夫妻不得力；额小为二极，父母少恩恤；目小为三极，平生少知识；鼻小为四极，农作无休息；口小为五极，身无剩衣食；耳小为六极，寿命促朝夕。有一如此，皆非富贵之相也。

诗曰：六极原来相最佳，先贤断法更无差。勿令不足须全备，衣食平生寿逾遐。

相六恶

六恶者：一曰平眼直视，主性不仁，内藏毒害；二曰唇不掩齿，主性不和，难与交接；三曰结喉，主妨妻子，多招灾厄；四曰头小，主贫下而夭；五曰三停不等，主贱而贫；六曰安行如走，主奔波寒苦。有此六恶，不可与之同处矣。

相六贱

六贱者：额角缺陷，天中低下，为一贱；胸背俱薄，为二贱；声音雄散，为三贱；偷目斜视，为四贱；鼻曲低塌，为五贱；目无光彩，为六贱。有六贱，主为仆隶也。

相六小贵

额小且方平，眼小要精粹，鼻小梁柱平，耳小朝太阴，肚小垂下生，口小红更青，腰小要圆成，身小三停匀，皆主富寿之相也。

诗曰：额眼方平要精粹，鼻平耳小君须记。身圆腰小相唯嘉，小肚原来贵垂下。

相贵中贱

额须广，尖却颐；骨须峻，粗却皮；耳虽厚，鼻梁低；眼虽长，皱破眉；行虽正，声若嘶；背虽厚，手如枝；舌虽红，口如吹；唇须方，齿不齐；气须清，行步欹；腰须厚，行如驰；语虽和，神似痴；色虽明，视东西；卧似静，食淋漓；头虽长，腰折枝。

已上数相者，皆系所生之不齐，或富则夭，或贫则寿，或贵则贫，先富后贫，皆据理而推也。

诗曰：眼睛黑白甚分明，性若风强浑俗情，言语似钟神有异，便知尘内有先生。

相八大

八大者：眼虽大，昏且浊；鼻虽大，梁柱弱；口虽大，垂两角；耳虽大，门孔薄；额虽大，骨无著；声虽大，破且悲；面虽大，尘且翳；身虽大，举止危。以上八大，苟有如此缺一不应，则反主贫贱也。

相八小

八小者：眼虽小，秀且长；鼻虽小，梁且柱；口虽小，棱且方；耳虽小，坚且圆；额虽小，平且正；声虽小，宫且商；面虽小，清且朝；身虽小，停且齐。以上八小，苟有如此端美相并，反为富贵之人也。

辨美恶二十种

头虽圆，折腰肢；额虽广，尖却颐；骨虽峻，皮却粗；耳虽厚，梁柱低；发虽黑，粗且浓；眼虽长，眉且促；背虽丰，手如枝；胸且阔，背成坑；舌虽红，口如吹；唇虽方，齿不齐；腰虽厚，行如驰；脚虽厚，粗无纹；身虽大，声音细，面虽白，色粗黑；肉虽丰，结却喉，面虽短，眼却长；气虽清，行步欹；语虽和，人似痴；色虽明，视东西；坐虽正，食淋漓。以上二十种，皆有美恶相杂。若此相者，或富则夭，或贫则寿，或贵则贫，或先富而后贫，或先贵而后贱，宜精思而裁之也。

形神

相人之形，又当相神。神在眼，眼恶则伤和，恐招横祸。神不欲露，露则魂游，游则必亡也。神贵则隐，然望之有畏服之心；近则神喜，就之则为贵。凡相，宁可神有余而形不足，不可形有余而神不足也。神有余者贵，形有余者富。神不欲惊，惊则损寿；神不欲急，急则多惧。又当相人器识，宽宏则能容，而德乃大；识高则能晓，而心乃灵。器浅卑，虽有余资，则君子未免为小人也。

精神

一见精神瞻视速，坐来却慢事如何。
中年定有贫穷厄，破了田园事不多。
初见精神慢不全，坐来致久色方鲜。

初年虽则为贫士，老后荣名必定贤。

相十天罗

满面黑色四起者，谓死气天罗。白色者，为丧哭天罗。青色者，为忧滞天罗。黄色者，为疾病天罗。如脂膏涂抹者，为酒食天罗。眼流而视急者，为奸淫天罗。色焦如火者，为破败天罗。如醉未醒者，为刑狱天罗。语笑失节者，为鬼掩天罗。气如雾昏者，为退败天罗。

相十一天罗

形曜天罗会者稀，
额偏脑侧更无须。
印堂唇薄皮细急，
休望文章折桂枝。
休废天罗不可当，
唇如牛肉面浇汤。
青蓝满面焦枯色，
使尽家财免祸殃。
女面天罗色易明，
貌如妇女又娇声。
家财巨万徒然有，
虚负平生志不成。
脂粉天罗面似油，
浮光烟焰急须收。
文章纵有无官禄，
妻子及刑始得休。
光砑天罗色似银，

面如绷鼓起埃尘。
虽然面带红光色，
虚气元来到底贫。
鳏寡天罗赤色多，
更看两角旋成螺。
语轻粉面无富贵，
二十看看赴阎罗。
井灶天罗会者稀，
鼻头仰露齿牙疏。
有时行动胸堂突，
休把文章赴棘闱。
倒曜天罗旺不朝，
桃花之面语轻飘。
富贵之家生此子，
纵有千金日渐消。
刑狱天罗目反睛，
面横脂色小人情。
黑色面丰来往见，
前途恐有市遭刑。
祟砂天罗遍若涯，
鼻头斑点乱如麻。
狡贪色滥还奸窃，
下梢孤苦总堪嗟。
急脚天罗头带偏，
生居正在印堂边。
抛祖离亲防父母，

辛苦三更不得眠。

诗曰：男儿不欲带女色，女人不欲带男形。阴反于阳天必死，老带嫩色寿年倾。丈夫女子两般详，女要柔兮男要刚。女子属阴本要静，不言先笑亦非良。良妇有威而无媚，娼妇有媚而无威。令人一见便生侮，是以生身落贱微。

神气章

神浊气清神不见，神清气浊气无形。直须神气俱清快，神气原来忌大清。大清曰孤，大浊曰愚。孤而露则贫，浊而暗则贱。神愁自然偏多蹙，气蹙由来怀不足，多忧却是一生娱，遇喜须臾生悲哭。更看气促人风韵，宜远观兮不宜近，无忧愁叹或嗟吁，神不和兮命将尽。胸中洞彻神在眼，神在眼兮事何限，眼神稳静必台辅，眼神端正司台谏。计足谋多神气俊，暗暗奸斜神气倾。要须神彩与人交，一生得意无消散。君不见萍梗相逢古友义，从前倾盖与识面，执手交欢与论文，每叹相逢何大晚。奸淫之目神光鲜，人生须得神在眼。神在眼兮事何限，蛇目神居两目尖，羊目神垂四方转，牛眼神光不动摇，虎视眈眈威势猛，神灵省睡多聪睿。将戾神昏足贫贱，斜视随神自去来，淫乱幽居与深院。此论神居目与睛，要须倾复细叮咛，相形先得神所止，决定言谈有重轻。重轻在人不在目，以神寓目分迟速，寤则神游寐处心，心处于形安可卜。实因气引血通流，通流血化精神流。神清定则心守宅，气清息则守其魂。神与魂游魂守气，生死存亡在斯义。寿安之人神遂悟，将死之人神以去。神寤方能守耻廉，神去不能认其故。经年面上无光色，举动逐时人事改，改常盖为神不灵，因疏骨肉身懈怠。神离言乱出口忘，神昏妄语卧方床，神为鬼夺肉枯槁，神为人夺精荒唐。有精养血神气见，精脱气竭神俱亡。精神似得不衰耗，气血欲得不损伤。神劳四肢不能久，神去触事无威光。神与气兮两相守，神既病兮气何久，神使机关主动摇，五行在气相缠守。气在丹田声远闻，气短声低如猴狲。气结于肺鼻必滞，气结于肝眼必翳。神气凭君仔细看，贤愚莫出言谈义。神不怒兮气不住，气住令人成病痼。气假于血而成形，瘿瘤痈节从此病。欲病之色与气离，气不青兮色元合。气元三月忧病符，气赤目前官事哑。得财闻喜复何如？准上天地漫如蜡。气若浮云色若天，色有正定本自然。金得白兮火必赤，黄黑青兮色如焉。唯有气色无定处，朝吉祥兮暮忧苦。亦如云雾在青天，晓则晴兮夜风雨。色自色兮气则气，功君要取元谈义。神气未容人易去，气色声元由密秘。人生造物五行中，每与天地相流通。神流如梦如影响，目力观兮如日象。夜梦火燔心必热，肾虚涉水乘扁舟。始知神气难寻论，指下分明亦关寸。秘藏何须鞫细微，神气一观君试问，断死言神与见机，凭神不必师元遁。

体论章

试听声气最为先，体论目前分贵贱。举动堂堂出众仪，吐珠森玉称群彦。行之若流坐如掷，动似浮云静如石。动静之中体用殊，更看做事操胸臆。鸭步鹅行主富荣，鹤形龟息寿弥高，结喉露齿多贫贱，骡嘴猪唇身必劳。身如鼍皮必下愚，面若尘灰多乞化。鼻露窍兮主无安，齿露龈兮文学失。荀卿非相殊可师，徒见文兮不见断。相形不论心所为，慢恃形容宁富贵？仁存心兮义处身，何必清眸与高鼻？屈原鼻断窍，庄周原岂虚诞妄？周岂文学鄙？目下分明有卧蚕，隐隐侵年阴骘气。耳内生毫忽夭亡，鹅行鸭步忽富至。目下如有痣，终岁常垂泪。口低二角垂，乞食与街市。凭君目，看神气，人道更将人事比。内狠之人言语默，内热之人言语利。善人简略言辞间，举止谦恭不自满。以仁择其心，以义断其人。敬老慈幼怜寒贱，遇物常怀不忍看。积毁可消骨，积德可忘怨。每在人事不在远，天理之为君试看。相与神气扶，更在常为善。一如成金人，始因逢百炼。

器气章

五行秀气生英特，体貌堂堂佐明国。其器由如百斛舟，引之摇动不可得。头圆象天足象地，血脉江河与同类。草木既与毛发俱，声象雷霆分巨细。骨肉须相副，皮肤须润腻。步骤轻快怕偏侧，又要骨重兼软美。五长之人，隔江声可闻，五短之人，要坚实，眼不欲满，长眉目分。存斯匀五短，推排细寻趁，其言人定形，形以刚柔应。五位皆有相克胜，气在五相最为定。不用他观与我求，识取休囚旺相神。

且如木形生修长，头短肩缩幼年亡。忽然乍肥与乍白，定知客死在他乡。金形方兮水圆秀，骨肉敦宏土重厚。土形气青官鬼临，水形金形同纳音。金盈赤兮主忧滞，金得青兮多称意。要识人生俱五行，乍胜乍举同斯文。

第六章　相术汇考六

《神相全编》六

神异赋

五代间有圣人陈抟，宋太祖赐其号曰希夷先生。

陈抟，字图南，自号扶摇子，精相法。尝相宋太祖。后乘驴入小路，闻宋太祖即位，大笑坠地，曰："天下定矣！"太祖召至，以野服见，服华阳巾。还山，赐号白云先生。

师麻衣学相。谕以冬深，拥炉而教之。希夷如期而往，至华山石室之中。

华山石室，乃麻衣先生修道之地也。后希夷亦隐于此。

不以言语而度与希夷，隐而授之也。

但用火箸画字于炉灰之中以传授。此赋又名《金锁赋》，又别有《银匙歌》，悉皆授之。希夷尽其学也。

赋云：相有前定，世无预知。

欲预知相之前定，都非奇妙异常之资不能知。然密授此书者，又岂世俗凡下之人所能解推哉！意必希夷能之者。

非神异以秘授，岂尘凡之解推？

人之生也，富贵、贫愚、寿夭、福祸、善恶，一定于相之形貌、皮发、骨格、气色、声音焉。世人无有能预知者，唯希夷而已。

若夫舜目重瞳，遂获禅尧之位。

舜虞，帝名。瞳目，童子也。舜有重瞳之异相，遂受帝尧之禅而有天下。

重耳骈胁，果兴霸晋之基。

重耳，晋文公名。骈，并也。文公有骈胁之奇骨，果兴晋室之基而成霸业也。

发石室之丹书，莫忘吾道；剖神仙之古秘，度与希夷。

麻衣谓：今日开发石室宝册之书，剖破古仙秘奥之传，授尔希夷，吾之相法尽于此矣，当念念不忘可也。

当知骨格为一世之荣枯，气色定行年之休咎。

骨格无异，相之体也，则一世之荣枯可由此而知。气色旋生，相之用也，则判行年之休咎。可由此而能知者，参之人之贵贱，思过半矣。

三停平等，一生衣禄无亏；

自发际至印堂为上停，山根至于准头为中停，人中至地阁为下停，此面上三停也。头腰足为身上三停也。古云：面上三停额鼻阁，身上三停足头腰。三停平等多衣禄，长短如差福不饶。则衣禄丰亏，于此可见矣。

五岳朝归，今世钱财自旺。

左颧为东岳，右颧为西岳，额为南岳，地阁为北岳，鼻为中岳也。此五岳，欲其朝拱丰隆，不宜缺陷伤破。混仪云：五岳不正，相君终始薄寒；八卦高隆，须是多招财禄。则钱财旺相，于此知矣。

颏为地阁，见晚岁之规模。

丰厚者富饶，尖削者贫薄。凡相人末限在此。地阁为水星，属下停。若推金水形人，尤准也。

鼻乃财星，管中年之造化。

丰隆端正者贵显，掀露斜曲者下贱。凡相人中限在此。鼻乃土星，属居中停。若推土形人最应。

额方而阔，初主荣华；骨有削偏，早年偃蹇。

额为火星，乃官禄父母之官，在限为初。若方正宽阔，必主初年荣华，其骨削偏陷，须早岁见不利矣。

目清眉秀，定为聪俊之儿；

眉分罗计，目属阴阳。眉宜秀而不粗散低垂，目宜清而不昏暗斜视。知富贵早，必为聪明俊秀之人。

气浊神枯，必是贫穷之汉。

相中言神气最多，人所难辨观。夫白阁道者云：神气者，百阅之秀裔也。如阳气舒而山川秀发，日月出而天地清明。在人为一身之主，诸相之验。故《清鉴》云：大都神气赋于人，有似油兮又似灯，气神不浊人自富，油清然后灯方明。然则神气浊枯者，终身不达之相也。

天庭高耸，少年富贵可期；

天庭位印堂之上，发际之下。以其处于至高之位，故曰天庭。宜高耸，如立壁覆肝，无瑟绞偏陷，更兼五岳朝拱，幼必显贵。

地阁方圆，晚岁荣枯定取。

地阁在承浆之下，颐颏之间，为田宅奴婢之宫。若方则贵，厚则富可期，薄则贫。方又圆，末主荣华。

视瞻平正，为人刚介平心；

视不欲偏斜。若斜视者，其人奸邪，心必险恶。正视，心地坦直，志气刚介耳。

冷笑无情，做事机深内重。

凡与谋为唯冷笑而不言情由者，其人机谋必深而难测，心量必重而不轻也。

准头丰大心无毒，面肉横生性必凶。

准头为土星，主乎信。若丰大如狮子截竹者，心必善；如鹰嘴者，性多毒也。面肉，即颧骨与肉，俱露而横生者，其性必凶暴。

智慧生于皮毛，苦乐观乎手足。

皮肤细腻光莹，毛发疏秀润泽者，主智慧聪明。若反此者，必粗俗之人也。手指节枯大粗硬，足背瘦长干燥者，其人必辛苦。手若细软润泽，足若骨肉圆肥者，其人必然逸乐。

发际低而皮肤粗，终见愚顽；指节细而脚背肥，须知俊雅。

发际若额而低，皮肤燥枯而粗者，毕竟愚顽之徒也。指节细润如春葱，脚背肥丰而有肉者，必俊秀闲雅之人也。

富者自然体厚，贵者定是形殊。

体貌丰隆者仓库，形相异常而必贵。清奇者，骨格无亏而必富。

南方贵宦清高，多主天庭丰阔；

南方以天庭为主。天庭为额，乃火星也。南方之人，若头额丰阔而不偏陷，官禄星得躔。故多为清高贵宦人也。

北方公侯大贵，皆由地阁宽隆。

北方以地阁为主。地阁为颏，乃水星也。北方之人，若颐颏宽隆而朝天庭，若臣相得局。故多为大贵公侯也。

重颐丰颔，北方之人贵且强；

额颐肥大而若重，两腮颔阔而如燕颔者，贵相。北人尤强。

驼背面田，南方之人富而足。

驼背丰厚类驼峰，面貌方圆如田字，南方之人有此相者，既云富足矣。观夫上文有曰，南方贵宦清高，多主天庭。似乎相戾。及观《广鉴》云：浙人俗于清。若面背丰厚，得北方厚重之相，不贵而富矣。

河目海口，食禄千钟。

眼为四渎之官，河也；口为百纳之官，海也。目若光明而不露，口若方正而不反，贵显，食禄千钟。谓之河目海口者，言有容纳而不反露也。

铁面剑眉，兵权万里。

铁面者，神气黑若铁色也。剑眉者，棱骨如剑脊也。此相乃罗计横行于天位，水汽远居于火方，非兵权万里之兆欤？言神气忽变而黑色，定主凶也。

龙颜凤颈，女人必配君王；

龙貌如龙光之秀异，而颈若彩凤之非常，乃后妃之相也。

燕颔虎头，男子定登将相。

颔在颏额之间，骨肉丰满稍起者，如燕颔也。头颔方圆，口眼俱大，视有威神者，如虎头也。男子有此者，超群之相也。

相中诀法，寿夭最难。不独人中，唯神是定。

相书中诀法，唯寿夭为最难。如郭林宗观人八法而不及寿夭者，非难而何？不独曰人中为保寿宫，欲分明如破竹之形者，寿夭当以神气为之主也。学者宜参之可矣。

目长辅采，荣登天府之人；神短无光，早赴幽冥之客。

辅即星辅，眉也，采即光也。若目细长而有神，眉清秀而有光，必聪明登第之士也。目神短促而无光，视瞻无力而昏暗者，主夭折。

面皮虚薄，后三十寿难再期；

虚者，肉不称骨也。薄者，有皮而无肉也。故经云：面皮急如鼓，不过三十五。此之谓也。

肉色轻浮，前四九如何可过？

肉者，骨之荣卫，体之基本也。色者，气之精粹，神之胎息也。肉宜称骨而实，色宜有气而显。若轻薄浮暗者必夭。故经云：肉缓筋宽色又嫩，三十六前是去程。正此之谓也。

双绦项下，遇休咎而愈见康强。

兰台左右有两纹，下至于项者，谓之寿绦，主寿。老人有此绦，若遇休咎而不凶，愈见其康吉矣。故经云：眉毫不如耳毫，耳毫不如项下绦也。

凡骨顶头中，有疾厄而终无艰险。

一作“凡骨顶中”。盖谓顶额有凡贵骨。然人难得俱全，恐非是，终不若“凡骨顶中”为有理。但凡有寄骨生于顶中者，虽有疾厄而终无危险。古云：面无善靥，头无恶骨。此其证者也。

骨发旋生，形容忽变，遇吉则推，逢凶可断。

夫人未贵之先，虽有骨格，既仕之后，旋有形容；未富之先，虽有形容，既富之后，忽有更变。盖骨随贵生，肉随财长，而形有五行之分。病生于饱暖，忧出于

极乐，其气有色之变。学者仔细推之，吉凶可断。

常遭疾厄，只因根上昏沉；

根即山根，位在印堂之下，与年寿三位为疾厄宫。宜神色光明，不欲昏。暗而不明者常有疾厄。

频遇吉祥，盖谓福堂润泽。

福堂在两眉之上，华盖之傍。若常明润而色红黄者，有吉祥而无凶也。

泪堂深陷，蠹肉横生，鼻准尖垂，人中平满，克儿孙之无类，刑嗣续之难逃。

下眼眶为泪堂，宜丰满，不欲深陷。眶中肉虚若肿曰蠹肉，不宜横生。鼻尖为中，宜齐大，不欲尖垂。准下口上，形如破竹而仰者曰人中，又名曰沟洫，宜深长，不欲平满。盖泪堂为男女子孙之官，准与人中乃官室奴婢之位。若有此破陷，主儿孙之有克也。

眼不哭而泪汪汪，心不忧愁眉缩缩，早无刑克，老见孤单。

若眼不哭泣而两泪汪汪而湿，心无忧愁而双眉颦缩，此刑克孤独之相也。古云：不哭常如泪，非愁却似愁，忧心常不足，荣乐半途休。学者宜细推详。

面似橘皮，终主贫穷；

满面毛窍如尘垢所拭，云橘皮面是也。《百一歌》云：面色似橘皮，孤刑定不疑，虽然生一子，却换两重妻。

神带桃花，也须儿晚。

若神色如桃花，娇嫩邪淫，此等之人恐生子不早也。

鬼谷诗云：桃花色重仍侵目，恋酒迷花宠外妻。信乎，生子必晚矣！

肩峨声泣，不贱则孤；鼻若梁低，非贫则夭。

肩不欲耸而若寒，声不欲散而似哭。有此二者，贫贱孤刑之相。

鼻梁乃年寿之位，不宜低凹。有若此者必伤财寿，非贫则夭。古云：山根断，准头高，到老受波淘。

富贵多生劳漉，为下停长；

中停长，遇君王；上停长，幼善祥；下停长，老吉昌。三停平等，富贵绵绵。

若下停长者，末须富贵，未免平生劳漉也。

贫穷到老不闲，粗其骨格。

凡骨格宜隆耸清明，与气肉相滋者，乃富贵安逸之相。若暴露粗大，气肉不称者，必贫穷奔波。

星辰失陷，部位偏亏，无隔宿之储粮，有终身之劳苦。

如眼为日月而不明，鼻为土星而不隆，此星辰之失陷也。余皆仿此。额位乎天，宜高而反低，颏位乎地，宜厚而反薄。此部位之偏亏也。余亦仿此。相有如此，贫贱孤苦，终身劳漉而无隔宿之粮也。

三光明旺，财自天来；六府高强，一生富足。

两福星及准头曰三光。若明清而不暗，主有天财大吉。余谓五星即三光。

两颧两颐两额角曰六府。若丰隆朝拱者，不贵，必然定为富矣。

红光满面，发财家自安康；

五色唯白黑宜秋冬，青宜春，独红黄四季皆吉。若满面常带红黄之色者，发财安康之福相也。

诸脂研光，克子终无成日。

诸脂者，即面若涂膏也。研光者，即帛用砑石砑光之类也。面色有如此者，名为沐浴天罗，多主刑克子孙之相也。学者宜细推之可也。

面皮太急，虽沟洫长而寿亦亏；

若面皮与肉俱急如绷鼓，虽然人中深，终无寿之人也。

两目无神，纵鼻梁高而寿亦促。

眼为上相，以神为主，骨法次之。若目无神光，纵使鼻梁高耸，亦非寿相之人。

眼光如水，男女多淫；眉卓如刀，阵亡兵死。

眼光，睛之神光也。常要明静，不宜泪湿。故经云：眼湿多淫欲，乌元定不祥。又云：光不欲射外，神不欲流出。若目如水兼邪视者，邪淫人也。眉为罗计，其骨势直竖似刀者，性躁好勇，终主暴亡。

眉生二角，一生快乐无穷；目秀冠形，管取中年遇贵。

二眉俱有两尾，如角而起者，不贵则安闲之人。

两目细长若冠形，黑白分明而清秀者，中年显贵。

黄气发从高广，旬日内必定转官；黑色横自三阳，半年期须防损寿。

黄气，喜色也。高广，傍太阳近边也。此位若黄气见者，必迁官。庶人有此气者，亦主喜庆吉兆。

三阳在目之下。若黑气见此位者，须防身灾不远，亦防子疾。

奸门青惨，必主妻灾；年寿赤光，多生脓血。

奸门，位在鱼尾后，为妻妾宫。若青黑之色见此位者，必妻妾有灾。

年寿二宫，在鼻准之上，山根之下，为疾厄宫。若红赤之色见此位者，主生疮疾。

白气如粉，父母刑伤；青色侵颧，兄弟唇舌。

白气主丧亡，若在父母宫见者，必主刑伤。

颧位正面者，青色侵此位，主兄弟唇舌之忧。

山根青黑，四九前后定多灾；法令绷缠，七七之数焉可过。

山根位在年之上。若此位常有青黑之色者，其年主灾疾。

兰台之傍曰法令，又名金缕，又名寿带，宜显顺。若绷急而不显，缠曲而不顺，兼若螣蛇，锁唇而入口者，皆不寿也。

女子眼恶，嫁即刑夫。声杀面横，闺房独宿。

女人之眼宜细长而清秀。若圆大凹露，则恶相显然，便为刑夫之格矣。

若声似破锣，面肉横生者，必主寡居。

额尖耳反，虽三嫁而未休；颧露声雄，纵七夫之不了。

古云：额尖削耳反，乃三夫之妇也。

古云：克婿两颧露，刑夫额不平，要知三度嫁，女作丈夫声。亦此之谓也。

额偏不正，内淫而外貌若无；步走不正，外好而中心最恶。

头额为诸阳之首，不宜偏削。若偏而不正，及举止轻浮而不稳重者，多主淫荡。

行步不平正，如风柳，乃蛇行雀跃之相，主心地险恶也。

腮见耳后，心地狡贪；眼恶鼻勾，中心险毒。

腮即颐也，颐骨不宜太阔露。古云：耳后见垂腮，平生无往来。必主心地狡猾贪鄙。

古云：眼若凸露，人情难睦；鼻如鹰嘴，吃人心髓。

脚跟不著地，卖尽田园而走他乡；

行步稳重，富而财丰。若行步轻浮不停，如雀跃之状者，为破财奔波之相。

鼻窍露而仰，卒被外灾而终旅舍。

经云：鼻仰唇掀及结喉，夭亡浪迹而走他乡。正谓此也。

唇不盖齿，无事招嫌。沟洫无髭，为人少力。

不笑而齿龈常露者，好谈人过，与众不和。经曰：齿疏唇露不合，口唇尖薄是非多。故招人嫌。正谓此也。沟洫即人中，不宜无髭。若少髭而人中露者，其人主一生劳碌。

印堂太窄，子晚妻迟。悬壁昏暗，人亡家破。

印堂宜丰隆。太窄若此者，不唯无官，抑且妻子不早。

悬壁为奴婢宫，宜光润。若气色昏暗者，主死亡破败。

结喉露齿，骨肉分离。粗骨急皮，寿年短促。

结喉者，喉骨若光圆而高显也。露齿者，即唇不盖齿也。二者乃客死招嫌之相，而骨肉分离不亦宜乎！

骨格粗大而露，皮肉急紧而带薄，此皆为夭寿之相也。

形容俊雅，终作高贤；骨格清奇，必须贵显。

形容若桂林之一枝，昆山之片玉，清奇正雅者，必为上等之人，非凡相也。

精神翘秀曰古，怪异非常曰奇。有此清奇之骨格，终须贵达。先正有云：峨峨古怪若闲云，昆山片玉已琢成。

卧蚕丰丁，定子息之晚成；泪堂平满，须儿郎之早见。

卧蚕在眼下，为子息宫。若丰丁而陷者，主生子必晚成。

泪堂即眼眶也。若肉生丰满而不坑陷者，生子必早招。

龙宫低黑，嗣续难得而愚昧；阴阳眼润，男女易养而聪明。

阴阳即三阴三阳，亦子息宫也。若光明润泽而不枯陷者，必主男女易养而聪明。

面大鼻小，一生常自历艰辛；鼻瘦面肥，半世钱财终耗散。

正面虽大而土星独小，奔波之相也。《广记》云：鼻小为四极，农作无休息。面肥鼻隆，钱财丰充。若面肥鼻虽高尖而瘦者，纵有钱财，终须耗散。

边地四起，过五十始遂亨通；辅骨隆高，才三九则居官从。

边地与天庭、山林、郊外俱高耸者，正晚年荣禄之相。

辅骨即两辅角元骨是也。若耸起而隆高，必早年荣达。

明珠出海，太公八十遇文王；

一本增作"明珠出朝大海"解。明珠为耳垂珠，意谓明珠朝口为寿相。然与下文不合。盖太公八十遇文王，言发达之迟。马周三十逢唐帝，言发达之早。若火色鸢肩，马周之相。以火能炎上，鸢能飞腾，发达之早宜矣。若明珠出海为太公之相，则未明，缺疑可也。予观下文有曰：流龟放海，须防水厄之灾。谓黑气入口。恐明珠出海，亦指气色而言。学者详之。

火色鸢肩，马周三十逢唐帝。

唐帝乃太宗也。火色，赤气也。鸢鸱类飞则肩耸。马周赤色而耸肩，其相如此，故早年腾达。盖飞而炎上，早发达也。

鹤形龟息，洞宾之遇仙得仙；

鹤形清奇，龟息异常，吕洞宾有此相。至庐山遇钟离真人，一梦黄粱，而得仙道。息者，气息也。

龙脑凤睛，元龄之拜相入相。

龙脑者，头角巉岩高起而显露也。凤睛者，两目细长，黑白分明而光彩也。房玄龄有此相，故唐太宗时入相。

法令入口，邓通饿死野人家；

法令者，口边纹也。前汉邓通有此纹。文帝令许负相之，负指其口曰：“他日当饿死。”帝曰：“富贵在朕。”遂赐通蜀道铜山，得自铸钱。后至景帝罢钱，通竟饿死。

螣蛇锁唇，梁武饿死台城上。

螣蛇即法令纹也。梁武帝亦有此纹。帝都建康，为侯景逼台城，饮膳被侯景裁损。帝忧深成疾，口苦，索蜜不得，再曰呵呵，遂殂。

虎头燕颔，班超封万里之侯；

前汉许负相班超曰：“燕颔虎头，飞而食肉，万里侯相也。”后果投笔出玉门关，立大功，威震西戎。后封为定远侯。

虎步龙行，刘裕至九重之位。

虎步行而阔，龙行不动身也。经云：虎行位至侯王。刘裕，字德兴，彭城人。有此相。元熙二年，受晋禅，号宋武帝。

山林骨起，终作神仙；

山林，在郊外发际之间。有骨而高起者，以其贵在日月天庭之外，故但作神仙而去。

金城骨分，限登将相。

印堂有骨隆起，分如五指，贯入发际曰金城。人若有此骨者，主大贵。经曰：金城分五指，极品在岩廊。

又当知贵贱易失，限数难参。

骨格，贵贱贫富相所易识。若夫气色，生克之限数，实难参详也。

诀死生之期，先看形神；定吉凶之兆，莫逃气色。

人之一身，以神气为主，形貌次之。凡相人之法，神与气色为要。神有生旺，气色有生克，详而观之，则吉凶定、死生决矣！

睛如鱼目，速死之期；气若烟云，凶灾日至。

睛圆露而痴者，则如鱼目。有如此相，又无光彩，不寿。气色宜光彩，不欲昏

暗。若气色如烟尘所蒙而昏暗者，必主凶灾之相。

形如土偶，天命难逃；天柱倾欹，幻身将去。

形如枯，干与土无异者，不久病亡。天柱者，颈项也。若项倾欹歪而莫起者，虚幻之躯必见将死之兆也。

貌如镀铁，运气迍邅；色若祥云，前程亨泰。

镀铁，锑金曰镀铁，言其疏薄也。一身气色若此疏薄者，其气运不通。

气明润祥云，面红黄者，前程必通泰也。

名成利遂，三台宫俱有黄光；文滞书难，两眉头各生青气。

三台即在两辅及额角。此位俱有黄气者，利名成遂。眉头即辅角也。其气青黑色，文书必迟滞也。

黄气少而滞气重，功名来又不来；

红黄者，喜气也。青黑者，滞气也。若红黄之色少，青黑之气多者，求功名似有而无也。

青气少而喜气多，富贵至而又至。

红黄之色满面而无滞气，财禄叠至。

滞中有明，忧而变喜，明中有滞，吉而反凶。

气若滞而忽明润者，忧中必有喜气。若明而忽暗滞者，吉中必有凶也。

正面有红光，无不遂意；印堂多喜气，谋无不通。

正面一寸三分，印堂在关门之间。二部若有红黄紫喜气者，谋为多主遂意之兆也。

年寿润明，一岁平安；

年寿在山根之下，为疾厄宫。若光明不暗者，其年必平安。一作悬壁无光，财宝将去；甲匮润泽，吉祥鼎来。

金匮光泽，诸吉鼎来。

金匮，鼻准头两傍，即兰台、廷尉。若明润不暗者，主吉而不凶也。

部位无亏，一生平稳；气色有滞，终见凶迍。

一生部位无亏破者，不遭凶险。诸位气色不光润者，终有不利也。

形容古怪，石中有美玉之藏；

形相古怪者，不可作下贱看。若神气清秀，动止异常，乃浊中清也，非石中之美玉乎？学者详之。

人物巉岩，海底有明珠之聚。

如龙准、龙头、虎头、虎睛之类，岂非巉岩之人物乎？终遇贵显，不可一例而推，真若沧海之珠也。

要之：一辨其色，次听其声，更察夫神，再观乎皮肉，不可忽也。

四者兼之，万无一失。

眉毛拂天仓，出入近贵；印堂接中正，终须利官。

天仓在眼角旁。若眉如新月而拂天仓，主聪明近贵之相。若印堂宽隆，上接中正而光润者，必利乎官也。

呼聚喝散，只因双颧并起于峰峦；引是招非，盖谓两唇不遮乎牙道。

东西二岳曰双颧，主威权。峰峦言隆高也。若二颧隆高，其人有聚散之威。唇不盖齿，好说是非之人也。岂不自招是引非者哉？

狼行虎吻，机深而心事难明；

行而头低及反顾，曰狼行。无事咬牙，若怒而无笑容者曰虎吻。其人凶狠，心机必难明也。

猴食鼠餐，鄙吝而奸谋到底。

食而细疾，其貌如惧者，曰鼠餐；食而不嚼，其貌如不足者，曰猴食。有如此者，必鄙吝奸狡之人也。

头先过步，初主好，晚景贫穷；灶仰撩天，中限败，田园耗散。

行若头低向前过步者，其人必然初年有余，末年不足也。

井灶乃鼻窍也，不宜仰露，若仰露而撩天，主中年破散。

女人耳反，亦主刑夫。男子头尖，终无成器。

木金二星失躔不利。夫官兼有九丑，孀居女人之相也。头乃六阳之首，终宜圆

大。若尖小者，岂富贵之相也。

观贵人之相，非止一途；察朝士之形，俱要四大。

四大即四体。

腰圆背厚，方保玉带朝衣；骨耸神清，定主威权忠节。

腰腹圆肥，肩背丰厚，皆衣禄之人贵相也。骨格巉岩而高耸，眼神清光而有权，若居官必有威，忠节之臣也。观夫下文可验之。

伏犀贯顶，一品王侯；辅骨插天，千军勇将。

若负骨自印堂耸入于脑者，曰伏犀，主大贵。辅骨在眉角，有骨丰肥插入天仓者，必主威权。

形如猪相，死必分尸；眼似虎睛，性严莫犯。

体肥贫短，饮食无厌，目朦胧而黑白不分明者，猪相也，多死非命。

目圆大而有神，视不转而有威者，虎睛。其人之性必燥烈。

须黄睛赤，终主横尸；齿露唇掀，须防野死。

古云：眼睛赤，心性急；髭须黄，怒气强。终招灾祸。

两唇不遮牙道日露齿。若唇掀喉结，必死他乡之野。

口唇皮皱，为人一世孤单；鱼尾多纹，到老不能安逸。

《通仙录》云：口边皮若生皱褶，有子应须出外乡。岂不孤单？鱼尾在眼角之上。经云：鱼尾笏纹长入口，虽有眉寿最劳心。

二眉散乱，须忧聚散不常；两目雌雄，必主富而多诈。

眉乃兄弟姊妹官，亦主财星。若散不清，主离耗。

目一大一小曰雌雄。有如此者，虽然财富，必多诡诈也。

面多斑点，恐非老寿之人；耳有毫毛，定是长生之客。

黑青斑点生于面者，神气衰也，岂能寿乎？

经云：眉毫不如耳毫，耳毫不如项下绦，皆寿相。

脚背无肉，必主孤贫；胸上生毛，性非宽大。

《大统赋》云：足者，身之枝，所以运诸身者也。若枯而无肉者，必孤贫跋涉之人也。

胸堂上生毛者性偏急。经云：身上生毛非达器。

莫教四反，五六必主凶亡；更忌神昏，八九也无称意。

四反者，口无棱，眼无神，鼻露窍，耳无轮也。有此四反，其人主有凶亡之事。有此四反，更兼神气昏暗者，至老终不称意也。

天庭高阔，须知仆马无亏；

前文云：天庭高耸，少年富贵可期。此云高与阔，言其高而且阔，定居官位而无疑也。

地阁方圆，必主钱财堆积。

地阁方圆得乎地，天庭丰备得乎天。得乎天者必贵，得乎地者，必主于富也。

脸上青光，汲汲贪婪孤贫；准头赤色，重重奔波诡计。

脸上青黑之色叠见者，主孤苦不足。土星有火，万物不生之相，主奔波。若酒后而赤，诡计。

圆融小巧，毕竟丰亨；方正神舒，终须稳耐。

五短之形融和而奇巧者，至老而富泰丰亨也。

面目之正而有神气者，终必稳重坚耐而吉。

手脚粗大，难为富贵之徒；齿鼻齐丰，定享庄田之客。

手脚粗大，贫贱之相。无肉而露筋，安能富贵？齿齐而密，鼻大而丰者，安享田庄之人也。

手软如绵，闲且有钱；掌若血红，富而多禄。

经云：手若绵软富可羡，色若噀红禄不绝。

眉抽二尾，一生常自足欢娱；

前云眉主二角者，谓头秀起如角也，但一生快乐而已。此云眉抽二尾，谓眉首尾齐秀如新月也，其人多恋花酒，一生自乐之相也。

根有三纹，中主必然多耗散。

山根若有三纹侵断者，多主耗散。《广记》云：山根若有横纹断，克子刑妻少

弟兄。

耳白过面，朝野闻名；

《袖里经》云：耳白过面，终为名臣。昔欧阳公未贵，有僧相曰："公耳白过面，名闻天下。"后官至宰相。

神称于形，情怀舒畅。

精神者，乃人一身之根本，贵于形神相称，不宜偏足。若形与神俱完足而不偏者，心身安泰之相也。

足生黑子，英雄独压万人；

左足男吉，右足女吉。且昔安禄山少贱，事张守珪。为之濯足，少停之而不言。守珪问之，曰："节度足底有黑子，故少停。"珪曰："吾之贵者，在此痣也。"禄山拜曰："不肖双足俱有。"守珪优待之。后禄山领三处节度使。其验如此。

骨插边庭，威武名扬四海。

边庭在辅角发际之间。若额耸起入边地者，主武贵。《广鉴》云：驿马连边地，兵权主一方。

声自丹田下出，有福而享遐龄；

丹田在脐下。若发自脐下来者，音韵声远，主寿。希夷论曰：众人之息以喉，贵人之息以脐。

骨从脑后横生，发财且增长寿。

脑后有骨横生者，名曰玉枕，主富寿也。《广鉴》云：骨自脑生少人知，贵禄绵绵福寿期。

地库光润，晚景愈好而得安闲；悬壁色明，家宅无忧而多喜庆。

地库在两颐，若光润华彩，末主称心快意。悬壁气不暗者，吉而无凶也。

土星薄而山林重，滞气多灾；前相好而背负亏，虚名无寿。

鼻小谓之土薄，须多谓之山林重。若更有滞气，必主多灾。前面形相虽好，而后背形相亏陷不称者，名寿不足。

阴骘肉满，福重心灵；正面骨开，粟陈贯朽。

阴骘即泪堂之位。若丰满不横出者，必聪寿之相也。正面即两颧也。若骨开、润而不偏陷者，广积财谷之相也。

鬓毛球织，或先富而后贫；筋若蚓蟠，定少闲而多厄。

若发鬓油乱如织球者，其人性懒，纵财富而后必贫。

额面手足青筋乱生者曰蚓蟠，主辛苦不闲而多厄。

眉棱骨起，纵有寿而孤刑；项下结喉，恐无儿而客死。

眉骨巉岩，虽云古怪，若眉棱独起者，虽有寿亦孤刑。

经云：齿露结喉，死在他州。

眼如鸡目，性急难容；步若蛇行，毒而无寿。

眼圆小而黄如鸡目，其性急躁，然多淫而有破害。

行而头足俱动作三折状者，曰蛇行。轻而心毒，安能自寿？

色青横于正面，唤作行尸；色黑横于耳前，名为夺命。

额上眼下曰正面。若青气横生此位者，主有灾疾，故曰行尸。

耳前为命门。若有黑色侵者，有病必难疗。

青遮口角，扁鹊难医；黑掩太阳，卢医莫救。

口为人之司命。若两角青黑，非吉兆，病人难治。

太阳，左目也。卢医、扁鹊，名医。黑掩太阳，陷乎双目，名医莫能治。

白如枯骨，亦主身亡；黑若湿灰，终须寿短。

若病人有白气如枯骨者，本无生气，有死而已。

又有黑气若湿灰之色者，岂长寿乎？

贫而恒难，只因满面悲容；夭更多灾，盖谓山根薄削。

容颜常若哭状，必主贫而多难。经云：不醉却如醉，非愁却似愁笑惊痴呆样，荣乐好途休。

年寿山根陷薄而尖削，主疾病而夭。

平生少疾，皆因月孛光隆；到老无灾，大抵年宫润泽。

年寿即月孛星。此位丰隆有光，平生必少疾病也。

血不华色，少遂多忧；行不动身，积财有寿。

血以养气，气以养神。色无光华，中心不足。岂无忧愁乎？行步而身不动者谓端庄，贵重之相也。岂无财寿者乎？

神光满面，富贵称心；鬼色见形，贫愁度日。

神光者，色红黄而有光也。鬼色者，气青黑而多暗也。故面有神光，利名多遂；面有鬼色者，贫愁日至。

病淹目闭、有神无色者生，神脱口开、天柱倾欹者死。

病人虽目闭，有神无色者，必主生。

若眼无神光，口开项倒者，必死，天柱倾也。

五岳俱正，人可延年；七窍不明，寿难再久。

"五岳"注见前。若俱正而不偏斜者，固为寿相。若耳目口鼻之七窍反露而不明者，亦主夭折。

华盖黑色，必主卒灾；天庭青气，须防瘟疫。

华盖谓福堂之间，黑气侵之，主有暴疾。天庭在天中之下，青气生之，主有瘟疾。

赤燥生于地阁，定损牛羊；青白起于奸门，祸侵妻妾。

地阁为奴仆宫。若生赤气如火而燥者，损牛羊。

奸门在眼角之前。若有青白二气，恐妻妾有灾。奸门乃妻宫是也。

三阳火旺，必主诞男；三阴木多，定须生女。

三阳在左眼下，红气旺必生男；三阴在右眼下，青气多即生女。

流魄放海，须防水厄之灾；游魂守宫，定主丧身之苦。

流魄幽魂，皆黑色也。大海为口，有黑气入口者，须防水厄。宫即龙宫，眼瞳也。若生黑气，定然多主身丧。

道路昏惨，防跌蹼之灾，宫室燥炎，恐火汤之咎。

道路即通关委巷也。若生滞气，陟险不利。

宫室在灶厨之旁。若生红燥之气，须防汤火。

耳根黑子，倒死路傍；承浆深纹，恐投浪里。

耳后生黑子者，主客死他乡。

承浆在唇下。若生深纹，必主有水厄之灾也。

眼堂丰厚，亦主贪淫；人中偏斜，亦多刑克。

眼堂固宜丰满。若丰而加厚，亦主贪淫。

人中唯宜显正。若有偏斜者，亦主刑克。

鬼牙尖露，诡谲奸贪；保寿峥嵘，凶豪恶死。

当门牙齿，宜齐大而平，固主诚信。若傍齿尖露者，鬼牙。其人必多诡贪。

二眉丰隆，固为寿相。若棱骨高削，性必豪凶，恐非大命也。

人形似鬼，衣食不丰；生相若仙，平生闲逸。

人形古怪，固为贵相。若形貌如鬼者，虽有衣食，必不丰也。

形貌清而且秀异，若仙人之状，非贵必主安闲。

谷道乱毛，号作淫秒；耳根高骨，名曰寿堂。

粪门多毛，皆由膀胱气之盛而生。此人必主多淫。

耳后骨起，名曰寿堂。经云：欲知人寿考，耳大玉楼成。

骨格精神，瘦亦可取；肉地浊浮，肥何足夸？

骨格虽瘦而气色有神者，有可收之吉。皮肉虽肥而不坚润者，有不取之凶。

目多四白，主孤克而凶亡；鼻有三凹，必贫穷而孤苦。

眼如怒睁而露四白者，孤刑凶亡之相也。三凹者，自山根至准而有三曲折也，主破败刑克之相。

三尖六削，纵奸巧而贫贱；四方五端，须不谋而富贵。

三尖谓头准阁尖小也，六削谓眉目耳口削薄也，又谓之六恶，主贫贱而奸巧也。

两天仓地库方满而不陷，五岳端拱而不偏者，富贵不求而自来也。

腿长脚瘦，当年奔走不停；唇薄口尖，好说是非无了。

腿胫细长，脚背枯瘦者，辛苦之相也。

嘴小尖削，两唇掀薄，好说是非之人。

部位伶俐，自然无祸无灾；纹痣交加，到底有嗟有怨。

部位分明而不驳杂者，吉祥。纹痣乱生于各位者，凶。

纹痣交加者，凶祸。

峨肩鼠食，非唯吝，而且贪；剑鼻蜂睛，不特凶，而又贱。

峨肩即肩耸，鼠食详见前。有此二相者，主贫吝而凶。

鼻梁固而如剑，眼睛露而不转如蜂目者，性暴下贱之人。

若夫孩童易养，声大有神；夭折难成，肾浮不紧。

以下数条论小儿相。小儿初生，啼声大而有神色者，有病而易养。肾囊虚浮而不紧者，多疾而必夭。

头圆骨耸，易养而利益双亲；额方面阔，无险而吉祥迭至。

头圆而无棱，骨耸而入格，主富贵，岂不易养而利于父母乎？

额骨方隆，面容开阔者，吉多凶少。

山根青色，出胎而频见灾厄；年上黑光，幼岁而多生脓血。

山根年寿有青黑气，幼小多生灾疾。

阳囊若荔壳，定生坚耐之儿；面肉类浮沤，决是虚花之子。

肾囊坚实而若荔枝壳者，坚固耐病之儿。面肉虚肥而薄如浮沤状者，乃虚花难育之子也。

头尖无脑骨，能言而亡；目缓少精神，将行而死。

头尖小而脑骨低陷，眼缓慢而精神不足者，难存也。

色紧肉实，可养无虞；声响气清，端为颖异。

颜色明紧，皮肉坚实者，可保无虞。声音响亮，精气清爽者，为人异众。

鼻梁低塌，当生啾唧之灾；发际压遮，定是孤刑之子。

年寿低陷，乃疾厄宫不足，故多灾厄也。发若遮额压眉者，多主孤刑。

发齐额广，英俊聪明，气短声低，糊涂夭折。

发鬓整齐天庭广阔者，主聪秀。气息短促声音低小者，愚夭。

外郊插额，利处山林；正面无权，难居宅舍。

外郊在山林之下。有骨接额者，隐逸之人，幽闲之客。面无颧骨，其人无威，治家不严，可以独居而无施为。

孤峰独耸，骨肉参商；四尾低垂，妻儿隔角。

鼻高而四岳低者，六亲不和。眉眼四垂者，妻子少息而隔角，不相和睦也。

乱纹额上，男女并主孤刑；黑痣泪堂，子息恐云有克。

额横三纹，固为寿相。多而乱，又主孤苦刑克之相也。两眼下为泪堂，儿女宫也。若生黑子，必多刑克儿女也。

眉不盖眼，财亲离散之人；眼大露睛，寿促夭凶之子。

目长眉短而不覆者，亦主孤贫。管辂云：目长眉短不相附亲者，如疏自用心。古云：目大露睛，其性必凶。岂有寿乎？

上轻下重，末主伶仃；上阔下尖，终无结果。额尖鼻小，侧室分居；喉结脚长，终临外处。

下停轻薄，上停厚重者，末主孤苦。身上二停，上阔而下尖削者，亦然。

鼻额尖小者，固不和于家。结喉而脚长者，客死于外。

有权有柄，皆因两脸有权；无识无能，只为双眉不秀。

已上二等，其文异，而理则一也。

身白过面，衣食丰盈；神赛于形，庄田荣足。

面粗身细，一身富贵；形神相付，一身荣足。此之谓也。

男儿腰细，难主福财；女子肩寒，孤刑再嫁。

以下数条言女人之相也。男人腰细不丰者，福必薄；女人肩寒似缩者，命必毒。

头大额大，终主刑夫；声粗骨粗，竟为孀妇。

若女人头额俱大，声音粗浊，骨多肉少，皆孤刑之相。

眼光口阔，贪淫求食之人；摆手摇头，诡滥刑夫之妇。

眼露光而口阔大者，贪淫度日。头首轻摇而不重者，滥淫刑夫。

发浓鬓重，兼斜视以多淫；声响神清，必益夫而得食。

发浓鬓重而视瞻不正，血气旺而心必邪，主淫荡之相。声音响亮眼神清明者，益夫食禄之妇也。

山根不断，必得贤夫；部位停匀，应招贵子。

鼻梁不断者配必佳，部位不偏者子必贵。

骨格细腻，富贵自主清闲；发鬓粗浓，劳苦终为贫贱。

骨肉相称细腻者清闲。发鬓低乱、浊而粗浓者辛苦。

皮肤香腻，乃富室之女娘；面色端严，必豪门之德妇。

皮肉清香而细腻者，面色润洁而端严者，贵富之女。

发细光润，禀性温良；神紧眼圆，为人急躁。

发细微而有光者，气必和而性良。神紧而目圆者，气必急而性躁。

二颧高凸，刑夫未了期年；两耳反薄，克子终无成日。

颧骨高削者，刑夫不定。耳若反而薄者，克子无休

手粗脚大，必是姨婆；鼻尖额低，终为侍妾。

手脚粗大者，巫姨媒婆之相。鼻额尖低者，姬妾之形。

卧蚕明润而紫色，必产贵儿；甲匮丰腴而黄光，终兴家道。

眼下有肉如卧蚕而紫色者，必生贵子而主福。

金甲二匮，在鼻两旁，若丰腴而黄色光明，必旺家也。

妇人口阔，先食田庄而后贫；美女背圆，必嫁秀士而得贵。

女人之口阔大而无收拾者，贪食懒作而后贫乏也。

背若圆厚而清秀者，必耐良夫。

身肥肉重，得阴相而反荣华；面圆腰肥，类男形而亦富。

身体肥泽而肉不虚浮，貌称女形者，主荣贵之相也。

女人腰腹肥垂似男子者，主富贵。

干姜之手，女子必善持家；绵囊之拳，男子定兴财产。

女子皮肉固宜细润，唯手指瘦实不露肉者善持家。若男子腕如绵软，不求

自富。

头小腹大，一生不过多食；骨少肉多，三十焉能可过？

女人头小腹大者，不过多食。若又肉有余而骨不足者，定主夭亡。

眉粗眼恶，频数刑夫；声雄气浊，终无厚福。

眉粗乱而眼恶露者，克夫。声雄大而气浊相者，贫薄。

眼光如醉，桑中之约无穷；媚靥渐生，月下之期难定。

眼露光而神如醉者，多淫欲野合之人。多笑娇媚者，下贱之妇也。经云：媚靥渐生非良妇。岂无月下之期乎？

面如满月，家道兴隆；唇若红莲，衣食丰足。

面色光润而无缺陷，唇如抹丹而不尖露者，主富贵。

山根黑子，若无宿疾必刑夫；眼下皱纹，亦主六亲若冰炭。

黑子生于山根者，身无久疾夫必刑。乱纹侵于眼下者，身孤而骨肉疏。

齿如榴子，衣食丰盈；鼻若灶门，家财罄尽。

齿密光洁如榴子，富足也。

鼻窍仰露者，主贫乏也。

形如罗汉，见子必迟；貌若判官，得儿尤晚。

形貌古怪如罗汉判官者，子生迟晚之相也。

三山突阔，万顷规模；四渎清明，终生福气。

额与两颧高阔者，闳远发达之相也。耳目口鼻清明者，广远富贵之形也。

形清神浊，不久贫穷；人小声洪，定须超越。

形貌清而神气困浊者，时虽贫窘，滞气若退，福吉还来。

形貌虽小而声音洪亮，本源盛大，终主发达之相也。

头面宽厚，福禄双全；神气澄清，利名双得。

头圆象天，皮肉宽厚，富贵之相，岂无福寿乎？澄清而不昏暗者，富贵之相也，亦主喜吉。

面皮绷急，寿促无疑；骨格恢弘，前程可靠。

面肉浮薄皮肤皱，固非寿相。骨格丰隆，五岳分明者，富贵可期也。

少肥气短，难过四九之期；唇缩神痴，焉保三旬之厄？

年少而体肥，气喘而促急，主寿夭。唇反缩而露齿，目无神而如呆，亦不寿之相也。

形体局促，作事猥獕；气宇轩昂，一生快顺。

体貌局缩者，作为必不宽舒。心广体胖者，无往而不利也。

鼻梁露骨，名为破祖刑家；背脊成坑，号曰虚花无寿。

鼻梁薄削露骨如剑脊，主破祖业。背脊欲隆厚。若薄陷而成坑者，定是花多实少，又主不寿也。

鼻有三曲，不卖屋则卖田；面见两凹，必成家而成业。

鼻梁有三曲而不平直者，破败之人也。天地相朝，太华并拱，发兴成立之形也。

獐头鼠目，何必求官；马面蛇睛，须遭横死。

头削而骨露曰獐头，眼凹而睛圆者曰鼠目，皆为不贵。

声嘶而面长曰马面，目凹而睛红曰蛇睛。其性粗心毒，弟兄不义，卒至横祸也。

睛青口阔，文笔高人；面大颐丰，钱财满屋。

目睛如点漆，口阔若抹丹，文章之士也。面方而大，头丰而阔者，富家之子也。

语言多泛，为人心事难明；容貌温和，做事襟怀洒落。

语言贵乎有伦序。若言无统绪，语言滥泛者，必妄而无实。故许负有云：语言泛滥，做事多乱。其心事岂易明白哉？

形容如美玉之温润，气宇似春风之柔和者，乃襟怀洒落有德之相也。

骨粗发重，何曾剩得一钱？体细身轻，那得停留片瓦？

骨发粗而露，头毛厚而松者，贫寒之相而身迍邅也。

身体贵平稳厚重。若行如风摆柳叶者，不夭则贫。

巨鳌入海，必作尚书；龙骨插天，应为宰辅。

经云：额角入天庭，宰相位尊荣。

日月角有骨插入天庭，三公辅弼之器也。巨整即额骨，龙骨即日月角也。

日月角耸，必佐明君；文武双全，定为刺史。

日月角耸，即龙骨也，定为贵相。

若两颧有骨接边廷者，文武双全，亦牧伯之相。

眼若三角，狠毒孤刑；鼻带两凹，破财疾苦。

眼为日月，宜圆明，不宜三角。相有如此，其心不善。妇人主刑夫儿，男子必克妻子也。

鼻乃土星，年寿居之。若两凹侵破，不唯破财，又兼疾苦而贫败也。

骨轻手硬，必是庸常；眉秀神和，须知闲雅。

骨格削而轻，手指粗而硬者，庸俗之人。

眉目清秀，乃神气温和者，不贵则清闲人也。

声干无韵，何得荣华？肤涩少光，终无安逸。

声贵乎清亮，若粗干如破锣之音无韵者，亦主贫也。皮肤粗涩又无光润，主辛苦也。

凶归十恶，皆因眼下睛黄；死在九州，盖谓龈披唇膘。

犯十恶之凶罪者，多因眼有赤缕，睛黄而不黑色也。身死于他方者，多为齿龈掀露、口唇不膘也。

形神不蕴，贫天两全；筋骨莫藏，懦愚双得。

若形有余而神不足，或神有余而形不足，曰不蕴。如此之人，不刑则夭。筋中显骨，骨中露筋，骨筋俱露而不藏者，不懦弱则愚卤之夫也。

眼光嘴趫，为人执拗不良；齿啮头摇，其性奸贪无比。

目露睛光，嘴薄唇趫，兼此三者，不良村强之徒也。咬牙作声曰齿啮。咬牙而摇首摆头，狠毒之相，必多奸贪。

得意中面容凄惨，先富后贫；遭窘处颜貌温和，早穷晚发。

利名得意之中宜喜悦，而面容凄惨者，先富而后贫。若处困穷之间不忧愁，而反温和者，心量宽洪，终必发达，而晚景优游也。

金形得金局，逢土可比陶朱。

若金形人，又得金局之正者，固云金得金、刚毅深矣。兼得土局、形气，则相生，而主财富陶朱公范蠡也，能致富豪。自此以后，论五行之形。今将五行相貌总解于此。后之学者，当熟记而详察之。

木形人。

木形人更宜修长，木性之直，色清气秀，得其正也。若腰偏而背薄，非木之善也。

火形人。

火形人浑厚上尖，如火之炎，色赤气枯，得其中也或衒露浮躁熛灼之过。故《风鉴》云：一露即曰火，面深即曰土。似有揭露皆云火也。

水形人。

圆厚背负，腰圆色元，气静肉重，面清骨轻，是也。或筋缓肉流，此谓枝不满干，则泛滥而无所守也。

金形人。

金形人方而正，骨坚而肉实，阴阳不欺，色白而气刚得其中矣。或局促而欹侧，骨少而肉多，则柔弱而不坚刚也。

土形人。

土形人面深腰背露，形貌轩昂，肉轻骨重，色黄气荣，得其称矣。或骨重肉薄、神昏无力，乃淹滞之士也。若兼形则择多者，即为主之矣。

土局得土形，见火有如王恺。

若土形人又得土局之正者，固云土得土、富财库矣。若又兼得火局，形气则相生，亦主财富。王恺与石崇，闭塞者也。

金人火旺，财发若尘；木主金伤，钱消如土。

金形人得火局，火克金也。木形人得金局，金克木也。

二者形克之相。《广鉴》云：制克相形曰鬼衰。钱财消散。

火逢光彩带红活，而愈进家财；

火形人得火局之中，固云火得火、威武大矣。又得红活之形色，乃火行纯一，不争不夺，贵之次也。

水逢黑肥得圆厚，而倍增福寿。

水形人得水局之称，故云水得水、文学贵矣。又得圆厚之体貌，乃水行纯一，不争不夺，次贵之相。主福禄也。

火人带木，必定荣超；

若上小下阔，声音焦烈，初年稍富者，火形人也。若声音清秀，瘦直而露骨者，带木局也。木能生火，超荣之相也。

水局得金，终须快畅。

形貌肥圆背负者，固水形人也。若骨兼方正、色白气刚者，得金局也。金能生水，主一生发达而无困滞也。

土逢乙木，带润泽，亦可疏通；

土形得木，固相克而非吉矣。若土多木少，气色润泽，亦疏通之相也。

木遇微金，必斫削，方成器用。

木形得金，固相克而非吉矣。若木多金少，形貌轩昂，必斫削而后成材器也。

水逢厚土，忽破资财；火得微金，卒难进益。

土既克其水，又土多而水少，破财无疑。火既克金，又火重而金微，进益实难也。

当看气色之往来，兼观痣纹之吉凶，更审运限之长短。

此三者与前五行生克相参而观之，则吉凶无遗也。

额为火宿，管前三十载之荣枯；鼻乃财星，遇中五六十之休咎。

额主初限，若方正隆厚则吉，尖断凹则凶也。

承浆地阁，管尽末年；发际印堂，周维百岁。

承浆地阁主末限，若丰厚朝拱吉，尖削短小者凶。发际及印堂，主一生贵贱。

平生造化，当首取于四强；人世元机，须先观夫三主。

四强，子午卯酉即额颏两颧后是也。宜丰隆广阔，不宜尖削破陷。人生造化，先观此四者。

三主即初中末限是也。又《成和子篇》分五行之形为三限，其详也。

气色明润，固为快顺；限步崎岖，亦多蹇利。

五行并三限之步运，若屈限亦多否杂也。

头尖额窄，固不可以求官；色惨神枯，兼何由而发迹。眼光如鼠，似偷盗之徒；睛窜若獐，如横亡之汉。

鼠眼光绽露，暗中能见物。人眼似此，必主穿窬之辈。

眼凸如蜂目，亦主凶刑；口匾似鲇鱼，终须困乏。

以上言前五行之形，有七体貌，亦主贫贱孤夭。

为僧者头圆必贵，作道者貌清可荣。

自此以下数条，皆论僧道之相。

顶突头圆，必住名境；神清骨秀，须加师号。

头圆而顶骨高突，额阔而印堂方正，为僧必主都纲。眼神清如岩电，骨格秀若龟鹤，为道者必称师号矣。

重颐碧眼，富贵高僧；广额秀眉，文章道士。

重颐主富，碧眼主性慧也。

额阔而眉秀者，文章之相也。

耳白过面，善世之封；颧耸印平，天师之爵。

为僧者，耳白于面，必封善世之官。为道者，颧与印平，必得天师之职。

形貌匾促，庸俗之徒；声骨澄清，富贵之辈。

若僧道，形貌匾浅者俗鲁。

声骨清秀者富贵。

骨粗形俗，其人老困山林；形异神殊，此辈远超云路。

若骨格粗露，形貌尘俗者，终老山林之相也。

形貌秀异者，修行道人不到处。

腰背丰满，衣钵有余；鼻准直齐，富贵自足。

腰背丰满，鼻准直齐，皆富贵相也。僧道同。

发鬓浓重合道貌，声响始荣；眉目平直入僧相，骨清方贵。

发鬓浓重奇异，既为道貌，更声音响亮，见早年荣华。

骨平而秀，目直而朗，既为僧相，更若骨法清古，方是尊贵之相。

视瞻不正，必定好淫；举止多轻，须知贫贱。

若偷瞻窃视而不正者，其心奸淫，僧道亦然。

眼若桃花光焰，但图酒色欢娱；面如灰土尘朦，定主家财破败。

眼神光荡，若桃花色者，奸心内蒙之相，酒色狂淫之徒也。僧道可知。

面色如灰土，气色又若尘蒙者，贫厄之相也。在僧道亦主破财疾厄。

若论限运，与俗一同，细辨根基，各求其妙。

相中限运，僧道与俗人则同。若部位骨脉气色，以僧道俗人基本论之，则各求其妙也。

人生富贵，皆由前世修行；士处贫穷，尽是今生作恶。

未观形，先相心田。人之富贵贫贱，固在于相貌气色。然作善降祥，作恶降殃，而心田又不可不知也。昔裴度有相者，相云：尔貌不丰，尔形无相。胡为公，胡为相，一点灵丹贵莫状，是知心也。此乃相之大者也。

若问前程，先要观乎气色；欲求仙兆，次则辨其形容。先以五岳为根基，后以气色定祸福。

言相人之法，先察此四者，吉凶贵贱可知矣。

大则活人性命，小则救人难厄。

相法：小而言之，预知吉凶，可以使人避凶趋吉。大而言之，决知生死，如师德上舟，而凶人免溺，可以使人免祸获福矣。

不为世见阴功，亦作来生道果。

学相者穷通此理，其术有益于人，其报亦及乎己也。

志超云外，上合天机。

麻衣言既通出世之术，妙合天机之理，直乃神仙之术，岂虚语哉？

寿夭穷通，莫逃相法；富贵贫贱，奚出此篇。

明智者得之，自有神仙之见。智术之士，能精此篇，兼得师传，非仙而何？

后之学者，勿传庸俗之徒。

《风鉴》之术，千变万化，穷通物理，岂庸夫俗子之流所能学哉？

高山流水少知音，一榻白云在深处。

此篇譬如高山流水之操，知音者鲜矣。久隐于华山石室，白云深处，今遇知音希夷，故始默而授之也。

悉精妙理，参透元关，得之于心，应之于目，一览无遗，方知《神异赋》之不诬也。

苟知悉精研此篇之妙理，参透其中之元关，了然于心目之间而无遗，方知《神异赋》之妙信不诬矣！后之学者，当敬授兹篇，不可以其易而忽之也。

第七章　相术汇考七

《神相全编》七

岩电道人神眼经

二十年后有显官。妙矣，希夷之语！

林放，字明逸，隐居林谷，往见陈希夷先生。一日，令洒扫庭除，曰："有嘉客至。"明逸作樵夫，拜庭下。希夷挽其上，曰："君岂樵者？二十年后当有显官，名声闻于天下。"后为谏议大夫，改为工部侍郎。

一百日内秉国政。至哉，唐举之言！

蔡泽求唐举相，曰："先生相李斯百日之内秉国政，有之？"曰："有之。"蔡泽曰："臣如何？"唐举曰："吾闻圣人不相，殆先生乎？"蔡泽知唐举戏之，曰："富贵吾所自有，所不知者，寿也。"曰："先生之寿，从今以始四十三岁。"

容貌虽出乎天然，贵贱不逃于风鉴。鹤形龟息，弃书往康庐而得神仙。

宋朝陈持有《风鉴歌》。吕洞宾，唐天宝中十四年四月十四日巳时生。幼习儒业，进士出身。开元中授江州德化县令。真人鹤形龟息，虎体龙腮，凤眼而耸双眉入鬓，头阔身长，顶华阳冠，身披唐衣，似汉张子房形容。一日私行，徐步至庐山。道逢钟离真人，同悬葫芦，悟一饭黄粱之语，遂弃客修道。后受天仙，一除烦恼，二是贪痴，三除淫欲，遍度有缘之人，道号纯阳子。

燕颔虎头，投笔出阳关而成功业。

相者谓班超曰："君虎头燕颔，飞而食肉，万里侯相也。"后投笔砚，出玉门

关，立大功，威镇西域。封定远侯。

耳白于面，终为柱石之臣。舌红如朱，必处庙堂之位。

欧阳公云：少时有相者曰：耳白于面，唇不盖齿。后官至宰相。相法云：舌如朱红，位至三公。

天庭起至玉枕，乃极品官；日角近映珠庭，非庸人相。

相法云：天庭骨至玉枕，官居三品也。李白举明经李绛曰："日角珠庭，非庸人相。明经碌碌，非子所宜也。"

唇不著齿，善调金鼎之羹；口可容拳，能借玉阶之地。

欧阳修至宰相，相者云：唇不著齿，无事得谤。昔日宋文圭举进士，途中遇一叟，目文圭久之，曰：拳必入口，神仙状也。如学道当冲虚，不尔有大名于天下。

龙凤姿，天日表，知必安民；熊虎状，豺狼声，终当灭后。

唐太宗四岁，有书生见曰："龙凤之姿，天日之表，年几冠，必能济世安民。"楚司马子良生子，越椒子文曰："必杀之。是子也，熊虎之状，豺狼之声。弗杀，必灭若敖氏矣。"

学堂光莹，天下文名；骨法异常，人中真贵。

袁天罡相岑文本曰：学堂莹夷眉过眼。故文章振天下。豫章相者游钱塘，见五代钱镠曰：此真贵人也！骨法非常而常愿自安。

出将入相，都缘足下龟纹；背印封侯，盖为顶中犀骨。

《下命论》："河目龟纹，公侯之相。"注曰：足下有龟纹也。相法云：自天庭起，伏犀骨贯顶位，至封侯也。

睡后气从耳出，贵则无疑；笑则唇揭露牙，贫焉可见。

袁天罡相李峤云：睡后气从耳出，名龟息。此大贵也。相法云：笑语掀唇露齿，主贫贱也。

吉凶定矣，富贵昭然，若见于阴德之中，又在于形相之外。

形状不吉，阴德文现，亦主富贵。荀子《非相篇》云：相形不如相心。麻衣道者云：有心无相，相逐心生；有相无心，相随心灭。

位登宰相，自授夫犀带之功；

裴晋公形相眇小。有相者曰："郎君若不至贵，必当饿死。"一日游香山寺，有妇人以夫被罪，假得玉带兰，犀带一，以贿津要。挂于栏楯，忘收之。度得而还之。后见相者，曰："必有阴德及人，前途万里，非某所知也。"后官至宰相。

选中状元，由造乃蚁桥之力。

宋郊入试，相者见之，未许其登第。归于宿处。时大雨，花台水将没。有蚁万计，周全无计。郊以竹作桥救之。后数日再见相者，曰："有大阴德及物。今年及第，必中状元。"

吕纯阳相赋

相貌有异，富贵不同。量肌肉之轻重，揣骨格之克隆。行似龙腾，此相超群胆志；坐如虎踞，其人出众英雄。原夫唧唧哝哝者，地阁尖瘦；气气势势者，天庭饱满。鼻梁耸直者，谷食丰厚；山根不折者，功名俊美。学馆清高，凌云折桂；泪堂深陷，克子刑妻。若更持行立正，端的忠良；更兼鸡眼虎睛，决明词理。是以鼻如鹰嘴，吃人心髓；齿如石榴，为国封侯。脑门敦厚者，常清贵；颧骨尖高者，不自由。悬壁无露，燕腮莫浮。金门一字四横，偏多食啖；铁锁深关罕用，却被拘留。八卦也，乾须壮大，欲象盖盘；坤若宽停，必须朝口。坎若清兮足才学。离若垂兮贪花柳。震若宽上者无定止，兑若离开者常游走。步重一声如奔马，行穿两脚聊充口。巽起三停于外越，便使愚痴；艮若齐贯而端直，聪明富有。夫何重分次，第目下异端。有刑伤者太阳陷，无破败者面门宽。天寿者则辨其唇掀，穷险者则知其骨寒。金匮满者主有厚禄，小得大者必有高官。妖人邪视，偷人低观。凤眉象眼，营生王易；鸭背鹅胸，饿死何难？人中既现，不必须长；轮廓虽小，且要有气。眼虽薄兮清奇稳，鼻若仰兮窍不祥。眉长者唇掀无害，面大者结喉不良。任是猴相之形真，终有财粮之富足。若见形端正直，须知高贵多福。蛇奔雀步，乞丐之辈；狗坐蛟腾，毒害之徒。官杀现，以为殃；兰台肿，以为奴。柳叶眉齐而有艺，了字眉反而定孤。却知鼻头如悬胆，耳白缀珠，女眉垂兮在宦族，男额宽兮达帝都。岂不识

御苑公卿，田面本来无异；边尘将相，龙头必竟无殊。莫怪泄尽天机，统言道遍，二样皆能相和合，四象相揖则无先。是则富贵，否则贫贱。更有一百二十部星辰，排于一面。

麻衣金锁赋

相法百家归一理，文字泛多难以揆。删出诸家奥妙歌，尽与后人容易记。六害眉心亲义绝，才如秋月圆还缺。克妻害子老不闲，做事弄巧反成拙。山根断兮早虚花，祖业飘零足破家。兄弟无缘离祖宅，老来转见事如麻。眉高面黑神憔悴，爱管他人事挂怀。冷眼见人笑一面，不知毒在暗中来。乍逢满座有精神，久看原来色转昏。似此之人终寿短，纵然有寿亦孤贫。五星列曜在人面，除眉之外怕偏斜。耳偏口侧末年破，鼻曲迎突四十年。读尽诗书生得寒，文章千载不为官。平生虽有冲天志，争奈莺雏翼未干。面大眉寒止秀才，唇掀齿露更多灾。终朝脚迹忙忙走，富贵平生不带来。上停短兮下停长，多成多败值空亡。纵然营得成家计，犹如烈日照冰霜。下停短兮上停长，必为宰相侍君王。若是庶人生得此，金珠财宝满仓箱。形爱恢弘又怕肥，恢主荣华肥死期。二十之上肥定死，四十形恢定发时。瘦自瘦兮寒自寒，寒瘦之人不一般。瘦有精神终必达，寒虽形彩定孤单。色怕嫩兮又怕娇，气娇神嫩不相饶。老年色嫩招辛苦，少年色嫩不坚牢。眉要曲兮不要直，曲直愚人不得知。曲者多学又聪俊，直者刑妻又克儿。髭髯要黑又要稀，依稀见肉始为奇。最嫌浓浊焦黄色，父在东头子在西。议论争差识者稀，附于金锁号银匙。眉高性巧能通变，侍待王公在此时。

银匙歌

股肱无毛最是凶，两头如杖一般同。虽有祖田并父荫，终须破败受贫穷。头痕瘢剥最为刑，罗网之中有一名。若不克妻并害子，更忧家道主伶仃。相中最忌郎君面，男子郎君命不长。女子郎君好淫欲，僧道孤独却无妨。眉毛间断至额边，尝为官非卖却田。克破妻子三两个，方教祸患不相缠。好色之人眼带花，莫教眼紧视人斜。有毒无毒但看眼，蛇眼之人子打爷。无家可靠羊睛眼，却问他人借住场。更有禾仓高一寸，中年犹未有夫娘。眼下凹时又主孤，阳空阴没亦同途。卯酉不如鸡卵样，只宜养子与同居。下头尖了作凶殃，典却田园更卖塘。任是张良能计策，自然颠倒见狼当。眼珠暴出恶因缘，自主家时定卖田。更有白睛包一半，也知不死在床前。下颏趚大旺末年，边城不佐也无钱。数年荒旱不欠米，只因上下库相连。鼻梁露骨是反吟，曲转些儿是伏吟。反吟相见是绝灭，伏吟相见泪淋淋。眼儿带秀心中巧，不读诗书也可人。手作百般人可爱，纵然卖假也成真。薄纱染皂出粟米，纵有妻房也没儿。倘见山根高更断，五年三次路边啼。泪痕深处排一点，眼下颧前起一星。左眼无男右无女，纵然稍有也相刑。发际低而幼无父，寒毛生角幼无娘。左颧骨出父先死，不死不刑便自伤。士人眇眼陷文星，豹齿尖头定没名。任是文章过北斗，恰如木履不安钉。眉重山根陷破财，更忧三十二年灾。土星端正终须发，土星不好去无回。寒相之人肩过颈，享福之人耳压眉。更有亲戚抬不出，只因形似雨中鸡。大量之人眉高眼，眼眉相定不忧悲。眉粗眼细不相当，寅年吃了卯年粮。印堂三表是镃基，只怕下长来犯之。假如水星来救护，不教人受此寒饥。上头虽有些模样，下停不均却坏之。鹤脚之人成小辈，蛮蹄孤子是婆姨。八岁十八二十八，下至山根上至发。有无活计两头消，三十印堂莫带杀。三二四二五十二，山根上下准头止。禾仓禄马要相当，不识之人莫乱指。五三六三七十三，人中排来地阁间。逐一推算看祸福，火星百岁印堂添。上下两截分贵贱，仓库平分定有无。此是神仙真妙诀，莫将胡乱教庸夫。胡僧两眼名识觉，尽识人间善与恶。不带学堂不是贤，莫将此法乱相传。家风济楚眉清秀，局促之人库带纹。抬凳尘埃高一寸，只缘眉似火烧禽。准头如橐红更生，或在西时或在东。若得两头无克处，假饶凶处不为凶。更有颐颏开两井，准头须带两头绦。仓库空陷不由人，休说良田多万顷。大脚原来夭折灾，鬐头可折在层台。耳聋眼患因羊刃，不折天年也有灾。眉头额角如龙虎，龙虎相争定至愚。接连仓库反为灾，鼻梁露骨不安居。若是眉间容二指，此人开手觅便宜。眼下若无凶星照，中年不禄亦丰腴。中年仓库看禾仓，禾仓有陷无屯储。须要田园入库仓，禾仓平满有禾余。取人性命面上黑，换人骨髓眼中红。见人欢喜心中破，见人眉皱太阳空。有财不住无他事，只因仓库有长枪。露井露灶不周全，那得浮生至晚年。虽然不怕经官府，只无衣禄也无钱。五三六三七十三，水星罗计要相参。逐一分门定祸福，水星莫被土星覆。数篇细话名金锁，推明祸福令趋躲。试看人生无归著，耳大无轮口无角。不在东街卖锟饨，便去西街卖饼饦。

张行简人伦大统赋（上）

贵贱定于骨法，忧喜见于形容。

凡人贤愚贵贱，修短吉凶，成败利钝，皆定于骨法也。骨为君，肉为臣，骨肉欲其相辅为贵。若露骨肉薄者，主于下贱。忧喜乃未来之事，人莫能知。忧喜未分，则气色朝夕发于面部。青忧疑，赤口舌，白哭泣，黑死墓，黄喜庆。

悔吝生于动作之始，成败在乎决断之中。

悔吝者，吉凶未见，人情虽知喜利而避害，莫知缘害而见利。易曰：吉凶悔吝，生乎动也。成败者，得失之本也。人之所谋，当刚断而不可狐疑。故举动所谋，能决则必成，少疑则事乱。

气清体羸，虽才高而不久；神强骨壮，保遐算以无穷。

气清体羸者，谓之形神不足，常以不病似病。虽有文学高才，终无远寿。人之寿夭，皆在神气骨法所主。若神强骨壮，必享远年之寿。

颜如冠玉，声若撞钟。

冠玉者，美玉也。人颜色要莹然、温润，若美玉无瑕，乃贵。钟声良久不绝，人声发于丹田，贵乎深远。若浅短蹇涩，破散夭贱之相也。

四渎最宜深且阔，五岳必须弯与隆。

四渎最宜深阔。崖岸有川流之形，不为漫散破缺。五岳要有峻极之势。

五官欲其明而正，六府欲其实而充。

五官者，一口，二鼻，三耳，四目，五人中。欲其明而端正，不宜孤露偏邪。六府者，两辅骨，两颧骨，两颐骨。欲其充实相辅，不欲支离孤露。

一官成，十年贵显；一府就，十载富丰。

此五官中，但一官成就，则享禄十年。此六府中，若一府就，则十载丰足。

房玄龄龙目凤睛，三台位列；班仲升燕颔虎额，万里侯封。

唐房玄龄龙目凤睛，则三台显贵。汉班超燕颔虎颈，封定远侯，镇抚万里之外。

英眸兮掣电，豪气兮吐虹。

英眸者，瞻视俨然，目若掣电，眼如鹰视，转瞬之余谓神彩射外也。豪杰者，言辞磊落，志气峥嵘，若吐虹霓。

若赋性凶恶祸必及，如修德惕厉禄永终。

凡人赋性凶恶，祸必及身，终当暴死。若人常能修身慎行，则禄位永保其终。

上长下短兮万里之云霄腾翼，下长上短兮一生之踪迹飘蓬。

人身腰长脚短如鹓鹏，飞翔霄汉，摩空万里之资也。人若脚长腰短，则一生踪迹飘零，流落老于他乡。

唯人禀阴阳之和，肖天地之状。

人禀阴阳正气而生，诚与天地参矣。

足方兮象地于下，头圆兮似天为上。

足欲软而厚者，乃富贵之相。天尊地卑，乾坤定矣。故足方象地，头圆象天。头圆足方者富贵，头小足薄者贫贱。

音声比雷霆之远震，眼目如日月之相望。

音声者，人之号令，可以及人，故曰如雷霆之震。天之日月能照万物，人之眼目能知万情，故眼目犹天之日月也。

鼻额若山岳之耸，血脉如江河之漾。

鼻额必如山岳之耸直高隆，可为入格之相。人周身血脉昼夜循环无穷，故如江河之漾。

毛发兮草木之秀，骨节兮金石之壮。

毛发若山川草木发生。图南曰：阳气舒而山川秀，日月出而天地明也。骨节宜若金石之坚固。

欲察人伦，先从额上。

人禀三才：额为天，颏为地，鼻为人。天圆则可贵，当先视其额。额主君位，故为天也。

褊狭兮贱夭足恶，耸阔兮富贵可尚。

额骨偏斜窄狭侵天部，当夭寿贫贱，亦为足恶之人。额若高耸广阔，则富贵俱全。

若见伏犀之骨起，定作元臣；如有握刀之横纹，决为上将。

伏犀骨起印堂至天中。隐隐骨起，直入发际，光泽无破，必任公侯之位。额道纹者，在左边地至右边地。横直之纹，如刀痕之状，别无纹理冲破，定为军帅大将。

右偏母妨，左偏父丧。

日月角为父母官。左为日角，右为月角。左为父位，右为母位。右偏主妨母，左偏主妨父。

山林丰广多逸豫，边地缺陷足凄怆。

山林在天仓上。若此部丰广，主平生多悦逸宽。边地在驿马上，边地驿马为迁移官。若有缺陷，则破散成败可知。

覆如肝而立如壁，寿福实繁；耸若角而圆若环，食禄无量。

额若覆肝而平，或如立壁而直，则寿考福厚实多也。额高圆而日月骨起，主高贵长命。凡人之额，其耸若角，其圆若环，主食天禄，以终天寿。

尘蒙而身无所资，玉润而名高先唱。

额若无润泽之色，如尘埃蒙覆，则无甔石之储。额如美玉之温润，主声闻清高而先显早第。

丰隆明者，生必早达；卑薄暗者，死无所葬。

额丰隆光泽，色明而无破，则早岁登科。额小窄狭，其色昏暗，或诸部又无所辅，则死无衣衾棺椁。

福堂之上气黯惨，幼岁多迍；驿马之前色黄光，壮年受贶。

福堂部在眉上。气若黯惨不明如尘垢者，主幼年迍滞。驿马在边地下。眉毛后有红黄色者，壮岁受君赐。

色贵悦怿，纹宜舒畅，贫薄孤独，曲水漫浪。

颜色贵乎悦怿，不宜气杂。若有纹理可尚者，宜乎舒展敷畅。乱纹薄额，纵横相交，谓之曲水漫浪。横纹为人，平昔多忧，主贫薄孤独。

居侯伯者，偃月之势；处师傅者，悬犀之象。

谓额有双峰，上如偃月，王公侯伯子。师傅者，三公位也。额有悬犀，其悬犀骨在福堂上，高隆若角，直接山林。

鼎足三峙，列三公以何疑；牛角八方，厕八位而无妄。

鼎足三峙者，额有伏犀日月角俱起，若鼎之三足，定列三公。牛角八方者，盖额有八角，乃伏犀、日月骨、边地骨、福堂骨、龙角骨、虎角骨、牛角骨、印堂骨，有此八骨者，必登廊庙，通达八方。

观夫眉宇宽广，心田坦平。

眉为紫气，吉星也。若眉宇宽长平阔者，则心坦然无私。

狠愎者低凹其骨，狂猖者陡高其棱。

性狠之人则眉骨低凹。若眉陡高者，狂猖之人。故知进而不知退，知存而不知亡，恒有包藏之志。

粗厚鲁愚，秀浓慧明。

眉之粗浓浊厚者，其性愚钝多滞。疏眉秀有彩者，主聪慧才智过人。

短不及目者贫贱，长能过眼者宠荣。

眉短于目者，主身质下贱。眉长过目者，则身荣贵显。

眉散者资财难聚，头交者身命早倾。

眉尾毫毛脱落而疏稀，主财物破散。初运二十六至二十九财散。印堂乃命宫也。若眉头相交如蜻蜓之形，毛侵印堂者，短寿之相。

中心直断惠性少，两头高仰壮气横。

眉中间直断或纹破者，其性寡有仁慈。眉尾谓凌云，主人之气志。眉若两头高

起，则有丈夫之气。

毛直性狠，毛逆祸生。

眉毛直生者，为人性狠，亦主横夭。眉毛逆生者，其人恒有灾害，亦当克祖，主凶恶。

覆目软柔而少断，偃月高揭而好争。

眉八字软柔压眼，终无正性，故为无断之人。眉若偃月高揭者，则必好斗而多争。

扣促无开，伤蜉蝣之短晷；毛长及寸，享龟鹤之遐龄。

蜉蝣喜阴而恶阳。人若眉头促锁短也、印堂终日不开者，谓之鬼形。故叹其若蜉蝣之影。眉长及寸者，谓之寿毫。四十以上生者，得其寿考，必享遐龄之庆也。

十字高品，天文大亨。

两眉间印堂上有纹如十字者，主有高位。若纹理似天字者，一生亨通，纵有灾咎，自能消散。

作坤字者禄二千石，成土字者将百万兵。

印堂有纹作坤卦者，则禄享千石。成土字纹者，当帅兵百万。

列土分茅，由玉田之高朗；纡朱曳紫，盖水鸟之圆成。

有列土分茅之贵者，谓印堂中有纹如玉田之字。纡朱曳紫之官，盖印堂中纹如水鸟。

欲察神气，先观目睛。贤良澄澈，豪俊精英。

人之神在目。夜则神寤于心，昼则神游于目。欲察神气虚实，心术美恶，必当先视其目。故观其外者，则知其内。贤良之士，眼神澄澈若水。豪俊英杰之流，神和惠而黑白分明。

性端正者，平视无颇；情流荡者，转盼不宁。

人秉性端正，则平视不侧。心情流荡之徒，则目睛往来，转盼不息。

黄润定至于黄发，白干终至于白丁。

瞳子黄润，可至于黄发之寿。眼若白干而不秀，终作白衣之士。

顾下言徐，叔向知其必死；视端趋疾，魏王见乎得情。

《昭公十一年》：秋，单子会韩宣子于戚。视下言徐，视不登带，言不过步，无守身之气，死将至矣。此年冬，而单子果卒。

智伯帅韩魏之兵而攻赵。城降有日，智伯之臣絺疵，见桓子与康子俱无喜志而有忧色。絺疵谓智伯曰："二子必反矣!"智伯以告二子，二子曰："此夫谗臣使主疑，懈于攻赵也。"二子出，絺疵又曰："主何以臣之言告二子?"智伯曰："子何以知之?"缔疵对曰："臣见二子视臣，端而趋疾，知臣得其情故也。"

神陷短寿，睛凸极刑。

人之寿夭，皆在于神气所主。若目神已陷，必当夭死。睛凸者谓之蜂目，其人必至极刑。

斜盼者人遭其毒，痴视者自克其形。

斜盼之人谓眼神侧视，必遭毒而身亡，或至兵死。神痴不秀、转盼无力者，虽面部青显，自克无禄也。

淫眼神荡，奸心内萌。

淫乱者，眼神流荡而不收。狡佞奸罪之人，目神若尘垢之蒙深，不可以为交友。

睡眼神浊而如睡，惊眼神怯而如惊。

目神浊者不清也。如睡者，谓神困浊无力，终当夭寿。惊眼者，谓视物急而惊，其人当至暴死。

病眼神困而如病未愈，醉眼神昏而如醉不醒。

病眼神困，谓情倦如久病未痊。其人终无远寿。醉眼神昏者，神力倦怠，恒如带酒，必至服毒而死。

豁如视而有威，名扬四海；逌然惊而不瞬，神耀三清。

神藏于豁视，威严而有力，俨然人望而畏之，主声名播扬于天下。人若偶遇不测之惊，眼神澄然不改，盖不染尘俗之汗，出于造物之外，是谓大贤之相。

眦圆者，其机深于城域；堂露者，乃子是乎螟蛉。

眦为眼。盖圆成者言行深奥，人莫用其探测。故可谓之枢机于城域。眼堂破露，当养螟蛉之子。

犬羊鹅鸭何足算？鸡鼠猴蛇奚可凭？

犬眼荒淫，羊眼招祸，鹅鸭之眼不善终。人似鸡鼠猴蛇之目，皆相之贱者。然而察形象应本形者为吉。

豕视心圆而无定，狼顾性狠而难名。

猪眼朦胧，黑白不分，主心术不正，贪而多欲。狼顾者，谓回顾与身皆转。性狠，常怀杀人害物之心，多为毒害之行，绝不可交往。

后尾有如刀裁，文斯博雅；前眦似乎曲钩，智足经营。

目若刀裁，文章自来。眼前眦若曲钩，必能良贾深藏而能规运。

唯女赋质，与男异祯。

男子以刚为贵，女子以柔为顺。图南曰：阴反于阳夫必损，阳反于阴妇必亡。

和媚有常者贵重，圆凸不秀者轻贱。

男子之目必要神旺，妇人之目必要和惠。若和惠有恒之妇，必当贵重。妇人唯眼长为贵。若圆小高凸，粗俗不秀者，主轻贱之妇。

睑薄赤而少节，睛莹澈而多贞。

睑者，为目盖也。若目盖薄而赤者，主有不廉之行，少有贞节之懿。睛光澄澈湛然若水者，必有贞烈之性。

眼下气青夫必死，尾后色白男必憎。

妇女有青气冲眼者，必丧其夫。眉尾后白色者，夫必憎嫌。

三角多嗔，为妨夫之霜刃；四白带杀，作害子之青萍。

妇人眼三角者，性狠而多怒，如杀夫之利刃。妇人眼露四白而神旺者，谓之带杀，乃杀子之剑也。青萍，剑名。

唯耳者，主声音之听闻，为心肾之司牧，观其形状颜色，见乎休咎荣辱。

凡人所言善恶，皆从耳传于心。故为心肾之司牧耳。主心肾，又为禄星。观其耳之形状颜色，则人之休咎荣辱，皆可知也。

垂珠朝海，必延算以余财；偃月贯轮，终朝王而执玉。

耳垂朝口，耳尖贴脑垂肩，必取延年算数。死之后，必有余财。

耳有城廓如新月偃仰、光莹朝接者，定朝拱天子，而为执玉之臣。

圆而成者和惠，偏而缺者惨酷。

耳圆成者，主于情和而多惠。偏缺者，必为惨酷之徒。

其薄如纸兮贫早死，其坚如石兮老不哭。

耳小薄如纸者，则贫寒而早亡。古相云：耳硬如木，至老不哭。谓多吉少凶也。

白或过面，主声誉之飞腾；莹且如轮，主信行之敦笃。

占相云：耳白过面，名扬四海。耳轮廓如玉之光莹贯轮者，主忠信笃厚。

似猪者不聪而贪婪，如鼠者好疑而积蓄。

猪耳大，龙耳小，只要轮廓分明。大无轮廓，又无垂珠，谓之猪耳，则人多愚钝，性多贪婪。鼠耳本小，有廓无轮似鼠耳之人，做事多疑而能积蓄。

轮靥虽明，假学则贵；孔毛能长，善持不覆。

耳轮有靥而明，当假学而后显贵。耳生毫者，乃寿考之相，善持守而不致颠危。

性谲诈而难测，盖为如猴；粮匮乏而靡充，率由似鹿。

猴耳尖而向前，耳门窄下，故人莫能测其心也。

粮饷匮乏，尚能与朋友同用而无憾者，盖以耳之似鹿，由鹿有呼群之义故也。

薄而向前，卖尽田园；反而倒后，居无室屋。

鬼眼云：耳薄向前，破尽田园。

耳若反轮而后倒、耳珠又不朝海者，则贫无居室。

昏暗难议乎登第，焦枯屡叹其空轴。

耳为禄星。其耳昏暗者，为禄星不明，则当为寒士，终无禄位。

耳主其肾。若耳色焦枯者，为肾气不足，主家首贫穷。轴，卷轴也。空轴，言腹中空洞无物。

寿越眉兮贵噀血，聪重明兮富贴肉。

寿长者，耳过于眉；位高者，色鲜噀血。

聪重之人，耳色明润；殷富之人，耳必贴肉。

轮靥生乎黑子，智足经邦；门户起乎匿犀，功当剖竹。

其耳前轮靥生黑子者，可为兴邦智略之臣。耳门骨藏丰满者，谓之匿犀，当为封爵之臣。

第八章　相术汇考八

《神相全编》八

人伦大统赋（下）

唯鼻高者，号嵩岳以居中，为天柱而高矗。

鼻为嵩岳，以鼻中央为天柱，而高接天庭。

梁贵乎丰降贯额，色贵乎莹光溢目。

其鼻所贵，唯在高隆贯额。色之所贵，在乎莹光温润而能溢目。

窍小悭劣，头低孤独。

鼻孔小者，为目闭不通，其性多悭劣。凡人准头低者，主终身无子，孤独之相。

斜如芰藕之状，困乏瓶储；圆若悬胆之形，荣食鼎餗。

鼻昂露如芰藕之状者，家贫困乏，衣食不赡。

鼻准完美势若悬胆者，荣食鼎禄。

青黑多凶，黄明广福。

鼻乃身之主。若气色青黑者，应遭不测之祸。如其色之黄明，福自至也。

柱缺终身难荐鹗，梁断三十当畏鹏。

天柱必要端直。若有缺陷，则终当困滞，不得腾踏上进。

鹏乃不祥鸟，人见之死亡。汉贾谊三十毕而见此鸟，知必死，故作《鹏鸟赋》。

大而滞者为商旅，小而狭者作僮仆。

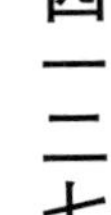

其鼻大而滞者，则为商贾之人，终身奔波流落。

凡鼻小而狭者，则早离父母，必作僮仆。相曰：山根断而幼年疾苦为僮仆。

极贵之色，似老蚕之光明；下愚之人，若蜣蜋之局促。

相曰：蚕将老，自饲而明，然后通于周体。人将发，自准而明，然后通于诸部。故人将贵显，著见青龙之气，似老蚕黄明之色，乃为极贵之光，则无不利也。下愚之人，鼻短低凹，若蜣蜋局促。相曰：面短贫贱人相貌，鼻短无梁露齿牙。

光美宜官，破露忧狱。

其鼻完美成就者，宜享官禄。若破露无势者，则平生忧苦，多致牢狱之囚。

准头隆者诚信，法令深者严肃。

夫准头者，为面部之标本。准头高隆，其人诚恳而笃信。

法令，乃鼻之左右纹也。若其纹理深长者，为人敦重严肃，又有遐龄之寿。

疾病尖薄，悭吝小缩。

鼻尖而薄者，一生多病。兰台小缩者，其性悭吝。

兰台明兮庭旅实，

井灶露兮厨无粟。

兰台廷尉，福德宫也。若兰台丰明者，家财殷实而多储积，能赡百人。井灶若露不收者，当庖厨空乏，恒无自赡之食。相曰：鼻露窍，无归著。

骨如横起，忌与结于交朋；纹若乱交，慎勿为其眷属。

鼻骨横起者，甚不可相亲而为友。

鼻上纹理乱交者，必诡行。虽父子，不同其心。若女子者，不可为之眷属。

夫人中者，沟洫之态，深则疏通，浅则迟延。

人中者，若大川之沟洫，清流四渎，潮接归海。宜其宽深而长也。

深则必致亨通，浅则应当困滞。

浅短绝嗣而夭命，深长宜子以延年。

如其人中浅短者，绝嗣夭命。若得深长者，宜其子孙富贵，又当寿考。

黑子难产乎蓐上，横纹殍卒于道旁。

凡人中者，月孛也。若人中有靥者，主其母产之难。若有横纹截断，必当饿死于途中。

上狭下广兮多后旺，下狭上广兮屡孤眠。

若人中上窄下宽者，主晚年发禄，子孙成群。如下狭上阔者，多为鳏孤之人。

深长者诚信著，宽厚者功名先。

深长者著有诚信，宽厚者早立功名。

微如一线之文，身填沟壑；明由破竹之仰，家世貂蝉。

但人中微窄如线之纹痕，主死填于沟壑之间。

若如破竹之仰，长远有棱理者，则祖庭高贵。

唯口者，语言之钥，是非之关。

发言为开口之钥，开口则是非无不至也。

祸福之所招，利害之所诠。

言为祸福之根，祸福乃利害之本，惟其人之所招，故言不可不慎也。

端厚寡辞者，定免乎辱；诽谤多言者，必招其愆。

吉人之辞寡。若能谨慎于寡辞者，定免乎耻辱。诽谤多言者，谓其专谈人之过恶也。如是之人，必祸咎及身。

肥马轻裘，由方成于四字；出将入相，盖大容乎一拳。

若乘肥马衣轻裘者，由其口若四字。出为将帅入为宰辅者，盖口大而能容其拳也。

唇欲厚，语欲端，音欲朗，色欲鲜。

唇贵乎秀厚，语贵乎端严，音贵乎高朗，色贵乎明鲜。

上下纹交子孙众，周匝棱利仁信全。

唇上下纹交者，子孙甚众。如周回有棱利者，仁信皆全。

噀血余资，似括囊而贫薄；含丹多艺，如吹火以酸寒。

唇如噀血者，主有殷富之资；如括囊者，贫寒孤苦。古相云：唇若含丹多技艺，口如吹火必孤寒。

合势欲小，开势欲宽，狗贪马馁，鼠谗蜂单。

口不欲不收，故合势欲其小而开势则欲其大也。凡人食物，若似馋狗之狼餮，饿马之哺草，如鼠蜂之偷食，皆下贱之相也。

大言寡信者略绰，无机促龄者偃骞。

如其口略绰不收唇无棱理者，主自满不谦，凶徒寡信。

唇若偃骞者，乃无机巧之人，又当夭寿。

青黑祸发，黄白病缠。

口唇青黑者，恶祸将至。色见黄白者，大病临身。

左右纹粗定凶恶，上下急荡多迍邅。

其人之左右有粗纹者，定是凶徒之辈，多遭宪网。急荡者，谓不语而唇自动，多主孤苦之相。

如鸟喙者，高人终难共处；同剑镡者，义士可与交欢。

若口如鸟喙者，难与为交。

镡者，剑之隔手。同剑镡者，主有信义，宜与交。

唯寿算之先定，以牙齿之可观。

其于寿算，故为前定，观其牙齿而预可知矣。

康宁者齐且密，贱夭者疏不连。

康宁之人，其牙齿齐固而密。贱夭者，则稀少而疏。

上覆下兮少困，下掩上者晚鳏。

上覆下者，幼年困滞。下掩上者，晚岁鳏寡。

班马文章，白若瓠犀之美；乔松寿考，莹如昆玉之坚。

能班固马迁之文者，其齿牙若瓠犀之白，高贵人也。

享王乔赤松之寿者，其人齿白莹，坚如昆山之美玉也。

当门二齿缺，命蹇于没世；学堂一官全，声闻于天下。

当门二齿缺者，其命蹇滞，终身困穷。当门二齿为内学堂。若大而明者，主名闻天下。

焦黑困乏，鲜明足钱。

若其齿牙焦黑者，乏困贫穷；鲜明者，钱财丰足。

二十四兮命折，三十六兮寿延。

二十四齿，疏而不连者，谓之鬼形，主命夭。三十六齿，主长年。

尖若立锥，必乏衣食之士；齐如编贝，优登廊庙之贤。

齿尖如锥者，必缺衣食。编贝，海物，色白而莹。齿若齐如编贝，足为贤相以登廊庙。

舌者，以短少薄钝为下，以长大方利为先。

舌短小薄钝者，为下愚之人。若其长大而方利者，则为上卿。

方长者咳唾成玉，短小者皂隶执鞭。

舌方长者，主有才德，文高四海，出语可为珠玉。短小者，俗谓之舌秃，则皂隶执鞭之仆。

黑子凶恶，粟粒荣迁。

舌上有黑靥者，多为凶恶。有粟粒者，则必居官食禄。

黑紫布衣而肘露，鲜明金带而腰悬。

舌上色若黯紫之色者，当贫贱露肘。

舌若鲜明光莹者，则有腰金之贵。

七星理明，可享千钟之禄；三川纹足，必食万户之田。

舌上有七星靥者，可享千钟之厚禄。

舌上有纹如川者，必享万户之食。

允谓瘦人项短致灾殃，肥人项长必夭横。

瘦人本宜项长，而项短者决致灾祸。肥人本宜项短，而项长者必当横夭。

如罂如瓶总非吉，似鹅似豕皆不令。

罂、瓶，皆瓦器也。项下垂若器者，凶。

鹅项太长，猪项太短，如是之人，皆主恶死，不善终也。

丰圆厚实多财产，光隆温润足权柄。

项若丰圆厚实与背相称者，财产多而富足。

其光隆温润者，足主枢机重柄。

瘦人结喉身孤兆，肥人结喉刑克证。

瘦人结喉者，身必孤独。肥人结喉者，必遭刑害。

项后丰起，定为厚福之人；颔下绦垂，永保遐龄之庆。

项后骨丰而起者，是为厚福。颔下余绦双垂者，永保遐龄之寿。

夫贵背之丰隆，身乃恃而安定。

夫人之背，贵于丰隆，必以体之上下安持而为可称。

贫夭绝嗣者，偏侧欹斜；富贵有后者，阔厚平正。

贫穷寿夭无后者，盖为背之偏侧，敧斜不正。富贵有后者，则背阔泽润，坚厚而平。

势若踞山之蹲虎，利宾于王；形如出海之伏龟，考终厥命。

背势似山中坐虎有威力者，当利宾于王，足为王佐。背如出海之龟，则考终寿命。

龙骨欲长其充实，虎骨欲短其坚硬。

龙骨者，臂。虎骨者，膊。上为君，下为臣。上壮下细者，龙吞虎。下壮上细者，虎吞龙也。

鸢肩者，腾上必速，恐不多时；犀膊者，为儒早亨，优于从政。

鸢鸟之肩者，腾上迅速，早而困乏。故马周鸢肩火色，任之要职，壮岁辞闲，急流勇退。为人犀膊丰而圆厚，则为文明之士，幼达，长于大政。

指节欲其纤直，腕节欲其圆劲。

手指欲纤而长，腕节欲圆而劲。

厚而密者，谋必有得；薄而疏者，心多不称。

掌中丰厚，而柔指节莹光而密者，则足智多谋。如其掌薄骨硬，指节疏露者，平生智多不遂。

势若排竿富可羡，色如噀血贵可竞。

指节若排笋者，身必贵显。其掌如噀血者，家必殷富。

身卑才薄，涉中满而起倾；禄厚官荣，有驷马之形胜。

若掌中心薄，周围起骨，谓之起倾。如是之人，主卑贱寡学。

官禄荣高，谓掌中有印旗之形。

横纹下愚，纵理慧性。

凡人掌中若有横纹而短者，乃为下愚；如有纹纵者至聪明，而多智慧。

骨露筋浮者，主身贱；皮坚肉枯者，愁囊罄。

手若露骨浮筋，主身贫下贱。若皮坚硬肉干涩者，当愁囊箧空乏。

家殷而黑子，斯明用足，而横纹乃亘。

手中黑子，主家豪富。如有横纹通直者，为握刀之纹，则主财丰富足。

富贵之相，若苔之滑而绵之软，寿安之人，如笋之直，而玉之莹。

富贵贤明之士，手滑软而若苔若绵。

康宁遐龄之人，手直如笋而白如玉。

心宰视听，内主魂魄，帅六腑之气，统五脏之神。

心乃神之主也。掌其视听运行百脉之神，制五脏六腑之神。故《内经》曰：心为君主之官，神明生焉。

颜色始变，是非已分。

凡人颜色喜怒，方有所变，则一心之明鉴而能预知之。

恶则祸结，善则福臻。

人之所行善恶，咸发之于心。若其行恶则祸结，若其行善则福应。

胸凸者躁而多劣，毛长者刚而好嗔。

胸膺骨高起者，主性急躁而多劣。若其生毛者，每多轻怒。此皆不仁寡合之相也。

坑陷浅窄，愚暗而多居下贱；宽平博厚，贤明而早厕缙绅。

胸贵平阔。若坑陷浅窄者，多为愚下之流。

若其宽平博厚者，则幼年而居官，明贤而享禄。

腹为水谷之海，脐为筋脉之源，包万物而独化，总六腑以中轮。

腹为水谷之海，脐者，总六腑以居中以为筋脉之源。由是腹肚大而圆，脐必广而深。相曰：腹大垂囊，食禄无疆。

圆厚富安，俭薄食乏。深宽富贵，浅窄孤贫。

腹若圆大而厚者，主家富安闲。如其腹薄而俭小者，必至乏食腹。宽厚者主能容物富贵。浅薄窄狭者，褊急孤寒。

势若垂囊，风雷四方之震；深能容李，芝兰千里之闻。

腹垂若囊，主声名冠世，如风雷震于四方。脐深广能容夫李者，主美誉播于邦畿之外，若兰之馨香，闻于四远，言其美德之盛也。

足者枝之谓，身者干之云。枝以蔽其干，足以运其身。

足为枝也，身乃干也。枝当荫其干，足可运之身。

丰厚方正者多闲暇，薄涩横窄者必苦辛。

足若丰厚方正者，平生闲乐，其禄自至。若人足之薄窄枯涩，必当辛苦终身。

无纹身贱，有毛家温。

足底无纹者，身必贫贱。若其足面有毛者，家必殷实。

家富累千金，盖有弓刀之理；官高封一品，由成鱼鸟之纹。

家积千金之富者，足底有弓刀之纹理。官至一品之极者，足底有鱼鸟之成纹。

短小精悍者，形不足而神有余；长大孱弱者，形有余而神不足。

人身短小精悍者，盖其形虽不足，神乃有余。若身长大孱弱者，是形有余而神不足也。

伊形神而俱妙，非贤圣其孰能？

形者发乎外，神者藏于内。其形神俱妙者，非贤圣孰能得之？

藏于内者，如渊珠之粹；发乎外者，若焰光之烛。

神藏于内者，如渊水骊珠之精粹。神发乎外者，若清夜焰烛之美光。

善恶在人之憎爱，清浊由目之照瞩。

凡人心之美恶皆著于目。美则人爱，恶则人憎。分明清浊，瞻视是也。

质以气而宏充，气以神而化育。

质者，形也。人之以气而养形，故以神而生气。

质宽则气宏而大，神安则气静而覆。

人形体宽大，则心气宏。若其神之所安，则气顺而能静。

如是宠辱不足惊，喜怒不足触。

人之所养气定，而后形固；形固，而后神全；神全，而后心正。诚能有之，则宠辱不惊，喜怒不触。

有气无肉者，譬若寒松；有肉无气者，犹如蠹木。

人之形体癯瘦而有神气者，譬若寒松之坚，可享其寿。如其形体肥而无神气者，犹似虫之蠹木，故枯朽而速败也。

李峤耳息而享百龄，孟轲内养而轻万斛。

龟息者，气自耳出，故享其寿。李峤耳中出息，享遐龄之寿。

孟子善养浩然之气，虽齐宣王授以万钟之禄，不顾也。

和柔刚正之谓君子，狭隘急暴之谓士卒。

气和宽刚正为君子，气狭隘急暴为士卒。

如龟之息兮保其远大，如马之驭兮重其驰逐。

龟息之细，渺然不闻。盖能如龟息者，可保长年之气。若如马之驭驾者，生平有驰逐之劳，重者辛苦百般。

身大音小祸所隐，身小音大福所伏。

身大音小者，形声不相应，故隐其祸而待其发。身小音大，神气有余，故藏其福而待其时。

夫声音之所发自元宫，而乃臻与心，气以相续。

声音之发起于丹田与心，气相续而出也。

琅然其若击石，旷然其若呼谷，斯乃内蕴道德，终应戬谷。

声清则琅然若击磬之音；声浊则旷然如呼幽谷之奥。此谓内怀道德之人，终当享其厚禄。

谓之罗网者，干湿不齐；谓之雌雄者，大小相续。或先急而后缓，或先缓而后速，是为粗俗之卑冗，焉遂风云之志欲？

声音有干润，出而不等。若声大声小，相续乱出，或先急而后缓，或先缓而后急，皆为粗俗卑下之徒。

辨四时之气，如春蚕吐丝之微微；察五方之色，如浮云覆日之旭旭。

辨青白红黑，丰四时之正气也。在于皮上者谓之色，皮里者谓之气。气者，如粟如豆，如丝如发，藏于纹理之中，隐于毛发之内，细者若春蚕之丝。欲察五方，正如浮云覆日之微。

地阁明而饶田宅，天岳暗而罹桎梏。

地阁光明者，田宅多广。天岳昏暗者，刑狱多忧。

粟黄缯紫多豪贵，脂白菇青合贤淑。

粟黄者，如粟粒之点娇黄也。缯紫者，如紫线之乱盘也。是为青龙之气。若面部四时常见者，乃豪贵之人。人之面色，其白若脂，其青若菇者，廊庙之器。

若相者精究其术而妙悟于神，安逃祸福？

若学相者，能细究此书而得其神妙，则祸福无逃也。

歌曰：嗟嗟世俗不知因，妄将容貌取其形。若得正形为大贵，依稀相似出群伦。形滞之人行必失，神滞之人心不开。气滞之人言必懒，色滞之人面尘埃。形神气色都无滞，举事心谋百事谐。色在皮而气在血，脉聚作成多喜悦。散则成忧静则安，部位吉凶皆有诀。又曰：欲穷祸福贵贱，除观诸家相文。听声观形察色，有肉神音神眼神。总欲观之，则自然明矣。又曰：迷而不反，祸从惑起，灾自奢生。老子曰：天之道，利而不害；圣人之道，为而不争。此之谓也。

陈希夷《风鉴歌》

人之所禀气兼神，以火为神水作精。火本为心水为肾，精全而后神方生。神生而后气方备，形备而后色方成。是知色随神出实，此乃气力逐声鸣。有形又不如有骨，有骨又不如有神，有神又不如有气，神之得气旺如春大都神气赋于人，有若油兮又有灯。人安本自精神实，油清而后灯方明。夜宿于心常寂寂，日居于眼觉惺惺。其间或有清中浊，有时又取浊中清。更兼风韵细收藏，久坐凝然力转强，如此之人堪立事，轻浮太急少须忙。其次又看形与骨，骨皮与肤须软滑，要其就兮与未就，旋有旋兮终不久。忽然未好已先盈，花未开兮子已生。老人不欲似年少，后生仍须带老成。男儿不欲带女相，女子不欲带男形，阴反于阳必损寿，老怀色嫩必须倾。丈夫妇女两般详，女要柔和男要刚，妇人受阴本要静，未言先笑即非良。良人有威而无媚，娼妇有媚而无威，令人一见便生侮，所以生身落贱微。木要瘦兮金要方，水肥土厚火尖长，形体相生便为吉，忽若相克便为殃。金得金，刚毅深；木得木，资财足；水得水，文学贵；火得火，威武大；土得土，多财库。金不金，多伏吟；木不木，多孤独，水不水，多官鬼；火不火，多灾祸；土不土，多辛苦。且如形体本先瘦，次后身肥最为妙，复加瘦削木干枯，木带金兮灾转多。亦如形体始方正，次后背隆最为应。若然始方次又尖，金带火兮灾愈添。初中最好末后灾，腰小行来步又开。初中蹇滞末后好，腹背俱生悬壁倒。一生只在选人中，体俗形粗背不隆。有贤自然能贤荷，学堂成就是非同。有金之人必有面，有土之人必有背。其或两清多极贵，面似田兮身似具。有时举眼随身起，有时接语和身退。近观有媚远有威，久视愈明初见晦。眼下三分一正面，常调之中岂曾见？龟息尿散屎必方，相中偏僻见非常。远看形丑近看好，上马大兮下马小，更若藏骨与藏神，八座三台官最好。须知观骨有四般，入耳无过寿更宽。插向天仓须两府，鬓生盐司兼守土。借问相中何获寿？认取神藏骨又明。或然神短骨又露，四十三前大可惊。心灰于内神槁外，相法曾明为主人。骨气秀清神肃静，岂在凡间隐却身。瞻视眉平眼又平，不然为道便为僧。紫衣师号因何得？三主如金人中臣。无禄有官神必泛，有禄有官在神清。走兽飞禽类数般，莫将禽向兽中看。瘦长但向禽中取，肥短当于兽里观。似禽之人不嫌瘦，如兽若肥最为妙，禽肥必定不能飞，兽若瘦兮安快走？虎看腮兮犀看角，凤看眼兮鹤身削。南人似北必富贵，北似南人主峥嵘。吁暖流俗不知音，也向飞走要言形。上贵之人方入相，中下之人岂可评？富人不过厚其身，贵士方当与论神。贵在于眼富在耳，富贵同看误于人。要知南人体似北，身大而肥面多黑。欲知北体似南人，体瘦身轻气薄清。不贵似贵终须贵，不贫似贫终处贫。贫中反贵由何得？看取驿马先生骨。贵中反贫有何由？胸高体薄神何昏。清奇古怪秀异端，七者之中亦吊看。清而无神谓之寒，奇若无神焉有官！古而无神谓之俗，怪若无神仍主辱。秀而无神谓之薄，异而无神谓之弱。端而无神谓之粗，有神七者与常殊。见达之人志必远，视高之人志必强，最怕下斜并赤晕，心存奸恶气高昂。更问神生何带杀，认取白睛多聚血。要辨刑中却带刑，定刑狱位有纹痕。观气与色宜相合，色居皮上气居血。来如蚕茧曳牵丝，去似马尾毛方歇。为福定随日影去，福必定交终日聚。更看青色与黄红，又认发时于何部？若言随部上观之，吉凶悲喜定无疑。形滞之人行必重，神滞之人形必开，气滞之人声必硬，色滞之人面尘埃。得意之人有可识，辨取三光及五泽。忽然时下不知心，其部自然多黯黑。最爱有处一如无，又忌易忧兼易乐。须知相貌出天然，我若有之非外铄。泪堂深陷山根折，少年悲泣何曾歇？父母妨害切须知，更如眉上认高低。素无兄弟眉粗短，耳轮无廓主无妻，更有一法辨防妻，阁中枯陷少人知。日角龙角谁谓奇？所为不吉任何为？三尖五露不相入，所为皆吉祸因齐。若不辨心而论相，是将人事逆天时，天时人事如相称，相逐心生信有之。大都贵贱不相识，微妙尽夫人眼力，居然由貌以观之，恐误世人认凶吉。虽然富贵尽有科，其所不知惟有寿，若将《风鉴》以规之，长短于中亦无究。

袁柳庄《识人赋》

乾坤密运兮，品类咸亨；南火北水兮，东木西金；春风夏雨兮，秋霜冬冰。南方丙丁合兮，主文明；北方壬癸配兮，刚威临；东方甲乙旺兮，主慈仁；西方庚辛秀兮，风气淳。月满则亏兮，日中而移程。南人五子兮，多主分；北人五妻兮，多丧身。凤凰鸣而必利兮，蛇蝎出而方生。时候气制兮，偏正不均。南人面如鸡子兮，北人头似斗底平。东人短兮，西人脚长。南不相天兮，北不相颧；东不相嘴兮，西不相腿。南人似北兮，必超群；北人似南兮，终飞腾；东人似西兮，而声名；西人似东兮，而丰盈。南不相轻清兮，北不相重浊；东不相色嫩兮，西不相老成。南人形相分明兮，北人古怪而精神。东人俊兮，骨气渐衰；西人秀兮，气爽而神清。南妇贞洁兮，额广顶平；北妇贞洁兮，五岳平正；东妇贞洁兮，瞻视柔顺；西妇贞洁兮，神清气静。南妇淫兮，赤脉贯睛；北妇淫兮，掠鬓斜行；东妇淫兮，笑坐不停；西妇淫兮，颧面不平。南妇妨害兮，发黄鸦声；北妇妨害兮，额上横纹；东妇妨害兮，四白羊睛；西妇妨害兮，身硬男形。男子无肩兮，到老贫寒；女子无肩兮，至老荣昌。男子口小兮，贫薄夭亡；女子口小兮，聪慧智良。男子蛾眉兮，损爹损娘；女子蛾眉兮，宠妾宠房。男子刚而明快兮，辅佐君王；女子柔而贞静兮，宜配贤郎。有禄有官有爵兮，十二宫中兼看；无神无色无气兮，八卦数内循环。富贵贫贱分定兮，视南北东西人物相当。五岳四渎九州兮，识运限四柱祸福灾祥。麻衣真秘诀，千载永留芳。

太乙真人书

侍天颜之咫尺，额广足圆；趋帝阙之须臾，眉清目秀。天庭高阔不贵，还当富有余；地阁尖长多忧，还是家不足。鼻如悬胆，平生足禄足财；耳若连腮，自是有名有誉。因甚功名较晚？筋骨伤高；缘何寿命不长？人中短促。口无棱角，终为说是说非；唇若含丹，一世润身润屋。常是忧深远虑，只为眉攒；然而吉少凶多，皆因目陷。伤残骨肉，须知眼下泪痕；克害亲情，偏忌怒中喜色。欲识其心不善，眼视偏斜；要知其心不长，唇掀舌薄。齿方而密，聪明勤视诗书；目润而长，志气贯通今古。若知贵贱，细看分明。呜呼！唇若掀翻言语虚而怀奸诈；眼如深露，诡诈大而蕴强梁。五岳不正，非尽善尽美之人，两眼雌雄，岂由仁由义之子。色如常变，必蹭蹬而名更迟；声若破锣，多刑害而心不睦。眉如一字，岂能润屋肥家？背若屏风，终是封妻荫子。腹垂腰阔，衣粮足用而仓库充；胸露臀高，家业散而寿源少。若乃天庭中正，定知事事无忧；假若眉字长弘，必主般般利益。身宜横阔而正，匾不入相；维体上短下长，难为吉论。若夫行步缓重，当为仁德；更如坐视端庄，必为福相。神要藏而威不露，贵而可知；色要正而气要清，富而不谬。色要细察，方断吉凶；形要细观，方言贵贱。或形清而后有福，或貌古而有前程。古怪清奇，必当详审。不以美善而言福，不必丑怪而言凶。此名《太乙真人书》，唤作仙家神品鉴。

姚括苍《玉管诀》

上辅学堂左右分，平如镜子亦无纹。更兼中正无倾陷，定作公侯爵位尊。中辅学堂七十分，平光润泽是贤臣。更兼下部俱成就，六部尚书近圣人。下辅学堂地阁朝，承浆俱满是官高。如教上辅来相注，必坐枢廷佐帝尧。骨秀神清满面全，学堂坑陷定难前。天生虽有聪明性，若论求官定不然。面部虽然短不朝，神清骨秀气超超。学堂更及分缠数，亦作郎官助圣朝。部位光充肉又肥，气昏神暗性多痴。学堂若有朝官禄，寿短须防主卒危。骨格粗肥面阔横，行如鸭子踏浮萍。学堂若有为官职，短命须防五十倾。上府六官人皆有，个个生来无可观。若有学堂须食禄，忽然缺陷受饥寒。五露形神有学堂，骨清神爽定朝郎。如无学馆并神气，必定区区死路傍。言人骨好心须好，若有学堂须显荣。不问富豪全不发，富豪到底得亨通。福见精神漫不全，坐来良久气方鲜。少年须则未荣达，老享渠田作巨贤。远看印骨宛如神，近神尤如醉病人。似此形人卑下贱，到头短命又饥贫。面似银盘五岳丰，神昏气黑必无终。豪家若产如斯子，总有资财亦是空。形神不足头低侧，行步轻浮背又薄。贫贱身穷年老苦，生来必定破亡家。语言虚斜行无步，生若无人定早亡。如此三般应促寿，不过三十入冥乡。终日连宵神气清，醒醒睡觉便分明。肉轻骨重无高下，学堂虚陷岂成名？虎头龙骨人多贵，眉目分明便是官。许负当时一概说，令他后代好相看。眉目分明骨气清，眼如点漆更分明。学堂若无官职小，纵有文章恐没声。口角大雄心地恶，目窥斜视必无良。青多白少斜歪甚，虚妄谈非好斗争。眼视偏斜视物斜，贫穷奸诈浼人家。不为盗贼并凶恶，路死街傍无土遮。眼中赤脉虽刑死，露出睛来定恶亡。若不法场临路死，不然自缢虎狼伤。白多羊眼觑人低，裹帽无头没了眉。更若露睛须恶天，刀兵争斗更须亏。缩囊口辅老无粮，两畔纹多早死亡。口如吹火家贫贱，纵承祖荫费田庄。耳本生来朝大海，亦看轮廓要垂肩。大主一生多近贵，小无轮廓不荣迁。鼻准生来直更圆，润如犀伏主高贤。若曲又高孔仰露，心中奸诈不堪言。上部须长下亦长，腰身周正寿高强。坐如山峙行如箭，此人须贵坐高堂。上部虽长下部尖，肥头大肚不为贤。此人只是常流辈，任有文章禄不迁。身大须长面亦方，眉浓口润准头长。三才五岳皆平满，必定荣华作郡王。两部肥圆下部尖，重行露骨不为贤。读书万卷终无立，纵有文章寿不全。额方印阔三才正，出外超群耀姓名。岳渎学堂皆饱满，若非将相定公卿。天庭光洁司空起，中正朝高与准平。更兼鼻耸如悬胆，此是天官必少荣。辅角光隆满更平，天庭朝起学堂成。城廓阔宽边地满，必是王侯将相形。额方有角更身长，高耸伏犀似枕梁。定是贵人多仔细，学堂成就佐君王。眉下黄光阔又平，眼长眉耸是公卿。两边颧骨高侵鬓，福寿俱全一世荣。骨生发际起天中，为儒必解利名通。贫下之家生此子，不须囊橐自然丰。目秀眉疏细更浓，耳轮贴肉不愁穷。口须方阔兼红润，牙若如红心不公。声从脐下响连长，骨秀神清面又方。头骨更方遐上寿，算来九十始身亡。养男如女多淫欲，满面娇姿始害方。促寿更兼无福德，看看三十早身亡。食禄之家生子薄，到头须是祖光荣。若有一官兼食禄，亦须短命少年倾。形貌虽然好十分，好心不正定沉沦。虽然有一微官职，到老虚名命不存。头生异骨人为贵，面若干枯定是贫。黑子靨纹多苦相，到头衣食仰他人。大头无骨兼驴耳，到底贫穷日渐凉。如此之人须克害，家财盈足也应亡。地阁尖小必贫虚，仓库蹉跎舍亦无。悬壁生纹并黑子，破家贫贱定区区。头似锤尖体细长，眼薄无光定路傍。乞食死时无葬地，充军做贼自刑伤。口角低垂薄又斜，孤单独自傍人家。悬壁更兼生黑子，终身贫困不生涯。人生额角润如卵，发际低生近伴眉。定是为奴并走使，纵然富贵不多时。立如锥卓坐如削，腰下无臀身又薄。不问豪家与贵子，到老无成自蹇落。额尖脑薄又无发，眼嘴不堪鼻如墨。此是贫穷下贱人，饥寒处处无衣食。不语自语贫下贱，妨害孤单目下见。一笑唇摇薄业财，到老无成命乖蹇。眼堂黑气战中亡，手满光明志气荣。陷侧边庭刀下死，平高为将靖边疆。冢墓凶亡左右看，骨头丰起必平安。干枯必是丧父母，歉陷应知幼小难，到老随人做奴仆。肥不露肉瘦无骨，方觉斯人寿命长。骨若露昂贫且贱，肉如露出少倾亡。

鬼眼先生相法

欲推命禄，先相形神。观姿仪之满泽，量面部之三停。肥而无余豪贵，若粟黄

缯紫；瘦而弗瘁贤才，定脂白瓜青。眼细而深，机关莫测；体魁而黑，狡猾难明。赤急性傲，莹缓心灵。男女互容，以防其人情莫久；面色更颜，安保其心事无宁？若辨高低，先看额相。上窄小贫，下宽满贵。上中分五位，无令瘢靨疵青，横列多名，尽要润光舒畅。骨起衡山，官居朝望。直悬一理，从发距印以封侯；横画三纹，长身未立而父丧。曲水人重乘乱画，贫困堪裁；山川二并及八字，雄豪可让。其有眉定信义，自主精神。眉要乌阔而平起，目要清光而正直。缺薄行亏，浓长必丰资之相；低垂智浅，细长定悭劣之徒。尾逆弑父，毫长寿神。目下肉生，或脸无光而绝嗣；睛上胞覆，或瘇异而奸亲。缓视性沉，赤急暴虐。猪羊鼠鹅，贪疾夭而多妨害；鸡猴蜂蛄，淫昏蛊而定盗贫。似龟口者，莫言其富；同鱼目者，必屡遭迍。赤白者必遭兵死，昏黄者定落波津。鼻兮高山，要白于面。窍小而头低尖曲庸兮，性劣多孤；梁峻准见明圆智誉兮，名资大炫。弯首妨亲，分头害脊。戴靨芰藕兮贱可观，悬胆截筒兮贵可羡。柱多陷缺，女损胎而男忧狱；梁足横纹，妇害婿而夫危贱。狭高危而少雁行，阔横大而好虎战。山根左右，一名尽要绝瘢；年上东西，四处无令有靨。人中有靨，女性欺夫。或产子而生多媚色，或婚妻而不问良媒。长一寸兮破竹状，禄二千石兮烈士勋。浅短曲而上宽，子少兮信行淡荡；深长直而下广，寿通兮其嗣成群。口必方正，唇虽纹理，有纹有子，无纹无嗣。剑镡足义，如含丹而财禄弥丰。鸟嘴多言，似吹火而子孙大鄙。绰薄少信而好偷盗，翻嗟露齿而为役使。女靨生居两伴，左贵子而右害夫，男纹立于上边，深大泽而浅危贱。近观青白，撮缩多般而贫贱；遥观通红，缓急无棱而诡诈。中央不与鼻正，定落横亡；人中牵带鼻蹇，必遭兵死。耳窍广洪，性识高虚，丑小而不敛神道，耸长而必诵诗书。猴意难测，禄食无余。孔毫出兮延年，辅骨起而遐寿。轮靨生兮性必智，垂珠悬而禄自如。三寸长而如田字，官高列土；两耳大而有轮廓，异宝盈车。上广下狭，轮翻廓露，身必受苦，钱财不聚。黄光色而有庆，清亮声而多亨。辨困苦之将来，知灾祥而已过。余乃撮其枢要，举其大纲。

唐举元《谈神妙诀》

入眼先知诀，还观起坐中。语迟当贵显，步促主孤穷。犬目应须远，鸡眸莫与逢。项偏多蹇困，头小必飘蓬。骨露财无剩，腰圆命早通。形寒身且薄，离祖各西东。

西岳先生相法

好头不如好面，好面不如好身。先要三停相称，五官六府相成。眉秀眼长富贵，色明印净功名。口似含丹不贱，切防唇上纵纹。法令入口饿死，交眉必定多迍。羊眼蛇睛人必毒，毫生眉耳寿源增。眼下肉枯妨子，头偏脑陷伤亲。且观和尚道士，必定貌古神清。眉粗眼小福薄，眉小眼大多贫。眉高眼深人狠，更兼赤脉贯睛。开眼瞳人神露，更兼梦里多惊。下唇过上贫苦，上唇盖下伶仃。行看脚步阴毒，堂无纹理遭刑。眉卓如枪贫贱，口大不合人贫。面细身粗何用，口角下垂无禄。准头黄色多欣，鼻酸人不入相。皱眉人不聊生，口聚浮生汩汩。耳尖食禄多轻，眉垂多为僧道。谷道涩者为荣，吕后阴毛过膝。李牧神彩射人，吕布身长七尺。叔敖阴德添龄，世上有福有寿。腹垂胸阔脐深，次看脚跟有后。又看其后有根，如此当为寿考，龙钟鹤发之人。阴上无毛淫贱，乳小不黑孤贫。女子面上黑子，不为妨害风尘。皮紧面紧肉紧，小儿必丧青春。气促语言不接，指日必见阎君。头上余皮余骨，男儿出众超群。

第九章　相术汇考九

《神相全编》九

袁柳庄《人象赋》

繄相人之有术兮，肇东周之叔服。鉴昭晰之幽隐兮，亶休咎之是卜。岂惟贫富寿夭借兹以前知兮，而至贵极贱亦由之以品录。遵先哲之贻则兮，匪声利之贾鬻。辨气色于几微兮，定吉凶而占祸福。因风土而知禀赋兮，阅清浊以分形局。眇一身而配兰才兮，备五行与干支之相届。列八卦以配九州兮，尊五岳与四渎。纷总总其殊相兮，均部位三百六十而又六。随四时以推生克兮，妙制化之赢缩。倘识鉴之不真兮，缪千里于毫忽。若夫头象之法干兮，宜峻极而隆圆。头若小为一极兮，又忌顶陷而尖偏。惟额之主火星与紫气兮，司祸福于少年。天庭司空之列位兮，要方阔而壁悬。发际高而边地满兮，伏犀辅骨隐隐而插天。无乱纹之侵角兮，保富贵之两全。倘削小而凸凹兮，兼杂理之缠联。矧额小为二极兮，必困苦而忧煎。惟印堂之于阙庭兮，中正司空之上连。欲丰正而明润兮，惧促陷而发侵边。盖眉宇之于人兮，实颜面之奇表。左罗右计而对宫兮，须疏秀而光皎。或一字而过目兮，或高长而入鬓杪。或弯如新月兮，皆享天爵而终寿考。若旋螺而粗浓兮，必罹祸而凶狡。苟攒蹙而主忧煎兮，骨格露而刚躁。倘压眼而交连兮，必行伍之凶暴。论两目之主监察兮，按右阴而左阳。黑白分明而视瞻平正兮，声华早振于岩廊。龙睛大而光明兮，凤睛秀而入鬓长。神收敛而澄澈兮，朱门显达乎侯王。黑点漆以清秀兮，蔚为盖世之文章。赤缕干瞳而急转兮，一身宁免于刑伤？双睛斗露以浮白兮，性少匹而夭殇。短细深而圆小兮，心拗毒而无良。似醉则淫而睡则困兮，仰刚俯险而斜不減。鸡蛇鼠而偷盗兮，羊不慈而蜂横亡。破山根为月孛兮，要柱直而圆平。贯印堂以亘中正兮，多富贵而寿宁。下接鼻而不曲兮，又莹润而朗明。男得美妻而女贤夫兮，荣戚里之有征。中陷折而枯暗兮，则妨害而绝亲朋。看鼻居中而为肺主兮，奠中岳而位土星。要端直而坚厚兮，准光莹而黄凝。如截筒悬胆而骨坚兮，风门阔大而藏形。兰台廷尉之相应兮，则贵显而富盈。苟尖小而薄狭兮，或凸曲而斜倾，必失禄而破产兮，或巧险而凶刑。准黑暗而斑驳，复乱理之纵横，匪贫病之倚伏兮，必忧疑之相因。鼻毛出而诽谤滋蔓兮，孔昂露而甑釜尘生。夫耳之采听兮，金星左而木星右。耳环白而深肥兮，轮廓分明而圆厚。上周眉而下齐准兮，轮贴肉而垂珠朝口。仓门容指而红润兮，斯富贵之兼有。耳有毫而后有骨兮，乃期颐之长寿。倘软缺而无轮廓兮，尖薄如箭羽而贫无守。反无珠而不贴肉兮，虽见成而不久。更皮粗而青黑兮，则破家而奔走。繄人中之象沟洫兮，贵疏通而不塞，内欲深而外阔兮，阙不垂而长不缩。髭或交而藏隐兮，多子孙而寿益。或短促以漫漫兮，或纹理之横直，则男女之不育兮，并孤滞而可惜。满平斜蹇而不正兮，拟贫贱而困逼。惟上广而下狭兮，慨世缘之孤逆。厚肥卷而肉疾兮，必寿命之夭。人中有黑子而立理兮，养他姓之子息。肉痣塞而不通兮，主无媒之婚匹。口出纳而主水宿兮，位奠坎而为河海之源，横阔而端正兮，方四字而朝天。开大阖小而角上向兮，内宽绰而容拳。若衔丹而泼砂兮，官将相而禄食绵绵。忌开小而阖大兮，及尖反而薄偏。大而语略绰以撮紧兮，缩螺吹火而孤寒。或无人而独语兮，或未语而唇先掀。食淋漓而言露齿兮，两角垂而流涎，必贫贱以贪狡兮，抑孤夭而遭愆。但乱纹之入口兮，终饿死之必然。唇为口之城郭兮，要上下之相称。无纹理之侵破兮，欲棱角而方正。或紫赤似凝朱兮，此富贵之夙定。若浅薄而诞堕兮，纷谤议之相并。或青黑而似鼠兮，破田园而贫病。上不盖而下粗厚兮，主兵刃之非命。舌为口之锋刃兮，欲方大而微红，似泼砂而噀血兮，长至准而王公。纹驳杂而横直兮，主禄库之盈充。纹八字之分明兮，卜异相于九重。虽小窄而方赤兮，亦珥貂而扳龙。苟紫暗而长薄兮，终困厄于寒穷。舌大口小兮贫夭，舌小口大兮言语如蜂。短而黑子兮无始终，吐舌

如蛇兮性狡凶。无事舐唇兮孤毒，漫劳心兮言无踪。齿当门为学堂兮，欲齐大而密固。苟坚排而平整兮，则诚信而寿富。色如银而莹如玉兮，必荣达于当路。缀石榴而光润兮，贵九州之显布。数六六而享福兮，满三十而财丰。齿若黑细尖斜兮贫滞，疏漏短折兮诳诞而夭故，事多阻兮如窍出，穷无依兮开口露。且夫人之有面兮，要圆正而平方，然五岳朝拱峙兮，须上下之相当。大如斗而方如田兮，欲皮厚而无纹伤。山林秀而法令正兮，墙壁满而丰禄仓。承浆深兮地阁厚，三停等兮日月光。但肥白而润泽兮，或黄白而紫糖，必福寿而贵显，宜富厚于田庄。色虽黑而身白，面虽短而眼长，皮虽粗而身细，皆早入于朝堂。面无肉而焦枯兮，主家耗而奔忙。皮薄无神兮破败，肉横生兮刑亡。橘皮破兮少子，甲黯散兮心非良。蓝赤见兮公讼，白无光兮空囊。颊带拳兮刚毅，尘埃暗兮志不扬。发系天而欲圆兮，黑长委地而极贵。髭须在中而系人兮，欲三棱而拔萃。秀长硬直以黑润兮，必朝总之善类。僻处下生而不露兮，法欲方而应地。或额上之有毫兮，实威权之雄势。须发黄而多病兮，赤则气热而多讼事。项为一身之栋兮，上扶首而下总百骸之会。富者丰圆而坚实，贵者方隆而光渍。肥人欲短而瘦欲长兮，有余皮骨而食丰裕。倘双绦而合一兮，必黄耇而鲐背。苟颈挺而形魁兮命夭，反小弱兮非大器。折无毫兮贫寒，拥如瘿兮凶滞。喉有结兮多贱流，瘦祸缓兮肥必戾。胸平正而长阔兮，斯福智之骄臻。肉丰厚而覆舟兮，子贵禄而庞醇。有数毛而益寿兮，凹陷短薄而孤贫。乳紫黑而下垂兮，又安荣之贵人。若细小而窄白兮，乃下愚之庸民。腹圆厚如悬箕兮，有三壬之超伦。若皮粗而上重兮，或雀腹而贫病之邅迍。心头有毫而性刚兮，骨凸陷窄以走风尘。宽平皮厚兮，妙聪察而德有邻。脐要宽深而向上兮，忌突浅而向低。眉平厚而背若负兮，腰正直而有支。坐碇石而不动兮，行平稳而有仪。苟形局之丰伟兮，或滞气之未舒。戒逞才而轻进兮，在藏器而待时。嗟贵人之未遇兮，犹槁木之含滋。羡一日之秀发兮，则名播于华夷。盖气色之在面兮，岂浅识而见窥。青主惊兮赤主扰，白忧服兮黑病罹。黄主吉兮参四季，随生克而例推。惟女妇之于相兮，比男子而异，宜骨法峻峭兮，神色严威；五岳宽大兮，持重而无媚姿。口小含丹兮声音清彻，眉圆背负兮重阁丰颐。行不动尘兮笑藏齿，法令过口兮富贵滋。此女中之翘楚，必椒房之结缡。乳头白而向上兮，斯子息之难为。若子息之易得兮，必乳头紫而下垂。居九丑兮非良妇，且十恶兮岂美妻？唇紫黑而下掩上兮，身必寡，脸薄赤而媚无威兮节必亏。面三颧兮夫荐丧，眼四白兮淫无疑。繄南北之殊产兮，纷形肖之绝异。廓千态而万状兮，政贵贱之靡类。虽外貌之环持兮，或心德之奸狯。惟表里之相副兮，则大福之可冀。苟存养之不恒兮，则灾殃之难避。外陋恶而内纯厚兮，庶祯祥之来萃。固善恶之萌于心兮，夫何相之足恃。昔先子之精鉴兮，幸文皇之隆遇。既阅形以辨色兮，复察心而惊励。指仁义以为干橹兮，申孝弟而为凿枘。俾修省以惩艾兮，全堂堂之德器。余踵武以绍先烈兮，揆浅陋而怀愧。感圣恩之念终始兮，赐悬车之嘉惠。述旧闻以示同志兮，嗟精奥之罔备。或尧言舜趋而蹠其行兮，虽深察而难试。故莽懿之有是兮，贻祸患于汉魏。识介甫于未萌兮，惟老泉与吕诲。盖金玉之混沙石兮，在良工之陶淬。粤简编之有传兮，必心融而面谕。若无稽而肆言兮，则羞吝之并至。倘明哲之有取兮，亦庶几乎垂世。

吴心鉴《通元赋》

阳生阴育，天尊地卑。赋绝通元，大父亲传于心鉴；术高神异，麻衣默度于希夷。实口传而心授，皆意领而神知。蠢蠢群生，按五行而取象，纷纷品汇，列八卦以开颐。验风土之厚薄，识人物之贤愚。问其年甲高下，知其运限兴衰。观形貌而可取，分贵贱以无疑。清奇古怪，骨法见而贵必殊；老幼嫩弱，气色浊而贫可知。听其声而审其滞与不滞，察其神而观乎离与不离。无神必寿夭，无声必命危，声韵似破锣，终身孤独；神清如电灼，才学众推。南人似北相，家有青蚨而绾紫绶；北人类南相，身登翰苑而衣朱衣。瘦人木形，见重金而最怕瘦；肥人土局，遇浊水而岂嫌肥？火尖水下，末年不遂；金方耸上，初主为魁。形色焦枯，夭折易相；面皮绷急，寿不可期。鱼尾陷枯，安有贤妻俊妾？蚕囊绽裂，必无亲子孙枝。准小鼻狭而最悭最吝，齿疏唇薄而多是多非。眼露睛凸，性刚气暴，色昏神散，梦杳魂飞。腐肉横生，天亡之兆；人中短促，速死之期。赤脉贯瞳，性恶而亡填沟壑；螣蛇入口，项折而倒死街衢。阴阳不宜相反，君臣要得其正。三阴三阳俱陷，难为子息；

鱼尾奸门尽露，岂获贤妻？妇人口角痣生，亲夫早丧；男子眼下黑见，有子先归。龙宫要乎平满，子位岂宜偏亏？卧蚕盈满而多男足女，泪堂深广而无妾少妻。眉清而平，生性无偏无党；睛明而转，处心知变知机。手如绵囊，一生享安闲之福禄；面似灰袋，半世遭夭折而伤悲。头额尖而早被刑害，骨法见而显达不迟。五岳相朝，仕路早登于金阙；四渎俱美，显官正守于边陲。耳白过面而名标虎榜，睛黑如漆而身到凤池。名誉视乎两耳，及第在于双眉。文官清秀，挂金鱼而朝玉阙，武将古怪，佩虎符而拜丹墀。法令显见，耸金缕镇江山之永固；虎眉露凸，连牛角保社稷以无危。龙瞻虎视而平定北狄，燕颔狼顾而清荡西边。背厚腰圆，九州威镇；面方耳大，四海名驰。剑眉骨纵而性好杀，骈胁胸阔而战多奇。贵宦有全于五露，富贵岂削于两颐？天地必相朝揖，岳渎勿要倾欹。地阔厚而多田宅，天仓阔而实镃基。家肥屋润，膊厚面肥。四仓丰盈而玉簪珠履，九州平满而金锁银匙。口阔唇方，必定有财有禄，鼻隆颐满，果然丰食丰衣。金匮甲匮丰盈，库中青蚨聚积：日角辅角平起，厩中宝马交驰。耳有垂珠更朝口，毫长一寸可延期。行若龙奔，英雄出众；坐如虎踞，富贵当时。发越睹乎神气，厚实视于面皮。气清出自丹田，贮积千钟之粟；背隆高耸肩膊，堆积万斛之珠。貌古形殊，富格先观于面颊；神清精实，寿毫早见于双眉。项绦明而彭祖再生于中国，法令长而寿星永现于南箕。面貌厚实，坐立如虎；背膊丰起，气息如龟。福厚积而背腰圆，美德高而腹乳垂。人中长，仓库满，福禄全美；寿骨高，准头厚，富贵双奇。鱼尾笏纹朝耳，非寿星而其谁？龙宫黄气盘眼，有阴骘而孰知？三甲三壬，遐龄永保；四反三露，寒贱何依？口小唇掀，食难充腹；肩寒齿露，身无所居，四渎皆浊，五岳俱离。背陷胸窄，眉散齿疏。行时手足褰掣，坐时眼目偷窥。天仓陷，祖业破败；地角尖，资产灰飞。面上阔下尖是反形，初年劳碌；身上短下长为逆局，一世迁移。面貌昏昏若尘垢，气色黯黯比污泥，井灶露而厨无粮米，精神怯而舍没塘池。耳反无输兮田园卖尽，颏尖少肉兮家业迁移，顶偏斜视手常摆，唇薄肩束口似吹。眉浓眉淡散，口阔口高低。鼻孔仰天，钱无贯百；仓库陷缺，食不充饥。对人言，未语而面常羞涩；与人行，未动而足失东西。齿缺而语多妄诞，言泛而信不可期。格局察乎杂与不杂，气

色观乎移与不移。形像取乎仿佛，祸福不差毫厘。赋语详熟，果然神见；相法明鉴，参透元机。

管辂《人伦渊奥赋》

状貌各异，形神不舒。男心狠而害子，女则刚而杀夫。发厚眉连，尽是凶愚之辈；颐尖额窄，但为孤寡之徒。原夫声乏韵而贫夭，目有神而高寿。威显体重者功名必遂，背削肩寒者资财莫守。伏犀隆峻，终为廊庙之英贤；俊目修长，必作文章之领袖。果为善恶易见，曲直莫量。斜视偷观兮自然损害，下视高窥兮必致刑伤。嗟夫骨肉之间，何喜怒之不常？且如失志之时，遽遭破财窘迫。若称心之际，偶尔添禄荣昌。大抵表直形端，言繁性躁。傲劣而可见愚浊，温厚而深知机巧。鼠齿漏而多非，猴面长而不饱。党结奸邪之辈，仇似孙庞；缔攀温粹之流，义同管鲍。而况气有烟露之象，色欺日月之明。或散或聚，或重或轻。察其优劣，审其性情。滞则三寸之希，喜则八卦之盈。黑既见于阴阳，身灾无咎；青若有干年寿，官讼相萦。且夫肉不泽兮竞起旅途，语失常兮径趋冥路。腮昏暗而朝夕，鼻惨黯以旦暮。黄浅有迁变之喜，赤重有羁囚之苦。如丝贯准，知泣泪以煎忧；火气侵眸，忌官非之恐惧。或有耳红更好，唇红愈奇。似波澜之洁兮，显则莫比。如脂膏之腻兮，破而可知。静则求其望用，杂则阻其所为。鬓发如拂鉴之光，欣然得禄；淡白若温灰之状，灾丧求医。诚哉富不在于衣冠，贵不专于儒雅。慕德修义者固穷守道，方颏丰颐者轻裘肥马。的然声不附形而身处优游者，未之有也。

惊神赋

观夫神尧眉分八彩，大舜目有重瞳，武帝有三漏耳，文王有四乳身。汉祖龙颜，宋玉驴耳。孔夫子河目海口，楚项羽燕颔虎头。虞姬身似凝脂，陈平貌如冠玉。汉高祖左股七十二黑子，楚襄王堂中现出五花纹。前贤既有如斯，后世焉能无相？气色乃行年休咎，骨格乃一世镃基。三停平等，一生衣禄无亏；五岳朝天，一世资财足用。天庭高耸，少年富贵可期；地阔丰肥，晚景风光独占。口为水宿，定

一世衣禄有无；鼻是财星，管中年穷通造化。眉清目秀，攀龙附凤之贤；气浊神昏，鞭马牧羊之辈。发际低而皮肤粗涩，终是贫穷；手指密而脚背圆肥，当为富贵。准头丰大多为福，面肉横生性必凶。智慧生于皮毛，苦乐观乎手足。龟头鳖脑，关门吃食之徒；羊目鱼睛，缘木求鱼之子。双眸点睛，盖世英雄。一点生脐，超群志气。秋水为神玉为面，女人必作后妃；芙蓉如貌柳如眉，男子当为泉客。眼横秋水鬌如鸦，月约星期；口是窑灶行以雀，东奔西走。乱纹生于口角，当饿死之亚夫；赤脉贯于瞳中，是难封之李广。吕望耳毫红细，石崇鼻孔圆收。廉颇两眼尾以竖天，邓通双口角而向地。亚夫两缘垂下，文王一痣当胸。因形见心，足辨人之贵贱；听声察色，便知人之贤愚。嗟夫！露齿卓眉，岂作朝廷任用？攒眉撮口，难为台阁臣僚。鼠目獐头，必竟难登仕路；蜂腰鹜体，如何去问功名？林泉有碧眼神仙，朝野无交眉宰相。名高玉册，应知心广体胖，身拜丹墀，盖是天庭高阔。龙行虎步，将军勇节制之臣；狮鼻龙睛，廊庙作股肱之佐。龟形鹤骨，乐道山林；雀步蛇行，遭官囹圄。逢凶有救，印堂静而黑不侵；遇难无凶，福堂明而神不露。眼深骨起，至亲恰似他人；边地丰隆，非亲即同自己。犬形豕视，常怀嫉妒之心；鹞眼虾睛，不脱强梁之性。下长上短，浪走他乡；齿露结喉，难为眷属。闻喜不喜，为金匮之有亏；当忧不忧，缘玉堂之朝拱。耳如纸薄，休望荣华；面似皮绷，莫言寿算。天庭高阔，得上贵以提携；地阁倾斜，招下人之讪谤。若乃神与气清，虽色滞而不贫；假饶气弱神枯，纵色明而何用？呜呼！贫寒妇女，无非胸凸臀高；淫泆娼妓，一定身粗面细。杀夫声出雄壮，好欲面带桃花。背负眉提，唇掀齿露；倚门立户，鼻仰唇牵。儿女刑伤，泪堂深黑；田园卖尽，井灶撩天。手脚摇动，平昔言而无信；承浆丰满，晚年寿命有归。纹理攒眉，年年不乐；杂纹贯印，日日多忧。说是说非，盖为唇轻舌薄；不仁不义，亦因眉厚睛流。有福者手似绵囊，无福者唇如黑葚。女多子少，两眉只看两头垂；父死母伤，额角方知生黑子。尘生满面，其人不久前程；黑子人中，抱养他人之子。髭须拂石，定然妻弄夫权；行坐端庄，定是子承父业。若论运限，各部推之；细辨根基，各寻元妙。贤愚寿夭，莫逃此篇。学者观之。

烛誉经

人禀阴阳之正气，形似天地以相同。面分金木水火土，色映东西南北中。中圣虽有全德，造化终无全功。分清奇古怪之貌，班秀气纯厚之容。清者寒潭秋月，奇者耸壑乔松。古似嵯峨盘石，怪似峭壁孤峰。人能有此，富贵隆钟。秀若深根直干，异者舞风回龙。纯如良金美玉，重如泰岳华嵩。有一于此，爵禄非庸。陈平有冠玉之颜，身居九鼎；卫青有覆肝之额，食禄万钟。或三高六下而不等，或六势三端而不克。身有七尺之魁伟，面无一尺之丰隆。早年发福，中岁困穷。神昏气滞，初主迍蹇，末主亨通。面粗身细者多趋利达，身粗面细者少吉多凶。道骨端圆，掇高科而登要路；凤姿龙表，非世格而岂凡庸？玉枕分品字者超群特达，伏犀贯顶门者光祖荣宗。骨肉停匀者财通胡越，身形粗满者寿不穹窿。天有阴阳寒暑，人有悔吝吉凶。皆出身形之外，超乎骨格之中。面部星辰如圆壮，时间气色欲鲜明。日月侵于印堂，仕宦腾路，山根驿马光显，动用皆成。左额角偏，父必先亡；右额角陷，母必早丧。下长上短，始于忧勤；下短上长终于逸乐。悬针印上，骨肉抛离；黑痣印堂，夫妻隔角。气哭声和，浅见易知；气缓神利，深机莫测。面方耳大，官持一道之权；口大声细，位至三台之列。颧骨入鬓，清贵玉堂；口弓朝天，姓名金阙。面无肉，口缩囊，孤寡破败易飘蓬；泪堂陷，山根折，少怀忠信何曾歇？九丑者羁难，六反者灭绝。天庭墙壁而方，早有腾升；地角尖削而短，终无发越。鱼尾深凹，男子多淫；奸门凸起，妇人少节。金匮光明，儿孙利益；眼下偏枯，妻子有刑。闻喜不喜，多因印绶之模糊；当忧不忧，乃有阴功而保免。行则摇头，处事阴谋；坐则低首，为人诡谲。清奇拱应，少年龙虎榜中人；古怪藏神，终岁凤凰池上客。体骨如油如铁，鬼魁胞胎；肌肤似兰似馨，非凡骨格。鹤形龟体，心灵变化若鹍鹏；龙脑凤睛，浩气凌摩干鹏鹗。手眼脚身带破，未免徒刑；面耳鼻发焦枯，必无余剩。发乱之人，仁义多疏；腮凹之汉，情性更虚。妇人骨起，阴反于阳定孤克；男子肉绦，阳生于阴必夭寿。川纹印上，数损忧煎；水字如弓，终主愚顽。颧高颐突，剥削鳏夫寡妇；面蓝色脱，靠子假妻穷汉。学者先宜熟观此鉴，然后依各部相之祸福有准。

胡僧《相诀》

凡人形相定有方，不见街头在铺廊。神凛凛，貌堂堂，地阁承浆更济锵。色杂神光都不见，直饶富贵也寻常。

罗真人《相赋》

贵贱前缘，何须怨天。山根断而幼遭疾苦，颐额尖而老受迍邅。莫教言语凄鸣，必防儿女；倘若耳轮反露，定破田园。开唇露齿，黑子多咎切记；承浆平阔，善能杯酒山林。井灶缺而乏食，印堂明而官休。体香必有官位，尸殖定知无寿。手短若蹄，昏迷可知。少资金人面尘土，多妻妾人杨柳眉。贫贱下卑，卧若尸而食若鼠；富贵荣重，坐如山而行若龟。虚步稀逢，钟声少遇。眼睛明白男聪知，头发稀疏妇刑克。是以知碧油红旆，因印堂广而封卫青；眉秀阁黄，与额骨隆而王石勒。日月有角，不公即卿。行傍观而定无子，食陷唇缩应没情。鹤形仙态，龟背寿形。骨明大方居头，一生获福；耳白长光过面，四海张名。胸高骨露，鼻窍毫长。唇齿露龈而子孙薄，獐目凸睛而兄弟少。舌上有两条红络，食禄天仓，眉间有三道横纹，死于兵刃。骨法虽备，荣年未至。伎艺外巧，聪明内惠。骨重身轻，获财之俊。上长下短，官印得禄之位。幼而心乱，先卑而后荣；长而性悟，始贫而后富。双眉入鬓，胸襟怀冠世之才；黑睛如环，蕴藉抱出群之器。有禄有寿，却见三堂之贵；位极人臣，肉润骨刚之秀。五岳丰而贵永，三才缺而殍殃。项后露颊，田园广而私佞多；眉散目黄，结喉露而子孙少。睡神入耳，禄承紫绶以何虚？龟息藏形，贵显庙堂之半代。眉浓多滞，目在视而不可观；下视偷窥，言洁冷而自判。目有四白而多义，忽低首者而杀人。神不藏而横天，口眼小而寿短。近观内明远视者大贵，耳大轮漫者寿永，双眸有力者禄昌。耳窍有全丝，三寸贵而一寸富；目视有神光，阳左显而阴右昌。前后不见耳虽贵，语言轻作必强，随口和人者内空，低言频语者内刚。阴头有靥，位至侯伯，岂非扬，双手龟纹，禄庆终而官自久，时有先后

贫富；睡而醒难，初中坎坷，白首孤单，目乏盖而终身贫贱；耳无轮而眉若担山，唇掀齿露遭冻饿。以何疑？纵口理纹图口食而寡聚；手足应纹，医卜为术而妙道，喟叹在口，平生一日不舒颜；披裘贵显荣禄优闲，有发无髭，不可与之同侣，髭髯大密得艺术，以翻发鬓全美有禄位而极寿；鬓下垂而口小，离乡失业；顶平额广，眼黄、眼碧为僧为道以高荣，受平生之福德。

杨氏论神气

古而无神谓之露，露而无气谓之孤；清而无神谓之寒，寒而无气谓之亡；怪而无神谓之粗，粗而无气谓之枯；奇而无神谓之薄，薄而无气谓之弱；秀而无神谓之衰，衰而无气谓之虚；异而无神谓之丑，丑而无气谓之拙；端而无神谓之黯，黯而无气谓之败。

达摩《动静论》

相之大段略备，尚有小节当知。喜时常怒，必是艰心苦力之人；怒时反笑，定主刻厉狠坚之性。对人频频偷视，莫与交游；无人忽忽自言，岂堪远大？坐每低头，心同豺豟；食多淋落，身似絮萍。无痰常吐而吐不收，先富而贫；有话欲言而言不足，有头无尾。疾言而口常撮聚，必破产飘蓬；无事而动每匆忙，终离宗困顿。纹丝缠眼，山根青筋起者，重刑；丹珠抹唇，满目桃花浮者，浪荡。

袁柳庄《杂论》

上篇

人贵之相有三：曰声，曰神，曰气。盖声清则神清，神清则气清。验此三者，形骨次之，是以古者方伎之妙，有闻人之謦咳而知其必贵者，得之于神也；有察人之喜怒操守而知其必贵者，得之于气也。声欲响阔而长，神欲精粹而藏，气欲舒缓而净。反此者弗贵也。有声而神气怯，声缓则其贵迟；有神而气怯，声破则其贵不

远。富贵而神浊声慢，未可以言贵也。此三者幽而难明，元而难测，惟意所解，言莫能穷也。

中篇

形成而不可变，体具而不可缺。大凡形体惟在完满，隆厚清润崇重平正华秀者，不贵则富也。惜夫！怪而粗，古而露，清而寒，秀而薄者，皆非美相。古人论部位法，以额、准、地阁、左右颧为五岳，以眼、耳、口、鼻为四渎，以上下左右分为九州十二辰。由此观之，则一形之微，其所该也，乌可浅浅而论之哉！故上有天子，下逮庶人，其五脏六腑，九窍之形皆同，然其所为形则异也。若辨析之，须于三停五行中求其要妙，次求气色，左顾右盼，寻根揣本，则贵贱贫富，吉凶寿夭，灼然可见。

下篇

形体，相之根本也；气色，相之枝叶也。根本固则枝叶繁，根本枯则枝叶谢。夫论相，所以先究形骨而后观其气色，此皆气色也。夫气舒则色畅，气恬则色润，气润则光泽华美见于色，此皆气色之善也。气偏则色焦，气滞则色枯，气蔽则憔悴黯黑见于色，此皆气色之凶也。若夫形如槁木，心若死灰，淡然不与世俱此，又圣人之相，不可以气色论也。

麻衣《杂论》

凡人之相，必以清奇古怪而为贵，恶俗贫薄而为败。清奇则名高位显，古怪则贯朽粟陈；恶俗则贫贱之徒，孤薄则刑害之子。贵人则身重脚轻，小人则身轻脚重。齿似干而湿，目似水而干。手掌热如火，软如绵，色常润者，乃福人也。眉高则名高，职高则鼻高。眼长而有学，口方而有辨。名在眉，职在鼻，计在口，俊在目，寿在耳，贵在额，福在背，富在腹。上视高贵，下视阴毒，远视贤，近视愚，平视德，高视激，下视狠，斜视盗，乱视淫，猛视暴。凡有此视者，必有此验矣。

欲食贵人禄，须生贵人齿；欲穿贵人衣，须生贵人体。贵人头上少发。贱人身上无毛。人有金木水火土之相：金不嫌方，木不嫌瘦，水不嫌肥，火不嫌尖，土不嫌重。纹欲深而不欲浅，深则志深，浅则志浅。用则神施于外，收则神合于心。近观有志，远观有威，瞻视有力，睡卧易醒，此乃神之全也。气之为气要内坚，即须音润和畅，不在刚健，震鸣急促。内蕴则和，外施则畅。有清中之浊，则内轻而外重；有浊中之清，则内蔽而外明。浙人气重而不明，闽人气明而不重，南人气清而不厚，北人气厚而不清。所以阴阳朗而山川秀，日月出，天地明。此乃气之谓也。色须形于面目皮肤，欲深而不欲浮，欲聚而不欲散，发于五脏之表，为一身之光彩。有所得而喜主于内，有所失而忧生于中。或有老而色嫩者谓之弱也，或有少而色老者亦弱也。面有三光，乌有四泽。乌有三暗，形与神相照，气与色相附。神全则气全，气全则色全矣。

贵贱相法

夫人之生为万物之贵。怀天地五常之性，抱阴阳二气之灵，虽秉彝之本同，肖容貌之非一。观其人，当观其气色，知其相则知其贤愚。是以龙犀为帝王之形，龟鹤为公卿之器。于毂下丰则知其有后，李广数奇则宜其不侯。龟形鹤骨而终军弃缧，虎头燕颔而班超授策。学堂既莹，岑文本立显词章；兰台已全，范仲淹身居辅弼。乃知相法端造，元机当观次第。盖先观其额而别其眼，然后察其形而听其声，乃取貌形，细观气色。贵贱不逃于藻鉴，灾祥嘹若于筮龟。善有则善之形，恶有则恶之相。有善藏于恶之内，有恶隐于善之中。善为福之基，恶乃祸之兆。颇得其意，始举其凡。是必头耸脑丰，面方印阔，眼湛寒波而分明清媚，眉弯秋月而疏淡秀长。兽耳下垂，狮鼻隆起。发疏细而染漆，口方厚而含丹。语无嗫唇，笑不露齿。腹垂而腰厚，肩圆而背平。人中长而井灶明，山根厚而仓库满。三方皆正，五岳俱全。言简且清，若流泉之响幽谷；坐端又直，如钉石而起浮云。不陷无亏，非贵则富。如权秉钧衡，墙壁方厚，掌欲微红，面生润白。眼下阴阳有光，鼻边法令修长。凡赋此形，皆为善相。

其眼虽长而眉促，额颏广而头尖，背隆骨润而娆其腰。而耸唇方而坑其脑，形魁而雀步，骨细而鸭声。语清而神似痴，色莹而坐不正，皆有深浅之善恶，岂无先后之吉凶？

或男颧低而女颧高。或女手软而男手硬。准或斜曲，头或欹偏，眉或低昂，齿或疏缺。其为妒害，岂其寻常？甚而肉缓皮粗，发焦唇薄。猴睛鼠耳，马口鸡胸，手短而脚长，身大而音小。脊高眉缩，额尖鼻低。眉曲则非愁而若愁，目视则不怒而似怒。色昏而神不粹，语泛而步如奔。食而不厌，浅识难明。或有青浮赤缓，或有脸发青蓝，乃不令之形神，为非常之凶恶。

然而体虽薄而额广，头虽偏而气清。两目粗大而身滑如苔，及眼迷蒙而声闻似瓮。耳虽似薄，起唇上之覆舟；牙或有尖，耸额中之圆鼓。未易置善恶之论，亦可为富贵之人。

凡欲定其容貌，可不取于形状。欲知飞走，巧以推寻。要仿佛以略求，不必拘泥于全似。凤睛龙眼者为文贵，蜂睛豺声者为武荣。猿背猿声，未有不登科甲；虎视虎骨，当知定至兵刑。龟鹤者益年龄，牛猪者丰衣食。鹰嘴须防于蜂虿，乌啄必畜于狼心。如蛇则少食而孤，似羊则多淫而夭。

随众形而为喻，特片语之强名。与其形似于群类之殊兮，未若细绎于五行之妙。金方，木瘦，水圆，火尖，土主肥厚。形分差别，有体形之相生。克则为灾，生则为福。但看或肥或瘦，须要旋成旋就。

虽然论相而论形，尤必观气而观色。发有本末，应有深浅。如蚕口吐丝，似蜂唇桃粉。取五行而论五色，按四季而定四方。更有一日之间，缀以八年之内气色。由微至著，占往知来。在心目之妙观，非唇舌之可述。其初入孔孟之室，浪登许负之门。唐举许负，裒集诸子百家，不胜千岐万辙。或彼此之相反，吉凶之未详。剪其繁芜，撮其枢要。先缉简易之数语，继陈次第于篇中。倘有补于缺辞。不敢望于同志。

心镜歌

大凡相法有两般，须看兰停端不端。五岳四渎要端正，一长一短不须论。额要阔兮鼻要直，口方四字丰衣食。头圆象日照天庭，眉曲弯弯多学识。眉头昂昂禀性刚，纵纹不使入天堂。下眼观人多毒害，羊睛四白定孤孀。鼻曲之人多孤独，项短结喉神不足。男面似女女似男，心中怀事多淫欲。眼眇微小有重睛，披缁学道有音声。红润相兼秋水色，男人文学女多情。耳形虽小有轮廓，衣食自然多不错。直须高耸平印堂，定挂金章膺品爵。眉清秀而终不散，入鬓云鬓多灿烂。若教散短又无光，兄弟断然不相盼。唇要红兮怕紫色，细润分明富贵客。嘴尖唇薄招非辱，紫黑多伤凶暴厄。手要长，怕指劣，节纹红红如噀血。软红长细定高攀，形如鼓槌衣食难。眼睛露，口唇反，男忧犯盗女忧产。坐要端，立要直，不端不直人不识。先笑后语人非良，不言不语人难测。声音细，语虽小，必在人间随众走。髻发长，如盖漆，形似虎狼当贵职。那堪红紫短而干，孤独一生无福德。发细长而黑且润，不盖天庭聪与俊。委曲拳旋若盖垂，水色人情多少信。

得意歌

凡相于人有三般，三停须要端。陷损面部定贫穷，隆厚万般通。山根见陷子孙少，义子来相叫。卧蚕丰满多子孙，损破定无因。何为积谷多财住，眼下为财库。日月角中得骨生，贵寿永长荣。面上颧骨有权衡，众中最驰名。头大须要地阁应，下尖无余剩。地阁为宅又为田，肥厚富天然；天地若陷定穷途，终是一樵夫。耳轮须要三般厚，尖薄忙忙走。两头尖薄中心小，衣食终年少。两耳两眼俱两般，父母异无端。左是假爷右假娘，细看不须忙。凡人衣食容易看，光泽面团团。火相火色真姿容，黑变定贫穷。贵人之形体不同，五岳自然丰。黄气紫气颊中生，有财兼福德。一生好道眼中黄，赤气必性刚。脑后有骨伏犀生，此是封侯因。若无相应即平平，衣食却持均。印堂破时终少官，失职扰相干。更无牢狱两边勾，妻儿每为愁。徒刑之处有三般，印堂横纹断。第三更看天中纹，仔细定元因。天中印堂谓妻娘，破时损田庄。眉中直上有三纹，吃酒赌钱人。酒池若陷少酒器，肥满能杯是。破陷少肉为坑池。因洒损身已。又名法令寿带长，富贵彭祖上。四十之年要法令，五十年须定。若无法令为中平，财食两难便。凡相学堂有三端，三处一时看。三处拜将又转官，两处作公卿。学堂若无定少官只作衣食断。金形金色真为贵，有火终须滞。木形木色是三清，此必是文人。水形水色若分明，衣食自然成。火形火色多官灾，灾祸不曾停。土形土色部中看，衣食定无官。金木水火土五行，要金要木正。五行之部只怕偏，莫断作官员。五行形中有古貌，古貌其中少。眼目颧骨势见高，终是作贤豪。五行其中正色昌，无光终须旺。举人来问科场事，天中黄色美。天中白气终须滞，必主悲泣至。秋间是火定为殃，金火反为害。若无黄气定无解，终是碌碌辈。冬间黄，春得官，终是乐且欢。天中印堂见国印，甲科分明定。山根准头地阁黄，及第登科忙。冬月无黄不须行，免其祸患生。楼台之中见头垂，腰曲面白死。五行之中见分明，眼昏终是贫。面见黑色及白气，此是死须记。春间见有春间殃，万事不相当。四季之中皆准此，楼台倒定死。唐符国印定来因，四边墙壁应。唐符为大国星黄，只怕发中阳。国印为主定天宫，三阳逢火星。天中直下地阁排，终是见和谐。唐符国印为异说，赤气分明别。赤者名符黄名印，不得外人听。五行凡相不相人，波波受苦辛。国印紫色黄旗荐，定是转官星。号名赦书不日到，罪者心中好。面如锺馗应少子，至老孤独死。口似吹火绝嗣夫，饥饿日无余。男面似女定家破，活计少人做。面如水洗犯天罗，官灾非横多。面如面袋终是破，妻子不团坐。男带桃花眼主淫，不免被奸侵。女人掩口掠眉头，终是外人偷。大凡看人相部位，一一须仔细。面带尘埃终是薄，心口多谋度。但作巧艺及师人，一一定无因。齿露结喉不足相，衣食终无旺。寿在中年不善终，终是主癫疯。羊睛四白终是恶，猝死更无错。鸡睛蛇睛眼爱偷，日夜使心谋。贵人上下分长短，终是富贵看。腰薄头尖终寿夭，衣食终年少。肥人不见肉为贵，瘦者神清是。骨粗皮粗终是破，至老招灾祸。欲识多灾似病人，一世守孤贫。似醉不醉神不足，看取五行留。多言多语似颠狂，老后少儿郎。眼下无肉不须问，心毒难言论。却要相识交个友，眼下卧蚕走。若是卧蚕终有常，碌碌小人当。头尖额小不相应，只作蛇形状。虎形虎腮三部圆，封禄富天然。眉长眼黑秀如凤，四远人相重。面小团团又见短，只作猿形断。若也三般一体肥，定作犀形是。颧骨高起眼带深，终是作猿形。头小耳又小，鸡形取最妙。头大骨粗项又长，只作鹤形状。头轻项短嘴又长，只作龟形状。万般不离此样看，形貌不般般。学者冥然珍宝藏，不得外人扬。昔时唐举元妙理，遇者莫妄毁。凡对时流莫乱吟，言秘密谨似珠金。若人收得《得意集》，此法须收拾。价值千金句莫传，世上有神仙。气色之中有异般，四季休囚看。是事未曾调清浊，岂解为人观？七部之中形色全，生死气显然。依稀如常曲如钩，凶恶辨根由。所别须分五色气，另是先贤意。夏秋黑气堂上起。侵入三阳位。似丝如蚁带微茫，七七泉中鬼。若还赤色阳中起，枷锁旬日至。白气同侵黄与赤，全家人变白黑色。来侵中位隔，瘟病人难测。春夏秋冬准此言，不离此根源。天中黄气主财荣，赤色是忧煎。二七家中主祸至，堂前见哭声。红紫若有同面上，浑家人鬼乡。白气如螺左右傍，不久上高冈。准头似线赤如钩，损财更损牛。满面蜘蛛网眼生，白日卧荒坟。眉心赤气贯三阳，七日妻病床。昏花偶向天中起，尊亲不日亡。奸门黄气似云生，偷淫切莫争。又见奸门赤似钩，五七配他州。太阳内外黑云侵，野花在山林。青丝仿佛发三阳，儿孙不用详。定取日辰三七日，满宅火茫茫。若是贵人要转官，旗庭紫气端。黄气如云四七日，慢慢细详看。先言有应如加职，连叠转资官。驿马部中同此断，须是仔细看。炎炎之灾古与今，六缺大来临。是事要知真诀处，赤子处山林。更兼鱼尾连山起，火过灾远至。云火之灾有自来，牢狱青黄是。殷殷淡淡九十日，急断三日迟。蛇虎所伤气难见，三日入黄泉。山林一位青青色，枉死怨皇天。何以知人落水厄，寅申巳上头白黑，如花点点死莫疑。二眼中黄白灰黄，定作路中亡。昏昏六七见三阳，身死少人扛。如痴如醉失魂人，多记莫言嗔。远断一旬近两日，悲泣哭声频。客气常在三阳上，家忧人系项。黄居白气起承浆，三日慎刀枪。黑入奸门上墓门，子父同时丧。赤气直从年上发，灾祸急求拔。青黑连侵两眼攀，五七离人间。又见赤从阳位发，三日葬高山。寿上红丝垂法令，不免主虚惊。七旬灾祸重重至，四远尽传声。日月角中见黄气，重重主财至。凡事求之无不达，妻儿一宅喜。盗门青气主忧官，非横自相干。一月日中难捧子，子父不曾欢。牢狱青纹号死纹，枉死入丘坟。急定时辰三七日，沉香故不存。田宅黄云日见生，家盛主昌荣。五七南方求进宅，百里尽传声。红气若居仓库上，财帛自临门。酒池赤色主官灾，三日口舌来。劫门青气主凶殃，一七见官方。多逢虎兔遭唇舌，修之主吉辰。厨帐

黄云不用看，唇舌立遭官。六旬之内忧灾患，愁眉主不欢。白气如丝人寿门，父子各离分。六七祝之修得过，不免自刑人。颧骨两边赤气生，先来死弟兄。更慎一旬并七日，谋事主相争。甲匮黄生红紫气，财宝时时至。印堂黄色似云生，家宅重重喜。眉心赤气主多灾，定在七日来。更归上墓印堂开，官事破钱财。父母山林紫气生，名利达朝廷。多因投杀功名得，七七主官荣。阳赤山中连武库，黑气来相聚。如雾如烟左右旋，满宅无情绪。山根青气人难测，失财兼被贼。若是居官有此气，七七须退职。或见如烟满面生，数年不称意。黄居印堂连武库，六九入朝廷。婴门元壁青气生，数年不称意。又见黑云同处起，克爷妨兄弟。一年之内频挠括，饥馑爱相争。客舍少府黄云现，必位三公上。三荣迁职八迁阶，不免中书相。商旅边地及三女，青紫细看取。后先多记莫妄言，三堂黄财聚。祖宅荒坟青破家，灾来自落花。不信直言一百日，一死卧黄沙。坑堑陂池气似枪，为是黑纹长。急急直言三五日，死葬高冈上。赤白如螺准头起，数年身不利。忽见高声语不来，立便有迍灾。面多青色笑无颜，久病在人间。眼前白练尤且可，准白灾难过。白练如烟拂面生，数载招灾祸。唐符国印紫气生，非久处朝廷。驿马重重发紫气，朝命不日至。唐符驿马国印生，红黄定称意。三日宣头速夜天，敕召入朝廷。

相人歌

龙形及虎形，龟形与鹤形。凤目狮子目，黑白自分明。眉浓如八字，口方四字平。耳轮皆贴肉，手足纹理萦。登高如五岳，齐整于三停。举头兼视正，开口响铃铃。骨格能平正，皮肤自滑凝。心神如镇石，口肉自香隆。广学如无学，忧惊不自惊。隐然色滑淡，神气迨清清。更欲看心相，元来肉有明。脑边居五骨，胸上点三星。脑上通纹理，颐边骨肉盈。手中有黑子，足下踏龟成。餐啜如龙虎，如龟理步行。秀从元气足，紫气抱胎生。不怒人皆畏，含嗔不欲争。等闲无处舍，当世不峥嵘。语媚令人爱，喉咙是鼓声。睡眠如伏虎，梦寐有真征。是可皆先兆，心神似有灵。纵然连祸难，终有福神并。

穷相歌

头骨无棱角，发拳黄落索。眉散眉心交，眼睡眼皮薄。鼻斜孔双露，目少唇掀薄。牙齿疏黄尖，音声散台铎。两目不相同，耳内无轮廓。两颐尖复斜，鬓发皆交错。夜睡开眼眠，晨朝困冥寞。不醉似醉人，不病形如恶。不愁似愁多，不忙常霍索。结喉骨太多，骨前骨寥落。肚脐凸多露，乳头如太岳。皮血大粗疏，竖起于肩膊。手内无纹理，脚步如行雀。餐饭羹不珍，口中滋味恶。饮酒未三杯，言辞尽交错。时闻抵对人，眼目似东郭。若与人知闻，三奸即两恶。背而是非人，言语难度著。看人如视地，结交无宿诺。抵对少精神，行步多虚霍。闻人失即欢，见人得不乐。何用相精神，此人心相恶。

妍媸歌

妍媸歌诀不寻常，贵贱荣枯有阴阳。南北东西风土异，必须参究要相当。若论此相有十法，先相三停与短长。次观骨法及颧额，三看神清露昏光。四听声响亮焦破，五视行轻重缓忙。六见坐立身偏正，七推心事善和强。八定星曜美与恶，九察部位丰与陷。十背胸腹手足隆，厚薄窄狭有低昂。若能依此十法相，祸福研媸日昭彰。

何知歌

何知君子多灾迍？春夏额上带昏昏。何知君子百事昌？准头印上有黄光。何知人家渐渐荣？颧如朱色眼如星。何知人家渐渐贫？面如水洗耳生尘。何知白衣换绿袍？天仓丰满福堂高。何知为官不食禄？坐时伸起头颈缩。何知人家不生儿？三阳暗发如黑煤。何知人家怪常来？朦朦黑色趍唇腮。何知兄弟成双吉？山根高耸眉如一。何知兄弟成双凶？山根断折眉不丰。何知人家鬼打屋？天庭数点黑如粟。何知其人不及第？眼中赤脉如丝曳。何知人主早发解？福堂丰满精神快。何知人家频换妻？眉头带杀下位欹。何知人家妻妾淫？奸门暗黑眉如金。何知人生不聚财？但看

法令破兰台。何知人家被火伤？眉头数点赤换长。何知人家弟杀兄？山根常黑不分明。何知人家常被贼？但看双岳如烟黑。何知生女不生儿？眉间但看两头垂。何知小儿常被惊？山根年寿色常青。何知人家妻受邪？奸门黑漆不光华。何知人家儿受灾？三阳暗色如烟煤。何知人家竹林旺？山根气色趒周黄。何知人家贮积财？甲匮紫色常堆堆。何知为官多灾难？坐时眉攒口常叹。何知为官一举超？未发言词语含笑。何知突睛杀人恶？但看当门两齿落。何知人家杀头妻？必是山根年寿低。何知人家杀头夫？左颈肥大右颈枯。何知兄弟生同胞？必是眉头有旋毛。何知官员克举主？鼻曲印破多纹缕。何知僧道有高名？必是古貌与神清。何知人家遭劫盗？赤脉地位常干燥。何知人家孝服生？眼下丧门白粉痕。何知寿年九十六？天庭高耸精神足。何知寿年八十二？法令低垂是。何知其人四十五？面皮如绷鼓。

何知诀

何知有贵人？水土肥且明。何知爱弓检？露睛赤脉长。何知妻两换？眉毛且入眼。何知有钱烂？土星如悬胆。何知有文章？牙细口唇方。何知卖祖业？口尖舌能急。何知人聪明？肉红赤眼睛。何知父母早不全？黄毛额角旋。何知无兄弟？上高山根倾。何知必作屠？眼赤眉毛粗。何知妻破家？头尖额更斜。何知命不长？声音女人样。何知多杀人？眼内赤贯睛。何知两度嫁？女作丈夫声。何知富贵昌？头圆而面方。何知有病苦？年寿金木生黑子。何知九十寿且随？其翁晚景肥。何知其人定生财？看看五露分明来。何知其人常作寇？月孛鼻头尖且小。何知其人一生闲？坐如钉石眉头宽。何知狱厄有灾迍？但看眉间有斜纹，一纹一度入狱内，二纹二度入牢危。何知其人无兄弟？眉短眉交皆不利。何知破家不齐整？面皮光滑薄如纸。何知其人发禄迟？鬓毛重厚迍邅随。何知为官不超升？坐时神暗眉常蹙。何知一世不生儿？三阳陷了色如脂。何知人家被劫夺？两眉起纹生过目。何知人生服毒药？土上损破黑子恶。何知人生卒暴死？唇青年上生黑子。何知人生命带空？长脚蜂腰总一同。何知其人心偏曲？豹牙缺齿黄面目。何知其人主饿死？纵纹人口乃如此。何知其人主水厄？看他眉间双黑子。何知父母早不全？其人上唇若趒天。何知女人

定克夫？眼大眉高颊骨粗。何知破败且伶仃？看他两脚如杖形。何知其人主大殃？耳焦眼赤祸难当。何知克子又刑妻？面形恰似破菰儿。何知贪财并好色？龟背龟胸如何说。何知其人死相随？初年即便身充肥。何知殃财且贫穷？看他上下露臀胸。何知男子定孤刑？项喉恰似鹭鸶形。何知兄弟各相抛？眉毛蹙定常相交。何知幼小灾厄故？但看鼻头并灶露。何知破祖又离乡？三尖三露为之殃。何知女人定抛夫？额角入鬓更何如。何知作事伦序无？看他眉睫长而疏。何知父母兄弟异？耳眼大小高低是。何知其人两三婚？但看奸门有多纹，一纹必定克一妻，二纹两度重婚娶。何知刑克事招嫌？口下生须直到颧。何知末年主多灾？但看其人无下腮。何知女人是婆姨？看他一双好蛮蹄。何知刑妻并克子？鱼尾偏枯颧骨露。何知破祖闲事侵？额尖头尖项后深。何知兄弟皆不和？但看两眉粗更多。何知享福又清闲？看他两脚毛多生。何知不久克妻儿？但看气色白生眉，若看眼下白色起，右克妻兮左克子。何知官贵显文章？眉秀目清好印堂。何知人妻产孕易？阴阳位上安儿女。何知其人克父娘！但看眉粗又更黄。何知妻子值千金？但看眼下泪堂深。何知刑克子难言？眉粗目大带双弦。何知一生衣禄荣？印堂宽正且无纹。何知富贵名声誉？耳生贴肉皆相济。何知害子又克身？看他形似猪肝形。何知破祖克妻子？面似桃花眼如水。何知女儿孤且淫？听他一片鸡公声。何知临产阎王觅？看他眼下气色赤。何知一生多凶害？但看眉毛生出来。何知人主他乡死？看他眉上生纵理。何知其人生得贫？额上陷得一枝星。何知平生多破败？土字仓库皆陷害。何知末年败郎当？看他决定无承浆。何知主有美貌妻？看他两眼长而细。何知禄破命不逸？看他两脚粗如柴。何知男女位上厄？看他眼下带赤黑。何知子孙生灾厄？准头分上有青色。何知病患来不饶？看他眼下黑而焦。何知不读书与经？看他恰似青蝇声。何知人常招口舌？看他面形多火色。何知其人损头妻？面皮光滑粉如脂。何知病女偏命长？其人面瘦身肥壮。何知丈夫主有刑？请看此妇额不平。何知夫妇主分离？四白多生额决虚。何知其人主路死？满面白色恰如泥。何知处世多丰荣？其人天庭有福星。

勇智歌

边地隆隆起，颧高气吐云，双眉尖入鬓，塞外上将军。横肉面毛长，银红面色

光，声如雷电击，提剑助高堂。额广锋芒起，眉浓眼怒神，为官居将帅，声骨异他人。后俯前如仰，通宵坐不昏，贵兼文武相，声响隔山闻。喜怒神如一，穷通气不殊，面横金紫色，安坐体璇枢。

孤贵歌

眼凸神光异，眉长骨更隆，手摇猿鹤体，因此墓前峰。眉目虽然秀，唇掀耳不朝，莫教声韵破，弃禄自逍遥。五宽兼五急，三短间三长，中有一孤处，必居泉石乡。面色虽华润，身形瓜蒂枯，两眉如蹙额，清贵在江湖。不似归云水，眉湾鼻露风，眼圆神色定，此相有谁同？

凶暴歌

眉尖双眼竖，赤目贯瞳人，气横人情急，凶亡不保身。骨节粗无比，言高作虎威，鼻梁垂剑脊，凶暴见身危。羊眼口尖卷，身粗坐更偏，色焦神气露，因此丧天年。鬓侧若无德，凶亡为气豪，眼伤贤者避，须中小人刀。横死三颧面，微微贯赤筋，白圆睛目凸，此暴遂亡身。

刑害歌

上下云烟黯，身形骨带寒，早年刑父母，孤独得身安。眼凸眉粗逆，形枯脚又长，三孤兼露齿，妨害最难当。面愁如哭泣，形倒似癫痴，蝇面兼孤耳，名为抱养儿。左右额孤毛，眉浓齿又高，阴阳如点破，那得报劬劳？山根倾陷处，点抹见青痕，兄弟应稀少，犹疑寿不臻。

无子歌

面色如橘皮，至老亦无儿，纵饶生一子，须换两重妻。浅浅人中缩，黄眸面似啼，兰台倾又窄，临老自孤栖。满满如银色，中间一点红，外阳无一指，头白少儿童。泪痕垂两面，眼赤更颐尖，有子身还老，终不免孤单。子部君知否？丰年怕点痕，若还倾陷了，犹恐耳无根。

恶死歌

形部带空亡，知君必恶伤，眼尖头与尾，暴卒为强梁。眉乱凶神起，双眸带杀光，额尖通口聚，虎口遇豺狼。两眼微如剑，双肩短似枪，莫教声带杀，垂泪赴砖场。睡眼开还合，惟嫌露白睛，假饶形相善，生不保归程。口阔无收拾，形粗眼带凶，莫教神气暴，贼死向山中。

正形歌

水形肥且厚，肉慢见尖垂，声润还相称，须为富贵儿。火形看上下，下大耸形高，若也声焦烈，初年稍富豪。木形长且瘦，筋骨更条条，青直还须贵，枯干禄未饶。金形方是正，体重极威严，声响兼和润，官高禄位全。土形完满处，且向准头看，背若如龟厚，何愁不作官？

正色歌

黄色分明吉，尤看紫更红，光华须富贵，滞阍便为凶。青色须还正，春风偃柳条，若如烟雾霭，忧恐在崇朝。赤色宜华润，焦悴定不安，两唇相印吉，终岁位高官。白色如银煅，匀匀透肉光，若还干不润，唤作犯金亡。黑色无烟黯，光华喜可知，有时如点漆，一死定无疑。

正声歌

木声多远实，鸣亮起喉间，焦破应孤独，完清定有官。火声焦且散，完响望中闻，定是居官贵，飘然破子孙。土声沉重远，一响众人惊，若也多淫欲，中年败又成。金声完远妙，焦破不堪闻，黄在丹田起，知君位最尊。水声无散乱，清净成群伦，若也微焦涩，中年破且迍。

体骨歌

骨清肉中秀，端然体更隆，清奇兼耸正，印是位三公。骨细皮肤滑，青青不挠身，自然成德贵，何必借他人？骨乃人根本，须还秀且清，若还粗更涩，那解获功名？手骨欹横贱，龙吞虎必荣，纤纤十指润，知识使人惊。无骨应斜侧，贫寒体不平，虎强龙又强，犹自望身荣。

第十章　相术汇考十

《神相全编》十

论手

夫手，所以执持，用以取舍。纤长者性慈好施，短厚者性鄙好取。手垂过膝，盖世英贤；手不过腰者，一生贫贱。身小手大者福禄，身大手小者清贫。手薄削者贫，手端厚者富。手粗硬者下贱，手软细者清贵。手香暖者清华，手臭污者浊下。指纤长者聪俊，指短突者愚贱。指柔密者蓄积，指硬疏者破败。指如春笋者清贵，指如鼓槌者愚顽。指如剥葱者食禄，指粗如竹节者贫贱。手薄硬如鸡足者，无智而贫；手倔强如猪蹄者，愚卤而贱。手软滑如绵囊者至富，手皮连如鹅足者至贵。掌长厚者贵，掌短薄者贱。掌硬而圆者愚，掌软而方者福。四畔丰起而中洼者富，四畔肉薄而中平者贫。掌润泽者富贵，掌干枯者贫穷。掌红如噀血者贵，掌黄如拂土者贱。青色者贫苦，白色者寒贱。掌心生黑子者，智而富；掌中四畔生横理者，愚而贫。

玉掌图

图之宫二十卦八

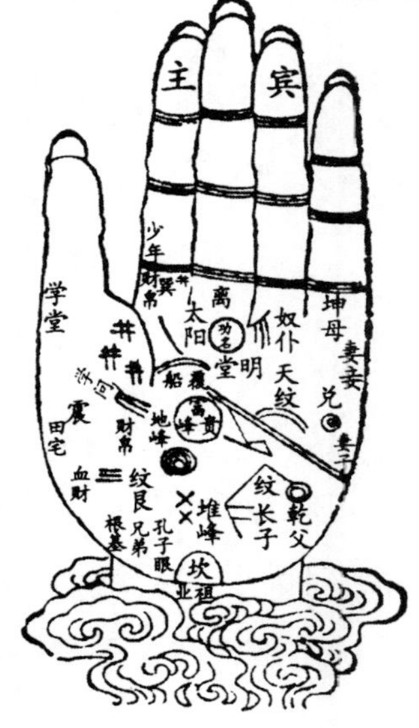

图之纹厅公三

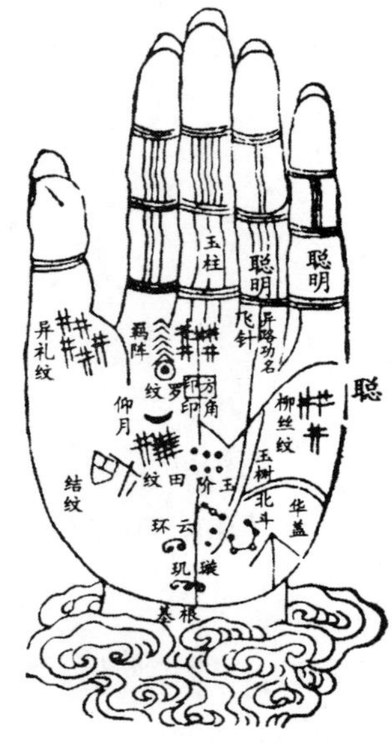

图之纹奇贵富

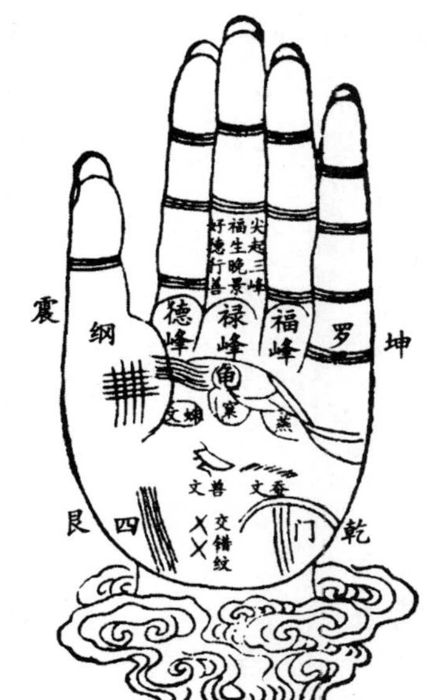

图之纹业祖厄疾

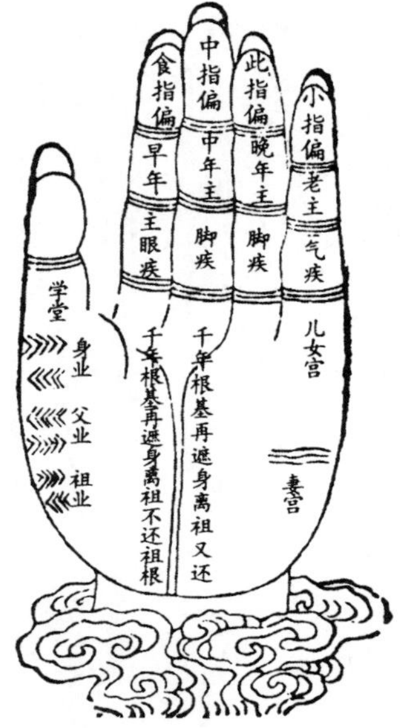

四季纹	春青夏赤秋宜白， 四季之中黑喜冬。 秋赤冬黄春见白， 夏间逢黑总为凶。	拜相纹	拜相纹从乾位寻， 其文好似玉腰琴。 性情敦厚文章异， 常得君王眷顾深。
带印纹	掌上纹如带印形， 前程合主有功名。 莫言富贵非吾愿， 自有清名作上卿。	兵符纹	兵符纹现掌中央， 年少登科仕路长。 节钺定应权要职， 震戎边卫拥旌幢。
金花印纹	纹带金花印立身， 此生富贵不忧贫。 男儿指日封侯相， 女子他年国内人。	雁阵纹	朝衙文类雁排行， 一旦功名姓字扬。 出入皇都为宰相， 归来身带御炉香。
双鱼纹	双鱼居放学堂中， 冠世文章显祖宗。 文过天庭更红润， 为官必定至三公。	六花纹	若人有此六花纹， 他日身沾雨露恩。 可许为官须侍从， 庆来晚岁曜朱门。

悬鱼纹 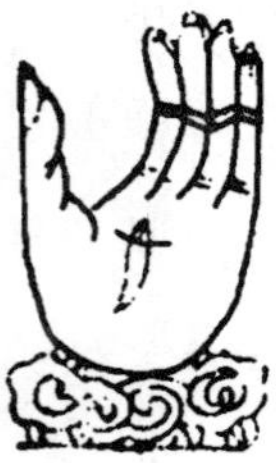	悬鱼纹衬学堂全， 富贵当时正少年。 一举首登龙虎榜， 跨龙作马为玉鞭。	四直纹 	四直可名求， 中年不用愁。 更宜红润色， 一旦便封侯。
独朝纹 	独朝文出正郎身， 若逢靴笏更聪明。 因官好好难和事， 必定中年禄位升。	天印纹 	天印纹身乾位上， 文章才调自荣华。 为官平步天街上， 凡庶堆金积满家。
宝晕纹 	宝晕文奇二相形， 端如月晕掌中心。 如环定是封侯相， 钱样须多谷与金。	三日纹 	三日精荣现掌心， 文章年少冠儒林。 须知月阙高攀桂， 四海声名值万金。
金龟纹 	兑宫西岳起隆隆， 文似金龟势象雄。 遐算定须过百岁， 居家金宝更雍容。	高扶纹 	高扶纹出无名指， 胆气高强难并比。 手红色润是多能， 自是一生招富贵。

玉柱纹 	玉柱纹从掌直去， 为人胆智必聪明。 学堂更得文光显， 一定中年作相公。	三奇纹 	三奇纹现无名指， 一路分开三个纹。 生在遐宫并掌内， 拜相金门宰相臣。
笔阵纹 	笔阵纹生阵阵多， 文章德行胜邹轲。 十年得意登科第， 福寿无疆著绮罗。	立身纹 	立身纹上印带手， 堂堂形貌气如虹。 他年显达须荣贵， 终作朝中一宰公。
玉井纹 	一井纹为福德人， 二三重井玉梯名。 此人必定能清贵， 出入朝中佐圣明。	三峰纹 	三峰堆起巽离坤， 肉满高如束梓圆。 光泽更加红润色， 家中金玉有良田。
美禄纹 	美禄纹如三角形， 偏宜三角带横生。 自然衣禄常丰足， 到处追陪自有名。	学堂纹 	学堂纹小却相宜， 清贵之中有福随。 开广主人为技艺， 大凡事事巧能为。

学堂纹 	拇指山根论学堂， 节如佛眼主文章。 金门选举须科甲， 名誉清高远播扬。	车轮纹 	此纹圆满主车轮， 必是皇朝馆殿人。 更看文全名杖鼓， 封作诸侯百里臣。
福厚纹 	福厚纹生向掌偎， 平生无祸亦无灾。 怜贫好施多阴德， 必主年高又主财。	异学纹 	异学纹须招异行， 声名长得贵人钦。 为僧为道增殊号， 尘俗还须百万银。
小贵纹 	小贵纹奇小贵官， 纵无官禄积闲钱。 那堪红润兼柔软， 僧道须还管要权。	天喜纹 	立身带天喜， 一生多福祉。 荣旺乐人安， 事事皆全义。
川字纹 	五指俱生川字纹， 人人益寿得延年。 男儿可比篯铿老， 女子堪如王母仙。	折桂纹 	折桂纹名有大才， 儒生及第擢高魁。 姮娥月里频相约， 一日登云攀桂来。

三才纹 	三才纹上得分明， 时运平生可得平。 主命与才俱有气， 一纹冲破便无情。	千金纹 	人生若欲问荣华， 纹若千金直上加。 设使少年人得此， 前程富贵有人夸。
离卦纹 	离纹冲乱多劳碌， 坎位如丰称晚年。 八卦若盈孤贱相， 三山要厚主荣官。	震卦纹 	震丰色润有男儿， 纹细谁知子息稀。 或遇其中还带煞， 只宜招取别儿宜。
银河纹 	银河碎在天纹上， 必主妨妻再娶妻。 震坎乱纹冲克破， 不宜祖业自兴基。	华盖纹 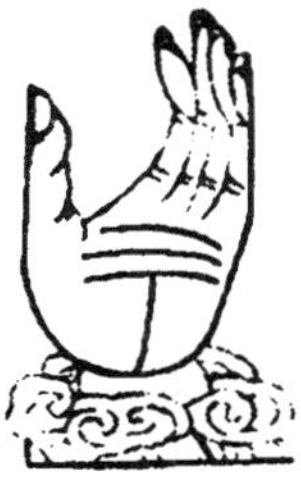	华盖青龙阴德同， 此纹吉利尽阴功。 或有凶纹加掌上， 得之为救不为凶。
文理纹 	文理如鱼坎位藏， 妻饶相受富田庄。 因何子受官班爵， 赖得乾宫井字纹。	阴德纹 	阴德纹从身位生， 常怀阴德合聪明。 凶危不犯心无事， 好善慈悲好念经。

智慧纹	智慧纹名远誉扬， 其纹长直象文枪。 平生动作常思虑， 慈善兼无横祸殃。	山光纹	山光纹现好清闲， 闲是闲非两不干。 此相最宜僧与道， 闲人多是主孤鳏。
住山纹	身立斜纹是住山， 又贪幽静又贪欢。 老来处世心常动， 尤恨鸳鸯债未还。	隐山纹	隐山纹现掌中央， 性善慈悲好吉昌。 爱乐幽闲增闹起， 末年悟道往西方。
逸野纹	逸野纹从命指寻， 两重直植手中生。 性好幽闲饶好术， 一生嫌闹怕人侵。	色欲纹	色欲纹如乱草形， 一生终是好风情。 贪迷云雨心无歇， 九十心犹似后生。
乱花纹	身畔朝生是乱花， 平生天性好奢华。 闲花野柳时攀折， 只恋娇娥不恋家。	色劳纹	纹如柳叶贵穿河， 巷泊风花度岁多。 暮雨朝云心更喜， 中年因此患沉疴。

花酒纹 	花酒纹生向掌中， 一生酩酊醉花丛。 疏狂好用无居积， 只为贪迷二八容。	桃花纹 	桃花杀现好奢华， 只爱贪杯又好花。 情性一生缘此娱， 中年必定不成家。
花柳纹 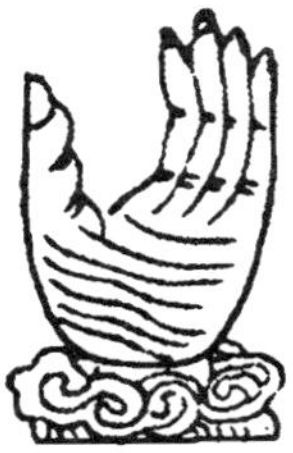	花柳纹生自不忧， 平生多是爱风流。 绮罗丛里贪欢乐， 红日三竿才举头。	鸳鸯纹 	鸳鸯纹见主多淫， 好色贪杯不暂停。 暮雨朝云年少爱， 老来犹后有生情。
花钗纹 	花钗纹现主偷期， 巷陌风花只自知。 到处得人怜又惜， 贪欢乐处胜西施。	桃花纹 	桃花纹见主情邪， 柳陌花街即是家。 正是中年临此限， 梦魂犹恋一枝花。
偷花纹 	偷花纹见自多非， 别处风花恋暗期。 自有好花心不喜， 一心专恋别人妻。	鱼　纹 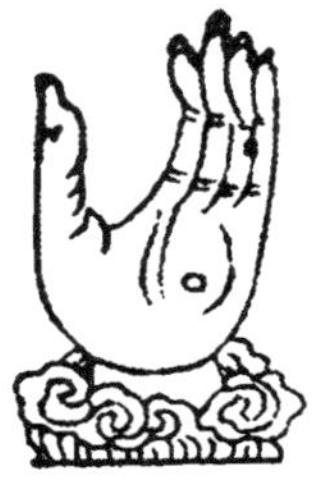	妻位纹有鱼， 清贵更何如？ 期妻能守节， 冲破却淫愚。

华盖纹 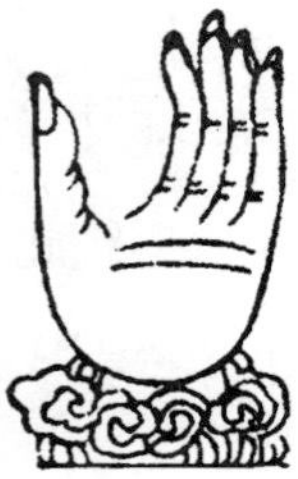	妻宫华盖盖朝妻，招得妻财逐后妻。皆是五行并掌相，他年更许有男儿。	朝天纹 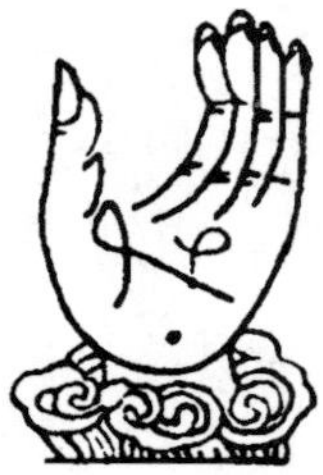	妻纹朝入向天文，妻起淫心悔父尊。交合遂成云雨事，人伦不正乱家门。
奴仆纹 	奴仆纹朝入向妻，必然奴仆共淫之。妻心不正奴心壮，致此君家有此为。	生枝纹 	妻位纹生枝，天生狡猾妻。丈夫能省半，阃子赖施为。
妻妾纹 	妻妾生入奴仆宫，有妻意欲通私事。	一重纹 	妻宫只有一重纹，没个妻奴及弟兄。若有两纹并四画，许君后续好儿孙。
克父纹 	天文劈索朝中指，此是魁心成可喜。更有二指缝巾心，少年克父无所倚。	克母纹 	太阴若有纹冲破，必定亲生母见之。若是过房犹自可，亲生必定见阎君。

过随纹	掌法文名是过随， 早年无怙不伤悲。 岂思却有随娘嫁， 拜启他人作养儿。	贪心纹	天纹散走有贪心， 只爱便宜机未深。 对面身心难捉摸， 他人物事若相欺。
月角纹	月角阴纹出兑来， 平生偏得妇人财。 好事也须当戒忌， 莫教色上惹官非。	亡神纹	手中横直号亡神， 破了家财损六亲。 到处与人皆不足。 更防性命险难凭。
劫煞纹	劫杀金纹散乱冲， 又多成败又多凶。 初中灾了无刑害， 妨限须教得意浓。	三煞纹	三煞纹侵妻子位， 末害妻子空垂泪。 若还见克后须轻， 免致中年孤独睡。
朱雀纹	朱雀纹生向掌来， 一生终是惹官非。 若有义纹犹自可， 最忌两头口又开。	酒食纹	横来酒食纹何似？ 坤上差池入巽宫。 好似斜飞三燕子， 每逢横组贵交中。

相手

大抵人手欲软而长，膊欲平而厚，骨欲圆而低。腕节欲小，指节欲细，龙骨欲长，虎骨欲短。骨露而粗，筋浮而散，纹紧如缕，肉枯而削，非美相也。昔王克正死，身后无子。其家修佛事，惟一女十余岁，跪炉于像前。陈抟入吊。出，语人曰："王氏女，吾虽不见其面，但观其捧炉手相甚贵。若果男子，白衣入翰林。女子，嫁即为国夫人。"后陈晋公为参知政事，无妻。太宗曰："王克正，江南旧族，一女令淑。卿可作配。"太宗教谕再三，遂纳为室。不数日，封郡夫人。手垂下膝。蜀先主身长七尺五寸，垂手下膝，目顾其耳。手白如玉，贵；手直如笋，福寿；手滑如苔，福寿。龙长虎短。臂至肘名龙骨，象君，欲长而大；肘至腕名虎骨，象臣，欲短而小。

许负相手篇

手纹乱剉，合有福禄，永无灾害。手有横理纹，杀害不须论。手有纵横纹，爵位至三公。黑子掌中，财食无穷。黑子手里，多妇少儿。掌四方厚中央薄，兼有深法益仕宦财食安乐，掌通四起，容止君子。手有仰羊，行不装粮。手有三的纹，必使奴仆。手一纹，必为奴走脚，或作客，兼贫无福，十指三纹并通、财食无穷。手如虎屈，贫寒至骨。手爪如瓶瓦必作大富，长者爪缺落，厄病数著，若似龙虎贵名难得。龙龟红直，必得官职。男手如绵囊，禄位似公王。女手竹竿枪，福禄至无疆。

诗曰：贵人十指软纤纤，不但清闲福自添。若还损折非君子，可断凶愚不识嫌。

论掌纹

手中有纹者，亦象木之有理。木之纹美者，名为奇材；手之有美纹，乃贵质也。故手不可无纹。有纹者上相，无纹者下相。纹细而深者吉，纹粗而浅者贱。掌上三纹者：上画应天，象君象父，定其贵贱也；中画应人，象贤象愚，辨其贫富也；下画应地，象臣象母，主有寿夭也。三纹莹净无纹破者，福禄之相也。纵理多者，性乱而灾；横理多者，性愚而贱，竖理直贯上指者，百谋皆遂；乱理散出指缝者，诸事破散。纹细如乱丝者，聪明美貌；纹粗如栎木者，愚顽贫贱。纹如乱剉者，一世贫苦；纹如散糠者，一生快乐。有宝钱纹者，主进货财。有端笏纹、插笏纹者，文官朝列。十指上如旋螺者，荣贵。纹漏出指节者，破散。十指上纹横三钩者，贵使奴婢；十指上纹横一钩者，贱被驱使。有龟纹者将相。有鱼纹者郎官。有偃月纹、车轮纹者，吉庆；有阴骘纹、延寿纹者，福禄。有印纹者贵，有田纹者富。有井纹者福，有十纹者禄。有五策纹上贯指者，名光万国；有按剑纹加权印者，领军四海。有结关纹者，凶逆而妨害；有夜叉纹者，下贱而偷窃。大凡纹虽好而久破者，皆为缺陷无成之相矣。

论手背纹

手背之纹，其验尚矣，故有人和之理。五者皆近于上两节者谓之龙纹，主为天子之师，下节为公侯，中节为使相。无名指者主卿监，小指者主郎朝，大指者主巨富。手背五指皆有横纹旋绕者，主封侯。生立理贯者主拜将相。手背食指之本，亦谓之明堂，有异纹黑子者，主才艺高贵。若成飞禽字体者，主为清显之贵。大指本有横纹者谓之空谷纹至裕无所不纳主大富。有绕腕纹周旋不断者，谓之玉钏纹，主人敬爱。一纹二纹者，主朝幕之荣。三纹仰上者，主翰苑之贵。男女皆同。其纹虽得周匝，若或断绝不匝，乃取证无验矣。

玉掌记

相掌之法，先看八卦，次察五行。指有长短，掌有厚薄。或见星辰，应于文脉，命中华盖，掌上分明。或成文章玉树，结角纹，日罗纹，只鱼纹，玉阶纹，金井纹，飞针纹，雁阵纹、偃月纹，云环纹，南星见于中宫，北斗列于正位、禽兽纹，或作龟纹。以上此等异纹为贵，九罗生于八卦，

定为列土诸侯。一路二路，穿过三节，乃是归朝宰相。离宫五井，必为一品之官；掌心印纹，定主诸侯之位。锦纹噀血，资财百万。掌软如绵，文武双全。纹横一路，其人必弃于市中；指生两节，此辈终亡于途路。骨重定主高明，纹奇但当小爵。浮筋露骨，身乐心忧；肿节漏风，神昏意懒。五常纹见，投水自缢。结喉纹如覆船，溺水而死。鞭节乱纹而决徒远方，罗网四门而投身健卒。心虚者其纹必显，心昧者其理不明。至于乾宫高耸，生长子之权豪；坎位高堆，受前人之庇荫。艮宫克陷，损子父于初年；震上高朝，置田宅于一世。巽宫散乱，多为游荡之徒；离位突高，必作功名之士。坤宫带破，招儿女以凋零；兑位有伤，定夫妻之鳏寡。冷黄似水，平时多梦阴人；暖色如丹，到老少逢疾苦。甲如铜瓦，脱洒心神；甲似瓜皮，沉昏神气。甲薄者命年短促，甲厚者寿算延长。甲尖者小智，甲破者无成。甲明润则财谷丰盈，指尖长则文学贵显。高张华盖，平生智出于众人；尖起三峰，限数福生于晚景。有纹无掌，晚年衣禄平常；有掌无纹，早岁资财散失。掌平手薄，身贱指甲，皮干肉枯，命孤而夭。手大指小，浮荡难聚资财；掌细面宽，荣辱艰辛不免。节如鸡卵，一生多得横财；掌似燕巢，万顷富饶田产。掌有堆峰，宜福。厚腕无孤骨，主官荣。田畔相近，三限俱良。凶吉须决；贵贱以分。学者精详，万无一失。

相掌善恶

此纹朝三指上者，平生快乐风流。此纹在坎宫似柳丝者，积代簪缨富贵。此纹合主聪明为显官此名绳纹，在明堂者主自缢。此名交纹，在两指下，主两处根基，假子兴家，异姓同居。此名两条纹，合主聪明，在掌内纹为华盖星。此纹似生鱼，平生手足兄弟和美。若鱼尾贯指，须富。此为金井纹，掌中者大贵。双井三井富贵。坎宫井朝震宫井，万顷田。田此为十字纹，手中贯出天庭者，大发，平生有权。回此为金印纹，在明堂方正明自者，少年登科。此为玉阶纹，在堂中主有科名。此为棋盘纹，在艮官者，心本无事，愁绪万端。此为穿钱纹，主富贵。

诗曰：手软如绵色更红，巽宫离位起高峰，若然官禄纹端正，坐享荣华胜祖宗。坎宫纹直上离宫，富贵平生处盛隆。更有一般堪羡处，老年又见好家风。

印纹不拘部位，但是印，足矣。☒交纹印，☒象眼印，☒三角印，☒手字印，☒女字印。凡手中有印，为人有信。自小无非横之灾，一生不畏鬼神近。高有权柄。☒此为冲天纹，在掌中为天柱，主寿。穿过离宫，直过指节，主富贵。此宫名天一贵宫，离为官星贵宫，坤为福星贵宫。五指俱穿，为五福俱备。过初中末限有此纹不流出者，主此限发福。随掌高低断之，一断一续，一成一败。☒此为断纹。左右手为把刀纹，不利母；左手为执剑纹，不利父。俗云：左断右不断，骨肉损一半；两手一切断，兄弟不相见。☒此是眼纹，在大指，名夫子眼，主聪明。在坤宫为佛眼主。克在掌中为道眼，主性灵。☒此为梭金纹，主得阴人力。☒此为三角眼，在坎宫为鼠眼，主好偷盗。☒此为花柳眼，好淫洽。在坤宫为流泪眼。在第二指为青眼，近贵。在巽为贵索眼，主发横财。☒此为莲花纹，在掌中为合堂莲花，宜作僧道。☒此为棺材纹，逐年旋生。在艮宫非有纹，乃自☒起生不全者，无妨生。全者，不问前后，其年生，其年死。一片淹滞灾挠，二片孝服，三片重重灾事，四片死在旦夕。如艮宫掌中黑，死期近矣。古人云：艮上不宜铺白板，掌中曾认宿乌鸦。坎宫黑者落水死，震宫黑者被雷伤。兑宫黑脉过艮，主虎伤；巽宫黑脉过乾，主蛇伤，离宫黑脉过坎，主见灾。☒此为盘旋纹，主自缢亡。如无纹乃黑脉也。兑宫棺材纹，有黑脉相冲谓之催尸杀，必死。若有黑纹目立身纹起，直穿二指上节，谓黑气冲天，性命过关，纵无棺材亦凶。三点相连大好，更以所出处成字异相。☒☒☒☒☒☒☒☒☒☒☒☒☒☒凡手中成一字，终身受用不尽。生在身命宫上，自身主贵。生在父母宫上，父母贵。生在子宫上，子孙贵。生在妻位上，妻贵。生在兄弟位上，兄弟贵。但要纹理方正。☒☒☒断头纹，☒横尸纹，☒刀字纹，☒丁字纹，☒枷锁纹，☒夜叉纹，☒土字纹，☒火字纹，☒产死纹，☒乃字纹，☒妒妻纹。以上凡手中犯一字者，大凶。若是甲破而黄，手斜而曲，骨粗而毛旋逆，角纹横直，指折，曰废疾。主徒绞、刺字、军役、自杀，自刑十五种凶亡数。内有红润色及有阴德华盖纹，可折一半。☒华盖纹，主聪明。看指纹大小，尖秃，淡浓，浅

深，曲直，隐浮，聚散，起伏。大粗，为人性慢，作事不思前后。好纹得利，恶纹为灾。殃纹深入内，为机沉思虑，作事不测。曲纹，背曲偎僻，不忠不直，一生作事难成。直耸而长不曲，性直而忠诚，不藏事而聪明。有隐纹，不见作事，不显难知。浮纹不入内，为人轻浮好高，事多难成，一生浩荡。聚纹交锁，为人心邪，多学少成得人嫌，一生劳碌。散纹无定，一生散失，作事无就，吉凶未应。起自下而向上，作事有成无废，吉凶皆应。起自高而向下，作事性快不成，沉滞少通。大抵有掌有纹，繁华一世；无纹有掌，始终不足，有纹无掌，有荣无辱。纹大性小，有事高叫，一语便嗔，回头相笑。

诗曰：断纹性难理，高强起伏低。言多招怨恨，朋友不相宜。棋盘志万端，挠事心无足，弄巧又成拙，终须干一般。纹大应无毒，心慈口却多，自身愁自脱，闲事又相过。六合心慈善，为人多应变，出入众所钦，贵人偏相恋。纹直所为直，直言谏别人，忠言多逆耳，转背却生嗔。羊刃性忧煎，般般手向前，虽然多执拘，终得贵人怜。

合相格

人瘦掌漏，人肥掌厚。人大掌大，人小掌小。人清掌清，人粗掌粗。面大掌大，人粗掌软。掌若软厚，红润清秀，细匀明朗，主富贵聪明。

破相格

掌大指短，无事得谤。骨深筋浮，少乐多忧。手背骨高，到老勤劳。人小掌大，只好使钱。骨硬薄劳，浅大纹浊，昏粗交杂，主孤贫愚昧。

根基所属

乾为天门，为父，居戌亥，属金。

诗曰：乾为天位主四时，包含万象察元机。若要知得儿孙事，此位浓肥贵子孙。

坎为海门，为根基，居子丑，属水。

诗曰：坎地肥浓贵可寻，有纹穿上贵人钦。此宫低陷纹冲散，曾遇风波水患侵。

艮为田宅，为坟墓，居丑寅，属土。

诗曰：艮土飞针兄弟稀，总然多有也分离。长幼不及中年事，各自分居独自栖。

震为妻妾，为立身，居卯，属木。

诗曰：震为身位自居东，耸起滋红百事通。低陷此宫妻有克，须教此位作书笼。

巽为财帛，为禄马，居辰巳，属木。

诗曰：巽宫驿马位高强，若起高峰性必良。低陷更兼纹又破，纵然富贵也癫狂。

离为龙虎，为官禄，居午，属火。

诗曰：离为官禄镇南方，破陷荣华不久长。若起文官加禄位，仕者为官入庙堂。

坤为福德，为父母，居未申，属土。

诗曰：坤宫属土位西方，怕见纹深克陷伤。纹乱儿男终见破，更忧母位主分张。

兑为奴仆，为子息，居酉，属金。

诗曰：兑为仆位此中求，肥润高起性温柔。其宫低陷纹如破，子仆终须命不留。

掌中央为明堂，五黄之宫，主目下之吉凶。

诗曰：中央深处号明堂，目下凶危此处藏。纹有印角方必贵，色如暗黑定灾殃。

相指掌

掌为虎，指为龙。只可龙吞虎，不可虎吞龙。四指为宾，中指为主，宾主相济

为美。二指长者，平生近贵。四指长者，小人不足，性不耐烦。掌长指短，暗惹人嫌，少年难养。五指斩伤，若或病损，亦有所主：大指破祖，二指克父，三指克母，四指妨妻，五指刑子。大指骄母，亦主疾苦。齿残指甲心绪多。古云：咬甲疑人。指长纹横纹多者，亦惹人嫌。

相骨肉

福生于骨，禄在于肉。骨重则福重，骨轻则福轻。骨清受清福，骨浊受浊福。肉多食禄多，肉少食禄少。肉少骨多，有福无禄；肉多骨少，有禄无寿；骨肉相称，福禄双全。肉肥促急，软而有骨，食禄已定，死期可卜。

相骨

夫掌最要有骨。骨露则寒，寒则主贫。大抵骨肉均平，衣禄自有。手若露骨，六亲无力，此论至验。凡有独骨者，老必凶亡。

相肉色

夫手掌之肉，分春夏秋冬四时之气。春润夏温，秋清冬燥。得其正者，必然清高。手背筋露肉坚，为人辛勤。筋藏肉积，真实多财。若夫夏而燥，冬而温，必贫贱愚痴。大抵手掌手背一般色，斯为上相。若掌面白而掌背黑者，富；掌面黑而掌背白者，贫。总而言之，肉厚一寸，家积千金也。

相三主

掌则巽为初主，管二十五年；离为中主，管二十五年；坤为老主，管二十五年。看何宫丰满，则财福兴发；若缺，则有成败。论财则掌中纹：缕密者，财禄聚；纹疏者，财福不聚。

相三才

三才纹者，乃掌中兰大纹也。不论高低，人人有之。乃在母胎受气成形，擎拳掩耳而成，十分辛苦，此三纹不没。自上至下：第一纹居火，为天纹，主根基；第二纹居土，为地纹，主财禄；第三纹居明堂，为人纹，主福德。于三限中，取三限上纹；若三限上无纹，于寿纹上取寿纹，寿纹上无纹，三才上取三才纹。须取于面相参之，庶得其真矣。

相三奇

三奇者，坤离巽突起三肉峰也。《玉掌记》云：掌中有堆峰，主福厚。纹突起三峰限内福增。如巽宫一峰最高大者，旺财，初年发福。离宫一峰高大者，主享高官重禄，中主显达。坤宫一峰峻者，主有福德，终吉。

相根基

坎宫有纹如丝者，享见成镃基。自艮上生一纹直上者，受祖考之福荫。坎宫纹开三股，主三处住场，不然离祖。断续者，承接他人根基。纹自坎宫不断直上，自手根而起，平地发福，白手成家。

相财禄

巽宫有井纹，名关锁或印纹，第三大纹，不出指者主性悭吝，可主财坤。兑有女字，可得阴人财。掌中有女字端正，因女人成家；纹理穿破，因女人败。震宫有纹，主招性急多口之妻，不然有疾，能主家旺财物。坤宫有十字纹，平生得横财，阴贵扶助。若女人掌：震宫高厚，软而红润，有穿钱剑印纹，主夺男子权柄，必大发福；低陷纹流，不可主财，仍主刑夫克子，难为骨肉。

相心性

夫察人之心性，观纹见掌，知掌地则知心地。掌平心亦平，纹正心亦正。纹横则性横。纹浅机亦浅，纹深机亦深。纹多心绪多，纹少机关少。纹小见小，纹大见大。纹生断续，易勤易懒；纹生屈曲，多疑多虑。纹深不出掌，机深难可量。

相志胆气

志者在于甲。甲乃筋之余，肝之所出，胆之所附焉。甲坚而大者，志高胆大，诸事敢为；短而软者，志弱胆小，临事怯懦。甲坚者，心高多贫。甲硬者，性刚，作事风火。甲软者，临事懒惰，立身穷蹇，多学少成，有始无终。肿节通风，心志不定，巧中生拙，内无机关，不能藏事。纹直上而流者，口快心直。

相气色

气色在于掌心，一观为定，久看则昏。古云：掌有紫色，眼下亦有之，须参同推之。青主忧惊，赤主官事，白主孝服，黑主病厄，黄主喜庆。青色应在正五九月，寅午戌日；赤色应在二六十月，亥卯未日；黑色应在三七十一月，申子辰日；白色应在四八十二月，巳酉丑日；黄色应在三六九十二月，辰戌丑未日。色淡事已过，色浓事未至。黑色看起何部，若田宅部上起，则是因田宅惹事。其余以意推之。

相掌妙诀，只在观形察色。掌噀中血，衣禄自得。掌中喷火，衣禄无穷。掌中生黄，家有死亡。掌中生青，是非忧惊。且看精神，四时决断，一日祸病，全在眼力。若人饮酒不可相，只在朝晨相之。开掌未可便相，少待片时，神定色见，相之必见。掌中有噀血色，主荣贵。掌白如面者，主起家成立。掌软如绵者，主高年富足。掌有杂路，指上有刀锉痕者，主贫贱。掌中有痣，指上有挫路者，主少年驳杂，晚年成立。

相忧喜

面若黑，准头明，掌纹红润，忧中有喜。面若光，准头枯黑，掌干燥，喜中有忧。女人有六甲：掌中青红生男，黑白生女；明艳易产，枯槁难生。如怀胎：左脚先举为男，右脚先举为女。

相死生

人虽久病，不怕瘦削，但十指红润，准头明朗，虽危不死。若天庭黑，山根青，竹衣生两耳，髭须似铁条，眼光流射出身，死在三朝十日。主甲黑，棺材纹见，朝病暮死。自《玉掌记》至此，皆相手法。

论爪

爪之为相，亦可详其善恶，见其贤否也。纤而长者聪明，坚而厚者老寿，秃而粗者愚钝，缺而落者病弱。色黄而莹者主贵，色黑而薄者主贱。色青莹者，忠良之性；色白净者，闲逸之情。如铜叶者荣华如半月者快乐，如铜瓦者伎巧，如板尾者惇重，如尖锋者聪俊，如皱石者愚下。

论足

足者，上载一身，下运百体，为足之量焉，为地之体象。故离至下，而其用大是可别其研丑，而审其贵贱也。欲得方而广，正而长，腻而软，富贵之相也。不可侧而薄，横而短，粗而硬，乃贫贱之质也。脚下无纹理者下贱，足下有黑子者食禄。虽大而薄者下贱，虽厚而横者贫苦。脚下成跟者，福及子孙；脚下旋纹者，令誉千载。脚下平如板者贫愚，脚下可容龟者富贵。足指纤长者，忠良之贵；足指端齐者，豪迈之贤。足厚四方者，巨万之富；足排三指者，两省之权。大抵贵人之足小而厚，贱人之足薄而大。

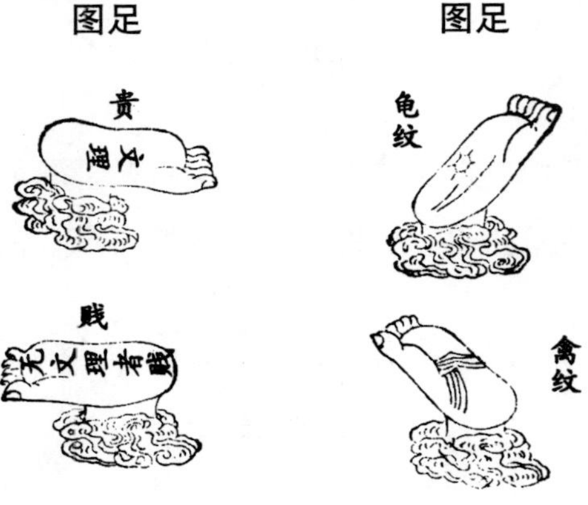

相足

足者，相地也，要有跟。宜厚而正，闲乐官荣。横窄小薄，辛苦恶弱。足下无纹，愚贱之相。阔大而薄，亦主贫下也。

许负相足篇

脚下龟理纹，主二千石禄位，君子之相。脚下容龟，三公封侯。脚下理长，位至公王。通心达理，三公刺史之位。脚心黑紫，禄至二千石。脚下三纹理，公王将相位。脚下无纹，法主寒贫。足薄而指长，之子没儿郎。足中指长，客死他乡。足蹈齐短，为人安稳。脚骨节强，妨非一两，兼主辛苦。足厚四寸，必主大禄富贵人也。

论足

足下软细而多纹者，贵相。足下粗硬而无纹者，贫贱。足下有龟纹者，二千石禄。足下有禽纹者，八位之职。足下五指有策纹上达者，两府使相。足下有十字一策纹上达者，六曹侍郎。足下有纹如锦绣者，食禄万钟。足下有纹如花树者，积财无数。足下有纹如剪刀者，藏镪巨万。足下有纹如人形者，贵压千官。有三策纹者，福而禄。有螺纹者，富而贵。两小指无则是也，两小指皆有，谓之十螺纹，主性鄙悭。十指皆无纹者，多破散矣。足下有纹，大旺子孙。足下龟纹，一世清名。

足下黑痣，富贵贤士。

论四肢

夫手足者，谓之四肢，以相四时。加之以首，谓之五体，以相五行。故四时不调则万物夭阏，四肢不端则一身困苦；五行不利则万物不生，五体不称则一世贫穷。是以手足亦象木之枝干也，多节者名为不材之木。然手足欲得软而滑，净而筋不露。其白如玉，其直如干，其滑如苔，其软如绵者，富贵之人也。其或硬而粗大，筋缠骨出，其粗如土，其硬如石，其曲如柴，其肉如肿者，贫下之徒也。

相毛

脚上多毛者好。柔细者贵而禄，粗大者贱而贫。

诗曰：脚上毛多好，贵荣必是柔。不宜粗与大，贫贱定须忧。

第十一章　相术汇考十一

《神相全编》十一

达摩妇人相

凡相妇人，骨法峭峻，神气威严，持重而少媚，五岳宽大，行动快如流水，声音如玉在石璞，后妃之相也。五岳端厚，骨气磊落，神色温和，观视不凡者，夫人之相也。若丑面蓬头，蛇行雀跃，豕视龟胸，眉反声雄，髭唇臀高，以上十恶，有之则为贫贱孤淫之相也。

麻衣秋潭月论女人

天地日月与星辰，江湖山石配山林。五行造化成秀气，三才应物合人伦。古怪清奇定富贵，金木水火土当形。真古真怪切要神，真清真浊在分明。灵台一点合天意，既富且贵前程荣。怪古清秀无神气，虚用心机更不成。不待男儿分富贵，女人也要合人伦。和媚温柔量有余，语言详缓步行舒，妇礼三从并四德，因缘有分字贤夫。准尖齿露并喉结，额侧唇掀骨格粗，发焦似火龙宫陷，败尽人家克尽夫。球头额广背丰隆，耳反神清唇更红，须克一夫并破祖，骨清衣禄自然丰。眉如新月气神清，凤阁龙楼满更成，手似干姜身必贵，腹垂肩厚必聪明。只恐露臀并露背，刑夫克子过平生。山根断尽准头偏，短促人中更露颧，眼长黑白神如水，初主艰难贵晚年。水木刑人并凤体，百年终保子孙贤。面大额方如手底，地阁方圆准势丰，语话轻清神更好，步如流水立如峰。最忌蛇行并雀步，一生长在是非中，眼短声雄气又刚，手如鹰爪甲如枪。一身肉滑如红土，少年亲近贵公卿。气粗尸睡多梦惊，寤寐强言不暂停，体气行歆无可取，半为奴妾半风尘。虎睡龙蟠息不闻，身无兰麝自然馨，坐如山岳精神缓，鹤骨松筠福海深。声速肩寒顾后频，坐久精神却似惊，下长上短蜂腰细，说尽媒人夫不成。发长清薄天庭黄，耳大头圆地阁方，三壬三甲和丹厚，眼似刀裁福吉昌。莫教射视精神短，背婿寻夫做不良。目洗寒波贵气清，少年魁满露眉臀，假饶富贵帷中坐，只恐头尖少子孙。缺唇火目头无发，肢体相伤神带杀，妨刑父母克夫多，鳏寡孤独思不歇。阴阳消尽如坑井，边地全无驿马羸，斜视桃花并色冷，不犯风尘必作尼。女人娠孕要先知，预识胎中女与儿，三阳黑色须生女，火起三阴必是儿。阴阳部主如尘土，产育难分定是迟。女人蝉面更球头，口上髭生不自由，眉浓发厚腰肢折，私地随人走外州。头尖额窄鼻勾纹，雀鼠蛇行顾后频，头小露臀肩背耸，不为婢妾必风尘。女人生得男儿相，气冷神刚骨不清，一床锦被须闲半，休问儿孙枉用心。尊严威重精神秀，美貌轻盈举步徐，眼似桃花常带杀，中主刑夫休要图。颧高额窄凤池深，粗骨三堂少子孙。眼下罗纹还宿债，两次刑夫三度婚。看人斜视并回顾，淫荡精神贱有余。项短发浓腰背露，未出闺门早克夫。端严尊重身肥满，额上横纹语气雄，虽杀多夫犹未止，空房独坐月明中。男儿若得生阳气，假饶清洁也贪淫，女带桃花摇膝坐，难为良妇亦私情。悬针入印山根断，相貌全亏额不平，夫灾莫问三堂位，岁岁生男定是空。女人眼下肉干枯，不克三夫克二夫。见人掩口笑不断，爱逐行人夜半逋。声雄唇厚面撷耸，纵得身荣必守孤。膝摇背耸多淫荡，手似干姜福有余。虽然窈窕从夫贵，眼似流星口似吹，发言先笑腰肢折，相法名为破败猪。额窄唇掀微露齿，杀夫无子亦无居。口如四字神清澈，温厚堪同掌上珠。坟宫水好人须好，阴阳清而人亦清。坟水交加人必乱，方寸滑坑祸必生。山秀水清坟地隐，人心阴德合天心，生儿富贵荣家计，女贞必定嫁良人。作事不须施巧伪，吉凶祸福两分明，形不称心犹可恕，心不称形愁杀人。

鬼谷相妇人歌

有威无媚精神正，行不动尘笑藏齿，无肩有背立如龟，此是妇人贞洁体，有媚无威举止轻，此人终是落风尘，假饶不是娼门女，也是屏风后立人。眼睛黄赤家无粮，克子刑夫别异乡，若不投河自缢死，也须产厄血中亡。妇人须要妇人形，行不离形出本情，绝却本形带男相，难教克害主伶仃。妇人眼下肉常枯，不杀三夫定二夫。见人掩面嘻嘻笑，爱唤他人作丈夫。发长云黑天庭广，额正头圆地阁方，唇若丹砂银齿密，谨身节用永无忧。凤头龙瞳两位强，身无兰麝自然香，若不益财三十载，也须伴个绿衣郎。若是面长额又长，刑夫克子决难当。眉粗口阔精神急，到处无媒自嫁郎。妇人发乱颜色无，头斜背反及干枯，雄声更带男儿面，此辈雄豪杀丈夫。嗟哉贫贱妇，胞凸臂高擎。杀夫三颧面，离夫额不平。若知三度嫁，女作丈夫声。若然有此相，终见不安宁。独自倚门立，搔头整顿衣，无媒身自嫁，月下与人期。仰面睥偏顾，难为子息宫。托腮并咬指，必定入烟花。背人如对语，低首弄衣襟，测识其中意，私情似海深。妇人掩口笑，或是整娥眉，倚物常闲立，逢人必趁随。与人摇膝语，背是面言非。若见蜂腰相，终宵不见归。诗曰：口衔罗带号咸池，命带天罗惹是非。若还不是风尘女，也作人间一小妻。

秋潭月说妇人歌

杀婿三颧面，离夫额不平。欲知三度嫁，女作丈夫声。女人摇膝坐，蜂腰口大垂，如斯衣食薄，背婿却为非。女人桃花眼，须防柳叶眉，无媒犹自嫁，月下与人期。见人掩口笑，手惯掠眉头，对人偷眼觑，终须趁客游。骨粗终是贱，眼大不为良，眉如新月曲，夜夜唤新郎。行步身摇动，臀高足不闲，挑萝给为日，鼻孔自朝天。面仰多贫贱，胸高必困穷，声雄妨害重，色润意情浓。羊目意情多，虾睛意不和，无毛阴户贱，无处不呵呵。无事带优容，尘灰满面笼，生瘢并黑子，死向杳冥中。腰折步行横，终朝受苦辛，衣粮难度日，背脊是成坑。声似破铜锣，三刑六害多，语言如结涩，到处被人磨。牙齿若参差，青黄黑不宜，若如榴子样，富贵是贤妻。口薄鼻又薄，耳轮又反廓，发短眼眉浓，一生不安乐。手冷如冰铁，衣食随歇灭，瞳重唤难应，下贱为愚拙。饮食大淋漓，难为贵显妻，眉尖生黑子，夜夜趁人归。

女玉管诀

有女生来面细圆，五官六腑细须看。眼长发黑莲花脸，定嫁朝中富贵贤。妇女身形上下停，目如点漆必聪明。身材周正三才满，富贵丰饶足一生。妇女身形端耸直，行周坐正不曾偏，头圆齿白唇方正，富贵丰盈更有钱。妇女身形富贵全，行藏温语气声圆，更兼一顾无欹侧，必主安详老亦贤。妇女身形面大方，眼长眉耸足衣粮。三才五岳俱丰厚，利益儿孙活计昌。妇女身形吉庆罗，神清体润发犹乌，更兼耳耸山根直，争奈生来富贵殊。有女生来发鬓无，头斜身侧面轻枯，更兼斜视多嬉色，一夜三夫与四夫。头仰窥斜面有毛，额方眉大杀夫刀。雄声更若男儿貌，至老孤单独自劳。头方额起鼻生低，在室无贞却有非，任有亲夫都害了，及当再嫁又分离。头额俱长面又长，杀夫妨子实难量。有人斜视精神急，到处随人觅嫁郎。目露眉黄几嫁人，养男不得老来贫，妨爹害母资财灭，嫁得人家甑有尘。眼大目拳面带凹，逢人说语口嘐嘐，侧头斜视须贪色，背了贤夫走外郊。目细头圆眼口尖，贪淫多爱暗偷邻。更兼行步如禽雀，须信腰长脚又悬。发卷也须防损害，面歪鼻陷克爹娘。更兼唇薄身形蹩，过尽人家走外乡。头面横肥鬓发枯，眼光倾侧背儿夫。行行坐坐无多定，到处逢人便是夫。妇女淫多面带青，眼根斜起室无贞，额方尽是偷情疾，嫁夫克子受多辛。妇人头仰多淫欲，自嫁心情常不足，无鬓生毛满面过，通同到处随人宿。羊目妇人色欲多，偷奸淫乱奈如何？丈夫抛却随人去，世得为妻定是婆。一见娇姿多笑语，低头侧视暗偷淫。行如雀步并光鼻，心里奸机用意深。逢人含笑语声频，强掠眉头倾却身，额下若拳头不正，闪夫背子外人亲。妇人形急性凶强，看人不正大乖张，欲知奸滑多淫荡，背却夫儿走外方。口角双垂薄更斜，孤单独自倚人家。悬壁生纹并黑子，出母贫穷甚可嗟。

灵台秘诀

谓妇人威厚，燕语声和，耳厚白额，圆鬓乌润，怀若抱子，眉削项长，目神澄清，视端娇媚，人中分明，腮颧隐隐平平，悬壁端正，唇红齿白，骨肉相辅，手纤；鼻狭峻直，此女中之至贵也。

谓耳漫唇厚，手掌红润，悬壁正，目美性宽，腮满额阔，人中长，食仓满，蚕囊平，四仓俱满，兰尉分明，井灶平，厨匮满，酒池平，地阁阔，鹅鸭丰，玉霞明，此女中之至富也。

谓口撮如吹火，鼻凹目露，蛇行雄声，体冷齿尖，腰削缺高，胸凹眼露，额窄腰直，声重而破，龙唇凤口，颊高神浅，人中断，手粗指短，上有天角，此女中之至贱也。

谓瞻视分明，刚柔有力，颧寿隐显有势，法令深，目神澄，黑白分明，目不斜视，娇而有威，媚而态，行缓步轻，身正性柔，耳厚额圆鼻直，发疏，润而光，声清严而不散，此女中之至贞也。

谓反顾，蛇行，雀跃，耳反，羊目，神薄，娇而无威，媚而不态，刚中柔，五官不定，犯日角天角龙角，神流，口阔舌长，笑而不定，掀唇撮口，眉如偃月，声浮气浅，此女中之至轻浮淫贱也。

谓口高，唇露，声散，发黄，人中蹇，鼻促，下唇进前，耳窄，鼻曲窍露，目深，鼻有节，骨横面黑，黄发粗涩，体硬无媚，声破无韵，项短面促，此女中之至恶也。

谓二颧面，眉厚硬棱高，下唇过上，鼻准大，耳窄，头如立卵，额窄削，目长无盖，声雄，面黑如蝇，坐斑满面，唇髭，羊目，眼三角，鼻钩纹，山根断，此女中之至孤也。

谓颏拥肉满，寿带长，人中深，项颧有力，目神澄，黑白分明，语声轻细圆实，法令过口，项有双绦，腹垂皮宽，耳慢年寿高，此女中之至寿也。

谓蝇面，颊高，声雄，眉压目，人中短，有压面，耳窄，双纹横匝于面，目神怒，低头斜视，睛大无光，六合不盖，口尖齿露，犯丝索之气，口边黑，此女中之至夭也。

陈希夷《洞元经》

道与貌兮天与形，默受阴阳禀性情。阴阳之气天地真，化出尘寰几样人。五岳四渎皆有神，金木水火土为分。君须识此造化理，相逢始可谈人伦。贵人骨格定奇异，看看乃与神仙邻。若非古怪与清秀，明是端黑而停匀。骨格磊落松上鹤，头角挺时真麒麟，森森修竹锁流水，峨峨砚石收寒云。昆山片玉已琢出，南海明珠光照灵，灵桃繁杏媚春花，可怜容易摧风日。座中初见形昂藏，熟识渐觉无精光，论言泛泛失伦序，举动碌碌多怆惶，若人赋得此形相，薄薄微官难久长。更看发视何气色，数中惟有火多殃，青多忧扰黑多病，白多破散黄乃昌，湛然澄静无瑕翳，青云万里看翱翔。富贵贫贱各赋定，但把形神来取正。一部吉兮吉必生，一部凶兮凶多应。部位吉凶皆有主，全身养气皆由命。流视神惊顾似悲，颏尖额窄少年肥，耸肩露背更步速，两重父母早西归。阴阳两眼不相同，反耳高低压月宫，喻以莲花生臭水，身荣终是六亲空。桃花入眼非贤妇，两脸生腮最不良，头短齿疏额骨耸，少子刑夫终不长。气清神静两分明，齿细唇红神更清，鼻耸卧蚕丰更满，语言详缓步轻盈。骨清神秀丰腰背，富贵天年享子孙。不痴不醉不曾欢，顾视精神怕不安，色似轻尘气如土，辛苦还夫债万端。睛不神光气不圆，白睛如粉泪涟涟，直饶七次封邑号，奸滥荒淫不自闲。神气分明黑白分，不嗔而怒骨还清，声似金簧响清韵，子达夫荣事贵人。目下悬针过匮颧，两边犹可一边难，产厄血灾犹可恨，二十遭刑必犯奸。耳边黑子皆有庆，若看唇生贵有余。目秀鼻隆并齿白，少年必嫁色衣儒。鱼尾奸门生黑子，一生淫荡不堪言。更兼耳小山根断，死尽儿夫卖却田。耳堂寿骨紫红黄，妇德三堂富贵乡。盈耳似眠过百岁，满堂婢仆子成行。手如酥笋软如泥，骨露身粗似树皮，眼长身好岂足美，少换三夫未是奇。性理不过于五行，当究五行之正性，木瘦金方乃长谈，水圆土厚何须竞？不露不粗不枯槁，三停大抵求相称，惟有火形尖更露，纵饶得禄终多破。虽因神秀暂荣华，四十之中亦难过。其余贵相固非一，天收地敛知无失。气和神秀最有常，骨耸额方根本植。腰背丰如万斛舟，顾求临水星月秋。骨隐肉中肉隐体，息隐神中神隐眸，若人识得此形相，定知不是寻常流。器宇汪洋有容纳，智量宏远有深谋，动作使人不可料，时通亦为公与侯。易嗔易喜属轻浅，浅薄轻狂神不足，一生常是自招殃，欲知富贵何以致？马面牛头耸鼻梁，有声有韵骨格清，起坐昂昂多神气，阴鹭龙宫有肉生，一主子孙名相位。欲知

贫者何所分？面带尘埃眼似昏，出语三言不亦两凸胸削骨更高臀，赤脉两条贯双眼，杀人偷盗命难存。人生是体虽相同，贵贱相远游西东。冲虚而上为轻清，孕其清者宜高崇。滞伏而下主重浊，孕其浊者为昏庸。清浊一分为贵贱，贵贱不离清浊中。大道无形固无相，至理由来本至公。人能移恶招诸善，自然可以消诸凶。人能安分委诸命，自然可以超凡庸。予作此经实有谓，学者深详莫泛攻。

女人凶相歌

欲与娇娥想玉容，竖纹直上在天中，定知此相多妨害，再嫁儿郎方始终。额上微生二竖纹，本来凶恶不堪论，莫言一嫁能终始，及当再嫁又离分。眼下横纹主克夫，人中横理必为奴，山根黑子人孤独，嫁与儿夫有若无。女人卷发不相宜，行路昂头一字眉，鼻上赤纹侵紫气，刑夫未了又刑儿。桃花满面非良妇，黑子生腮最不仁，手摆头摇皆下贱，不为婢妾也风尘。女子仰面更昂头，口臭生髭不自由，发重眉粗腰又弱，随军随贼走他州。燕体蜂腰是贱人，眼如流水不廉贞，剔牙啄齿提衣领，海誓山盟不一心。低头含笑是娼淫，手掠眉头又看身，闲向门边单脚立，花间月下说真情。无貌无威举止轻，此人终竟落风尘，假饶不作娼淫妇，也是屏风后站人。雀步蛇行狗蚤跳，一行十步把头摇，路上见人忙掩面，与人私约度良宵。天庭窄狭发侵眉，头发粗黄口角垂，眼下肉堆无肉起，贫穷一世又无儿。赤脉穿睛产难忧，胸高身凸皱眉头，口如吹火牙如炭，一世为人一世愁。人中平坦子孙难，额要平弓眉要弯，眼竖眉粗妨害重，唇乌必定受恓惶。手指如槌节又疏，乳头不黑受奔波，两耳近平无下坠，不为娼妓亦姨婆。乳头白者子无成，齿不沾唇莫结亲，十步九回笑掩面，花街柳巷度青春。面上最嫌黑子生，为人刑克又灾迍，乳边脐畔如生者，必是人中富贵人。

女人论

贫穷妇人，胸突臀高。寒贱娼妓，身粗面细。额高唇掀，无夫杀子。手似干姜，业广财多。泪堂深陷，中年骨肉分离；阴骘丰盈，眷属齐同偕老。言轻语薄，终日说而弗真；身削脚摇，与人约乃无定。准头青色如麻，官灾并起；印堂黄光似月，福禄来临。色黑如露，常怀疾病忧惊；皮光若苔，决定破家孝服。得失荣枯，莫逃气色；贫穷富贵，皆在神形。公主夫人，必要安详审察；后妃嫔女，须当仔细观看。，

女人歌

女人端脸好容仪，缓步轻移出水龟，行不动尘言有节，终须约是贵人妻。女人轻步在人间，摆手摇头口似丹，爱自衣衫夸窈窕，与人私约笑情欢。女人对面少心情，眼有浮光似水晶，齿小眉疏发际下，一生辛苦主伶仃。女人鼻上横骨起，脚长腿短要摇头，逃眠寄宿僧房内，潜地随人走外州。

女德论

三停平等，五岳朝归，头皮宽厚，丰颔重颐，圆背厚脊，腹大近下，坐如钉石，声圆而清，胸阔眉圆，面如同字，面如田字，声似边钟，背阔胸平、奶大不垂，骨匀肉实，面黑身白，声响神清，口似含莲，手如干姜，手如春笋，齿如榴子，面正骨开，眉如新月，鬓薄而黑，骨肉相称，芝兰不带，自然馨香。

论妇女贵贱格

态而无艳终须贵，懿德昭然性自淳。艳而无态何须道，此是寻常贱妇人。两目如羊更拗胸，雀行鸭步又声雄，生髭龟背喉咙结，鱼尾交纹总是凶。见人掩口笑不休，等闲无事皱眉头，有时倚物闲寻物，定是随人走外州。妇人因与人谈话，整襟弄袖又低头，欲识人间女子事，私情如海又如油。妇人眼下肉常枯，不杀三夫定四夫。见人未语先嬉笑，爱逐行人走远途。妇人身体何不吉？额高耳大声如泣，雌雄更似男人面，至老孤单独自栖。杀夫只为三拗面，口阔额高眼又深，借问如何三度嫁？却因女作丈夫声。两目之下黑而枯，必定克子又妨夫。青黄若见方为吉，赤黑难逃产难虞。要识妇人真贵处，无非齿白与唇红。若还尖齿唇兼黑，独自声容总是

空。上唇过下必多诈，下唇过上亦妨夫。要识唇齿不相盖，又是还忧产难平。妇人唇紫甚非良，须知妨子及夫郎，左边紫黑来侵口，入耳须教七日亡。右边青色来侵口，当知孕者是男儿，若还左右知生女，依此详观定不疑。目尾近上属奸门，贵贱宜于此处论。因甚最多淫欲事，都缘绕口色皆青，更兼鼻上生双靥，此必同人私与情。右耳厚时先产女，左耳厚时必生男。仰天鼻孔因何事？只是贪淫酒色酣。人中黑色贞为贵，必主夫而自钦畏。人中两曲非良妇，至老心中也好淫。女人若是男人相，淫乱芳心必有名。谁知人中双黑子，妇人有者必双生。妇人额窄真为害，额上横纹夫更妨。眉中黑子夫遭害，眉里三纹再嫁郎。坐时摇膝无休歇，行则回头反看人，淫乱此身无所托，一生不免在风尘。额上左边生黑子，须防恐死在刀兵。臀高胸突真奴婢，此相何如定有名。女人身相细兼全，眼长鼻直口如莲，三才第一常美阔，定招富贵嫁英贤。良妇有威而无媚，娼妓有媚而无威，令人一见心生侮，所以生身在贱微。形骨虽奇安可恃，亦须修身与立义，心形相称福有根，不在天机在人事。梦中若与公卿合，稳上青云万丈梯。休说形粗必招祸，但行忠孝福相随。

女人九善相

头圆额平，为一善；骨细皮滑，为二善；唇红齿白，为三善；眼长眉秀，为四善；指尖掌厚，纹细如乱丝，为五善；声清如水，为六善；笑不露齿，为七善；行步徐缓，坐卧端静，为八善；神气清和，皮肤细润；为九善。

女人九恶相

丑面生颧为一恶，刑克夫宫无差错。结喉露齿为二恶，无事招非闲击括。蓬头乱发为三恶，暮称朝粮无积作。蛇行鼠步为四恶，至贱至贫人落魄。眉连粗重为五恶，妨害六亲犹隔角。鼻下钩纹为六恶，妨害儿男身又弱。羊目四白为七恶，心上阴凝如毒药，雄声焦烈为八恶，心性刚暴难忖度。生鬂黑子为九恶，心性愚顽难倚托。女人之相，但有一恶，难作善相。

又云：鼻小头低，不作正妻。纵有衣粮，不入正房。额骨成峰，必克丈夫。额高眼垂，初婚便离。腰小眉轻，是非时生。见人如常，心定高强。行不动尘，贞洁贤人。温厚和同，禄位相逢。整眉掠衣，常多是非。

妇人十贱歌

斜倚门儿立，人来侧目垂，托腮并咬指，无故整裳衣，坐立频摇腿，无人曲唱低，推窗与拨牖，停针不语时，未言先欲笑，决定与人私。

妨夫论

颧骨若高，定杀三夫。女人雄声，妨害良人。羊目四白，外夫入宅。白过上唇，妨夫是真。女唇若紫，亲夫早死。女人额高，三嫁不牢。头横纹理，三嫁不已。女子逆眉，三嫁不移。

夫妇相克论

三颧之面损三妻，女克三夫不用疑。额有旋毛皆妨害，眉头八字两分离。面大鼻高妻必克，紫气纹侵不例推。眼赤奸门如更陷，三婚三娶更无疑。

女贫孤薄

额窄又交眉，唇高齿不齐，面粗身铁硬，体弱更无威。耳小垂珠浅，拳眉鼻骨低，哭声须再嫁，男面必无儿。淫纹生眼角，嫉妒更妖奇，莫言时下富，晚岁更凄凄。

产育

女人赤黑，主有产厄，唇齿不盖，终有妨害。女人面上黄，怀孕得平康。人中发黑紫，妇孕必生双。孕妇左边青色至，是男；右畔红色至，是女。仿此无不验矣。

气神昏暗论

神昏者，神乱者，神浮者，神离者，俱主死。气昏者，气乱者，气变者，俱主死。面黑色耳白者，主财气顺。面白色耳黑者，主财散人离，应在六旬之外，又不以此论夏秋。面白耳黑主大凶，冬月犹不吉。妇人耳红面白者，主淫贱。气色红圆耳白者，主尊贵。面黑眼光者，主淫贱。面白齿白者，主富贵。面白发鬓浓者，淫贱。有孕妇人，气重色艳脚浮，主育女；气青色青，唇黑准头明，肉瘦，脚手不浮，育男。余皆仿此。

妒气歌

面黑心难揣，头㖞行不堪，与人一面笑，毒在腹中含。鹰视并狼顾，羊餐与雀行，语言必勤舌，妒忌不聊生。女面肉横青，沈吟不作声，也知含妒忌，应不顺人情。行坐如思事，低头或点头，声焦斜眼视，看著惹伤悲。引臂如蛇走，低头作女声，不惟多诈伪，仍是没人情。

管辂相婴儿

凡小儿叫声连延，初生小儿叫声连延者，主寿。声绝复扬，初生小儿声叫而复扬者，不寿。额有旋毛，早贵。枕骨不成，能言而亡。睛大而光，富贵难量。囟门不合，八岁防厄。数岁未言语迟者，神定必为重器。阴入如无，主夭。头上发稀者，主夭。五岳有偏，不吉。身上有汗，主夭。若通身柔软而如无骨者，主夭。脐小而低，主夭。早行早坐，早言早齿，不成人。头成四破，不成人。啼声散，不成人。常摇手足，不率教。小便如膏，夭。阴大囊皮皱坚实者，富寿。肉色浮慢者，夭。

相婴儿贵贱

孩童可养，声大有神。夭折难成，肾浮不紧。头圆骨耸，易养而利益双亲；额方而长，无险而吉祥迭至。山根青气，出照，累见灾危；鼻上赤色，初岁多生脓血。阴囊若荔实，实为坚耐之儿；面肉类浮沤，必是虚花之子。头匾无脑骨，能言而亡；目缓欠精神，善行而夭。色紧而实，可养无危。声响神清，形端颖异。鼻梁低小，早年常有啾唧之灾；发际压遮，出身实是孤刑之子。发际高阔，必多聪明。声短气促，终须夭折。眉头牵额，利处山林。面陷无颧，难居家宅。孤峰独起，骨肉参商。四尾低垂，二眉散乱，妻儿隔角。横纹额上，男女尽主孤刑；黑痣泪堂，子息例有伤克。眉不盖眼，财利耗散之人；眼大露神，数岁夭亡之子。下轻上重，末主伶仃。上阔下尖，何由结果。项白过面，衣食丰盈。神赛于形，田庄荣贵。小儿玉枕，名曰玉环。骨高起者，可养寿具。玉环平者夭。玉环陷如坑，不过八岁。初生孩儿相，其耳门大者寿，大富贵。声响亮者寿。好戏要者神有余，必富贵。语声弱，不好戏要者，神不足，主多疾病，气怯无寿。小儿项下绦纹者，富而寿。行早者贫，语晚者贵。八岁，衣服齐整，语音响亮，秀而不俗，长，富贵。不爱衣服，行坐秽物，语声不清，长，贫贱。口角常有涎，多为奴婢。有旋毛者，妨父母。阴如截筒者贵，阳大者愚蠢。

诗曰：小儿声似鸦，富贵足荣华。破声多不足，又主破人家。小儿声歌啼，孤独无兄弟，伤父又离母，方得更加期。

又云：肉紧面紧皮紧，小儿必丧青春。

人像禽兽形诀断

骨秀神清正凤凰，分明眼目势偏长，自然贵处多忠义，美誉清朝必异常。行步昂昂正虎形，精神安泰眼分明，气豪言语如钟鼓，似类深山必贵荣。虎形凤类得其真，正类清朝必贵人，得地失时贫也贵，自然明白富和贫。或如龟鹤势能良，脚手逡巡项更长，心性宽和神气俊，寿同松桧亦难量。燕雀癫狂不自由，语言虚诈更摇头，为人又或多机巧，衣食徒劳分外求。蛇鼠之人下视频，行步低头去似奔，眼小又圆多下贱，害物奸偷不可论。

头昂眉高，眼长鼻正，骨清肉秀，神形异常，气候安和，举止详雅，动为出俗，大事不能动摇，有此者乃据凤之形也。主好义风，有学识，见深远，有过人之象，必位极人臣，清名天下。或似乎飞，或似乎困。其贵贱，取类而言之，类于优则优，类于劣则劣。吉凶祸福，取象而言之，或类其牛马，则平生辛苦，其气候得地光，肥则富贵，或憔悴终身，劳力少安闲。或类其鹰鹞，其小为小。人象其物，凶则凶，吉则吉，善则善，恶则恶，无不验也。

凤形

其形眼单长，眉轻细，仓库低，鼻高曲，神骨秀，声韵清，性温雅，超伦类，瘦则通，肥则滞，颔朝额，是天地相应也。或眉眼细，下短上长，身侧，即是小凤形人也。若身长面大，部耸直，精神急速，即丹凤形也。

诗曰：眉眼头长五岳丰，齿如含玉智英雄，身形细美行藏秀，位极人臣贵国公。

鹤形

其形仓库陷，眼尾垂，身体弱，头骨粗，项细长，行步阔，上停长，性温柔，好山水，多名誉。四部陷者，孤鹤。五部露者，病鹤。鹤不必要项长，假如睡鹤蹲鹤美相者，岂见项也？

诗曰：额短头圆项后红，鼻梁尖耸性灵聪，不于佐主权生杀，更出幽元合上穹。

鹰形

其形头方额圆，鼻曲嘴钩，眼圆睛赤，耳卓口小，性急难捉摸，为事猛浪。入此相者为上将军，好杀，多不善终。

诗曰：额广眉浓眼彩光，腮垂颐重有连裳，声清步阔多雄猛，解说兵威武事扬。

燕形

其形面圆腮起，辅骨青黄，腰身委媚，性慢多言，爱营宅舍，身多出入。

诗曰：口小唇红准促圆，形单体瘦艺双全，眼深黑白多明朗，成就多应枉早亡。

鸽形

其形身矮颊白，眼赤青色，起坐不久，视色不转，常爱吟哦。

诗曰：形身矮短眼微青，举动能增远月明，莫道生来衣禄足，傍人门户且安宁。

鹅形

其形口尖眼小，项长脚短，鼻头缩行，步慢颔腮动。

诗曰：口小眼小上停长，脚短行迟自有常，衣禄不愁还自足，绿波千顷好田庄。

鹦鹉形

其形眼微长，内外翅垂，鼻准圆大，行步急躁，语言急迫。

诗曰：准头圆大眼微长，步急言辞媚且良，身贵近君终有用，何愁不似雪衣娘？

孔雀形

其形：面小而身大，性慢多敬爱，华饰，贪好美名。

诗曰：面小身肥惜羽翰，平生良友凤和鸾，侯门禄食堪依倚，莫把凡禽一样看。

雀形

其形身俱小，眼急圆，睛黄色，多惊惧，贪淫欲，举动相穷，平生劳碌。

诗曰：身形俱小双睁急，多惧多惊性喜淫，衣食艰辛且随分，得依大厦少安身。

鸲鸽形

其形面色紫黑，眼小赤光，鼻大口尖，见物常嗔，人多憎恶，白撰是非。

诗曰：紫黑形容眼赤辉，口尖白撰是和非，不逾济洛溪头远，若作行商便不归。

鸳鸯形

其形面红而白眼，圆而媚，行步无威，语言邪秽，性好奢华，宣淫忘己。

诗曰：面红眼白太多情，行步无威性喜淫，若得真形还入相，鸳行早列佐皇明。

鹊形

其形面小青白色，耳卓行步急，谈吐宽容，人见多喜。

诗曰：面小形容白又青，出言人尽喜闻声，胸中自有封侯印，忠厚传家表令名。

鸡形

其形头小面小，睛黄，急义，多子，虽嗜欲不失信。

诗曰：禀性从来自有灵，更兼文彩足天成，生平不失言前信，管取人人闻俊声。

鸭形

其形身圆脚短，面小行慢，得侣强悲鸣，先贫而后富。

诗曰：面小身团貌不扬，更兼口阔下停长，只因行步迟迟好，不贵须教有富藏。

鹧鸪形

其形面微红，眼赤黄，身小耳小，视地摇头行。

诗曰：双眸黄赤面微红，行即摇头貌不隆，若是此般形状者，区区终不出樊笼。

鹭鸶形

其身细长，鼻柱长，眉缩眼黄，脚长，身缩背伏，行路头摇，饮食惊慌，主人辛苦劳碌寒相也。

诗曰：洁白形容不染尘，步行摇动本天真，只因身缩孤寒相，终日区区为色贪。

鹘形

其形肩微卓，眼又圆，心性急，多精神，好贪非义之物。

诗曰：竖起双眉眼欲圆，精神人独本天然，贪求口食皆非义，只作佞人非是贤。

雁形

其形身性急多惊疑，眉目小，面紫色，臀高，喜出入，无祖业，与众和。

诗曰：面侧双眸小伴眉，多惊多恐更多疑，天伦友爱无相失，禄食江湖自有时。

鸦形

其形面稍圆，嘴鼻尖，眼青黑，多语言，面黑紫，人皆恶之。

诗曰：面貌微圆嘴鼻尖，三言出口便成嫌，虽然得食无亏缺，终是贪婪不自然。

鹳形

其形眼大口尖耳小，天仓陷，额角峻，声音小，性不定，少祖业也。

诗曰：双眸不小口尖长，言语声微性不常，额峻天仓多缺陷，如何招得祖田庄？

虎形

头大项方，肩圆背厚，腰阔额高，目大，黑白分明，口大而方，唇若抹朱，瞻视平远，光彩射人，精神安泰，语言钟磬，作用豁达大度，乃林中之虎也。有此相者，必位极人臣，或作将军帅。有此精神太猛，瞻视不定，行步太昂，谓之出林虎，虽发猛烈，作用有断处，贵不久，终失禄位。有此前说，精神详雅，语言有序，瞻视平稳，谓之靠山虎，享禄久长，晚犹显达。有此前说，精神不定，转头急速，谓之克山虎，或贵或贱，得失不等，平生多凶少吉。有此前说，不愁似愁，不嗔似嗔，神气溺倦，不病如病，谓之穿山虎，虽居富贵之中，寻常笑呀不足果，然大称意必早亡。

龙形

夫龙形者，其人鼻高耳耸，形貌端严，身体长大，骨格清秀，眉目分明，举止出众，有威权，足机变。昔汉高帝隆准龙颜，唐太宗龙姿日角，乃帝王之相，非常人也。

诗曰：体势飞朝宛若龙，美髯头角鼻高隆，威灵赫奕人无比，万国云从仰

帝聪。

麟形

夫麟形者，项骨高，身形仰，耳高眼深，眉粗额阔，音中宫商，行中规矩，得麟形真者，皆主大贵。

诗曰：额广眉粗腮颏横，耳高齐厚黑睛平，身形高仰威雄势，佐国升平独秉名。

狮形

其形眼白睛黑，圆满而大，山根断，口阔方，眉婆娑，多须鬓，子出一二面，头方骨格高，为事深远，难见心腹。

诗曰：威镇山河佐主忠，头方额高更眉浓，脑后骨起天庭突，列土分茅爵累封。

虎形

其形身细长，眼赤，长二寸半，面红紧坚，黑少白多，眉与眼齐，尖直，口大，上唇齐，有镰钍，下唇齐，色红润，齿粗白，头短圆，额长方厚，髭发疏硬黑，口大，舌长红厚，语声如雷，凡欲语则有眼光起威猛，看人似作怒，身或肥或瘦，人中方正，五岳皆起。入此相者，为上将军。

诗曰：面大头圆项后红，鼻梁尖起性灵聪，性高志烈权生杀，或乃君王会一宫。

象形

天庭起，印堂平，眉长眼小，鼻仰唇反牙露，身大肉多，耳大无轮，钝慢，多不睡，少望。得此相者，非富即贵。

诗曰：枕上明珠额广平，身形长厚美三停，行粗坐稳言深重，远镇山河协

圣明。

犀形

其形上下三停一，体肥，眉目相等，天庭高，伏犀骨起，天地相朝。

诗曰：头圆眼大更眉浓，耳内毫毛体肉丰，若得正形台鼎位，其他巨富寿而终。

猿形

其形面圆而小，眉目俱圆，臂长音响，好清洁，静修饰，喜花果，鼻小口尖，猖狂轻躁，不尊重，多嗔怒，心性灵长，体瘦唇薄腮丰。人此相者，当为武职。

诗曰：头圆眼黑颈腮平，脚短手长行步轻，常在碧霄闲散处，一生终是主虚名。

猴形

其形颧骨高，眼圆深，面赤黄，耳鼻卓，胆小，猖狂不定，轻薄不尊重，多嗔含怒，心灵智巧。

诗曰：额突头圆五岳平，齿青唇薄体金形，腮颐垂下发髭黑，爵重分茅佐圣明。

龟形

其形项长下短，头尖眼圆，眉浓鼻耸，嘴长，肩背伏厚，睛定性淳，平生好山水，多尊重，身体圆肥，五岳相称。得此相者，主财主富。

诗曰：额起头高鼻耸齐，眉浓眼大厚腮颐，柜仓丰满精神异，富寿兼全佐主威。

牛形

其形身魁心性慢，眼黑光，口常动，项粗头广，平生罕病。

诗曰；生来福厚不容言，面壮心平语话谦，若更步行迟且缓，千仓积贮富田园。

鼠形

其形赤紫色，眼微圆，暗处窥，密处食，好蓄积。

诗曰：性天小巧又通灵，衣食资财仅养身，状貌有拘难显达，不遭恶死也艰辛。

蛇形

其形头长，五岳不正，额平眉小，眼长口聚，阔身粗齿，细耳，上大下小，鼻小，长行步腰软，头摇仰面，未论见舌，行步如之字样，性毒不悯念人，被人触便欲伤人，行动急速，使人莫之测也。

诗曰：面长头短眼青昏，唇口高青事莫论，鼻小准尖行步速，位虽郡佐性难分。

马形

其形面长，眼大口阔，势尖齿大，腰长性慢，夜多不睡，行坐尊重。主人贵也。

诗曰：天然三面侧如砖，禀性温良好著先，君子比之因有德，前程万里可安然。

羊形

其形头方，面长无额，地阁尖削，口聚有髫，眼黄，黑少白多，睛浊，脚短，

头垂则视地。得此形者，位至七品官。女人得之，须富而淫。

诗曰：生来颜色最清白，玉骨冰肌多酒色，婚得形容端正妻，会合自然成福德。

鹿形

其形行步如走，性情不定，见人多惊疑，起坐不久，眼青黑而微长。

诗曰：双眸青黑更微长，行步如飞性却刚，若得山林相隐映，自然福禄异寻常。

熊形

其形身体圆，鼻定仰，起坐不久，喘息急促，无垂白寿。

诗曰：状体形仪又匪猪，徒然力勇逞凶愚，子良不是生斯子，敖氏还能灭也无？

鱼形

其形眼圆项缩，耳小眉薄，口聚身长，眠不闭目，性格犹豫不定。

诗曰：项缩何曾闭眼眠，水星相得免忧煎，禹门三级桃花浪，变化成龙上九天。

猪形

其形头阔面长，额平眼深，口聚耳尖，腮肥无项，脚短，见人乍惊，爱居僻猥，口常微动，终主横亡。

诗曰：项短身微赋性愚，衣食虽足亦无余，若为僧道须还吉，外此营求只自知。

狗形

其形头大顶粗，睛黄面尖，口聚，耳尖耸，性急，饮食无厌，身与脚相等，小人多憎恶，于人有心力。

诗曰：面尖额阔眼睛黄，好怒平生自不常，指示得逢萧相国，一生心力佐高皇。

蟹形

其形眼凸耳卓，身圆多惧，坐立不正，与众不睦，性格僻涩。

诗曰：眼露横行直又愚，生平赋性喜江湖，直形若得当为郡，休问监州有也无。

猫形

其形面圆眼圆，腰长性慢，多言，见识浅窄。

诗曰：眼中黄色面微圆，禀性温纯好饱鲜，有力有才堪任使，一生常得贵人怜。

獐形

其形面长嘴尖，眼似大而细，眉粗棱高，眉狭鼻准小，耳长露反，身小腰小无肚，脚长行急，爱静，性惊，多忧疑。

诗曰：身肥项短脚头圆，眉大分明眼亦然，不信人言常使性，平生衣食也迍邅。

虾形

其形眉骨起而齿露，骨肉不和，眼常青色。

诗曰：操心直亮貌昂然，挺挺英风自莫前，若遇水年方得志，直须论事可

回天。

豹形

其形五岳急，天仓窄，地阁圆，为事猛烈，喜外人，憎骨肉。

诗曰：面长齿密鼻隆高，多惠多文性且豪，莫道南山终雾隐，曾须变化不辞劳。

驴形

其形眼黄白，无和气，行步急，多妄谈，性卑污，面长耳长，语音粗散。

诗曰：眼中黄白面形长，耳大分明相畏常，贵兆已成真大贵，不然称赏动君王。

狐形

其形面紫色，眉目媚形，颊大，情和美，性急，尻骨起，淫欲中多巧诈。

诗曰：面带酒容眉目媚，心灵奸滑事多疑，那堪更得山林茂，衣食从容乐且宜。

豺形

其形头方，额阔，地阁尖，眉粗，睛大圆，五岳起，口大齿密，豺牙尖露，耳轮贴肉。得此相者，当为将军。

诗曰：元来此相号豺狼，头方额阔眼睛圆，眉粗口大牙尖露，耳轮贴肉寿延年。

猩猩形

其形眉目相近，鼻高直上，口阔上唇掀，面阔身肥，发粗赤旋，腮削臂长，性急言直。主人多才多艺，为僧道。女人必为贤德人也。

诗曰：猩猩之相鼻梁高，眼眉相近发粗毛，唇掀面阔身肥大，腮削为人德重褒。

兔形

其形头小额小，眉细口小，耳长圆大，齿细密，鼻细而红，脚短。人此相者，五品之官。女人亦主夫人之贵。

诗曰：额头形小最分明，四小元来号兔形，眉细耳长兼齿细，定应男女贵昌荣。

骆驼形

其形头圆而长，额阔项长，背伏眉高，五岳不正，眉粗目深，口聚发粗，膊阔骨粗，齿露头低，脚手长，声雄，行慢能负重。有此相者，三品之官。

诗曰：骆驼背伏更眉粗，头项圆长额阔扶，口聚目深眉耸上，声雄荣贵佐皇图。

像禽目类

凤目好其人。

鹰目大暴自强。

鹤目好闲僻静。

燕目语言辩健。

雀目癫狂疑忌。

鸡目好相争斗。

鸽目狂淫心乱

又云：凤目势长眉相逼，黑白分明，瞻视平远，精神异常，乃真贵人也。

鹰目圆睛，或如金色，有光彩射人，令人可畏。多自强好胜急暴，临危丧不善终。

鹤目尖圆，黑白分明，昂头视物，主为人宽慢，多孤僻，终于清闲之处。

燕目小而圆，睛赤黑，瞻视多昂昂。然为人多主豁达，早有声名闻于众人。

雀目圆小，睛赤黑色，侧头斜视，多主人轻易，好嗜口腹，终为小人。

鸡目黄赤色，圆小，眉毛高，视物抬头，为人终作公吏，必好斗不忿事。

鸽目小垤圆，睛黄金色，乱视头足不定。不拘男女，多好淫乱，为人不良。

禽目诗断

凤目精神秀气长，
眉高轻细入天仓。
分明黑白藏瞻视，
显达朝华必异常。
鹰目睛黄色似金，
性强刚暴众难侵。
平生自有多怀恨，
遇物安能有惧心。
鹤目小圆黑又明，
昂头高视气远清。
宽和豪放人难及，
自在清闲过百龄。
燕目睛圆黑又红，
昂昂头视气如雄。
亦能言语多聪慧，
更兼名誉有清风。
雀目睛黄赤视偏，
侧头斜视似忧煎。
癫狂坐后摇头膝，

定是孤生到百年。

鸡目高抬气又豪，

两眉双尾势偏高。

寻常言语如争斗，

一次公方去几遭。

鸽目睛黄小垤圆，

摇头摆膝坐还偏。

不拘男女多淫乱，

少实多虚却是癫。

像兽目类

龙目通其神。

虎目威勇莫测。

牛目任重致远。

马目辛苦奔驰。

犬目多是多非。

猪目好利贪婪。

猿目小胆怕事。

蛇目心生毒害。

象目钝浊不专

又云：龙目若悬珠，光芒不动，如寒潭秋水，若神若圣，富贵名誉天下。

虎目大，黑白分明，光彩射人，使人可畏，动作豪杰，终作将帅头目，贵人也。

牛目大而微带黄，精神微慢，虽享丰足悠远，平生劳心，其性必好敦厚。

马目大而不明，视物似痴拗，此人衣食须足，平生必多劳苦。

猿目朦胧，仰面视物，为人主性好颠要戏谑，终必为俭偷之辈，不可临大事。

狼目或低头蹙眉而视物，睛多白道黄色，精神不足，或偷视，心性贪婪。

羊目白睛赤多，似昏似暗，顾视少气，低头或痴或慢，为人必贱，太肥横死。

犬目三角，或黄或青，为人定睛视物，性好粉饰，见人过多扬人之短，无礼义。

鼠目小圆，睛黑若漆，视物必点头，为人见小利，交结不明，多机巧，终为盗。

蛇目小而圆，黄而视下。行掉头，为人心害物，与人交罔终，必有害人之心。

龟目小而垤，圆而绿，观视缩项仰面，主为人小胆怕事，先难后易。

象目头大身肥，眼小神昏，行而视下，为人多混浊，不自专，受人驱使。

兽目诗断

龙目精神与世殊，光芒不动若悬珠。
凝然秋静寒潭水，自是人间天下奇。
虎目多威势有神，分明光彩气超群。
寻常作事能决断，韬略英华四海闻。
牛目神昏任重多，视人迟缓性宽和。
为人处世遭衣食，不好奢侈与绮罗。
马目神痴色又昏，为人强拗必沉沦。
平生自是劳心力，多在天涯役苦辛。
猿目朦胧闪又开，视瞻仰面笑还猜。
为人必是多轻妄，终作伶人学不才。
狼目睛黄视若癫，为人贪鄙自茫然。
怆惶多错精神乱，怠惰狂图到百年。
羊目多黄露白睛，低头傍视不势明。
莫教肥后身须死，狼毒宜除好杀人。
犬目睛黄三角低，侧头斜视性如机。

见人小过无方便，只说无端讲是非。

鼠目睛黄小更长，低头偷视意慌忙。

更看作事多欺弊，为盗分明不可防。

猪目神昏视又斜，睛黄丝乱去交加。

为人自是多愚浊，肥死刀砧定不差。

蛇目睛圆上视黄，掉头行步若仓皇。

出言举措心怀恨，害物伤人不可防。

龟目睛黄垤又圆，为人小胆大周全。

缩头昂视形容正，富足清闲过百年。

象目身肥生似痴，神昏眼下视如迷。

一生作事多沉重，随向他人东复西。

第十二章　相术汇考十二

《神相全编》十二

额部相

分一面之贵贱，辨三辅之荣辱，莫不定乎额也。故天庭、天中、司空，俱列乎额，是能摄诸部位，系人之贵贱也。其骨欲隆然而起，耸然而阔，玉柱入顶，贵为天子。其峻如立壁，其广如覆肝。明而泽，方而长者，贵寿之兆也。左偏者损父，右偏者损母。小而狭者贫夭，缺而陷者妨害。痕瘠者迍蹇。左为日，右为月，日月之角，百骨棱棱而起者，二千石。印堂上至天庭，有骨隐然而见者，必达而荣。边地山林皆欲丰广，坑陷贫贱。额两边辅角骨起者，三品之贵。天中，天庭，司空，中正，印堂，五位须得端正明净，则聪明显达也。若狭小而乱，发低覆者，愚而贫贱也。

头小而窄，至老孤厄。额大面方，至老吉昌。额角高耸，职位崇重。天中丰隆，仕宦有功。额阔面广，贵居人上。额方峻起，吉无不利。额莹无瑕，一世荣华。

纹痕论

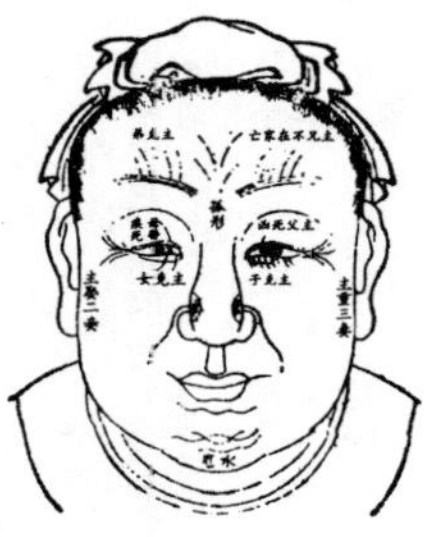

纹痕论

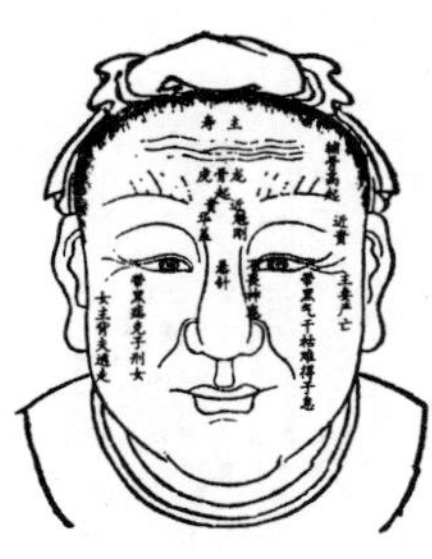

图之纹面

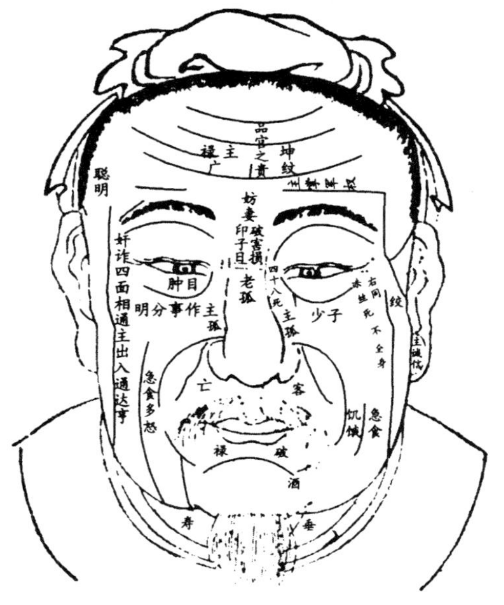

额纹部相

额之有纹，贵贱可断。若额方广丰隆而有好纹者，则爵禄崇高也。

如额尖狭缺陷更有恶纹者，则贫贱无疑矣。

三纹偃上者，名曰偃月纹，主朝郎。

三纹偃上一纹直者，名曰悬犀纹，主节察武臣纹。

王字纹者，主封侯。

天中一纹下至印堂，名曰天柱纹，主卿监。

印堂上二脉直上三寸者，名曰鹤足纹，主刺史。

三横纹绕者，主早丧父。

一纹横而曲者，名曰蛇行纹，主客道路死。

井字纹者，主员外郎。

巛字纹者，主忧虑刑厄。

十字纹者，主富而吉昌。

田字纹者，主富贵。

㘦山字纹者，主侍从之荣。

㔭乙字纹者，主京朝之职。

囡女字纹者，主荣贵显达。

额上乱纹交差者，则贫苦多灾。

女人额上有三纹横者，妨夫害子。

诗曰：火星宫分阔方平，
润泽无纹气色清。
犀骨三条川字相，
少年及第作公卿。
火星尖狭是庸流，
纹乱凹兜主配囚。
赤脉两条侵日月，
刀兵刑法死他州。
额高光泽贵而荣，
横贯三纹道术通。
女定妨夫多不利，
额欹偏小早归冥。
额上微成小理纹，
生来高贵异时人。
男居职位为僚佐，
女嫁贤才作县君。
三画横纹在耳边，
定知聪慧是良贤。
若携书剑干明主，
应有文章动九天。
天中直理太乖期，
无奈生来有此仪。

衣食平平终日有，
只缘形相损妻儿。
眉上乱纹应恶相，
奈缘频爱放妻儿。
平生衣食虽然有，
只是无端少见知。
目下竖纹如泪垂，
平生衣食只随时。
眼前定见无儿分，
宜养他人作义儿。
三横纹理印堂生，
异相惊人众不同。
他日身荣佐明主，
定知官爵至三公。
目下横纹叠两重，
此人形相主贫穷。
又兼绝子多孤寡，
乞养他儿到老凶。
额上微成大字纹，
定知他日作忠臣。
更能惠爱施黎庶，
位禄千钟荣六亲。
相君眉上出横纹，
怎奈将来绝子孙。
衣食眼前随有分，
老来劳苦受孤贫。
一字横纹额上生，

此人高贵列公卿。
兼能济众怜贫苦，
职位高迁近帝廷。
横纹一画在天中，
高贵荣华似石崇。
若是携书见明主，
定知高位至三公。
额方广厚阔光辉，
定见官荣位不卑。
额下横纹终绝代，
额微尖小没田庐。
额小先妨父，颐尖母必亡。
额宽终是贵，额小没田庄。
额似悬萎病不生，
骨方高大贵为荣。
更见连鼻三悬理，
男多妨妇女私情。
发际丰隆骨起高，
能言少语性雄豪。
天井天仓隆见贵，
上卿骨起佐明朝。
印堂竖骨入于顶，
拜爵加官寿命永。
隆高悬壁耳前生，
更见顶方才亦整。
日角月角高大贵，
七星排额兵帅队。

印堂日角骨更高，
身无灾患人尽畏。
中正骨起二千石，
陷时男女早孤栖。
女有此相须十嫁，
男须官爵退休时。
印堂润泽骨起高，
少年食禄佐明朝。
仰月纹星额上贵，
面圆光泽富雄豪。
印堂有痣人多厄，
食禄定须多退职。
竖纹合娶两姓妻，
更主官事经移易。
印堂眉间黑子生，
君须莫与外人争。
此者是名为上狱，
争时被责必遭刑。
黑子天中及陷纹，
退官多厄岂堪论？
伏犀如指通于枕，
拜爵封侯四十春。
额上生毛女克夫，
男虽妨妇性多愚。
女生左右旋毛盛，
倒垂发鬓尽妨夫。
额上三纹横过眉，

艺文求觅世财宜，
面多黄色家须富，
清气官荣必自知。

论额

额阔平无纹，助眼倍精神。

面上纹理

井字横纹生印堂，
此人形相不寻常。
他时必主朝官去，
至孝忠臣佐帝王。
八字牛角理纹生，
定知高贵作公卿。
更加牛角理纹见，
此人不久立王庭。
左日右月两眉间，
定知形贵实难攀。
若持文卷于明主，
必得高官衣锦还。
额上纵横印里生，
志雄心勇贵人形。
知者知命立年上，
统领君王百万兵。
牛角小纹生人眉，
此人财帛发稽迟。
少年牢落居浮世，

老后荣华谁得知?
眉上双生鹿角纹，
此人形体异常人。
若向帝廷呈艺业，
筑坛应拜上将军。
纹理交加额上生，
定知为事不分明。
一生贫苦非常善，
偏被他人取次轻。
纹理入口恶形容，
男女生来莫愿逢。
细看此人终不吉，
应知饥死向尘埃。
时人要识恶仪形，
大字真纹点额生。
须得眼前逐日过，
奈缘灾害不曾停。
额上分明有覆肝，
平生高贵得人钦。
女为妃后居皇室，
男得封侯有大官。
口畔微生两纵纹，
此人必贱不须亲。
眼前虽有安家宅，
他日萧条又受贫。

又云：额上有横纹如川字者，寿。两角纹屈曲斜者，主刑。鼻上横纹，主克子。印堂纹直者，主破相。腮下横纹，主恶死。项上有纹为项绦，主有寿。颔下无

乱纹者，吉。结喉有纹者，主自缢。脸上有纹出者，主寿。鼻准纹痕多者，心毒。眼下有纹斜下者，主刑。入口如系物者，主饿死。

又云：覆月司空家富盛，小车紫孛少藩垣，横过中台瘟火厄，斜飞入眼极刑干。泪痕耳珠优水厄，山纹额角列朝班，地阁纵横财各散，年上山根仔细看。山根细断诚多难，印内如丝恐没官，居准自然乖算望，祖宅多破子贫寒。掌中横纹心无智，乱理人中子息难，龙角天庭须牧伯，交钩鼻上盗仍奸。法令过颔知寿考，纵横入口死无粮，舌上纵横身必贵，温红在掌福峥嵘。三壬居额宜寿夭，八字宽宏主少亨，奸门乱理多淫荡，鱼尾修长老不停。井字阴阳终自缢，酒池缕缕丧波澜，悬针入印刑妻位，破匮侵颧权位难。孛带刃刀人带杀，若临紫气性无宽，祖墓坟茔迁后败，必然四墓乱纵横。驿马定应游宦子，口如裙褶只孤单。

枕骨部相

人之骨法中贵者，莫出于头额之骨。头额之奇者，莫出于脑骨。成枕之人有扰骨，如山石有玉，江海有珠，一身以恃其荣显也。故人虽有奇骨，亦须形貌相副，神气清越，方受天禄。不然，恐未尽善也。夫脑之后，名曰星台。若有骨者，名曰枕骨。凡丰起者富贵，低陷者贫贱也。

图枕玉

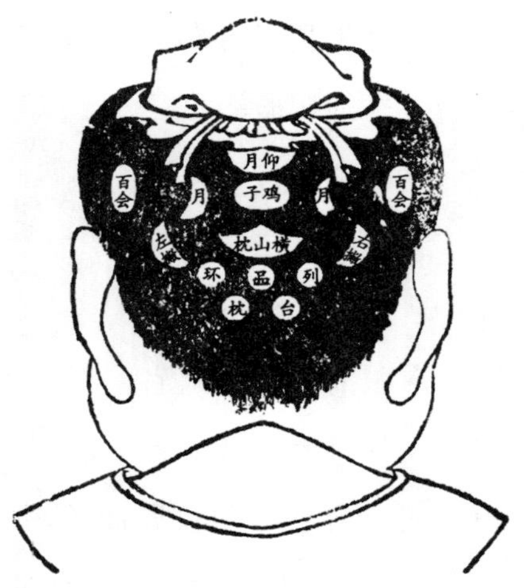

枕骨图式

▯三骨皆圆者，名曰三才枕，主使相。

▯四角各一骨耸起、中央亦耸者，名曰五岳枕，主封侯。

▯两骨尖起者，为双龙骨枕，主节枢将军。

▯四边高中央凹者，名车轴枕，主公侯。

▯▯三骨并起者，名曰连光枕，小者二千石，大者至将相。

▯一骨弯仰上者，名曰偃月枕，主卿监。

▯一骨弯俯下者，名曰覆月枕，主朝郎。

▯二骨俯仰者，名曰相背枕，主文武防团。

▯上一骨下二骨分排，名曰三星枕，主两副制馆职。

▯四方骨皆起一骨角者，名曰崇方枕，主二千石，大者台禄。

▯一骨耸起而圆者，名曰圆月枕，主馆殿清职。

▯上方下圆者，名曰垂露枕，主员外郎。

▯上下圆而有棱似盆者，名曰玉樽枕，主卿相，小者刺史。

▯背月枕。

▯一字枕，主诚信，贵，性刚。

▯回环枕，又名率辐枕，祖父子皆贵。

▯左长枕，▯左撒枕，▯右撒枕，皆少贵，主寿。

▯三关枕，主一门有数贵。

▯连枕，又名列环枕，与玉堂相侵，主贵寿，性不常。

▯鸡子枕，主性焦烈，多自是。

▯山字枕，主诚，性贵，性刚，又名横山一字枕。

▯悬针枕，

▯垂针枕，又有玉枕，主多寿。

▯酒樽枕，主近贵有禄，无官。

▯上字枕，志高胆大，成败小贵。经曰：凡人有此玉枕者，皆主贵相。如僧道

之人虽不贵，有此玉枕者皆主寿命长远。凡人玉枕，但稍有骨微起者，皆主禄寿。平下无者，禄寿难远。妇人有者，皆主贵。

腰鼓枕，主小贵无定，多成败反覆。

如珠枕，主近贵而不实。

丁字枕，主性宽近贵。

三骨直起，一骨下横承之者，名曰山字枕，主聪明富贵寿。

一骨圆一骨方，名曰叠玉枕，主富而荣。

一骨耸起而尖峻者，名曰象牙枕，主兵将之权。

骨起分四角者，名曰悬针骨，主节察武臣。

一骨横截者，名曰一阳枕，主巨富高寿。

大凡枕骨欲得共下者过脑而易辨，近上者浅而难验矣。骨者，一定之相，有之则应也。故古人有言：头无恶骨，面无好痣。斯言信之矣！

相骨节

诀曰：骨节要丰隆，天中向上攻，横生主封爵，鸡子定孤穷。龙角如双柱，升朝有始终，印堂三寸起，伯牧位相同。

鼻与山根直，求婚帝室同。两颧敧更露，权势尽成空。悬壁须丰起，敧斜祸必逢。巨龟连脑户，宰辅位尊崇。

精舍林中广，仙风道骨藏。伏犀三路起，僧道骨为良。驿马连边地，兵权守一方。金神分五指，极品在岩廊。

武库宜为将，倾危必主亡。玉梁具耳鼻，清显富文章。大海尖如指，支干慎折伤。奸门欲平阔，尖陷定淫娼。

玉楼如伏臂，名重三台位。牛角连虎眉，直起宜侍卫。日角父康宁，月缺母难备。项后见两颐，兄弟多不义。

欲知寿绵远，耳后耸余地，额额方且平，揖让最为贵。更忌虎吞龙，粗露切须忌。既耸坚且明，巍巍堂庙器。

相面部骨格

天中骨起主富贵，陷缺无田地。

天门骨合，得四方朋友及弟兄姊妹之力。

百合骨起，边地之将高耸，主大贵。

命门骨长寿，陷低并色恶不然。

子位丰满，主多子孙。

甲匮骨起，女主后妃，男为金吾将军领兵。

边上骨起及肉红润者，主富贵。

法令骨起，为大理主事少卿等官，色恶主多厄。

井灶骨起宜田宅。

辅角骨起，能文案，合为大尹。

地阁骨满主屋宅。

地仓骨起富贵。

虎耳骨起大贵。

承浆丰满朝天者，主富足酒食。

悬壁骨起及肉满，宜奴仆，陷者无。

燕颔骨起大富贵。武库骨起为上将。

房心骨起国师。

四杀骨起节度使。

尺阳骨起为御史。

辅骨起，为侍郎，给事中，中书舍人。如黄色，一品之贵。

边地骨起，为谏议大夫，监察御史。

天庭骨起，红润者，丞相之位。

日月角起主大贵。

额角骨起，司徒太保之位。

父墓骨起，大贵，荫袭子孙。

战堂骨起，为骠骑将军，节度副使，行军司马之位。

郊外骨起，三品卿，大贵。

司空骨起，刺史，员外郎，省舍人之位。

道中骨起，远州刺史。

交额骨起，官小有寿。

重眉起，主小贵，有节行，人性不常。

悬角骨起或肉黄者，七十日内，主三公卿相，天下统帅。

中正骨起，司马令长。

山林骨起，州牧之位。

虎眉骨起为将军。

龙角骨起，主封侯，尚书仆射。

辅犀骨起，封侯伯，一品之贵。

华盖骨起，富寿人也。福堂骨起主三品。

两眉关门骨起，合得国师，库藏钱物。

肉陷，合主市死。此部近两狱也。

印堂骨起，合主大印，绶一品太保司徒之位。

三阳明净主贵。

司空骨起至式枕者，三品下四品。

中正骨起至玉枕者，二品下三品。

山根骨起，如钗股，上有棱似刀背至枕者，或如月样明润异者，为大将军之位。

天庭骨起至枕者，四品下五品。

天中骨起至枕，五品下六品。

伏犀骨起至枕，六品下七品。

坤山骨起至枕，七品下八品。

风池骨起至枕，八品下九品。

华盖骨起至枕，九品下杂流小贵。此等之骨皆似棱利，以手扪之，觉隐隐然似刀背，禄、主富贵。

玉枕骨起，方三寸，有像似十九般骨节如刀背者为上。若鸡子横纵，似仰月、覆月、背月、玉环等样，主寿异常。女人有者吉。骨气似有似无，见如诸部如钗股之样起，主大贵。伏犀骨如小指半大，有棱如线，位极上品。骨如指者为名僧骨，有棱如角，大指者上将军。此名伏犀骨，玉枕头，各有取焉。

天中骨起，如箸，大有棱，合主国师，近圣人，贵至三品。

左厢骨起，禄二千石。骨肉相称，至白衣拜相。

高广驿马骨起，封侯，大贵。

面部隐然骨起，不出十年为方。面肉色俱好，五年之内升迁也。

论头面黑子

生爱中者主富寿，近上者尤极贵，额上有七黑者主大贵，天中主妨父，天庭主妨母，司空主妨父母，印堂当中主贵，两耳轮主慧，耳内主寿，耳珠主财，眼眩主作贼，山根上主克害，山根下主兵死，鼻侧病苦死，目上穷困多，眉中主富贵，眼上主吉利，鼻头防害刀死，鼻梁迍蹇多滞，人中求妇易，口侧聚财难，口中主酒食，舌上主虚言，唇下多破财，口角主失职，承浆主醉死，左厢主横失，高广妨二亲，尺阳主客死，辅角主兵死，边地主外死，辅角主下贫，山林主虫伤，虎角主军亡，劫门主箭死，青路主客伤亡，太阳主夫妇吉，鱼尾主市井亡，奸门主刃死，天井主水亡，林中主清慎，夫座主丧夫，妻座主丧妻，长男主克长子，中男主克中儿，次男主克次子，金柜主破败，上墓主无职，学堂主无学，命门主火厄，仆使主为贱，婴门小使主贫薄，支堂主克妻，外宅主无屋，奴婢主妨奴婢，坑堑主落崖，陂池主溺水，下墓主克亡，三阳主谋人，盗部主奸窃，两厨主乏食，祖宅主移屋，大海主水厄，年上主贫困，地阁主少田宅，家信主家破散也。

图之凶吉痣面

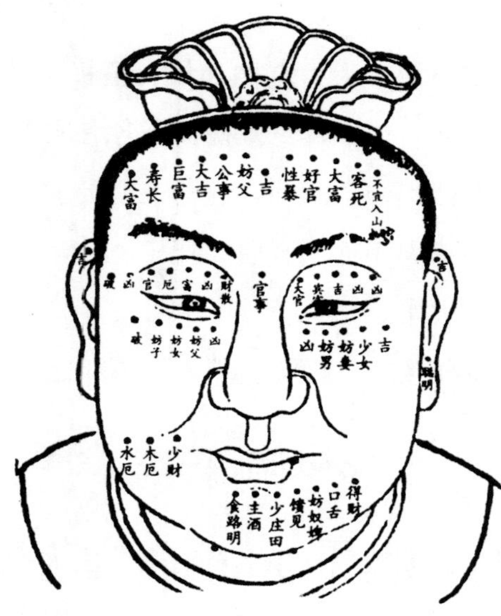

图之痣面子男

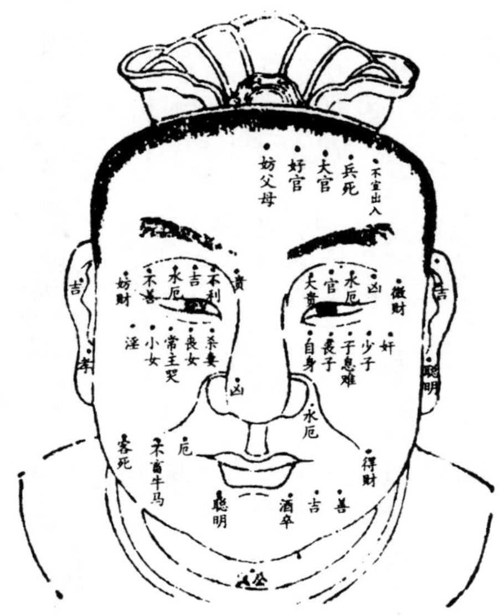

图之痣面人女

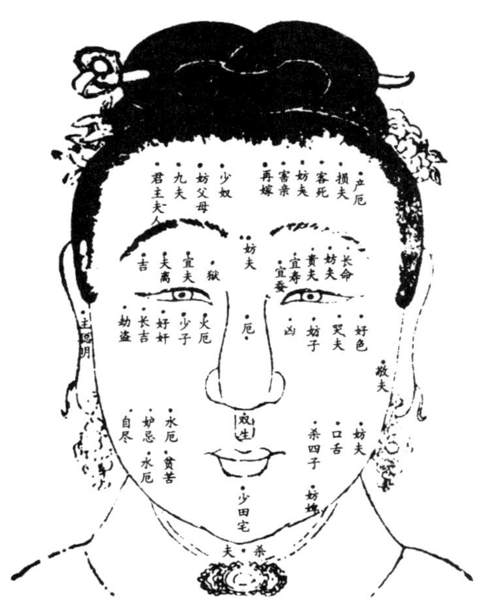

论黑子

夫黑子者，若山之生林木，地之出堆阜也。山有美质，则生善木以显其秀；地积污土，则生恶阜以乐其浊。万物之理皆然。是以人有美质也，则生其黑以彰其贵；有浊质也，则生恶痣以表其贱。故汉高祖左股七十二黑子，则见帝王之瑞相。凡黑子，生于显处者多凶，生于隐处者多吉，生于面上者皆不利也。且黑者，其色黑如漆赤如朱者，善也；带赤者，主口舌斗竞；带白者，主忧惊刑厄；带黄者，主遗忘失脱。此义理之辩也。

相黑子

天中贵位不宜居，男妨父母女妨夫。若见天庭忧市死，印堂官事或才储。寿上防妻尤自得，承浆若有醉中殂。女人地阁须忧产，诏狱或见死囚拘。横事相妨左厢出，若临高广二亲无。尺阳主往他乡殁，鱼尾奸门盗贼辜。华盖暴亡天井水，太阳

官舍外阳逋。武库主兵边地远，游军亡阵或兵诛。或主书上忧无学，井部宜防井厄虞。小便伎堂并内阁，主无侍养自区区。不修帏帕看门阁，祖宅如生没故庐。命门作事无终始，学馆看来学岂余。止口嗫嚅多咀喁，帐厨妻室恐难胥。山根鼻准兼廷尉，家业飘零骨肉疏。眼下悲啼当不绝，耳根双出倒商途。正面所为皆不遂，人中或有立身孤。坑堑陂池并大海，诸方不见始安舒。拥旌仗节何由得？有痣深藏足底肤。五彩如龙下绕臂，粱武贵妃生赤痣。七星左胁贵为郎，未若班班七十二。

论斑点

雀卵斑者，主妻子难为，作事犯重，作事爱便宜，女人伤夫克子、夭年不吉。豆斑者，主作事犯重，极其奸诈便宜，男伤妻克子，三度作新郎，女人如此亦如是也。

五色

人抱阴阳以为质，上成则五形之色属焉。其青色属木，白色属金，赤色属火，黑色属水，黄色属土。故五色之人，得其本色者，正或得相生之色者，善也。然五色得地者，春色要青，夏色要红，秋色要白，冬色要黑，又尽善也。若春有白色为相克，赤色为相反，黑色为相生，青色为比和。夏有黑色为相刑，黄色为相反，青色为相生，赤色为比和。秋有赤色为相刑，青色为相反，黄色为相生，白色为比和。冬有黄色为相刑，赤色为相反，白色为相生，黑色为比和矣。

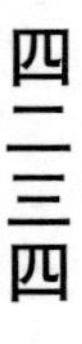

图之支干卦八州九

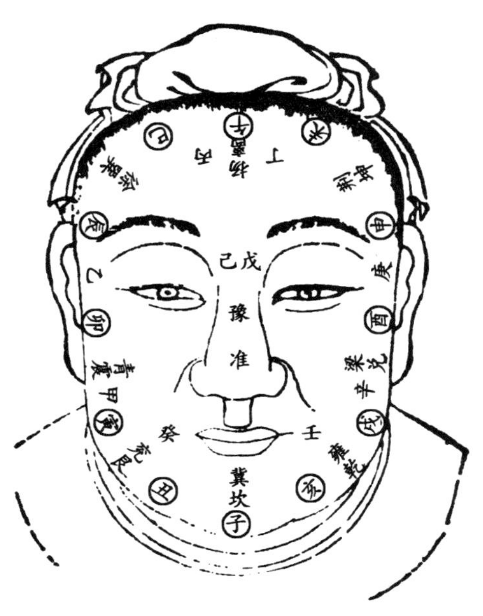

定九州气色吉凶

冀州丰满多田宅，缺陷多灾祸。扬州丰满足衣食，缺陷多进退。青州丰满足金帛，缺陷多成败。雍州丰满足官禄，缺陷多是非。豫州丰满多福寿，缺陷不长久。荆州丰满多文章，缺陷少知见。徐州丰满多儿女，缺陷多伤悲。梁州丰满足信义，缺陷人情少。兖州丰满长安泰，缺陷多贫贱。

右九州丰满，或一处常有好气色及毫痣，必主此处食禄。复又看山林及后福，终始大吉，缺陷尘累亦非真人。

雍州在乾，左笑靥下。乾位起于西北角，乃天门也。黄宜求官得横财；白主远出；黑欲行不仁之事及忧病；碧主阴人被凌辱，远行吉；紫宜称心；青大患官符。缺陷多忧苦，兄弟弱。

冀州在坎中，下唇正北。紫进财与奴婢及生良马；青主加官，小人宜得财物；

黄主宅不安，宜修禳；碧，君子吉，小人凶；白主阴司之事；赤欲算陷他人；黑主牢狱。兖州在艮，右笑靥下，东北。黄，正月见之则吉，秋夏见之，则忧父母；白主加官，小人获财；紫主婚亲事，或宜求事，小人酒食；青主非横事相干；赤主因欢乐有口舌；碧则主刑狱；黑主盗贼。

青州在震，右颧骨上，正东。白宜出入动作，必得财；赤宜忍事，主啾唧；黄，不出旬中有丧服；黑主宅舍不宁；青宜守分；碧主生灾；紫主重病，宜禳之僧道则吉。

徐州在巽，右眼尾，东。青主阴人至防口舌；赤宜作事；碧主生贵子；黄主百事不称心；黑主病，生事速宜和之。

扬州在离，印堂上，正南。黄忽润，大人加官，小人吉庆。赤，君子吉，小人凶；紫，或日月角红润，主有吉祥；青，男主离别，或主刑狱；白，道术人宜；黑，灾患生；碧主别妻子，极应。

荆州在坤，左眼尾下，西南。黄相次入梁州，主有喜庆之事；青主忧疑；白主人锉辱；碧主灾厄至；赤防盗贼至；黑主心腹有疾，宜早治；紫主女人有私通之事。

梁州在兑，左颧骨上，正西。黄主得横财；白主子孙贤；赤主文字相干，又主病；黑主加官，或饮宴；青主谋他人女子；碧主谋事不成；紫主窃盗之事。

豫州中央，在鼻梁上。白主吉；黑，家不和，成疾病；碧主忧扰，紫主欢宴；赤烦恼；青，心主忧惊；黄常满中宫，喜乐之相，其色忽见左右，君子加官，小人进财。

论四时气色总断

大凡观人之气色，妙者如祥云衬日，温粹可爱，方为贵也。如枯燥暗恶，不独难发，主脾胃心腹之疾，水灾讼狱之厄。人之气色须精，气不乱，观之易见。酒色过度，易进易退。似明不明，似暗不暗，谓之流散；似醉不醉，似睡不睡，谓之气浊也。

又集解曰：辨四时之气者，别其气五色之所属也。青红黄白黑，乃四时之正气也。在于皮上者谓之色，皮里者谓之气。气者，如粟如豆，如丝如发，隐于毛发之内，细者如春蚕之丝。欲察五方正色，如浮云覆日之微，在夫熟详而辨之。

《洞微玉鉴》曰：气一而已矣。别而论之则有三焉：曰自然之气，曰涵养之气，曰所袭之气。自然之气，五行之秀气也，吾禀受之，其清常存。所养之气，是集义而生之气也，吾能自安，物不能扰。所袭之气，乃邪气也。若所存不厚，所养不充，则为邪气所袭矣。又推而广之，则有青赤黄白黑五色也。

黄正公论神与气，有曰：神大为神有余，神怯为神不足，气过于神为气有余，气下于神为气不足。此说尤妙，宜以意致，断可验矣。气通五脏，则有所见。今之人，喜怒哀惧，一至于心，则色斯变矣，又况疾病死生乎？

论五色吉凶应时生死

黄色，土也。其敷润贴肉，不凝不浮者，为正色也。红紫二色同，皆主喜悦。若凝滞若烟云污泥者，初年曰土犯，主三十年；中年曰土病，主三十年；末年曰土死，应甲乙寅卯年，旺戊己辰戌丑未年，月日皆同，下准此。青色，木色也。其色荣畅条达，如竹柳叶者，为正色也。若干枯凝结，明闪不定者，初年曰犯木，主二十四年，中年曰木病，主六十年；末年曰木死，应庚辛申酉年，旺甲乙寅卯年。赤色，火色也。其色光泽华秀如脂涂丹，为正色。若焦烈燥烦如火焰炽者，初年曰犯火，主二十年；中年曰火病，主四十年；末年曰火死，应壬癸亥子年，旺丙丁巳午年。白色，金也。其色温润如玉，经久不变者，乃正色也。若尘蒙干枯无润色如干衣者，初年曰犯金，主二十七年；中年曰金病，主十八年；末年曰金死，应丙丁己午年，旺庚辛申酉年。黑色，水色也。其色条畅、风韵光彩、有锋芒显露者，为正色也。若烟雾昏昏、四时污浊不明者，初年曰犯水，主十八年；中年曰水病，主十一年；末年曰水死，应戊己辰戌丑未年，旺壬癸亥子年。

又论四时气色

凡观气色者，取四时旺相休囚，察人之已发未发。神色者，乃人之日。显青忧，黑疾病，白孝服，赤官事，紫黄二气色，皆为吉庆。盖神又别形，形又别神，

神又别色。如此四者，骨则是形，目则是神，气如烟霞，色若毫毛。青发于肝，黄发于脾，黑发于肾，赤发于心，白发于肺。且如春三月，木，东方甲乙，在顴骨是也。顴青气色，旺相也，亦先忧惊而后喜。显赤色者相生也，虽相生，亦先生口舌或因官司，后成大喜。显白色者囚也，乃金克木，为牢狱也。显黄紫气色者死也，故木克土也，以此死亡矣。又曰：春得木而青，为本色，不反者。如变白色者，是金克木，主孝服哭泣，九十日见。若鼻赤，自己主有杖棒，家下人口疮疾血光之灾。山根黑气独起者，兄弟有灾，仆马走失。印堂黑气者，文章阻滞。黑气横过眼下入耳者，主家下哭声，重则自己身死。两顴骨为朱雀元武，黑者破财，赤者官事。三阴青色，女子之殃；三阳青色，男子之殃。三阴三阳，青润黄光者，主生女；三阳红黄光彩润泽者，生男子之喜。如有喜将产，阴阳俱带黑色，晦滞全无彩者，主喜中有忧，恐子母不全。凡准头至山根、印堂透天庭有红黄光彩者，主三七日或四七日内有财喜，或进田宅、生子、娶妻等喜。上唇白者，自己腹肚之病。

夏三月，火，南方丙丁，额是也。显赤色，旺也，虽旺，主先官司口舌而后吉。显黄白二气色者，相生也，虽相生，白色先吉后凶，黄色先凶后吉。显黑色者，囚也，疾病也。显青色者，死也。又曰：夏乃火为正色，赤者无妨。最怕黑色太重，乃北方壬癸水来浇火。如有紫色者，乃官司中生不测之祸患，失物不足。两眼及眉毛并法令中有晦，主司命破损不安，招口舌上门，及人口病患失物不足。左眼黑，男子病；右眼黑，女子病。兰台廷尉黑赤者，主血光疾病。山根黑气，兄弟官司，仆马病死走失。耳珠黑者，主财谷耗散。耳轮黑者，主其人不久而死。两顴赤气，朱雀动而元武旺。准头至山根及天庭有红黄光彩者，主于文书喜气无不顺快有财。如或此位青黑色，求财不遂，出入不遇，如求官中勾当，皆无成就。鼻梁黑重者，主病患；黑甚者，主死亡；如准头独光者，福祥，准一半灾矣。

秋三月，金乃西方庚辛也，左顴是也。显白色者，旺也，先号哭而后大笑，吉。显黑色者，相生也，故先病而后吉。显青色者，囚也。显赤色者，死也。又曰：秋以白色为正色，怕赤色太重，是为火克金也，准头有火焰者，主官司破财，桎梏之挠，杖棒之难。准头至山根一路有红黄之气，主文书官贵，印绶无不称心。左眼下赤男子忧，右眼下赤女子灾。鱼尾若见黑气者，主有水厄之忧。山根黑赤暗昧，主兄弟仆马病患走失。口角并腮如有黑气，此是脏腑之暗疾。口畔如此形色，虽卢医，枉用心神。口边最嫌黑气来侵犯，岂知旬日入泉台。宫中的黑无虚者，不问青黑，主大灾。

冬三月，水乃北方壬癸，地阁是也。显黑色者，旺也，虽旺，先凶而后吉。显青色者，相生也，主先惊而后喜。显黄赤色者，囚也。显白色者，死也。又曰：冬以黑色为正色，怕土来克水。有黑黄气者，主家下人口迍邅，留连患病，两颧骨主官灾，破财失脱。两眼下黑赤，主男女之祸。山根黑黄色，仆马不利，兄弟有灾。印堂青黄，所为文书阻滞；若有黑气者，主落水坠马之厄。口有白色，主贫困。眼常青，主夭，常被人所贱也。额有黄色，主一月内有喜庆；紫色，主六十日内有喜庆及官荣；青色，主六十日内有孝服，公讼，不宜远出；黑色，主百日内有忧虞不测病厄。眼下有青色，旬日内有虚惊；赤色，有公讼；黄色，有喜事；黑色，主病夭。眉头有赤色，主有非横不明之事。

辨色歌

早观气色非虚诈，一分一寸俱眼下，男观左兮女观右，膜肺腑中多不假。短于菽粟细于丝，吉凶可辨须详推，或隐毛发纹理中，气色都输谈相者。

面部气色诗

诗曰：额上红黄二等丝，三旬定见转官资，庶人自有求宜望，僧道迁荣有住持。

额上有红黄二色如丝露者，贵禄。有此色，三十日内加官。印堂有其余，人百事吉，求有望，僧必有住持之喜。紫色纷纷，三十六日内喜事，宜动。黑色，有事不分明，防二季内搅扰及日下公讼。青色，不宜远出，更防田宅有挠，六十日内应。

诗曰：额上纷纷紫气侵，六旬喜气定来临，若还黑气侵其上，一季灾殃不称心。

印堂额门青色，切须提防，不可登高远方，应六十日中。谨慎，恐田庄公讼。

诗曰：额上红黄生贵子，举人榜上有高名，其余求望招财横，一季须知见此荣。

印堂上红黄二色，主家生贵子。余人得横财，主举人解首名，求官吉，一季应此吉庆。印堂紫色如豆粒者，主进田庄，一季内应。

诗曰：印堂紫色似珠圆，一季之中进田园，白色若如丝露见，须防孝服事相煎。

印堂白色若丝，主孝服至一季内。印堂黑色如黑水，主仆马相欺之忧也。

诗曰：印堂青色事纷纷，五旬决定事缠身，黑色兼青如黑水，须忧仆马有灾迍。

印堂青色，主公讼及身，五十日内应。

诗曰：山根黄紫色加官，印动三千里路间，僧道庶人诸事吉，须知一季喜侵颜。

山根位上黄紫二色，主三十里侯印动，贵人加官宣诏之欢。中正紫云，四十日有回还之喜。天中黄色，九十日升除。地阁黑青，一年内必死。连腮气黑，六八而亡。满额赤光，二四而讼。青云贯额，九十日内有不测之忧。赤白年寿，五十日内有丧亡之事。地阁黑雾，宜防酒食之灾。额角黑云，应当噎食之病。天中黄紫，九十日加官。龙虎紫气，五十日及第。桃花色贯年寿，五五登科。黄气临于白眼，半年改职。青黑驿马，出入遭伤。青色满额，在家不吉。目下赤黑，官事眼前。口角白干，病临眼下。宁心细察，定想消详，无越纲纪，祸福必验。

辨气色

夫气色者，发于五岳，隐于六腑，朝则见于面容，暮则归于肺腹。随年随月，随日随时，气色升降，各分面色。白青黑红黄，按金木水火土形。气者，出于青尘，又如烟雾，忽于何位，有成有败，有吉有凶。气色真形，一寸二分，按一年十二月，一日十二时，年年各有兴废，月月亦有成败；日日生发祸福，时时不测忧喜。欲观人者，先要定所居方位。若得知之，吉凶无不应矣。

辨四季色

春要青兮夏要红，秋间白色喜重重，冬间黑气乘来往，若不相刑应始终。

三五日或十日内，见准上黑白色，主孝服并自生灾。

辨口色

口角并腮有黑纹，须忧脏腑不调匀，病人口畔如斯色，纵是灵丹未保身。

口角及腮上有青黑，防一月或半月内，脏腑内暴患在床。

口角红黄紫色多，此般气象最安和。忽然角畔青青色，饭食侵刑没奈何。

口角有黑色，谓之死气人口。远至一百日内定死。口角有红黄紫色者，自身安乐。口角有黑有青，主饮食之娱。

辨眼色

眼边黑色切须知，百事施为亦不宜，灾祸之来看十日，更防小辈暗欺躯。

眼下黑色，百事不利，防有不测，小人相挠，在十日内应，谋望不成，事宜守旧。

跟下青青忧染躯，心中不乐暗嗟吁。白色切须防父母，兄弟还同二日余。

眼下青色，有心中不乐之事。眼下白色，防父母两日内有厄，无父母防兄弟有灾。

眼下红黄紫气生，最宜求望事皆成，神仙留下通元术，凶则无灾吉则荣。

眼下红黄紫色者，百事吉。

辨眉色

左右眉头赤色凶，定遭公事在官中。眉头见得常明泽，所作施为百事通。

左眉上有赤色，防官中公事。右眉上有赤色，防邑中公事。应在一月。两眉常明泽，吉。

辨耳色

两耳焦黑肾气虚，红润丹田病尽除，须信形神元且妙，建通气色目光舒。

两耳上有黑色，防肾家有病也。两耳红润者，吉，丹田六腑无病之色。

辨面色

满面都青色，常怀毒害心。要知招喜庆，红色满容侵。青色不明朗，乃是滞色，深谋为诸。吉庆须还满面明，明泽之为吉庆，顺也。

辨四时诗

春青只向三阳取，夏赤须于印内求。秋白但观年寿上，冬观地阁黑光浮。

春三月，属木。

青色出面，木旺也，主更变喜美之事。

红色出面，木生火也，因妻妾上喜，三七日至。

白色出面，金克木也，主官鬼相挠，一七日内至。

黑色出面，水生木也，二三月间，有死亡之事。

黄色出面，木克土也，七七日内有横财喜至。

夏三月，属火。

红色出面，火旺也，得贵提携，三五日至。

青色出面，木生火也，父母有喜事，一七日至。

白色出面，火克金也，诸事次吉。

黄色出面，火生土也，因子孙有喜，三七日至。

秋三月，属金。

白色出面，金旺也，七七日内，得阴人财。

青色出面，金克木也，得横财，拾得古器之物，三七日至。

红色出面，火克金也，争讼损财，主三七日至。

黄色出面，土生金也，父母有封赠，常得人财，三七日至。

黑色出面，金生水也，主兄弟哭泣，三七日至。

冬三月，属水。

黑色出面，水旺也，须得财，不足喜，防官灾，词讼虽有无患。

白色出面，金生水也，得贵人力，七七日至。

红色出面，水克火也，得阴人财，交易贵人喜，三五日至。

黄色出面，土克水也，三七日内失财，诸事不吉。

青色出面，水生木也，父母子孙进喜，七日至。

黑色若四季有之，皆欠顺，作诸事者当忌此等气色也，必主死亡之事。五色者，俱以五行，相生相克，有势无势，四时定其吉凶。盖水生木，木生火，火生土，土生金，金生水。如木克土，土克水，水克火，火克金，金克木。推此相生相克，在此消息之间，以定吉凶，则祸福无差矣。

五色所属

金色白，乃肺之神，如敷粉汗出流，不似白露。

准头上见之，主灾父母。目下以左右阴阳言之也。

木色青，乃肝发之神，发时如初生柳叶，又如青线。

凡人面不可有此气，主忧事。在禄位主失财，在父母兄弟妻子主忧。

水色黑，乃肾之神，发时如鸦成片黑。

山根年寿准头见之，主病。眼下主孝服。两耳边至眼，六十日内主死夭。诸部以上主病。

火色赤，乃心神之发，发之赤散如醉。

印堂见之，主牢狱公讼杖责，三七日至。发浓赤，立见灾应。颧骨主疾病至。

土色黄，乃脾之神，发时如卵黄，多喜事。

天中印堂见之如云雾，大喜。牢狱见之，遇大赦。两眼下家宅见之，大喜。准头山根见之，贵人成将，有财喜。

九仙会源气色歌

太岁临门，额上昏昏。

春夏不散，年多灾迍。
奏书一部，初出黄光。
准头相应，百事皆昌。
金神一部，左右天仓。
或紫或赤，朝见君王。
太阴青紫，右眼眉侧。
君子伤财，小人杖责。
博士三阳，宜紫宜黄。
女黑产厄，男黑必殃。
力士两颧，青黑之色。
男子徒流，女子产厄。
眉上黄光，喜乐年当。
天仓地阁，谷麦盈仓。
大耗一部，地位干燥。
赤黑交加，必遭劫盗。
面色青黑，年遭邑游。
亦宜守旧，出厄他州。
眼鼻赤色，命带飞廉。
女遭产厄，男病风癫。
黑色入口，印绶如烟。
五鬼绝命，破败田园。
心多惊惧，面无颜色。
休问年纪，命逢吊客。
眼下丧门，白如粉痕。
若无哭泣，必有争论。
白气朝口，多号白虎。
恐遇毒药，困伤道路。

黄幡豹尾，鼻柱两旁。

常要明净，黑气火殃。

大杀一部，眉头眼角。

总然杂色，不宜动作。

五虚六耗，丧优口挠。

身心不宁，破败之兆。

秋潭气色歌

天中如珠一点赤，住宅须防遭火厄，天庭定有公事来，官司刑狱应十日。中正其人被辱侵，印堂文学应朝夕，山根莫去州县游，被人谋害必端的。寿上惊忧因得财，准头定是遭官责，人中失物有灾临，承浆莫饮酒忘溺，地阁争田被凌辱，诸部视之终不吉。

天中如丝一缕青，官司勾追不得停，中正阴私妇女厄，司空暗主挠心情。印堂刑狱更非轻，旧事已发应天庭，山根外人莫寄物，只因无事起喧争。年寿父母当有疾，准头莫向当风睡，人物醉后忽成惊，承浆酒食须防谨，地阁轻波丧此生。

天中天庭一点白，果然父母遭危厄。司空叔伯服临门，中正外亲及叔伯。印堂兄嫂卒死来，山根姑姨病急迫，年上重丧家破忧，寿上有子无魂魄。奸门鱼尾及阴阳，妻宫之中如路陌。准头自身如尘侵，悬壁奴仆黄泉客。人中妻孕血成池，满面天罗灰土色。

天中莫令气色黑，定有天灾君莫测。天庭咒诅被人冤，中正定有非常疾。司空乘马必坠伤，印堂家宅忧病危，山根自身因疾生，年寿宫中见疾厄。准头黑遍莫求医，人中火急忧患发。承浆醉后水中归，地阁桥梁牢狱折。

天中偶得一点黄，武官文节授朝郎。天庭财至并宠喜，司空定有雁书扬。中正夫妻多喜事，印堂急诏至都堂。山根横财不可量，若逢年寿家宅安。准头必定足钱粮，人中信息兼财至，承浆必定宴高堂，地阁田地增两倍，增田加禄两相当。边地驿马连辅角，兼接山林外吉祥。龙宫眼下必生子，鱼尾奸门主洞房。悬壁仆马人财吉，日月角上有黄光。父母宫中多喜庆，文书诏擢探花郎。

天中光润色带紫，官禄荣华财帛至。天庭必有诏书临，中正家财报马至。司空定至三公位，印堂迁职必受封，山根妻位喜非常，年寿妻财即便来，准头横财应入己。人中大忌身有灾，此人躯魄在棺里。承浆外人送物临，地阁置田在都里。

天中仰月一片红，七日朝廷印信封。天庭立有诏书至，司空文书至三公。中正妻妾身怀孕，印堂主喜有来踪。山根妻妾非常美，年寿运动知寿隆。准头财帛两三重，人中有信婚姻事，承浆酒食喜英雄。地阁见时加倍喜，卧蚕贵子兆罴熊。娇妻美妾何宫见，鱼尾奸门色带红。相中此法君须记，惟有江西人不同。

气色者，自天庭、中正、司空、印堂、山根、年寿、准头、人中、承浆、地阁各位，已定吉凶。色起明润，即应七日，迟则二十，或慢则百日应。顺则吉，逆则凶也。

六气

青龙之气，如祥云衬日。朱雀之气，如晚霞映水。勾陈之气，如黑风吹云。螣蛇之气，如草火将灰。白虎之气，如凝脂涂油。元武之气，如朝烟和雾。

六气者，青龙为吉，其余或主破财，或主留连，或主惊恐，或主疾病，或主阴贼。如形骨不入格，终身为其所累；如形骨既正，当候其数，然后气可定而名显也。又须观其所付深浅而消息评之。或有清净无为，故其气其容，湛寂同止水无纹，六气可得而明也。

第十三章　相术汇考十三

《神相全编》十三

通神鬼眼万金气色篇

其辞曰：湛然清净，百祸难侵。或气相杂，一事不遂。黑气若穿五窍，身陷幽冥；旺气如犯三堂，禄从天降。居官见任逢赤色，与同任交争，士庶无权。见红色，同兄弟争竞。是故天庭白气，春愁口舌刑伤；地阁黑云，秋怕交争词讼。神门黄气，因奸而尚，然成婚，妻部黑云故旧，而中间变盗。赤色忌侵法令，酒色身亡；炎宫怕见水宫，妨妻产厄。青气生于眼下，必是妻妾子女之忧；白气长于鼻准，顿有父母昆仲之服。中央土色，逢红而终见灾殃；青白神色，总红而必无多庆。天中黑雾，失官退职。印堂黑色，移徙之愁。年上色黄，即封官爵。寿上色红，必妻争竞。年上横纹赤黑，或忧父母或忧身；寿上黄云红色，亦喜子孙亦喜禄。白为死丧，赤乃官灾。黑为病患之忧，青为惊辱之事。眼下赤色而争讼，眉上黄明而受禄。黑如油抹，人命多伤；黄似涂酥，财帛广聚。红黄入于面上，多因敕赐金帛。年上黑雾应天狱，定见官中而招责也。鱼尾微青奸事败，准头红黄禄位成。黑连年上，女必招灾；青入人中，男须败业。丧祸起于白头，忧病长在眉山。发际黄明，求官易得；鼻孔黑暗，干事难成。悬壁真红，因奴马以争强；泪堂黄色，为功名而必淹滞。眼下黑色，左害子而右害妻；眉上白光，右损母而左损父。赤黑色动，防财帛与官灾；天岳赤遮，虑人指而虚诈。山根赤色贯两目，火烛血光之厄；年上黑气侵法令，酒食色欲之忧。求官进职，三堂上以明光；财退官灾，五岳中而黑暗。小求大得，盖天庭两头分明；不劳而成，因兰台四方明净。印堂黄色

如柳叶朝边地，九十日二品登坛；高广紫云似月明于天中，一年间分符拜相。驿马紫气，四十日内有小人，百事吉，僧道名目至半年内应。

山根黑色

山根黑色状如烟，乘舟涉险恐迍邅。不然寇盗侵财帛，公挠三旬即见官。

山根位上黑色如烟状，涉危险，渡江虚惊，不然财帛有挠，中寇贼，三十日应。

山根青色

山根青色在心忧，仆马相应生月头。色白忽然有此位，半年外服有来繇。

山根位上青色，心中有挠不乐，防仆马小人相害，在三五日内见。白色主轻服，一百二十日内应。

准上红黄紫色

准上红黄紫色时，半年之内有重喜。进田增仆身安吉，此事俱祥不用疑。

准有红黄紫色，百事吉昌，半年内应。重重加进田宅，又仆马位喜，又身平安，五十日内见喜。

准上红黄

准上红黄主有权，自然所作称心田。若还紫色侵其后，一季妻生子必贤。

准上红黄色，大宜执权道，大吉之兆。准上紫色，主妻宫见宜子之喜。

准上青紫

准头青紫不堪论，半月灾危及子孙。若是家中无子息，水灾火厄恐临门。

准上青色，必主子孙之厄，如无子息，防水火之惊厄。应在四时方见。

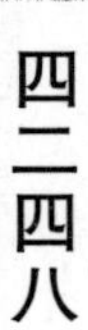

论色类

陈图南云：色之无光，不可谓之色。盖无光则虚色矣，灾喜皆不成，不必断也。先视其主休囚死旺，然后遍看诸位吉凶善恶，审而言之，万无一失。天之苍苍，其正色也，云雾乃其气耳。人之职形受命，与天地同。所禀之气有变动，则所发之色有定体也。

色隐神隐眸者贵。明则吉，暗则凶。红黄紫为吉，青白黑为灾。红黄色喜。紫气，迁官之喜。

浮主未来，沉主过去。浮沉相并去去还来色，定为灾害。发深则应近，发浅则应远。或无贵而色顿开，则不为祥。此说非可言而进也。或有色未透天庭而亦发者，是其准头开而部位之责皆开以相应，不必至天庭也。印堂、内库、驿马、龙虎角、日月角，皆为贵。

或阴晴未定，必在准头，不可发也。焦燥暗恶，不独难发，多脾胃心腹之病，水火刑讼之厄。若视之寂然，难取难舍，有道者之色也。视之赤然，似浮似沉，奔竞者之色也。视之莹然不杂，得意者之色也。视之惨然，阴合阳散，细人之色也。视之泰然，如骄如满，自定之色也。

气令色章

面上光润，财禄日进。若问此人，渐渐得运。面上昧气，财禄日退。若问此人，渐渐色滞。

凡面上有恶气如垢痕者，灾色也。如人中至准头，上至天庭印堂之间见之，五七日内应，必生灾厄。

气色歌

谩向空中设彩丝，齐分六色发神辉，举心伫目徐徐视，妙理无过细察之。若看紫色无神光，雪上下雪霜上霜，但看年上青黑色，不过三七有灾殃。气色只在皮肤出，见了之时须要防，一年半载多不退，定主家中有死亡。要看气，不须忙，但看

年上与印堂，若还喜事来何处？认取一点淡土黄。

气者，所以养神形而化神也。周流于五脏六腑之间，因七日之泛，故发于五岳四渎之上也。实则寿，虚则夭。

紫气成片，黄气散，青气如雾，红气肉里，火气在皮上。以上五气，须看厚薄。紫气，虽贵人庶人难得，官员巨富，方有如染重紫色相似。红气是喜色，火气则有灾。人有相异骨贵，为杂气所挠，譬如远山有奇峰秀景为云所蔽，不可得见也。一遇匝地清风，当天皎日，则奇峰秀景非独可以观览，必使人留恋而难舍也。

察色歌

青色类

青临日角须忧贼，升似川文官禄迁。日角卧蚕须有分，印堂近日病迟延。忽然墙壁来金匮，财物三旬失可怜。道上来还须有愿，山林蛇虎厄相连。奸门必定外失物，眼下横来病不痊。寿上若横家内鬼，公婆鬼愿未曾还。左边金匮金银生，右畔如丝或进田。口畔食来须饿死，更兼淫欲事萦牵。山根须有阴功助，乞得来时额上全。三画内阳须转动，片身居墓墓应穿。天门三旬财来到，地部部横天地缠。更看神光垂十字，其儿哭在七旬边。如临天井悬珠势，必定居武掌威权。若是病人因口愿，囚人无愿亦无僽。

赤色类

赤点白睛忧重罪，准头应是病相缠。如临珠上或条贯，一岁一煞随命悬。墙壁山林财必失，外圆黄紫得招财。武官巡简看鱼尾，盗贼收擒倍称情。牛马但看牛马死，山林蛇虎事堪烦。忽然眼下如珠发，妻子因何叫斗声。金匮魂门招怪异，承浆若得有喧争。陂池井部相连接，因水逢财喜庆田。驿马圆珠富贵胜，须承敕命赴提刑。得樽得肉宜歌会，地阁因田讼诉生。若在山根须慎火，更兼家内损孳牲。命内发到山根上，更过眉头左右轮。只在六旬遭法死，如居右耳倍时辰。才临日角官迁转，节度当权任意行。势似卧蚕须饿死，川纹悬令坐琴堂。常常日角如珠起，口舌言辞耳畔鸣，若是为官须转动，二旬之内事分明。贯干奴婢须潜走，年上遭官灾火临。

白色类

印堂白色哭爷娘，颧上命门兄弟当。只在命门全不散，三年之内定身亡。墓如品字葬须伤，半角垂珠一七亡。若是小人须相眷，又兼牛马损灾伤。奸门妻有通私事，鱼尾同途一等详。日月角中忧服制，坎中须有外丧亡。忽侵年上公婆死，若见行兵必得强。天井如龙封上将，小人孝服在门房。陂池法令相连接，驹犊多应有损伤。中岳横来过两目，本家非久看衣裳。田仓上有须忧贼，散失兼因此位详。直入眼中三七日，妻儿父母哭高堂。侵归两耳迍灾祸，好看今因更显禳。眼下垂珠夫妇闹，准头二八竞田庄。若来鼻上九旬内，公事相争闹一场。地阁横遮牛马傍，又兼大小破田塘。更来入口分明记，口舌君须自审详。寿上见时五十日，多应自害入泉乡。

黄色类

黄色天中分别土，日角须受三公府。又似片钱呼相公，常人喜应财来聚。印堂钟鼓势分明，七旬之内公侯主。更从甲匮入耳中，禄至三公能振府。墓位食招祖有龙，道上得财如意取。牛角但知牛马吉，眉准必有主伤亡。甲匮即逢掌印信，更兼箱箧不寻常。散失得地盗财物，得樽得肉会重重。入口定知瘟病到，冬看水入得财浓。双狱因人枷锁脱，感皇恩赦则归农。

紫色类

紫色天中分八字，更应非久便封侯。兰台日角二十日，节度当权都府头。庶人必得添财物，重重有喜称游优。常在气凝全不散，贵人逢着意绸缪。法令经朝印信来，凡人争竞罪全体。若来寿上横如一，家内妻儿人事酬。墙壁卷云如连珠，三日须乘驷马车。凡人必得财来应，地角横来好宅居。若是为官加守土，二旬之内岂言虚？山林就势观察使，驿马生龙到中书。克应不过三十日，分明定取莫粗疏。帝王

殿前登正位，日角卧蚕枢密呼。眉头双起丰大使，山根如钱加禄初。奸纹上已干纹发，结喉将军发有余。法令圆珠巡检使，二旬应候定机谋。日角卧蚕相省位，食仓形势进田畲。田产有时同此节，山林之地喜相须。眼下有来三月内，妻财贵子喜欢娱。墙壁二边看二七，为官上马好登途。更看三旬如此的，陂池位上似悬珠。文武将相权生杀，鱼尾自得盗财物。龙潜刚专满墙壁，常人与居三百石。承浆嫩龙观察使，僧道定当须挂紫。命门若见喜非常，迁官挂绿皆因此。

黑色类

黑气天中年上遇，更来地阁如烟雾。又如黑汗发来时，此辈须臾归死路。眉横左右一百日，若归黄泉因此遇。年上山根周岁死，地阁争田起讼诉。法令牵连公事生，七旬之世须觉悟。若逢此色发来时，才入三朝死堪惧。发来若也贯山根，定是难过来年春。大海见时二七日，逃走奴婢及生灾。寿山垂墙咒诅死，一百二旬须克身。中岳横来生两耳，十日之内定灾迍。青色未侵两边蚕，十日之内定生男。若到承浆忌六旬，问官不睦定生嗔。僧道定看白兼赤，二旬口舌祸来侵。黑色来临两边口，二旬之内病灾缠。黑色来侵卧蚕下，妇人小口定灾迍。克应定看三十日，更兼口舌事堪猜。黄色准头看七七，妇人惊恐自身灾。

月属气色

正月印堂白色，孝服，死。青应时。黄凶。红紫吉。二月印堂，三月山根，四月寿上、年上白，凶，枷锁，死。青灾滞。五月准头黄色，吉，赤应时。六月人中，七月口青，死、官灾、破财不一。八月承浆黄色，吉，黑病。九月地阁，十月天空赤色，官灾，病死。十一月天庭黑色应时，浓者必定凶。十二月发际下。

以上四季之色，有应时者，有反常者，皆以理推之也。

四季气色诗

论青色

春月如逢色见青，重新进入后来人，
添财益产多欢庆，一季无忧少有迍。
夏月如青不可逢，一如珠玉陷泥中，
求财望事无亨泰，迍滞重重且见踪。
秋逢青色且威权，冬月如逢青色崇，
定教祸患一场凶，是非唇吻重重至，
退了生财克子宫。

论紫色

春逢紫色喜重重，吉事临时削去凶，
男女婚姻多喜应，资财金帛也相从。
夏逢紫色大不祥，资财一似雪浇汤，
身边常患多啾唧，更莫经商出外乡。
秋月如逢色紫呈，定教财谷见丰盈，
家添贵子文昌盛，从此优游日显荣。
冬间紫色主忧烦，祸患重重有数般，
善事日加多大吉，主无灾害得相干。

论黄色

春逢黄色旺资财，人口重重进入来。
作事自然教称意，运谋无所不如怀。
夏月逢黄岂有忧，运谋无不遂营求。
田牛兴进今须定，一岁安然得自由。

秋逢黄色亦如青，进财进产又添丁。
必是婚姻须进契，保之一岁自安宁。
冬月逢黄主动惊，相他家下未安宁。
更兼祸患重重至，唇吻忧危日日增。

论白色

春逢白色不为奇，妻子灾迍更有非。
六畜重重逢损失，定须坷坎主忧疑。
夏逢白色吉来临，饮酒于中百事成。
一应田园并六畜，无非无害到门庭。
秋逢白色主不虞，一防口舌二防非。
必然交易经唇吻，暗退资财未可知。
冬逢白色喜而欢，万事从容各有权。
男子定招钱谷进，女人姻事必团圆。

论黑色

春逢黑气主荣权，文契重重有数般。
喜事日加多大吉，主无灾害得相干
夏逢黑气主忧惊，妻子于中必有刑。
若不屡教儿女病，定应田宅自危倾
秋生黑气不为凶，平等门庭事不同。
身畔自然新盛旧，非灾横祸岂相逢
冬月如呈黑色凶，数忧绳索祸重重。
资财退了多啾唧，六畜须教死绝踪

黄气歌

黄色纷纷如阵云，天庭或见五三分。

更兼日月相连起，不日须知面圣君。
忽然帝座及天庭，色似包金隐隐明。
或见细光连下起，迁荣过日有余成。
龙虎之间日月边，或生光彩半相连。
更于大次当求进，宰相须能荐擢权。
满天光彩半相交，禄位前程自此高。
忽向广寒求进取，必逢平地上青霄。
忽现还从四季中，定知前路必亨通。
须分部位兼仓库，必定凡求有分荣。
忽生印绶虎兼龙，两眉上下最和同。
若以为官身位禄，终身决在九霄中。
忽然妻位及山根，更兼光洁润和温。
三阳阴位分明起，必荣妻妾见儿孙。
忽然地阁及山根，财物如云渐渐生。
更从边地相连接，出入深知道路亨。
金匮相连颧上明，更从地阁及天庭。
若兼出入求财物，也知珍赂有丰盈。
耳上仓黄渐渐生，须防多病半相萦。
如云黑暗相连接，朝夕须防事不明。

赤气歌

天上红光满印堂，
职禄高迁入帝乡。
更于何处当求进，
目下须知近帝王。
满天光彩乱如麻，
名禄重重有进加。

不论朝士兼民俗，
孤寒踪迹出涯沙。
两耳光明复润温，
财路通知自有门。
不求自有人扶职，
产业营生不可论。
或在天庭帝王边，
必知官禄横加迁。
若相转营相连接，
定有公侯荐职官。
准头年寿及山根，
日近须知有邅迍。
若是贵人扶失职，
在于民庶害其身。
地阁相兼仓库间，
也应财禄更终年。
水土形人犹未可，
或于金水病相缠。
满面交加赤气生，
家宅年终事不宁。
无论四季相争竞，
子孙遭病必遭刑。
或于夏令更于冬，
财物凡求处处通。
不可小求当大用，
却须人事更和同。
若于禄库更分明，

官职求官定显荣。
祥光细细朝天去，
月中一物两般成。
地阁承浆仔细分，
奴仆波涛去似奔。
上连寿带侵金匮，
灾祸临家及子孙。

青气歌

青光满面润还温，
财物亨通不可论。
六畜并兴土产旺，
不宜城市向山村。
青气纷纷半上天，
名禄干求总不全。
若临日角并妻妾，
阴贵扶持自有缘。
龙虎之间及学堂，
定知功业两皆荒。
不问达尊须用病，
临官多失病堪伤。
细看眉下位三阳，
须知怪梦作乖张。
家宅不宁真有象，
是男为盗女为娼。
准上光侵金匮中，
财位多招使不穷。

必有小人相扶助，
他年迁盛有谁同？
耳轮青色半干枯，
腰间多病卒难除。
奴仆不来财又破，
朝餐却敢弃精粗。
绕口青青枯瘁多，
男女奸偷可奈何？
奴妾走逃终不见，
也妨夫死犯天罗。
日月朦胧暗又昏，
名誉皆亡杳不存。
若是士人求进用，
祸求囚系岂堪论？
或于边地暗还明，
远信求之卒不成。
六畜竟灾人口散，
不宜出入路中行。
地阁承浆散又生，
不能安产变还更。
却向静中求不得，
自然漂泊走途程。

白气歌

或生光彩贯天庭，
清望还如满四边。
不是封侯为将相，

此人朝野更功权。
准上分明散又生，
更须光彩满天庭。
若能光润朝诸部，
本主还须知姓名。
更于虎角甚分明，
须见公侯事立成。
但向朝廷求大用，
决然目下有高名。
龙虎之间及印堂，
横迁高禄必非常。
若从发处秋风起，
不是封侯作郡王。
禄位分明及印堂，
名高迁入帝王乡。
宜向侯门求进用，
贵人扶助力偏长。
或生光彩两眉间，
名誉清朝不可闲。
七八月间求进用，
定知此际见天颜。
妻妾三阳位上全，
女人怀孕半终年。
如何测辨生男女，
左右神光一子贤。
分明目下贯兰台，
定是家中口舌灾。

莫向内外求讼事，
自然消散走尘埃。
相及形神不可言，
人亡财散足终年。
若论举措须防慎，
百事求之物不前。
五岳相逢润又明，
不论高大有丰盈。
或作武人求大用，
宜于危位立功名。

黑气歌

目下纷纷光又明，
须知妻子孕还生。
女子必正多清洁，
男子求官位不成。
司空中正见还多，
名目参差没奈何。
有似青云来蔽日，
不安闲散见蹉跎。
印堂年寿及山根，
名目俱亡杳不存。
切恐有时成不得，
寻常多病岂堪论？
两耳怆惶及寿门，
脾肾犹多退没因。
不是在途归不得，

在家得失几伤神。
下归金匮及三阳，
男女狂痴奸又娼。
多向外边归不得，
多虚少实似风狂。
福堂两下及山根，
父子天涯杳不闻。
常在异乡归不得，
十年之内却相亲。
或于厨灶乱交加，
须至征夫入我家。
妻女或随人去走，
不知消息向天涯。
正面如烟散又生，
往来穿鼻乱交横。
或于九夏常常见，
家破人亡有哭争。
黑气如烟向口边，
更兼仓库乱生烟。
不论贵贱并高下，
死向郊原及野田。
黑气如烟散四边，
旅人归去已应难。
不特春夏秋冬面，
向外途中必不安。

气色论

一行禅师曰：气色凡有七，青黄赤白黑红紫是也。凡在于鸡鸣之后，平旦之

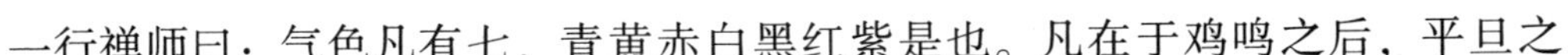

前，当血气未乱，饮食未进，神色未杂，人事未接，立身端正，不可洗面漱口，凡见于面部者，自然之气也。以烛照之，自上至下，见于面部，察其气色，定其吉凶。夫气色，朝出于面部，暮归于肺腑。状有大小，或如粹米，或如长针，或方如印，或圆如珠，或如浮云之状，或如飞鸟之形。青色主忧惊，黄色主吉庆。黄属土，四季各旺十八日，又为胎养之气，故为吉庆之福德也。赤色主血光口舌，白主折伤孝服，黑色主牢狱死亡之事。青色初起，如蚕吐丝，盛如蚕茧之丝，来如黄马牛之色，去如桃花斑。赤色初起如火来，盈如研开朱砂，去如莲花叶累累。白色初起如脂膏抹，又如涂粉，去如垢泥也。黑色初起散如马尾，又如温灰色，去如尘污也。

断四季论

如春三月，青旺，赤相，黑主休，白主囚，黄色主死。若是夏三个月，赤旺，黄相，青主休，黑主囚，白主死也。若值秋三月，白旺，黑相，黄主休，赤主囚，青主死。如遇冬三个月，黑旺，青相，白主休，黄主囚，赤色断死也。

气色相福歌

紫白赤黄青与黑，精细微妙诚难测。官灾终不错分厘，定喜须教时不克。枷锁慰色号灾纹，半年迍否定埋魂。忽然一段青临位，便防六畜更灾瘟。紫红忽有黄丝发，三阳若见主新婚。何知福禄人来访？紫入兰台更造门。黄气未来逢宴乐，白纹深入主忧疑。要知福禄色变动，恰似青烟罩远山。命值乌云漫耳里，忽然临注黑雾起。如今须是世间人，不久便为冥道鬼。昏昏淡淡入三阳，忽然如线似难当。家忧小口归冥路，深处公门入禁房。奸门若有青纹见，妻有私情夫不见。若能妙艺得其传，易晓黎民数憎怨。红晕蓝痕应见喜，白色缭绕喜多惊。忽然小辈逢其色，灾祸来侵也不轻。青气气纹半上阳，若见红丝必主亡。尤防财散伤牛马，定见身边有祸殃。青龙郁郁两边分，紫气交加不可论。切忌阴人并小口，只因疾病见灾迍。微微黄色发天庭，五七旬中喜气臻。六品以下皆为对，三遭以上定荣迁。年寿分明一岁安，印堂紫气必遭官。准头垂垂赤气绕，加位迁移主异端。白气团团运部中，又为印绶妙相逢。秋看喜气重重至，只恐迁官更不同。命门黑气到山根，五旬之内入墓坟。更兼眼下如抹粉，必至妻房及子孙。天中天庭黑气来，更须细看有何灾。年寿忽然齐发动，断定周年必主衰。司空黄色入堂中，为官转职事皆通。此人只得财来散，赤色失财亦是空。印堂青色至山根，光发下来似斑痕。父母宫中无克应，细读看来限六旬。印堂白色哭爷娘，若在命门兄弟当。只在命门全不散，三年之内自身亡。天柱倒时黑又光，唇如隔岁浸生姜。行如两步来侵我，不过两载也身亡。地阁色黄主远行，买卖求财事事荣。若无黑色无田宅，谋事年年也不成。地阁浮云青黑色，三年之内黑光亡。红色俱如加是位，青黑忧煎必致伤。兰台高广一般般，红紫兼黄禄转官。青黑赤时愁不落，定遭刑狱事相干。太阳黄必天庭来，大喜今年得横财。若是为官加爵禄，娶妇成婚不用媒。黑发三阳青气多，失官伤职事奔波。若求发来年寿上，天中亦合见阎罗。欲见他人寿不长，但看双眼昏浊黄。天寿有如题笔样，周年之内入泉乡。色杂神光都不见，直饶富贵也寻常。

五言诗诀

印堂青色起，知君身有灾。
若无孝服折，定是损钱财。
印堂血色起，必是损血财。
豕马牛羊犬，遇早好收回。
印堂红色起，知君喜事来。
若无婚嫁娶，定是进田财。
印堂紫色起，知君官职来。
不然生贵子，必是禄迁阶。
印堂白色起，孝服见悲哀。
家中若无事，六亲外服来。
印堂黑色起，定是见凶灾。
同床并子息，作福免灾殃。

七言诀

眼下青青色有无，心中不乐暗嗟吁。白花切须防父母，兄弟须还一月余。天鼓不鸣一月死，神光不明十日亡。天柱倾斜一月死，年上无光黑气侵。黑气漫漫肾部伤，安乐见时须大忌。病中决定主身亡，兰台法令无光气。有位之人定失官，若是俗人无泽色。也须家破主饥寒，神气皆昏是醉痴。前程不远不须疑，任是有官并有禄。看看只是半年期，印堂坑陷无光泽。纵有光明亦少官，假使祖宗封职荫。中年失位或贫寒，平生辛苦手无色。贵者须红贱者黄。那更粗疏纹理乱，立见破败少田庄。人求好事不须功，龙角无光定不成。更见印堂如黑黯，因求事后反为刑。面分尘土无光泽，须知失位横灾临。更添赤色山根上，烦恼朝朝妖祸侵。

九灵歌

天庭红色见，职官多迁转。
仕路有异名，黎庶皆荣变。
印堂色白青，官司主有惊。
若见红黄色，恩诏赴皇庭。
山根赤黑浮，火盗两悠悠。
青白人宅散，蹇滞未能休。
鼻准青黑凶，黄紫喜财隆。
赤色血光见，更防刑杀充。
正口赤光病，青黑难存命。
白光主唇舌，黄色家须庆。
承浆地阁黄，家宅虑火光。
红色招财谷，青白色忧惶。
法令有白气，儿病缘此意。
青黑主喧争，红黄现者吉。
黑气入三阳，千金不可禳。

为官须失禄，士庶破财亡。
命门黑或青，非久必归冥。
赤色身遭患，白光主哭声。

歌喜气

黄色腾腾起，朝天禄位成。
如云萦日角，旬日拜公卿。
准有明黄动，萦纡入食仓。
进财兼进喜，犹看旺何方。
印信有微黄，天门紫气光。
龙头横风尾，高甲占金枪。
一点如丝发，微微在印堂。
离明兼有应，名位贵中扬。
宅喜看墙壁，身宫认子孙。
书来寻驿马，边地武功存。

歌凶气

准赤忧煎动，萦缠有讼文，
气青来口角，卒病号亡魂。
眉尾青连黑，阴人位最忧，
入斜须见哭，赤间定难留。
蔼蔼青云起，灾来在夏秋，
忽然归口角，身恙卒难瘳。
白气腾腾起，中秋号应时，
若缠眉额上，长位见双悲。
忧气开还合，非时定有灾，
若还凝聚久，犹自更徘徊。

官员气色歌

官员品次色难知，二部仍将仔细推。进职加官天上看，谁于地阁见迁移？迁移为是红光面，才发天中只转资。直下印堂兼五部，紫来同见亦如期。忽然五岳皆红起，加职仍兼产贵儿。若见天中黄赤色，加官一位莫嫌疑。天中紫气发生时，堂庙官封紫诰飞。甲匮若逢官职至，三旬之内定何疑。天中黄白如圆光，七个旬中坐庙堂。若得发从高广上，贵兼才吉作侯王。黄生龙耳封侯客，自见天中武职加。但是黄生诸部上，临官驿马事无差。人中金匮见黄纹，驿马迁官四海闻。更得龙蛇左右上，定须拜相喜如云。驿马忽从青黑色，到官停职不堪详。更加岳渎都尖陷，纵然为官不久长。印信喝唱发青苔，退职休官定见灾。若见印堂同此位，断须三六九朝来。红黄印上发天中，三七迁移位不隆。内外发来鱼尾去，加官妻位喜重重。印堂红色必加官，及有家书到喜欢。白色书中言孝服，红居年上寿延长。紫临喝唱主迁移，若在西边禄向西。但看四边看向上，便知食禄有归期。举止皆从部位看，印堂红色是加官。天庭转对府中天，入鬓须知上位权。非次加官从此道，紫金之喜近朝边。红来食禄兼归口，若是青来位不迁。印堂喝唱有红光，天柱生来主正郎。黄色发来官改动，黑时应主命倾亡。红光印信不移乡，二七加官喜倍常。百姓进财妻有喜，不拘贫贱一般详。红黄喝唱官须转，二七之中入正郎。大小官员加二等，常人财帛喜蕃昌。红从印堂过上尾，一月须移东北方。若在左边鱼尾出，西北之位定荣光。准头红色改官荣，赤色官灾见血伤。白色印堂悲父母，马肝之色自身亡。紫临颧上色光新，便主边方作帅臣。一载之中须正拜，武官同位镇边庭。人印信发红黄，只作当年员外郎。若要高名科第一，红居喝唱是其祥。天中黄色更加蒸，下过山根与准齐。加官印信求须速，不过三旬便得知。或在山根并地阁，色分红紫喜相逢。忽然无事心微怒，颜色皆昏若醉时。双眸赤晕兼青黑，祸至君须仔细推。脉候莫言无疾病，提防须是早寻医。

士庶气色歌

眼头面下有青苔，父母悲儿必见哀。左右阴阳居四位，青忧白服赤官灾。青临年上须长病，赤色身亡七十来。黄到食仓并入口，须看二七进身才。刑狱须同赤色光，耳边横过至鱼方。六旬之内须伤死，刑狱官灾必见殃。青从年上至中阳，二七须防落水伤。青黑耳边鱼尾过，水灾二七及雷伤。青色奸门大不祥，六旬中忌女人殃。横来公事须防慎，祸患频来必异常。食仓之库发红黄，须主资才典质郎。此有三般仓库位，三般凶吉细推详。青白中阳色乱飞，四旬之内更防妻。印堂有发为凶兆，必定爷娘见哭悲。口里乌来入耳中，须知一七内身终。耳门出到食仓上，蛇兔须看月内终。月角乌来主大灾，三旬之内莫疑猜。青临日角并月角，一旬内殃马上来。左边鱼尾黑兼排，四十旬中抵法归。右半须防三七日，杀妻父母又并儿。日角以上带青苔，二七须忧退失财。牛马亦防偷失走，且宜防慎莫教来。左边刑狱赤非祥，刑罚临身七十防。若到天庭须至配，天中应是法伤亡。印信青归左右鱼，须防妻子大灾虞。中阳若有青并黑，父母凶灾解免无。女人六甲最难量，青色左归须是阳。仓库红黄应是女，分为左右细推详。紫临发际三元位，僧道之人有服章。百姓一生俱巨富，女人分向贵中藏。若然黑色身忧死，白服青灾喜主黄。二四入朝须有应，淡黄分与月中详。中少红黄兄弟兴，更看骨肉有迁荣。泪痕落者看丧至，便是悲哀哭泣声。印堂黄贯子宫来，贵子须生又没灾。更在三阳逢紫色，定知极品至三台。鼻上红黄如柳叶，司空不见亦徒然。横财定入兼逢喜，眉上金匮主妻财。横纹目下入奸门，五个旬中主暗昏。妻部目边如忽见，婚姻事至不堪论。额上横纹官职迁，更观交友发同然。人中定主边方信，准头才逢廷尉年。天中红色官荣至，若过司空立横灾。忽发印堂八旬内，定知南地远信来。赤气常忧入厨灶，防家失火不宁居。更愁秋青兼争竞，点如麻子大如珠。

五色诗

黄色居仓库，僧道着紫衣。

官资封二品，百姓有财归。

黑色来冲甲，官封员外郎。

不论僧道俗，受气且寻常。

青色来承浆，能文福不常。

若论颧额处，僧道不安康。

紫气天庭起，官封至正郎。

兵权宜武职，僧俗亦多祥。

白色至准头，居官不出州。

虽然居官职，僧道福难求。

希夷子气色论

气滞五年，色滞三年。色者，气之精华，神之胎息也。滞三年，阴数尽而复散。形虽贵，色乱之，骨虽贵，气乱之，深可惜也。

气色或昏，或乱，或浮，或变，或衰者，死气也。色应之速者，最在准头上至天庭数步之间。人中地阁之际，与眼之上下，眉之左右，得正色与形不克者，不滞也。惟忌杂色所蔽。气之上亦不可无气，但欲如祥云衬日，温粹可爱，方为贵也，或骨法部有可取者。气色之发不正，则灾害不旋踵而至矣。

气色生死脉候

夫欲观气，先须辨色。失之毫厘，别有差谬。更宜以五方推究时节气候刻日，定忧喜生死，方为学术之至。今将气形及论五色气候详著于篇。其形专论面部，脉色须于见时，察色端的以论休咎，大抵吉少凶多而动处尤可验其真。若乍见而复沉，则应亦浅矣。后五色并依此推测。

日辰看气色

寅卯时青黄，正色。巳午时赤黄，正色。申酉时白黄，正色。亥子时黑黄，正色。

以上色之不正者，皆有小耗。

脉色应候诀

两脉如眉反下兜，青知疾病必来仇，红时定主刑伤近，黑道终当葬墓丘。面见黑青无百日，白时半岁死堪愁，紫中浮见黑斑点，死不过于一月休。

凡时节，从天中直下一停，四月，至眉三停，合十二月，看之色发向何月相应当。停分为十二月，季月在两边，仲月居中，孟月亦然。居中左右各从此中行三停具矣。

诗曰：鬓额中间脉气交，青时贫贱祸来饶，赤纹终死刀兵下，白见儿孙尽早抛。独有黄纹知大贵，十分形貌寿难牢，更有肤润与肤燥，润不忧心燥更劳。

又曰：印堂属离为扬州，地阁属坎为冀州，太阳属巽为青州，太阴属兑为梁州，食仓属乾为雍州，外堂属艮为兖州，边地属坤为荆州，驿马属震为徐州，山根戊己为豫州。

凡官员授任食禄，看有气色在何方上发，是其游行之处，可以求官游历。若黑子纹痕在其方位，即不宜任及其游行，皆有凶恶也。

开口才言脉便摇，相牵眼动便凶饶，斯人贫贱中年死，赤色须还受一刀。白色定知奴婢害，青时日逐自焦熬，纵然黄气非为贵，才有称呼死气抛。

面者，身之表；发乃血之余。面倾欹则早伤父母，发不到则骨肉参商。

歌曰：血余不到处，骨肉主参商，面部倾欹侧，随方细审详。

满面脉浮如见出，少人气绝老风瘫。青红百日中应死，黄色贫寒寿命悭。白见一色辛苦状，皮肤燥润不相关。

十一曜曰：额火，印气，山孛，准土，眉左罗右计，眼左日右月，耳左木右金，口水。

九曜曰：鼻金，眼木，耳水，口火，面土，左颌骨罗喉，右颌骨计都，眉紫气，人中月孛。

青属木，木生于亥，旺于卯，

墓于未，故曰木生亥卯未。

赤属火，火生于寅，旺于午，

墓于戌，故曰火生寅午戌。

白属金，金生于巳，旺于酉，

墓于丑，故曰金生巳酉丑。

黑属水，水生于申，旺于子，

墓于辰，故曰水生申子辰。

黄属土，土生于中央，浮游四季，寄在丙丁，旺在辰戌丑未。

定月分气色

正月分黄气者，三日大喜。赤浊者，七日违和。

二月分白气浓者，二十日大哀之事。其余气则平平。

三月分红色喜。青色，六十日内定其人父母亡身死。

四月分红黄色，七日内有印信之喜及妻事至。

五月分紫气，定三月内进财帛喜。

六月分青气，定主破财在旬，日内忧妻事至。

七月分赤气，主有财喜。青色，大凶，七日至。

八月内白色，主有父母兄弟重服，十日至。

九月分有黑气枷锁，失财，三日至。

十月分黄色，大哀事，旬日至。

十一月分红白色，大进田庄财帛，二十日内应。

十二月分白色，忌，手足生灾，三七日内应。红色为上。青色，主官事。

总歌曰：甲乙中阳左右寻，火到扬州定殿廷。金入寿宫秋得地，青龙学馆自分明。春无秋色皆为吉，水到凶宫定是灾。秋是火主须斗战，上临坎地必伤灾。

面部气色出没吉凶歌

官员印堂喝唱上青，失官退职。

眼下肉色常青，主丑年破财。

山根色重者，削官破财，远动千里。

面上忽发，凡事不吉，在百日内见奸刑。

山根色重者，陷狱破财。凡庶，远动千里。山根青白，主人宅败，又主滞蹇。

青蓝满面，多凶恶。

正口青色黑色，主死牢狱。印堂青，主病，六十日至，四季同。

天狱连准头青润，狱内死。

妻部有黑气，主三妻乃死亡事。脸上有，主忧家，又及阴人疾病。

奸门青色甚者，主阴人病。寿上有，主病，又损手足。奸门连外阳有青白色，主内奴婢逃走及私奸事。

海门上青色，落水死。

年上见此起者，主一年间疾吊丧之厄。

龙角青色侵中正，立有害己事，有重病方免。

眼下常青，三五年破财。

承浆青色，饮酒成病。左鱼尾有，道路惊恐，老人忌失跌。右鱼尾有，主失奴婢。

父、母、兄、弟、妻、男、女、姊妹、伯叔各部上有青色，主病，夏季起。

鼻上如指大，主水痢之厄；如钱大者，主得书信之喜。色入神光者，百日内主法刑死。左右并同。或一边出者，灾祸不同。

青贯牢狱者，终冬必病。青色垂下至阁门横过，主口舌事。色贯盈从左横过入右耳，六十日内大厄。从神光垂下如钩者，一月主丧子。

色从鼻上出者，十日内必中毒。两边直下，主刑狱之厄，二年内应。色从口出，三日内必中风疾。

坎宫地阁青作点者，主大忧。辅角武库有，主短寿。

额上发际有露紫色，得大财，三十日内应。

印堂青常点点者，短寿，不满三十。

贼部，主乞食。

道路、守门部青点点者，主口舌。外祖主重病立至，主百日内为灾。

妇人青发太岳左颊，短寿，亦无子，主多疾病。

司空常有青，饿死。后阁发如钱者，三十内大厄。

交友上见青白色，主贤豪仆使见，主车马仆从不安。

承浆青黑色，主酒肉至，又主伤酒也。

青黄二色近山根，主重服病及死。

日月角青点者，主二十日内忧事。

边地山林青色黑者，主鞍马进人。

满面青蓝，多逢灾否。

青色出没

青色初起如铜青，将盛之时如草木初生，欲去之时如碧云之色，霏霏然落散也。五行为木，旺在春，相于夏，囚于秋，死于冬。发则主忧，横则主外忧，润主外忧，沉主远忧，散主忧散。应在亥卯未月。以色浅深断之。

青色吉凶歌

天中光泽为诏旨，枯燥须忧诏里亡。秋日发时寿上去，阴司口舌厄难当。尺阳忧行兼疾病，天庭主客繁堪忧，交友妇顺通于客，司空忽起后徒囚。巷路但宜客路吉，印堂必被落身资，山根枯燥遭囚系，年上能成百里威。太阳定与妻相打，外阳枉死被谗言，忽然少阳连日中，必遭县宰恶笞鞭。房中春发当生子，耳上当忧口舌牵，坑堑对须看大旺，陂池蛇怪不堪言。山林花木足天异，栏枥牛马怪相愆，忽在井灶金鸣响，不然井液涌寒泉。命门甲匮忧凶厄，准头兄弟父母丧，散失主得边方职，人中愁有别离乡。承浆不日当遭病，大海须防水溺亡，财临月角须忧贼，若有川纹官禄妨。日角临才如傅粉，印堂退日病迁延，道上忽逢忧阻滞，山林蛇虎厄难当。若来金匮并墙壁，财物三旬失可伤。奸门怕被外妻挠，眼下横来病苦缠，寿上若逢忧疾厄，更忧债负倘来前。口畔入来忧饿死，更兼淫滥事干牵。三阳内阳子孙损，半月之间入墓眠。天门三日有财至，天井圆珠武官位，病人值此亦难安，囚人见之尤迟滞。

白色吉凶相

官员印堂天仓如粉涂者，失职，谓之破禄休废退官。

面上白无光，罢印及重服。面上白色深者，又看命门无异者，主死亡。

年上白至两眼起，主一年内凶祸悲泣。

印堂色入耳口鼻，十日重病事故。命门白色，主口舌，并杀伤之惊。

准头白色圆光，年内水厄死。

天仓连耳白者，为人好学聪明。

印堂白色，主哭泣。

年上直连口者，凶死。脸上，主刀兵之厄。

司空白色圆光，主夏月之厄，及有官讼。人中白色横过，主药毒死。

天中连边地至印堂有，主犯王法。

墙壁四围有白色，主饿死。

寿上白色，主父母有病而愈。

天仓连尾边地有，旬日遭贼所伤。

外阳白至法令，三七日内必犯王法。

父母兄弟各部位上见，主哭声。

寿上忽生白色，十日财散。如钱者，二年内主大厄。

天中白色，干枯贫贱人也。

印堂有，无子孙，亦贫穷。

贼部常白，主饿死。

守门部白色，九十日内死。

山林常白，主聪明。

后阁有者，主哭泣。

年中或项下如尘如烟气起者，百日内主刑狱死。

白色出没

白色初起白如尘拂，将盛之时如腻粉散点，或如白纸，欲去之时如灰垢之散。五行为金，旺于秋，相于冬，囚于春，死于夏。发主哭声忧扰，润主哭泣细忧，重浮忧轻散病差。应在巳酉丑日内，在子戌旬中，应及秋日。

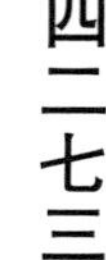

白色吉凶歌

天中春日来年上，斗战刀兵事可愁，左炎必定多忧恼，阳赤将行步外州。发在天庭忧妇女，皮干入狱主遭囚，又主男女干妒害，交友妇被外人求。山根亦见主忧囚，男女逢他必死忧，寿上徒囚君必见，堂上父母死堪愁。金门甲匮凶来息，内厨酒肉致伤亡，承浆逓见身多丧，若是奸门妻妾当。日月角中有重服，法令被他脚足伤，眼下横门夫妇斗，准头还是竞田庄。地阁横遮牛马死，若侵年上损公婆，入口分明忧口舌，天仓上有贼还多。

黑色吉凶相

官员色上准头停，管取退官及疾病。

寿上有黑掩赤者，停替之死。

印信喝唱有，主死。

天柱上有，主印信。喝唱，主死。

眉上月角散点如麻子如豆，主病忧。

命门或青黑色，不久病。凡庶，准头主枷锁六十日。至奸门下半日，主盗贼。

边地，主春秋及夏一百二十日狱死。

边地至龙角有，一百二十日内离乡。

脸上黑气如云雾者，七日内死。

妻部有者，不论春夏秋冬，妻必主产难。

脸上黑入法令者，主妻病连年在床。忽见黄色，必差。

小人及口边有，七日内横死。

天中黑气头垂者死。

天中黑长一寸，秋三月必死。

牢狱冤死。

奴婢上有，主死奴婢。

天仓连边地，主破财田产，或牢狱公事，六十日应。

兰台主下泪马失。

眉上一寸为四煞，有黑气，不利行兵。

左鱼尾，死马牛。

承浆，因酒死。

海门，落水死。

寿上有，死。

承浆冬有黑色，白衣为县令，常人得财及田产、鞍马，进人，不然穿井得物。

冬，眉上眼如大指者，主身有疾病，十五日应。

司空常黑，穷。

左目下是妻位，黑气起，主妻病。季夏，偏面苍赤如马肝，入鼻口耳，并主道路得财。

辅骨武库常见，多难死。贼部常现禽财，常在守门部，一生多病。

口边一寸为家食，有之，食不足人。

额上，七日间死，精神恍惚。

山根暗起，主灾凶。

命门有黑点遮之，即死。

左眼尾去一寸，命门。命门黑色如蟋蟀脚大小，号为鬼书。即看病人鼻孔下，是棺槨内，看病人棺槨陷一寸，并黑色遮如指头大，即死。

三阳部位发为刀形，如衣带冲入口边，主死，百日内应。

颐颔如尘雾，枷锁之灾，死狱中。

月角有横过，主水火之厄。

年上有如指大小，号为鬼印，即死。更看鼻孔，有冷气即死。准头有赤色，有官灾。如有黑色厌之，其年破业。

年上有黑气，主重病，及有五百里外之役。

黑色出没

黑色初起如乌马尾，将盛之时如发和膏，欲去之时如落垢沫水。五行为水，旺

于冬，相于秋，囚于夏，死于春。发主疾病灾厄，润主死，亦主兵，色枯翳，客死。发主病，春日应在申子辰日，旬中甲寅辰。及冬以旺为应。

黑色吉凶歌

天中必主失官勋，不至颧上似圆形。若还下来侵年上，病患相缠丧此身。天狱年上囚狱死，高广逢时定主亡。太阳过来凶可待，天庭客死向他方。四煞贼来或贼凶，司空疾病苦缠身。右府忽来官失位，重眉不利远行征。额角黑广善为偷，印堂移徙在他州。山根必死于旬日，太阳疾病厄堪忧。家狱至服忧牢狱，法令至口刑八分。更及眉头青黑色，眼下更兼赤色间。三旬成讼见血光，外阳发动被人谋。年上忧死困灾伤，男女忧他男女厄。寿上入耳卒中亡，命门甲匮主烧死。准头忧病有灾殃，黑发三阳怨气多。失官停职事奔波，更若发来年寿上。天中有黑见阎罗，黑气入口死于夏。颧上兄弟居长夜，奸门切忌女多奸。日角若临妻亦怕，并部黑气水溺死。印堂退官非谬假，横非寿上必逢灾。黑气额下父母死，生来眼下子孙殂。若见下来年寿上，自然病死入冥途。黑气三阳至盗门，奸私盗贼岂堪论？更有黑生鼻准上，知君财破避无门。黑生妻部及年上，妻厄身灾是非诳。更兼入井下陂池，切忌水殃心莫忘。黑气濛濛出面门，四时切忌有灾迍。若生入口并厨灶，必定遭他毒药薨。黑气天中年上逢，更从地阁入烟笼。又如黑汁初泼散，此个须臾命必终。眉间横入左右见，坎中井部水中亡。年寿山根同位断，地阁争田讼见殃。大海见之奴婢逃，墙壁生来命中岳，定归泉下哭声高。

第十四章　相术汇考十四

《神相全编》十四

黄色吉凶相

官员法令廷尉有黄色彻印堂者，职皆正授也。印堂黄色平散者，官皆假扰。黄色连口，连印绶，不连金匮者，只得尉驿马饮食。色如带发额上者，迁益禄位。春，黄色居印堂如溅珠，主改官加职。在私者得横财，七十日内应。春，从眉至发际者，主大喜庆。夏，至眼上及眉，道路得财。夏，在眉下，主得财，及妻子孙有喜。夏，在鱼尾及天仓上如钱大者，改官。庶人得财。高广如丝起，主百日内为官长，其兴改旧革新，食禄无厄。印堂至山根准头并中正，如蒸雾盘旋者，赴诏殿上近君王。命门发色如卧蚕或紫，成名食禄，不出年内。印堂黄光，七日内加官进职，封侯拜相，武臣拜将。印堂连龙宫有色光润，七旬内加官。龙宫连子位黄色，三日内得财。天中黄色长一寸，至七日拜相封侯，白衣为官，僧道命服。喝唱上黄色，向东则东方食禄，随方断之。黄色成点，凡紫色同。喝唱上黄色，秀才及第，又主家信至，又主移动。学堂上黄色，文官进职，武官关职，得大财。边地奸门黄色，七日内改官赏赐之喜。内府黄色如半月者，主贵人进美食。眉毛上一寸为驿马，设或起脉带黄色光润，官至极贵品。冬，黄色绕口，与人谋事，被官厄外州牢狱死，常人同。土克水也。冬，黄色满面，主父母妻喜，及得财宝。冬，黄上印堂下入眉头者，损长子，亦主官。在私得横财，七十日内应。司空发黄色如走蚁者，春夏内拜节度观察使。食仓上黄色，秀才及第，并主家信至，更主移动。天中发黄色者，富贵人也。印堂发黄色，主有喜。印堂山根至准头，并中正、三阳上下有黄

色紫雾，生贵子，长老迁职，大利。天中四季黄白色圆光大者重者，大者在天中长一寸，白衣为官，僧道命服，七旬内应。食仓上黄色，僧道住持。准头色如镜光，冬夏不绝，一年内遇仙。眼上肉生龙宫福堂气盘旋者，阴德之人。春，印光一色如钱大者，主得财，七旬内应。地阁黄光，主人宅之喜及进业之喜。鼻上黄光如柳叶横发者，主横财入门。重眉连眉毛者，春夏大喜。四杀上有色润行岳胜黑色凶。甲匮有黄色人，旬日内有财喜。黄人正口，主患天行疾。承浆喜外甥主远行。寿上主寿。山根常黄，司空常有，并主喜。中阳有，先凶后吉。印堂黄点，宜作善事。年上黄如半月，大吉。辅骨武库常见，贵。目下为房中喜。春发黄光，左生男，右生女，喜。女人有此，亦无凶。贼部常有，宜求利。人中有者，主多年远信至。夏在目及眉上，主得道路。夏在眼下，主子孙有喜。色连鼻直上，三十日内得财。夏季发法令外，色偏面，主父母妻子喜庆。守门部点点如钱，一生无病。妇人印堂上黄横过者，二品，妻位，兼生贵子。形厚紫黄，人达晚；肤薄色黄，少昌贵。

黄色出没

黄色出没如蚕吐丝，将盈之时来之未结，或如马尾，欲去之时如柳花之色，抟聚斑驳然。五行属土，土旺于四季，相于春，休于夏，囚于秋，死于冬。又为胎里之气，发则皆喜庆。但不宜入口，欲主瘟病，日应在酉申寅午戌，应之旬，万无一失。须以深浅远近为定耳。

黄色吉凶歌

黄色天中列土封，圆光重入拜三公。更过年上井灶部，即有功赏定高勋。或如月出时年上，天中速来入朝门。若经两阙司空入，欲正四方金匮人。天中诏赐帛与银，忽入阙庭官骤转。不然则是得财荣，或似龙形定官赏。如悬钟鼓位槐庭，发若蚕丝官定得。春来年上喜欣欣，武库光润将军福。亦主喜庆尺阳侵，并母墓喜井田宅。更宜父母少灾迍，司空百日得财宝。右府季内敕来征，重眉交友如棋样。七个旬中右左丞。更过山林天中去。征为博士最为荣，印堂如月六旬内。拜作将军镇百城，便似连刀天庭至。不及准头反分明，断他县令及远显。长史分官直阙庭，火体

发时多吉庆。亦言远信及逡巡，山根所向皆称遂。太阳必定得财珍，少阳喜庆垂垂过。鱼尾被贼引前行，若似龙形年上见。连上天中拜上卿，房中之气有子象。左黄男子右女生，女人有此反前论。金匮家中财帛人，寿上进业主财入。归来远信至中庭，出自准头庭上位。骤贵封侯主有权，兰台必得尚书绶。内厨酒肉横逢迎，大海非宜浅江去。日月三公位显轻，甲匮生来财可至。库内仓中似有赢，道中三位财如拾。牛马相迎喜有成，眉头印信须臾至。座中枷锁免严刑，散失得他盗贼物。入口瘟黄病不宁，田位田园多好事。酒樽酒馔得丰盈，颧势偏宜加官职。墙壁黄光财帛备，吊连边地急差调，武将持威立大功。

紫色吉凶相

官员天中红紫气起者，七十日得官荣及妻子。上准头如钱大，主妻家得财，或迁改职事。

天庭紫气，得诏取近君王。

天中紫气，迁八座两府。

命门紫气，不出年外成名。

食禄左右忽有紫气起如虫形者，一月内有敕命至，喜。

印堂紫气如仰月者，六十日章服至。

高广气如半钱者，五日内有喜事。

天中发色一日，奉敕拜相及节度。

法令紫色，喜，合得姬仆，兼得敕命，九旬内至。

准头气如偃月，加官进位，得好马田宅，大喜。

天中紫气如垂钩者，百日内登封，赐方面节度，赐衣钱物。

妇人紫气在左右点点如花者，主宰辅位至三品夫人。

印堂紫气三道直侵司空天中上，去过，大赦三七日至。

高广如半月者，五日内有喜事。长男中男常有紫赤色如虫形者，主生贵子。

帐下色如钱形者，二十日成名，有阴功之德，遇灾无咎。妇人天中常见者，为人长寿。

紫色出没

紫气初出如兔毫，将盛之时如紫草，欲去之时如淡烟笼枯木隐隐然。得土木之气，为四时胎养，亦旺在四季，更无休囚，发皆为吉，亦与黄色同意。

紫色吉凶歌

紫气天中八字分，兰台月角得财频，法令生来逢印信，终是刑名不及身。寿上俄然一字横，家中新妇喜分明，天中八字将军禄，天井圆珠享大荣。县壁福堂知积庆，若当地阁创家居。山根忽有终加职，中正如龙拜相殊。光侵鱼尾妻身喜，法令如钱有美除。

赤色吉凶相

官员驿马赤色，三十日除官迁职。

印堂起如钱者，百日内火厄，亦主官灾。

地库左右有，主改官，合任事远行。

山根如钱大者，三十日内掌盐铁官，得章服。

武库赤色如虫形者，百日内接受文武官禄。

天门赤色，主二十日入阙之喜。

寿上赤色如乱丝纹，主巡使，行千里之外。

兰台有者，主一月内加章服。

颧骨赤，及外阳红，准头青，大虚动迁改。

外阳红，准头不青，六十日内应。

印堂色起从年上来者，有官失职。

准头赤，主在任病。

凡庶人，正口赤色，主病。刑狱有，主官棒。眉头有，亦然。

印堂至年上有，主斗争械系之厄。

两眉赤色连通，九十日死。

中正有，主口舌及妻子别离。

内客有如二虫，主重服。

耳边有，主惊恐。

山根赤色黑色，主火盗。

准头如蛆大小，立有官灾。

边地奸门，忧妻子及伯叔内乱，有血光事。

天中不散，或如圆日，亦有刀兵之厄。

天中有，因小病至一百二十日内法，死。

印堂有，春夏三月，有官事口舌，及主县杖，又主脏血之疾。

中男有，主儿子争讼及死亡。

眼下赤色赤如豆，不出月内与妻斗。

天中至阙庭，主火厄。

天中至年上，有斗争械之厄。

目后见有如横丝起，入奸门见赤色起，主妻女儿子之厄。

准头起，十日内喧争官灾之厄。

色贯牢狱，春夏大厄。冬，从发际至眉间入牢狱，损子。

赤正口两边相角相接，一年内饥死。

色从神光垂下，十日内丧父母。

妇人神光下如虫行，奸邪厄难。

印堂直下冲入海门，三十日内大厄，或被恶人牵连。

妇人眼下如虫行，不出月主刑狱及产死。妇人色从左右眼下出者，作奸，妇人不可用。

妇人从中正至年寿有赤，主产死无子。

年上赤色或黄色如半月者，大吉。

赤色上下过口者，二十日内口舌至。

如赤色点点入口，亦主口舌争讼。

准头横下赤青色横过口者，贵人求问道术事。

色带桃花仍不久。

色如春花易成败，惟一时之可观，不久必变。又云：桃花色动仍迷目，迷恋歌讴宠外妻。又云：色娇色嫩邪人也，纵有成名亦不久。

赤色出没

赤色出没如火始。然将盛之时，炙交如绛缯。欲去之时，如连珠累累而去。五行为火，旺于夏，相于春，死于秋，囚于冬。发主公私斗讼，口舌惊挠之事，润主刑厄，细薄主口舌鞭笞。应在寅午戌并巳午未日，旬则辰戌，以色定之。

赤色吉凶歌

天中连印鼻头去，三旬车马惊同死。下来年上争竞灾，左相远行须病在。尺阳切妨惊恐厄，阔生武库相伤灾。天庭必有忧囚事，若见司空斗马来。交友归来离别去，在职当忧上位刑，无职定同交友斗，额角如豆死于兵。印堂争斗被忧囚，若在山根惊拍扰。太阳夫妻求离别，年上夫妻亦主愁，又却知他生贵子，房中妻室产贤侯。三男三女病灾迍，寿上如豆与妻争，年上准头连发此，夫妻争斗大难明。命门甲匮须兵死，准头官府事牵萦，墙壁上赤财必失，外阳常紫得官荣。武官巡捕看鱼尾，盗贼收擒彼称情，牛角看来牛马死，山林蛇虎又堪惊。忽然眼下如丝发，妻子因何问哭声，金匮奸门招挠事，承浆花酒起喧争。陂池井部相连接，因水逢灾不称情，田宅是知田宅退，口边横入福全生。酒樽酒肉宜相会，地阁因由诉讼成，若在山根须谨火，又兼家内横资生。命门发至山根上，更过眉上左耳平，只恐六旬遭法死，如归右耳病来频。人面准头上有赤色，老人主失跌，中年血光，或杖罪，小男女主失火灾。满面如火，官灾。满面愁色，初不归，二年内死。

红色吉凶相

官员印堂红色或紫，加官进职。

印堂上红，进士有科。

印堂红黄色，非次改官。

山根红色或紫色，加官进职。

颧骨红色可分一寸明者，八十日内受印，有重权。

驿马上红色，加官进职。

龙宫鱼尾上红色，因捉获改官。

天柱骨上红紫，非次改官，当得大官保举。

正面红黄遭帝位，名高台辅到朝廷。

正口红色，主佳庆。

天柱骨上红黄起，僧道有住持。

左眉头为驿马，如有红色起作艳色，吉。忽生肉起发皮外，红如醉，正是火色，左三阳主家不宁，骨肉之忧。满面红色，定主荣华。面上红光，多声显扬。

五色结灾祥

黑色赤色狱堂起，枷锁旬日至。白色面无赤，合家人变白。天中黄色莹，赤色主忧惊。准头红如勾，损财又损牛。黑色网眼生，三七日卧丘。奸门青色生，淫妇切莫逢。奸门赤如勾，五旬死他州。太阳黑气生，死在野山林。青色发三阳，貌神主不祥，定取于三日，忧灾自身防。贵人要转官，天庭紫色端。眼中忽生黄，须立死路傍。高声语不来，立便见官灾。赤色起承浆，三日谨刀枪。日月角时黄，重重见财至。酒池赤官实，三七口舌至。白气入寿门，父母各离分。甲匮红色起，财物时时至。

气色骨肉生死诀

天一生水，在人为肾，肾藏精。肾之窍为耳，黑色如水，发时如鸭模样，乃是肾之神发时黑成片冬行夏令则伤肾也。红色发在肉里，面如橘红色火气在皮上俱灾。紫气，及贵之色，庶人难得，惟尊贵大富人方有。紫如染重色，黄色如蜡云雾开散冬黑得令，地二生火，在人为心，心藏神。心之窍为口。夏行冬令则伤心。赤色如火，火色发时如珠，乃心神之最灵。凡人之色形于满面，土色为正，红则非时，是乃心烦之所关系也，主惊恐事扰。天三生木，在人为肝，肝藏魂。肝之窍为

眼。春行秋令则伤肝。青色似菇，发时似柳眉初生相似不大青模样。凡人面上不可有此色，主忧，百事不能成也。地四生金，在人为肺，肺藏魄。肺之窍为鼻。秋行夏令则伤肺也。白色如脂，发时如白线，又似梨花细片，又如女人夏月搽粉，汗出流下，又似白露，主刑克破财流涕。天五生土，在人为脾，脾藏意，意之窍为唇。黄色如蜡无定，散在四围。准头常黄，吉；或黑、或黄、或青，俱灾。赤，半吉凶。

神气杂论

神湛色清气涵浮，
清浊交加骨有余。
一点精光不分散，
官高职显岂庸居？
清又贵，浊又买，
清浊交加方足是。
若人认得浊中清，
须当福寿居高贵。
清怕寒，浊怕实，
更怕骨毛粗是一。
浊中骨坚得毛清，
聪明早佐邦家职。
假浊气骨神又浊，
乞丐下人真此谓。
丈夫必作人中奴，
女人心作人中婢。
气充满，又假神，
浮气人满难氤氲。
骨筋似重而不重，

亦作皇家食禄人。

全元气，岳有神，

如此真清亦贵人。

不干武职人全禄，

多求恩荫立其身。

夜有视人神光灿，坐立加绳缚，纵如身瘦薄，肉露如玉琢。左臂肩头高，右臂肩头落，眼若更含真，官极一品爵。

神太急，气有余，神气如期心胆粗。

君能含忍千般事，此是人间大丈夫。

骨气浊，神气清，读书无官空有名。

骨气清，神气浊，君后却居官品爵。

又云：形滞之人相必重，神滞之人眉不开，气滞之人言必懒，色滞之人面尘埃。呜呼！知人丧情失灵，沉溺而不自觉者，死之徒也。

气衰而神滞，夭。

气清而神短，夭。气昏而神寒，夭。

气乱而似惊，夭。气浮而神奔，夭。

气变而削，夭。

气乃神之母，色之父，周流于五脏六腑之间。七情七泛而发于表，始则为气，定则为色。有宽可以容物，和可以接物，刚可以制物，清可以表物，正可以理物。不宽则隘，不和则戾，不刚则懦，不清则浊，不正则偏。此乃论前后之色。探其色之气量，然后知者始得而知进退矣。

神气之子

天一生水，地二生火。水为精，火为神。精合者然后神从之，故神能留气，气不能留神；气能留色，色不能留气。神散色乱，不足取也。

神不快滞八年。

气滞五年。

色滞三年。

更看驿马发之如何耳。已发而滞者，神气俗而声硬浊。

神气散聚，少孤破家。气散神聚，作事不定。神与气合，主神深远而清秀者贵。

痴神人，寿不过四十。

神重肉紧，作事有准。

神重肉慢，老至贵宦。

神色须要清与赤，无如肉色，佳。

定诀曰：妙相之法在何方？观其神气在学堂，气者有之最是良，若人认得神与气，富贵贫贱足审量。

神恍恍似有似无，在面上一点神光俱不散，此人定作公侯相。

气神之母

气之在人如烟之发于四肢，散如毛发，聚如米豆，望之有形，按之无迹。故山有石则谷响，人有实则气清，淮人浙人，俗于气，淮人气重不响。浙人气明不清北人气深无韵，气色在心而见于面。气柔而散有禄多难，贵人有轻有重有肥有瘦有粗有细有浊有清皆要秀媚不在形与骨及部位全无秀媚之气虽贵而不近清无也。

肉虚无气

有肉而无气者，犹如蠹木内已空虚，虽外有皮肤，暴风迅雨不能久御，乃未得地而空魁梧者也。

肉实有气

无肉而有气者，犹如松柏久枯，皮肤尚润，根蒂深远，忽一日华秀，名振天下，已得地而渐魁梧者也。

色神之父

生于肝，如以缟裹青。生于心，如以缟裹红。生于脾，如以缟裹菇蒌实。生于肺，如以缟裹素。生于肾，如以缟裹紫也。

青：如翠羽者生，如蓝色者死。

赤：如鸡冠者生，如衃血者死。

白：如猪膏者生，如枯骨者死。

黑：如乌羽者生，如烟煤者死。

黄：如蟹膏者生，如积壳者死。

论曰：色无光，不足谓之色。色光则性静，色暗则情乱。如花之易盛易衰，虽暂荣而不能经久，曰色嫩。如松柏枝叶久而清化，寒暑不变，曰色老。如草木一日百变，百秀而无定，曰色杂。

色暗者，如浮云蔽日。

色光者，如秋月连天。

色快者，如长流之水。

色滞者，如污池之水。

辨色者如霜上辨雪，雪上辨霜。何处是霜，某处是雪，切在专心详察。

夫欲观其相，先观其形，次认其色。若失之毫发，则有差谬。今将气色形名，并克应诀法，及生死论，详著附于形部后，续占应而窥之，庶几观形而察色以定其吉凶云。

二十四气克应气形

应时则喜，逆时则忧。

水波纹：此气动如水波纹势。

（喜）应三七日，主阴人财帛事。

（忧）应四七日，主水厄血灾厄。

圆珠形：此气见如圆珠形样。

（喜）应一五日，主音信财禄喜。

（忧）应二六日，主官文书虚惊。

枣核形：此气见如枣核形样。

（喜）应四时辰日，主名声官禄。

（忧）应六八日，主失职官灾事。

草根形：此气见如草根向下。

（喜）应一日，主有名禄位财喜。

（忧）应二日，主有官忧，血灾忧。

草向上：此气见如草根向上。

（喜）应四时辰，主吉音文书至。

（忧）应四时辰，主火血惊挠事。

云行形：此气见如云行形势。

（喜）应三七日，主上位提携吉。

（忧）应一七日，主大服重灾危。

双鱼形：此气见如双鱼形样。

（喜）应四九日，主迁官升职事。

（忧）应三九日，主水灾促疾厄。

粟米形：此气见如粟米五丝。

（喜）应七七日，主名声禄位升。

（忧）应三七日，主有心腹之疾。

散玉丝：此气如粟米散玉丝。

（喜）应三七日，主有迁转升职。

（忧）应二七日，主有落官减印。

蚕丝形：此气觅如蚕丝散乱。

（喜）应二七日，主有横财进入。

（忧）应二五日，主有失财之事。

笔峰形：此气见如耸笔峰端。

（喜）应三九日，主有文字进喜。
（忧）应三八日，主有官司笔动。
角弓形：此气见如弓形之势。
（喜）应四九日，主有因功改职。
（忧）应三九日，主有失职之患。
乱发形：此气见如乱发之形。
（喜）应三日内，主有急来吉音。
（忧）应一日内，主有公私之挠。
连珠形：此气见如连珠之状。
（喜）应六八日，主三迁进重禄。
（忧）应四八日，主有失物重病。
龙形：此气见如龙形之状。
（喜）应三七日，主有名誉升擢。
（忧）应二七日，主有兵动战危。
梅花形：此气见如梅花点形。
（喜）应在七九日，主有生子孙。
（忧）应一季内，主有子孙疾死。
龙鳞形：此气见如龙鳞之状。
（喜）应四七日，主有声名显扬。
（忧）应五七日，主有水火之惊。
凤尾形：此气见如凤尾之状。
（喜）应在三八日，主有迁转吉。
（忧）应在四九日，主有脚上灾。
玉印形：此气见如玉印之状。
（喜）应四九日，主有迁官朝见。
（忧）应六七日，主有剥官狱死。
火焰形：此气见如火焰之状。

（喜）应五九日，主有吉音报应。

（忧）应二九日，主有发血死亡。

圆月形：此气见如圆月形象。

（喜）应三七日，主有名位大显。

（忧）应三七日，主有血病死亡。

半月形：此气见如半月之象。

（喜）应在四九日，主有吉音至。

（忧）应在三九日，主有凶信至。

正蚕形：此气见如蚕形之状。

（喜）应在七九日，主有进财吉。

（忧）应在六九日，主有失财事。

剑刃形：此气见如剑刃之形。

（喜）应三九日，主有武功成事。

（忧）应二九日，主有刀兵之厄。

以上气形，共二十四形，各更用目力精别著首尾上下在何部位、何方隅，何时日是何色及形部，上及年运如何，须内外推究，方有应验以此忧喜注论事应者，亦随其气形紧慢云尔。

气色应候

红黄紫气同则应：清明后三日、谷雨后五日、小暑后三日、大暑后九日、寒露后四日、霜降后八日、小寒后八日、大寒后十日。

青气应：立春后一日、雨水后二日、惊蛰后三日、春分后四日。

赤气应：立夏后二日、小满后四日、芒种后七日、夏至后九日。

白气应：立秋后四日、处暑后六日、白露后五日、秋分后七日。

黑气应：立冬后三日、小雪后五日、大雪后六日、冬至后八日。

以上气候吉凶俱有定数，更看阴阳顺逆如何耳。

论克应吉凶

朝见：帝座上有黄紫气，如龙鳞笔峰。

受官：司空上有红黄气，如玉印连珠。

迁转：随上下位有黄紫气，如草根向上。

得禄：禄仓上有红紫气，如枣核双鱼。

带职：神光上有黄白气，如刀剑弓形。

科甲：日月角上有紫气，如云行龙形。

移动：驿马上有青紫气，如圆月云形。

典刑：刑狱印信上有白红紫气，如笔峰。

提擢：随上下位有红黄气，如连珠。

金谷：仓库上有紫气，如水波纹。

奏均：随大小上下有紫赤气，如印形。

用武：边地上有赤气白气，如刀剑火焰。

守土：准头颧印上有黄紫气，如圆珠。

佥佐：辅角上有黄气，如偃月。

赦书：随上下位看帝座上白气如龙形。

省文：帝座上有红黄气如凤尾。

诏诰：禄仓上司空上有正紫气如粟米。

边信：边地上及印信赤气如圆珠。

吉信：印信上及山林上黄气如笔峰。

忧信：驿马准头有黑气，如偃月草根。

剥印：印堂至司空有赤气，如一粟五丝。

急病：食仓上有青赤气如乱发。

解官：禄库颧印赤色如云行。

落职：神庭金匮上下青黑气如弓形。

内服：中部有白赤气如梅花。

外服：下部有赤白气如蚕形。

祖坟：冢墓上赤气，应则动。

屋宅：地阁有青赤气，应则迁动。

公讼：准上喝唱有赤气，动如笔峰。

私挠：准上眉毛有赤气，如圆珠草根。

刑狱：食仓刑上有青气，主下狱。

山林：上有青赤气，主火烧山林。

陂池：上有黑气入口，主死及水灾。

父母：内外三阳有气，动则应。

兄弟：年寿间有气，动则应。

伯叔：司空上有气，动则应。

子孙：正面上及人中有气，动则应。

妻妾：左右眼尾及眼下有气，动则应。

奴婢：承浆傍有气，动则应。

六畜：食仓去二分有气，动则应。

进财：准上连年寿间，有黄气动如连云行。

退财：仓库准上有青赤气如蚕形。

怪梦：梦堂上有气如丝散乱，随即凶应。

见怪：陂池上有赤气如水波草根。

水灾：下部及准头有青黑气如烟。

马惊：眉上二分有赤气，如刀剑弓形。

血火：印堂左右墙壁赤气，如丝散乱。

刀剑：两眉头尾有白气，如弓刀形。

发迹：准头上有一点如粟米渐开。

心病：赤气浮焰不贴肉，赤点如草根向上。

肺病：白气浮淡，白点如珠，皮肤燥。

肝病：青浮枯如烟，成条如缕，主恐惧。

肾病：黑气如烟凝散，主劳倦神不安。

脾病：黄气凝滞不通。

心绝：唇如红裂白眼，黑烟一季，青一年。

肺绝：毛发干枯皮无神，黑一年，青三年。

肝绝：眼忽无光头低，黑一月，青一季。

肾绝：面上如黑水漆白壁，耳上粥衣。

脾绝：两眼耳鼻指爪干黄黑半月。

诀病生死

病人眼有神气者生，气脱者死。天柱正、目活者生，目低项下死。瘦而不枯悴者生，肥而无血者死。有喜容而色正者生，悲啼者死。舌濡唇者生，舌短缩者死。风而口禁者生，开口者死。神光上黄明者生，暗者死。黑气如擎盖者生，聚者死。黄红如云者生，黑青气斜入口者死。气息而长者生，气短者死。语声响滑者生，短涩者死。人中润泽者生，干枯者死。

气色占应诀

占五脏安

心善三阳光点点，
脾安鼻准见黄明。
丹田无病耳轮赤，
寿上黄光六府明。

占五脏病

脾病准头如血点，
肾邪耳畔黑烟生。
心病只看年上赤，

肝病须观眼下黄。

占死气

鱼尾相牵入太阴，
游魂无定死将临。
黑侵口耳如烟雾，
不日形躯入水津。

父母孝服

印堂额上白气发，
刑狱之上发亦然。
天中白气与丧服，
当忧父母入黄泉。

夫妇分别

面上忽然右颧青，
此妻合主病相萦。
若不生离须病死，
不然夫妇别离情。

占婚姻

龙宫鱼尾红黄紫，
纳采成婚貌亦妍。
或暗或明青与黑，
时闻争竞不堪言。
蚕下黄光卧隐明，
贵人欲娶女为婚。

有妻必是多贤德，
生子登科入帝阁。

占妊娠

凤池水聚知生女，
土火龙宫定是男。
暗淡不明如黑雾，
子应难保母难堪。

占夜梦

命门黑盛多船水，
年寿炎炎烟火焚。
白见陂池登险路，
青临离位见山林。

占破财

地阁烟生田宅毁，
更从地阁侵仓库。
印堂黑暗金匮昏，
悬壁无光金玉去。

占失财

青匱纷纷忽然黑，
有此须当损家财。
须防忧失财和物，
免被贼人刑害灾。

占狱讼

凡人狱讼以何期?
帝座乘黄更赤脂。
或生青黑咸池畔,
变吉成凶定可知。

占亨通

三阳红紫心神喜,
阴位微红福德生。
或见准头并印内,
等闲明润是亨通。

占发达

四德濛濛尚尘埃,
惟有中央气色开。
万物定知生土内,
应须财禄此年来。

加官进职

春见天中位上青,
年并井灶不同形。
谁知官职从兹盛,
只恐看人学未精。
若逢中正至年黄,
知君进达受衣冠。
但向庶人增吉庆,

多应礼会意安欢。
井灶纷纷黄色生，
定知新近得官荣。
远行又得丰财帛，
遇美应知乐称情。

占印信

欲占印信及文书，
华盖印堂验实虚。
黄色黄光为定得，
黑光黑色定应无。

占行人

欲问行人早晚归，
虎眉黄色称心时。
青路色应多不意，
隔月经年未有期。

病及官事

印堂黑色连年起，
在位失官并病至。
此色更教官事厄，
忽然干枯身必否。

忧男女

青色看生眼欲周，
君家男女定堪忧。

若浑黄色须怀孕，
黑盛困危须早除。

占酒食

饮食之部食厨帐，
色似流星口舌疑。
下来朝口为天阳，
色重无人可疗饥。

占捕捉

七门俱暗应难获，
眉上红黄尽可谋。
更得印堂微见紫，
自然成喜不须求。

占失文字

华盖明堂生赤色，
忽成昏暗又无光。
于斯必主文字失，
更及忧生病卧床。

占失火

手上发赤脉，人中色亦入。
事在半年间，延火来烧屋。

占水厄

赤色发井灶，其人有水灾。

临河须谨慎，立便见悲哀。

占妻病

鱼尾共奸门，其间赤色迍。
青枯来寿上，眼下赤同论。

占妨妻

辅骨气如黑，宜防妻病逼。
三七日当忧，哭泣知胸臆。

占兄弟

年上青色起，必主兄弟灾。
更还兼白气，三日后同来。

五星六曜定官品

单犀须直下。

横起天庭者谓之伏犀，贯顶而下者谓之单犀骨。人中有伏犀者多，单犀者少，王侯一品之贵方有。单犀必五星相应，然后可别。此相止有单犀而诸部不应，多为清高道德之人，驰誉四方，亦不在王侯之下。此乃前世夙慧，非常之相也。

悬鼓准头方。

悬鼓谓额上悬骨也。诗曰：额上悬骨病不生，骨广大贵富兼荣。又曰：额鼻连形如甲字。有额骨如悬鼓者，必要准头方正。

脑骨须是贵人星，地阁天庭耳目明，更看鼻梁高直正，须为监给至公卿。

大凡骨如悬鼓，准又方正，诸部相朝，虽无单犀亦为二品之官。

阴阳生黑白。

目之黑白，各有所主。黑主肾气，黄则土所克而神不清；白主肺筋，赤则火所侵而气不明。若神清气明，必为贵相。

眼长一寸封侯伯，龙眸凤目实难得，黑白分明信义流，鸡目鼠睛须作贼。

两眼睛光是贵人，龙光麟视骨将军，牛眼多慈龟目智，蛇睛羊眼莫为邻。

凡位中，惟眼最系贵贱。若无单犀，又额准不应，而眼独秀异气，罗计分明，金水木相副，亦为三品之官也。

紫气在高强。

紫气在司空中正之间，以高强为贵。

额广方平是贵人，两边额上更丰盈，若还中正来相应，必定封侯宰相荣。

若得高厚，学堂不陷，而又眉秀口红，金木相应，必为侍从之官也。

罗计如乌黑。

右眉曰罗睺，左眉曰计都。

两眉朝发直长浓，其人在禄定官荣，若见丰满生贵骨，须教富寿有英雄。

眉之乌黑长如一字者，主有威权，又须眼不垤露方为相称。若有此相，虽无以上诸位，而金水木星又相应，亦为五品之官也。

分明火不刚。

眼中瞳人为火星，是黑上加黑，须是分明。

眉眼分明骨气清，目如点漆正聪明，若眉浓厚而眼刚，则为武职之相也。

金水齐红照。

金相在金匮之上，以光圆为贵。口主于脾，色如丹者贵。更上有楞锷则朝烟灶，下有楞锷则朝承浆，两角起则朝眼珠。若更三辅相应，此为贵相，惟金水红照，又两耳高强，亦不失为六品之官也。

木星次品郎。

木星在两耳。窍门欲广，轮欲深，耸过眉，仍贴肉，悬鼓朝口。有如此者必为官职。贱人有贵耳而无贵眼，贵人有贵眼而无贵耳。若诸部皆不相应，而两耳独异，故以七八品断之也。

木星

木居两耳认高强，红白垂圆耸义方。

轮薄头尖骨反复，不登差路犯空亡。
干枯紫黑通明者，断定全无到学堂，
若见此般休用相，多成多败少田庄。

金星

金星金匮要光圆，连脸平肥厨灶边。
黑脯多纹多破败，又无屋宅少田园。
圆红光彩身终贵，印称诸星见大贤。
若是尖斜须见破，亦无半分少人怜。

月孛

月孛星居甲匮头，不须高大认情由。
若生朱紫红黄印，非犯空亡身不忧。
脯黑垤高纹理大，何劳苦苦去营求？
此星越甚诸星恶，更犯空亡二世忧。

草木将灰

草木将灰惊恐来，螣蛇病起又官灾，
红黄紫润无忧恼，赤黑相和定破财。

白虎凝脂

白虎凝脂似抹油，因伤疾病在心头，
夏月染病秋即散，春冬有疾主淹留。

元武如烟

元武如烟晓雾和，阴仇不害小鬼魔，

里外有人来窃物，夜间怪梦又还多。

观气色

观九品以上官，先看天中、天庭、司空、中正、印堂，次看山根、年寿、准头，若人中、承浆、地阁，又其次也。然气色有轻重，朝见于面，暮归于脏腑。欲知其形状，大如毛发，小如蚕之吐丝，长者不过一寸，短者似一粒粟米，又如尘末。或衰或盛，有休有咎，但以五色形部经灼然见之，可言吉凶。虽五色之气，有青黄黑白赤，有红紫寄在其间。青，木旺也；黄，土旺也。发之各有形状，青色如柳叶，黄色如瓜，白色如脂，赤色如火，黑色如点漆。以上五色，更看厚薄。发之盛，六十日内方应；发之浮，于事不应。今将诸位部气色开具于后也。

天中部有黄光之气，一百二十日须为极品。更有龙虎角红润，有六十日，谓之三合照也。

天中部有紫黄之气，二品之官。若有红黄之气，须为都统兵权。右职亦如是。

司空部直犀骨有紫黄之气，官至三品。

中正部旗庭并在其中如有紫气深厚，一百日内须见赐金紫。凡五品以下之官，即无其气，红黄相印，只见迁资职辅之事。外驿马同此断。

印堂谓之五品，上应天部，下应准头，红黄隐印光明，一季之内见诏书逢庆。九品以下之官得之，须见驰声贵人荐举。京县之官须居清职。百姓有之得大财。青黑发之，三十日内主公家文字不了。

山根部黄光之气如卧龙者，百日内须为行运都统。不然，见进身之事白衣人如有此，必为官也。

年寿部红黄之气且平常则主病。赤即官事。发之轻，主口舌。青则有忧。白则主哭。一七、二七、三七应之。红丝垂法令，不免奴仆上须有虚惊近在二七，远不过六十日。

准头部黄气发至天中，贵可封侯。只一部有之，须当大财。百姓亦如之。若气色如蜘蛛眼，须见破家而身亡。发之浮，犹可也。

人中部须分明，谓之有信。人若窄倾陷，皆不吉。发气青白，须见离情之事。

承浆部红色，实能饮酒。赤则因酒而身亡。青黑则死。一七日内应。

地阁部红黄，须见进田园鞍马。若五品之官发紫色，须入两地。女人有此，须见生贵子也。

禁室部预白，禁室赤黑色，官事皆有惊。果然生白色，父子见离情。黄色须见妻位喜庆。神光同此断也。

嫔门部黄气发蚕室，须生贵子；红气须生女。三七红气起，则主远信至。百姓有，主远年骨肉相见，兼财相济也。

天仓部地仓部红黄气发，主人得禄还乡，或进士及第。百姓见之，家活称遂，荣进南方田土，百里之外并驰名也。

法令部发黄光，幕职之官须转官。九品以上有之，须见得权。

三阳三阴之部如黑色发见颧上，破财，官员失职或有水厄，在私失财，家宅不宁。三阳为家，三阴为宅，青则主忧，白则主哭，红黄色喜庆。只断男女上有喜，须生贵子，看女不然。

日角月角之部黄光，须见进身之事。不然，诏书来，百二十日又恐封官。更得紫气同生，名利朝廷，须见提察功劳。

龙虎角二部常见黄色而不散，三年内须为上将军，出将入相。

两颧部势黄，则子息有喜。不然，财至。赤则兄弟口舌、官事并行。

驿马部黄，则六十日动。赤，则因马有灾，交友。天庭白气，半路回程，须见哭声。青黑，因马并水堕灾。

奸门部黄，则为奸淫之徒。赤则为公事临身。青则忧。白则哭妻。一七、二七须应。

盗门部官员有青色，公家文字不了，当因差出重难处失职。红色，有印信，二七加官，百姓得大财，发之则左驿马，次至鱼尾，百日移向东北去，发之则又驿马下喝唱，红黄光发左右印信印堂，官员加职。如其位青赤，失官退职，万不失一。

印堂喝唱有天柱骨黄紫色位是正行。

左眼下名曰泪痕。若见青白黑赤色者，半年见父母之灾。次长男中男少男如赤青白黑兼之，亦如此断。右眼头下，母姊妹只如前断。

学堂部明白，须见贵人举荐，入清职。百姓各无此部也。

麻衣相法断三阳，气色须教要紫黄，
仕宦得之官爵重，庶人见贵最高强。
黄色山根若卧龙，为官迁职禄盈丰，
印堂部内仍同此，紫绶金章立帝宫。
红黄年寿且平常，赤则官灾口舌当，
见白须防加哭泣，凶亡青黑察承浆。

忧色歌

天中排至到山根，六处明明次第分。紫色定知官见觅，红黄必定转官尊。白色若临家主哭，赤气临之官鬼存。万事不离从此看，吉凶灾祸别无门。

喜气歌

黄色发旗庭，多因提察荣，龙虎形上起，便见作公卿。

死色歌

寿上及年上，微黄黑后生，死因飞入鼻，必定卧深坑。

哭色歌

年上赤光横，同前赤色生。不能行路险，或有小温刑。眼下赤相隐，旗庭白哭声。山根忧恐怖，准头哭父兄。交友丹砂起，宜灾未可宁。人中青白气，必定是离情。

四季吉凶气色

春季

青色为正，顺时，太过则为灾害。白色为克木，逆时，居财帛则破财，居父母则父母有疾，居子息则子息有疾。赤色属火，木反为之滞，气亦破耗，主公讼口舌。黄色属土，木克土，为财主春月财禄旺。黑为水之生木，虽好，淡吉，浓亦主灾主祸，太重主死亡。

夏季

赤色为正气，旺财发福。过旺，主公讼口舌。黑气，主大祸，居疾厄主死，居官禄为囚禁，为降官失职。白色为金，主发财大旺。黄色火生土，为滞气，财忧相半。青色为木生火，太盛亦主悲忧，美恶相半。

秋季

白为正色，旺财。润泽主大发财禄，顺时。太过则主外孝。黑色为泄气，主破财，又主大病。赤为火克金，主大祸，公讼卒哭，重重不足，家下虚惊恐怖，百不如意。青为木，金克木，为财，主喜相半。黄色土生金，谋事有成，财气，百事称心。

冬季

黑为正色，顺时。太过主重灾。白为金生水，主有财禄，百事称心。黄色土克水，主灾阻厄，儿女有疾，居财帛主破财。

口部

黄色临口，横财到手。口部黄气起，千日内朱紫。唇紫衣食足，唇赤为上客。唇红过面，五十七年称意。妇人贵在唇红齿白，食天禄，多财多贵多子。口青色，女多奸。口上紫色，贪财防害。唇有黑紫，妨妻害子。女唇紫，夫早死，亦妨子。唇黑色，路死厄。黑气从口入耳，七日内亡，男左女右。口部青色，百日内灾，九十日破财。黑色，一千日内父母亡。青色口边入来，须饿死，更兼淫欲事牵连。赤色口边横入，殃祸立至。

休废

口四边色白饶转者，为动口休废。眼下白色入左右，或眉下一条，名曰成口休废。左右两耳圆上下忽如白粉起者，名曰元声休废。脑条忽起有官荣，白色若临家有哭，赤气如临官鬼生。

第十五章　相术汇考十五

《照胆经》(上)

总论

夫形有四相：曰怪，

形状怪异，如庐杞，鬼貌，蓝色。

曰古，

形貌古朴，孔子面如蒙魌，皋陶色如削瓜，是也。

曰清，

形貌清奇，晋卫玠神清形清，是也。

曰秀。

神清秀美，陈平颜如冠玉，张良如美妇人，是也。

怪而无神谓之粗，

神以使气，盖有神则气旺。怪而无神为粗，然未至于枯也。

古而无神谓之露，

骨格浅露，然未至于孤也。

清而无神谓之寒，

形单而骨寒，未至丧节。

秀而无神谓之薄，

形貌薄弱，未至无志。

粗而无气谓之枯，

气以养神，故气全而神安。粗而无气，犹草木之枯槁也。

露而无气谓之孤，

形状孤特，如水边鹤，雨中鹭，主孤立也。

寒而无气谓之失节，

人有所守而不变者，其惟节操乎！若骨寒而无气以养之，则所守不坚矣。

薄而无气谓之无志。

志者，神之帅。苟无气以充之，则志不远矣。

四者如阴阳寒暑也。能御乎此者贵，不能御乎此者贱。

阴阳寒暑，相代所以相成，相推所以相生，皆本乎造化之妙。人之相貌，不出乎清秀古怪。然皆本乎神气之相御。虽有清秀古怪，而神气不能以御之，不足以为美矣。

故有形不如有神，有骨不如有气。得之者存，失之者亡，而复以山川风土为验，宜细详之。

闽人不相骨，胡人不相鼻，浙人不相清，淮人不相重，宋人不相口，蜀人不相眼，江西人不相色，鲁人不相轩昂，太原人不相重厚，东北人不相背。如此者即曰风土。反此者皆贵也。

夫神者，百关之秀聚也。

察其神，知人骨之丰厚，是知神清则骨清。何以验之？如阳神气舒而山川秀丽，日月出而天地清明，神之在人亦犹是也。神有四流，寐而神处于心，寤而神游于目。故知眼为神游息之宫，察其眼之善恶，可以见其神之清浊。

故论眼之四流者，即知神也。眼波慢而长，如泻寒波，大势端美，又有远视如五星之明，光芒不动者，上也。

天地广阔，日月丽明，五岳附地相，主极贵。天广谓额颡圆大，地阔谓颏颐丰厚，日月谓两眼清明，大而长，精神端静，如寒波之澄洁，视远惟明，若五星之辉耀，湛然不动，始为宰辅，终作神仙也。

用则张，收则藏，左顾右盼，机抒万里，凝然不动者，次也。

神发于外，则如虎视物，凛凛有威，人莫敢犯，所谓用则张。神敛于内，则如

珠在渊，如玉在石，不可得而取之，所谓收则藏也。左右顾视，机虑深远，使人不可得而测者，贵之次也。

或光流上，或光流下，视物如射，思虑表里者，又其次也。

夫眼贵有光，流上，仰视也；光流下，平视也。视物如射，言有力也。思虑表里，内外相应也。有此相者，又其次也。

其余白上白下，久视则退、如婴儿者，不可取也。

眼目分明，主见事明了。白上白下者，睛少而白多也。久视则退者，神不足也。婴儿言其目力短。此为常人不足取也。

更有瞟视者视短者。此二者，有聪明而贵者，有凶恶而贱者。

盖有上下堂厚实，眼波长阔，有性格而贵。若瞟更短。无上下堂，眼瞳短小而薄者，主破财犯刑偷盗无心相。若更有好处部位得力，却有衣食，亦有心腹无情而短折者。

神不可发于外，当发于内。发于外者如焰火之光，久视则暗，乃主易盈易竭。纵有小小称意，亦不久也。发于内者，如珠在渊，如玉在石，久而视之，取之不能，舍之不得。此为晚享，兼有实学，识见出入。

内外之说，更分虚实，可见早晚之限。

凡神韵和粹，识与不识见而说之者，此相极贵，此谓之神和。神和之人，天地人应之，故能如此。

语言动作，无故令人恶见，不必更问，坷坎终身。此谓之人恶。人恶之人，见者必恶之。

神深者，虽在旷野，如在深室，愈久愈明，其相必贵。其深而雄者，如入深山大泽，磅礴幽旷，龙盘虎踞，凛凛有威，此尤贵也。

神之深者，久视乃见。

粹者，如玉隐然，温润从中发起，比以他物，迥然不及，又如秋月光润耀澈，此极贵相也。

神之贵者，气貌出群，非常人也。

夫气不在刚健强明，在乎坚实清韵。山有宝则谷响，人有实则气清。

此察声之道也。声无形也，考其虚实清浊而已。

浙人淮人俗于气，淮人气重而不响，浙人气明而不清，北人气深而不韵。

气出于声，声终于韵。

气与肉同也。

肉欲坚而实，气欲安而和。二者相须而不相偏废，则可谓成质矣。

今人有肉而无气者何也？犹如蠹木，内已不充，外有皮肤之美，暴风迅雨不能久御，不欲发于外也。今人有气而无肉者何也？犹如松柏，皮肤枯涩，文理滋润，根蒂深远，一日华秀，名动天下。所养者深，所发者厚也。夫神滞八年，

形以养血，血以养气，气以养神。是神出形之表，犹日月之光外照于万物，则其神清而和、明而澈者，富贵之根也，安得为滞哉？若昏而柔，浊而怯，虚而急，痴而缓，所谓滞矣。神滞主于八年者，言其阴数尽而复亨也。

气滞五年，

形者，质也。气者，所以充乎质也。质宏则气宽，神安则气静。得丧不足以暴其气，喜怒不足以动其心，是气也，岂有滞哉？若濡而不清，浊而不正，急促不均，暴然而发者，所以为滞矣。气滞而至于五年者，言阳数尽而后亨，次于神者也。

色滞一二年。

神者，气之主。气者，色之源。色者，容之表。气充于内，色形乎外，有金木水火土五形之色，以应旺相休囚亨滞之征。若其色明润而光澈者，岂有滞哉？如昏暗而伏于肉下，浮杂而见于面上，此皆所以为滞矣。而言三年者，次于气，其滞轻也。

又看驿马发之如何，

驿马在边地司空二部之间，主迁官出动。若色好明润，主发；若色暗昏浮杂，主滞。

有已发滞者，有未发滞者。已发滞者，神气直而声清透，色却浮杂。

未实也，谓之已发而滞。

未发滞者，神气俗而声硬浊。

未和也，谓之未发而滞。

更有精神未见，亦有见时，但看身材面部，骨气凛凛，异于众矣，更神气慢者，此由生处有阴德。二十年以前性钝。才一日性通，腾达于青云之上矣。

谓人之相未易观也。或得之于动作起居，或得之于颦笑瞻视。真情之发，善饰者不能自藏矣。惟真有术，然后能解此。

大都形部骨气全，须要眼有上下堂。上堂高阔而光润，下堂丰厚而相应，如此者，富贵也。

谓神气所发，多在乎眼。

夫色者，一身之光华也。气刚色嫩者，邪人也。言语开论微如笑容，冷面不伏众，自是好胜之人，却多能也。

此察色之道也。声发乎内色，见乎外。一身贵贱，必考声骨；目前灾福，不出气色也。

唐生曰：色无光，不足谓之色。是知色光即心静。

作事有准。

色昏则心乱。

兼性情窄，不能容物，毕竟多误，定无终始。

又曰：色者，松柏之枝叶，久而清光，名曰色老。

色贵于内隐然中出，久而后见，不容浮于面上。

色者，面与身如一也。有如草木，一日百变百秀，所谓合中道，真贵人也。

骨法老成，神气莹澈，色泽秀润，愈看愈出，譬如草木百变百秀者也。

色带娇嫩不能经久，曰色嫩。如花易盛易衰，惟一时可观，曰色杂。

此为退色。正如春花，不久而谢也。

今人只知有色而不知无色。不震不动，不萌不蘖，其静如地如槁木者，至人之色也。

夫色，与心相应，与气相合，物莫能慑，物莫能引，则不震不动矣。外无意于是非，内无意于得丧，则不萌不蘖矣。静与阴同德，然后其静如地。心如灰死，然后色如槁木，非若搞木之枯也。澹然独与神明俱，寂然不与万物对，无能感之者，圣人事也。故壶丘子林有天地壤文之相，列御寇有五浆先馈之见，由乎内诚不解形谍诚光，则圣人所养可知矣。

色者如浮云蔽日，

发在外也。

光者如秋月连天。

表里见也。

神与气相合。

子母相养之道。

神能留气，气不能留神；气能留色，色不能留气。

古之善观人者，不观其形，观其使形者。神与色无迹。有气，然后有形，有形，然后有质。气质常在，而神与色日变而不留。故人喜怒哀乐之机有萌乎内，则吉凶祸福之兆不旋踵而见乎面。故下文云：神散色乱，不可取者也。

神散色乱人不可取也。神散则心乱，心乱则形色变。纵有刚气，亦如秋花之茂盛也。

秋花之盛者，言其不能久也。

面有无求之色，举动有不可屈之气，内重之人也。

夫人之心与意色相为表里者也。其心如此，则其意如此。观其意色，以求其心，人焉瘦哉？有人于此，面有无求之色，举动有不可屈之意，则其内重也可知矣。取非其义，则虽三公之位，不如屠羊之肆。外物之轻，则千仞之雀不弹隋侯之珠也。

豫若冬涉川，犹若畏四邻，俨若对客，涣若冰将释，敦兮若朴，旷兮若谷，至圣盛德之人也。

实而有守，虚而有容，至圣盛德之人。此符老氏之言。

色温而庄，欲语先喜，言简理足，默造仁意，举止详缓，方智自足，进取之人，亦足贵也。

此虽不及盛德之士，亦真全之人也。

色劲气果，面多廉隅，睛如点漆，神复澄澈，举动真率，多近自然，富贵中能

勇退之人也。

神清气真，亚乎真全者也。

闽人俗于骨，胡人俗于鼻，浙人俗于清，淮人俗于重，宋人俗于口，蜀人俗于眼，江西人俗于色，鲁人俗于轩昂，太原人俗于重厚，如此者即风土也。

此谓闽人多骨，胡人好鼻，浙人多清，淮人多重，宋人好口，江西人色多明洁，鲁人多状貌轩昂，太原人重厚。如其气俗神昏，则在所不相。惟有蜀人之相，当取其神也。故下文言，虽有蜀人之俗，亦在神乎。

虽有蜀人之俗，亦在神乎。

神藏于心，显于目，故虽有蜀人之俗，如此有神，不可偏废。

揭眉露毫，揭鼻露窍，揭口露齿，

眉露而毛直，则性狠。鼻井灶皆露，则衣食不足。唇不相副，主短折之相。

揭目露堂，揭项露喉，揭眼露白。

目露外堂，无子之相。喉露，孤独。眼露四白，主兵死。

有腰有背者曰真火也。金火土水，各取腰背全。独木形人，只取腰不取背也。无腰者，坐立不正也。

无腰者不贵，无背者不富。木形人瘦，故不取背。如人坐立不端，谓之无腰。欲取贵人，必责其全，故下文言“视听表里与腰背”也。

名动天下者，不可独取神与气也，当取之视听表里与腰背。

神气虽贵，复相腰背。腰背既全，又贵表里。视听之表则聪明是也。书曰：视远惟明，听德惟聪。惟聪明之实不蔽于物不牵于情者，视听之表。耳目外秀，诚明内足视听之里也。有如此者，名动天下之英杰也。

视者，神也；听者，心也，天下之闻也。耳白过面，声动天下。夫术业有动人之声，于身无得丧者，此亦是也。

此谓凡相不备，惟耳白于面者如此。

眼欲有上下堂，鼻欲圆而光。

眼在乎三阴三阳不陷，鼻不在大小也。

鼻折不在梁，取在口上方。

龙宫成就，凤池不陷，虽折而贵，口要有四围也。

更欲眉上长，须观息之长。

眉要覆眼。夫人喘息者，命之所存也。喘息绵绵、状长而缓者，长命之人。喘息急促、出入不等者，短命之人。庄子曰：至人之息以踵，众人之息以喉。此之道也。

眉露不露骨，眼露不露睛。

眼光不偷。

行露不露臀，立露不露肩。

此是露而不露为破相，眉以下四角亦是。大人眼露，凶死，亦有贵而享寿者。用则张，收则藏。此言用则露，收则不露。

臀肩露者俗。

行立则露。

眉眼全露，黑睛又深者，此陷极法之人也。

此相极恶。

鼻之势起于边地，名曰学堂之址。

学堂者，众善之所归。命门前一部为学堂，与边地相接。若鼻起于边地，则学堂丰隆也。

或如升，或如斗，或如鹅卵或如口。大而方，直而光，匮里青丝起处刚。将军案上藏金宝，不在人中及印堂。

此一章乃富贵寿全言。学堂或方或圆，或大或小，而皆光润成就，有如此者，谓八处皆有，不在人中与印堂也。

齿枯神散，黑睛无光，眼反颧高堂深，尝不称意，皆不得其死。

齿贵密而众，神贵聚而和。无光者，无神。眼反者，露白。颧高无主，而堂深上下陷也。梁侯景广颡，高颧，色赤，少项，低视屡顾，后为羊鲲所杀。

鼻门通窍直上见梁者，郊野中死。

揭鼻露窍者，主不善终。

一曰鹤鼻，二曰鹭鼻。鼻急神慢，不过四十。骨露气藏，不过三十。

鼻贵隆高，神贵深重。

气柔骨散，有禄多难。神重肉慢，老在贵宦。

骨是主，气是客。主客不相称，神重宜晚达也。

神重肉紧，做事有准。笑不露唇，深藏不测。

思虑远矣，不可同谋。若人骨肉紧，端悫之士也。

坐而斜视，所思不正。语论见舌，主多口过及见刑伤。

盖窃盗之相，则所思不正。口浅露舌者，贱相。

齿来覆唇，一生心不足。刑伤外道，又破家计。口急见齿，老无成立。

下唇短，心不足。唇薄口小，贫相。

鼻梁直纹若至准头，必主凶。若至年寿二部，主二十七八自刑。

纵理直下破诸部位，短折之相。

行步坐立不正者，多好自强，或有小技艺。

无腰无背，虽强无立。纵有所长，技艺之小者耳。

五行之形皆要正。眼纹入耳，老有贵官。

眼纹入耳谓之笏纹，亦主有权。

耳白且润，亦有科甲。又骨细者，主少达。

耳白过面，名闻天下。骨细肉腻，早年发禄。

神深须见四十方有科名。或神气不相合者，又加之年岁。

谓以四十之外神气相合，方定年月。

耳根双黑子者，道路中死。眼垤见黑睛者，必至极刑。准势端正者，官五品。

准势端直，准头洪美，此皆五品之相。

骨细滑而色不嫩者，可为三品。

骨为主，色为客。相应而不粗杂者，皆三品之相。

耳门有三子者，亦三品。耳堂深者，学问广记。眼无角者，作事无机。

眼无角，神不深也。

神散气聚，少孤破家。气散神聚，作事少定。鼻尖准小者，少禄。

鼻贵隆高，准贵高大。

耳堂塞者少智。肥人耳下无肉曰肉病。

肥人耳下无肉圆起，及悬壁陷，主无贵也。

骨细及肉重者，老及郎官，早达多灾，晚达即吉，早年主厄难。神痴人，寿不过四十。面肉横燥，不过五十。

五或作三，肉横纹赤色燥，皆主寿短。

面深即曰土，露即曰火。五事俱分明，贵为真宰辅。

金木水火土谓之五形，视听言貌思谓之五事。眉目耳口鼻皆端秀，成就也。

驿马或先发，禄库或未分，贫中得高位。驿马禄库两皆丰厚，主得贵禄。

驿马部气色未发，禄库上要气色分明。若二部不陷，乃得贵禄。

又在少年中。

禄库官禄起。

眉长交印堂，中年必主亡，不过四十岁，克子害妻房。

眉不欲交。眉交印堂，主破。人无印堂即年寿，皆不得位矣。

堂囊虽广，肉不相应。

堂囊谓眼丰厚如囊，而广阔不陷。骨肉贵相称也。

更加暗气，有学无官。

谓气伏于肉下，黯惨而不明。气肉不明，徒有声誉。

神刚克妻，

神贵和。

无腰无财。

况无背乎！

印堂边有黑子，即曰官灾。

印堂若平满津润不缺陷，主有印绶。如有黑子，谓之破印，名曰官灾。

立露肩，人无子。面平子贵。口动不见唇者，主有兵马之权。口要有四纬，

口欲方而严，端正红厚，有棱角，谓之四纬。

耳低少科名。

耳耸过眉者，有科名。

鼻梁小，无胆气。面上黑气多，主生三女。

黑者北方之色。阴气多，主生女。

眼下肉圆方，亦可入庙堂，又主子孙昌。

谓眼下丰厚如卧蚕，主福厚及生贵子。

项中骨如龟，若再鼻中隆，亦可封侯王。

项骨圆厚，状如龟形，鼻势隆高，年寿二部丰隆，主贵官。

唇薄齿齐，或在富贵，亦主是非。耳轮与堂或生黑子，必为阴人所害。更得眼尾应者，得阴人财。行若见臀，语若见唇，有禄不存。身长手短，不过五十。

贵人肢体相称也。刘先主身长七尺五寸，手垂过膝。若身长手短，必主寿夭。

少有称意，老无成立。眉后暗气，曰克阴德，更入边地，

福堂在眉尾近上。若生暗气，主克阴德。边地在额角，近于发际。

游魂相守。

魂不守宅也。魏管辂往族兄家，见二客，去，辂谓兄曰："二人天庭及口耳之间，同有凶气，异变俱起，双魂无宅，流魂于海，骨归于家。"后果溺死。

法令纹入口角，至老主饿死。

法令纹在鼻兰台边，直下文是也。汉周亚夫纵理入口，许负相之曰："此饿死法也。"后迁丞相，为人上。告下狱，五日不食，呕血死。

耳鼻口眼印堂俱清明者，早有科甲。

父母有善根。

耳不明，过三十。

谓听不远。

眼不明，过三十八。

视不清澈。

鼻不明，终身无禄。

其位陷而露。

骨不明，四十二。

客胜主。

印不明，二十四。

气浮色不明，过二十六七根蒂虚。其余众破众陷神气不足，曰绝禄也。神气不足谓无福。

毕世贵者，神思淳淡。

谓无娇嫩之色。

贵人有轻有厚，有清有秀，有粗有细，有瘦有肥，皆要秀媚，不在形骨部位全也。形骨部位全而无秀媚之气，纵贵，且不近圣主也。

古之善择地者，五行聚处为吉地，不问五音。相人之面不出于此。五行聚处则为秀气，不在厚薄粗细，皆欲五行之气聚。五行不聚，虽盛无益。

肥浅有秀媚之气者，四十后近圣主。肥深有秀媚之气者，三十后便近圣主。或有瘦薄而骨清者，有声望，早年虽近圣主，且多滞，须得行仪为相助。

取表里之法。

更有秀媚之气者，六十后位方显。

五行聚处为秀气。人面五行所备，贵其聚也。

上贵须要腰背全，及眉间骨天庭三路如爪，或入发际者，主神游三清。

天庭林中精舍三部，在眉上。若有奇骨耸秀，上接天庭不断，入山林有势，三路如爪样，主神游三清。是有仙风道骨之人，不独贵显，主修养好道，终遇神仙。

面生黑色主疾病，赤色主破财，白色主哭泣，青色主忧惊，黄色主喜庆。

凡此色并以四时判之。春三月，青旺，赤色相，白色囚，黄黑二色皆死。夏三月，赤色旺，白黄二色为相，青色死，黑色囚。秋三月，白色旺，黑色相，赤色死，青黄为囚。冬三月，黑色旺，青色相，白色死，黄赤为囚。若五行之色得旺相者，吉；得囚死者，凶。

眼堂上下黑色或青色，阴人病。

谓三阴三阳上有青黑色气，主骨肉疾病，又主忧疑。

眼生溟濛曰天罗，入眼浅则家破身灾，深则失禄下贱，庶人则死近矣。眼有浮气者，欺心多贪，因贪致败。大抵诸位皆要明洁，终身无过矣。视远者多智，视下者多谋，视平者有德，视专者多狠，视反者多阴贼，睛屡转移者多奸诈。

视无还睛，转而复反为还。

悠然静，淡然止，惊之而不瞬，不随语行，不因默止，此神仙中人。

心不关于世虑，则目无动止，神仙之人。一日三瞬，诈伪之人。百瞬百止，此其异也。

霍如电开，视有余威，注睛收视，欻然若龙虎游，才德威武，出伦之相。人臣得此，出将入相，名动四海。

如此者，亚于神仙，将相有谋之人也。

凡瞻视无力者，不可与立事。大抵瞻视要有力，精神不欲浮溢。初视若浮，久视愈澈者，不害也。

虽不能害，然有滞也。

墙薄易坏，酒薄易酸，绢薄易裂，人薄易亡。

谓形骨浅薄，多主夭折。

凡近乎薄者，相之最贱，风鉴所不论也。意趣促迫，穷见事情，闻过辄喜，轻忘人恩，薄相也。未至高位预作富贵，性实浮华佯为沉厚，羞贫贱交，轻变乡土语音，薄相也。闻声即动，遇事如风火，瞻视不常，随人上下，薄相也。于所薄者厚，不睦九族，善奉外人，薄相也。忘近务远，好利与名，内不自饬，外要虚誉而不自愧，薄相也。坐起不正，手足屡摇，词烦理寡，言语无序，又多虚诞，薄相也。喜怒徇性，多憎多爱，难事易悦，薄相也。如此者皆不足取。然薄中又有可取者，虽所为近薄者，其相反贵。如喜怒任性而恩仇分明，穷见事情而时有纵舍，佯为沉厚而居之不疑，矫情徇物而遂非不悔，好执小数，操切上下，弃恩用仇，果敢断决，如此等人，必须有成立。然虽成立，亦是小人，不可共也。

薄相之相，法所不取。其间虽相，应亦是奸邪之小人，不可亲近，近则害人。

兽瘠则禄薄，禽肥则身滞。

虎形等人贵厚重，骨格若露则禄不丰。凤形等人贵清秀，骨格重厚则飞不远矣。

额临颏，颏朝额，天地相应也。五岳耸而相揖，四渎深而不反者，五行相应也。

五岳者：额为衡山，颏为恒山，鼻为嵩山，左颧为泰山，右颧为华山。五岳欲其耸峻圆满，四渎欲其深大成就。四渎者：鼻为济，口为河，目为淮，耳为江也。

一应得君，尽应得民。欲知人之所为向合动得人心者，不惟道德所致，皆其身多应也。若少应，又部位多走，虽有高才之人，数奇不偶矣。神不足以固其身，则虽应无益。故无神亦不足论应也。凡相人之法，上至发际，下至颐颏，既视其左，复窥其右，举止为前，瞻视为后。富贵论其眉目，

眉既疏秀，眼复澄澈，富贵之人也。

贫贱验其颐颏，

颐颏贵丰满，主福厚。浅薄窄狭，主贫贱。

智慧窥其皮毛，

肌肤细腻，毛发柔泽，多智慧。

苦乐观其手足。

手足者身之枝干。若多节近薄者谓之废财，主劳苦。若手足白如玉、纤如笋、滑如苔，足方而厚，富贵之人也。

上相之相审声，中相之相察色，下相看骨。

凡相，先声次气次形骨。声者，心之原，五脏虚实之证也。色者，精之候。骨者，肉之本。然则声澈而和，重而亮，上相也。精实而定，色明而润，中相也。骨柔而立，耸而圆，下相也。三者既备，纯粹之人也。

论异形篇

形有清奇古怪者，须得神与气合者也。神气不爽，则孤露粗俗寒薄轻泛，非贵相也。须得清如寒冰，奇如美玉，古如岩松，怪如磐石，虽千万人中见而异之者，乃清奇古怪之贵相也。凡有此相，必须操修过人，功业隆重，声闻天下也。形有五宽五短，五慢五露，五急五藏。

向谓五宽？曰器识，曰行坐，曰饮食，曰言语，日喜怒。全此五者，必远大也。

何谓五短？曰头，曰项，曰手，曰腹，曰足。全此五者，中流之相也。

何谓五慢？曰神，曰气，曰性，曰情，曰饮食。全此五者，有寿而发迟也。

何谓五露？曰眉，曰眼，曰耳，日鼻，曰齿。全此五者，清烈孤贵异世之相也。神更露者，夭折。

何谓五急？阙全此五者，发早而易丧也。

何谓五藏？视藏明，听藏气，言藏声，貌藏色，思藏息。全此五者，清贵远大之相也。

前此六说中，有可采，宜更致思，定有所得。

董正公尝论五恶杀，曰：眼中赤筋，眼反强视，此名斗亡杀；两眉尖短，眼常如泪，此名卒暴杀；鼻折准曲，项斜羊视，此名自吊杀，目睛黄动，睡不合唇，此名扛尸杀；横肉四起，暴露不检，此名凶暴杀。若此五杀，人有一焉，定不能善终。

论风土刻应篇

山川粗秀，百里不同，此人生形性所以有厚薄重轻清浊之异也。故闽山清耸，人俗于骨；浙水平而土薄，人俗于清；胡土重厚，人俗于鼻；淮水泛，人俗于重。若宋人俗于口，蜀人俗于眼，鲁人俗于轩昂，江西人俗于色，如此类者，皆风土之异故也。论相而及此，其几于神乎！昔唐举论相，不好言形而好言色，不好言声而好言气。予谓此深得其妙者也。盖形声则一定而不变，所以易；气色则屡变而不一，所以难。盖唐公者，是欲精其难能者也。常得渠著《论气色》篇云：夫人之气色，皆内发于心，营于肺，触于肝，散于肾，畅于脾。故气色光，则心静血通，饮食流畅，喜之候也；气色昏，则心乱血滞，饮食胀逆，忧之候也。忧喜之侯，外见则浮，如薄气蔽日；内见则隐，如圭玉有瑕。或盈溢惨舒，或发露倏忽。长者如丝，细者如发，圆如粟，长如麦，斜如倚竿，皆气色之现也。能切致目力彻旦视之，优喜足验矣。

辨形

似龙者为文吏，似虎者为将军，似牛者为宰辅，似马者为外吏，似狗者为清官，似鼠者为巨富，似猪者为大贵，似猴者为大贵。

发滞

金形发在巳年申年酉年，人旺相之乡。余形准此。若修学，二十四上发禄，三十四食禄，若全无学堂，不在此论。

木形须要三清。若全有，二十四上发禄，加之骨秀，学堂又全者，台辅之位。好谈古，常太息。

水形肥则发迟。若肉多无骨，寿不过四十。若骨多肉少，有禄。三十一发，四十一五十一方入仕。

火形多滞，二十二以前必行厄运，渐有凶恶之相。中年有厄，至四十五方旺。得正形者十九发。

土形面肥，三部圆，须胡，三十五方发，五十以前得禄。土形不忌浊，只取其厚重。不看本而看末者，多矣。

五行正形

金形方平正耸紧，其相在腮颐坐立言声之间。

木形长直清瘦条达，其相在眉发颧寿手足之间。

土形宽大肥轻肉散，其相在耳腹腰背行坐之间。

火形上尖下大，不肥不瘦。其相在性情缓急之间。

水形圆厚丰隆，宽不逼迫。其相在背准腹颐之间。

定五行要诀

正金方正洁白，金木圆白少清瘦多，金水圆白少肥浊多，金火圆白少枯燥多，金土圆白少重厚多。

正木修长清瘦，木金清瘦少圆白多，木火清瘦少枯燥多，木水清瘦少圆厚多，木土清瘦少肥厚多。

正水圆厚黑浊一水金黑浊少圆明多，水土黑浊少肥厚多，水木黑浊少清瘦多，

水火黑浊少枯燥多。

正火炎燥枯陷二火金炎燥少圆白多，火木炎燥少清瘦多，火土炎燥少肥厚多，火水炎燥少黑浊多。

正土重厚肥浊，土金肥厚少员白多，土木肥厚少圆瘦多，土火肥厚少枯燥多，土水肥厚少黑浊多。

天地间，人生形貌不同。若以五行论之，无出此二十五形者。如不合此格，则民斯为下矣。然则二十五形之中，须当详辨，不可毫厘差池，则限数不可凭也，观审之际可不谨焉。

神论

夫天一生水，于物为精。地二生火，于物为神。人之动，其神示而不藏。然欲观其所在者，于眼则得之。盖眼为肝之窍，肝属木，木所以生火，故神在眼。若掩其目，则神安在乎？此固无所逃也。论有十四说云。

神藏

瞻视平正，初如无神，坐久乃现，如美玉明珠，光彩蕴蓄，愈视愈清，其光自丽，及其显示，温粹淳然，不变怒不强发，人自畏之。此为神藏，上相也，盛德大业之人也。

神静

一见恬然，再见寂然，愈久视之，淡薄自若，唯光彩内见，中有所得，宜著意深测，默有可见。若论其真，可以思致，不可以言传也。此为至人之相，不与世俱者也。

神和

温粹恬纯，不喜似喜，虽有怒色，其喜常存，远远视之，已见其和，不必久视而后见也。此为解除胸襟，不妒忌，不偏僻，荡荡然至圣之人，有德君子之相，故人见而悦之也。

神锐

志锐则气锐，气锐则神锐。神锐见于言词作为，相貌之间。自矜饰，不谦损。若久而不挫必有失，如锐然正炽遇折伤见血水火惊恐则发也。若无此候，终乃自丧其志也。

神驰

驰者如马之驰，一坐之顷，其神如有所之，不言不矜，默默自驰。此须以意见也。若驰而不反，久必狂，非善相也。

神露

露见不藏其睛凸，不怒似怒，又为神怒，四白若见，必主刑伤夭折，贵亦不能久。若眉高有覆，应则吉。

神耽

视下曰耽。如虎之视物，四白通见，若在物上，此恶毒狼虎贪残之相也。更久不回睛，必淫乱受刑，死于郊野，非善相也。

神惊

惊者，心气不足，茫然如失，又如临深履危，青气盈面，有所怯惧，睡不安，坐不久，口常急动，眼频回睛，久而不安，纵不失神，此下愚无立之相。纵贵亦夭折，非良器也。

神慢

慢者，见于动静作为之间皆慢也。其候在眼不转睛，视物难忘，虽有急难，其

慢不更，终不成大器也。

神疑

疑者，动多犹豫，迟疑不决，行步举止如有所思，欲作不作，欲言不言，一坐之间，其色屡变，亦非贵相也。

神醉

醉者，坐立不正，常如醉人，痴还不痴，狂眼豪视，如随物去，又为神迷，此愚贱之人。纵贵，亦夭折也。

神昏

昏见于色，满面之间，如烟云四起，浮露隐隐，不分不明，双眸虽大，久视无光，事有所著，言不能辨。此贫贱无立之人。

神急

急者，闪闪不定，洋洋自得，满面常光华，又为喜气不贴肉。中年有惊，恐血灾。神若一退，可以成器。常急终不久。

神脱

脱者，常见有，忽然不见，如土木偶人，纵能行坐饮食言语，而亦无气，此号为行尸。若有此候，不过一年。色悴者一季。

诀曰：妙相之法在何方？观其神气在学堂。若人认得神与气，富贵贫贱当审量。一点真，一点真，悟了方为善相人，不悟真如魂梦里，徒劳两眼去观人。神恍恍，气爽爽，似有似无在面上，一点神光俱不散，此人定作公侯相。清亦贵，浊亦贵，清浊交加方始是，若人辨得浊中清，便是人间公卿位。清怕寒，浊怕实，又怕毛骨粗是一，神清骨秀两分明，早佐皇家为柱石。

声论

相中唯声最难辨。大抵只得完全清润响快，不宜焦烈沉濡，刑破短促。人大而声小者，非远器也；人小而声大者，乃良器也。又须于五行中辩论，听五声合与不合，宜以意断制，不可以言论也。略举五声正诀于后。

金声韵长清音响，远闻完润则贵，破则贱。木声韵条达，初全终散，沉重则贵，轻则贱。火声韵清烈，条畅不濡，圆润而慢则贵，焦破而急则贱。水声韵清响急，长细则贵，重浊则贱。土声韵厚重源长响亮，远闻则贵，近细则贱。论五声，又不可与形类。惟声无形，但耳听而意会，则详酌其理，然后校其吉凶，万不失一。

声

金声和润木音高，水音圆急火声焦，土声如居深瓮里，韵出丹田富贵饶。夜半听声，白日看形。语笑面赤，不藏事迹；语笑面黑，心性秘密。言笑淡泊，常病不乐，笑而不媚，寿短妨滞。语笑如哭，至老孤独。或缓或急。语失信，无凭据，忽见高声，语无来历，便有浮灾。轻变乡音，薄劣人。男雌声妨妇，女雄声妨夫。多言多语，似癫狂临，老少儿郎，语未出，舌先见，好说他事，及有刑伤。喉音高而闻一二里者有寿。声浊而飞散细嗄撩乱者贱。语实人无病，语言详审，不疾不徐，举止温雅，喜怒不变谓之神有余，多招禄位。语言不辨，举止仓皇，不笑似笑，不嗔似嗔，多遭凌辱。见人羞出，乃神不足，多招牢狱。

骨论

骨者，四体之干所受。宜清滑长细，内外与肉相称。若骨沉重粗滞而皮肉厚者，近于浊也。若骨坚立轻细而皮肉薄者，又近于寒也。大抵须要耸直，不横不露，与肉相应者，此乃善相也。

骨

骨为君，肉为臣。君臣得其位者，贵。骨不得少，肉不得多。五行只要正，骨肉要相应。金骨细肉滑如绵，多贵有钱；木骨瘦而青黑色，两头粗大，多穷厄。水骨两头尖，富贵不可言；火骨两头粗，无德贱于奴。土骨大而皮粗厚，子繁并富有。骨露气藏，不过三十。胸骨露，多辛苦；颧骨高，妨三夫。富贵在于骨法，忧喜在于气色。骨坚硬，寿而不乐；体肉软弱，乐而不寿。骨细或重，晚禄自来，早发多灾。骨陷者妨父。地仓骨起身多艺。骨不明，四十二亡。酒池骨起主病，酒骨好须三辅学堂；一取天中有骨，二取左颧有骨，三取右颧有骨。伏犀连后生者，英雄之士。若前后不相辅，初年禄，中年破。脑后有骨皆吉。或如指大，上有棱者，位极人臣；如两指大者，作有名僧道；如小胜无如连珠者，曰三山骨，多寿有誉。骨多肉少，尊上；骨少肉多，卑下。两颧骨为面，一名辅骨。若见青白色气，立身不宁，赤气，惹公事，不为灾。

神气

三停不稳须看神，无颜有神是贵人，有颜无神空有颜，无颜无神不须论。有气有神为贵人，有气无神是富人，有神无气僧道相，无神无气一生贫。神晃晃兮气洋洋，似有似无三辅上，骨坚肉紧两分明，此人定是公卿相。

二仪

头圆法天，天欲富；足方象地，地欲厚。

三才日月

额为天，颐为地，鼻为人，左目为日，右目为月。天欲张，地欲方，人欲深广，日月欲光。有天者贵，有地者富，有人者寿，日月好者茂。

三学堂

眼为看堂，口为诵堂，耳为听堂。

三停所主

眉上至发际为上停，眉下至准头为中停，鼻下至地阁为下停。上停为天，主父母贵贱；中停为人，主兄弟妻子；下停为地，主田宅六畜。

三尖

头尖不得父母力，地阁尖不得产业力，口尖不得善终力。

五官六府

目，监察官，在六府上；口，出纳官，在六府前；鼻，审辨官，在六府中；耳，采听官，在六府中；人中，保寿官，在六府中。人中一作眉。

两眉上为二府，两辅角为四府，两颧上为六府。

一官好，贵十年；一府好，富十年；官府俱好，富贵终老。左为文，右为武。

七门正

眉头两斗门，眼尾两奸门，耳下两命门，年脊一庭中。

八极

自鼻而望，八方成形不相倾者，良。

儒

儒惟要三学，但得一处好者，终贵；全无者，碌碌之辈。及要声清面清全者，早擢巍科。若面貌虽福相，齿黑黄及缺者，但富而已。

道

道惟要天全。天者，额也，状如覆肝无缺陷，及齿明白，髭发细丽而黑光，声清骨秀而有颧骨，终至宫观。若貌只敦庞无夭等者，但受福而已。

第十六章　相术汇考十六

《照胆经》（下）

目

木主春，春主肝，肝主目，目主仁，长生之行也。额之上，目为主，眉为客。目力多，相可学，眼无角，做事错，目下赤，休斗敌。目定而光，志气高强。黑眼端定，七十终命。牛头虎视，富贵无比。蜂目豺声，能武事人。点睛近下，多隐山野。目下黑枯，绝子妨夫。目纹入耳，老有官制。坐而斜视，所思不正。目无光彩，望尘而拜。点睛近上，刁下劣相。赤纹贯睛，死不全身。睛朝鼻管，谨谨和缓。目视人头，杀害相谋。目不相似，异母兄弟。猪目常瞪，刑福相仍。羊目直视，妨妻害子。鹰视狼顾，心怀嫉妒。羊目四白，外夫入宅。猴目多穷，鱼目多凶。猪眼羊眼，睛黄者贱。目拗瞰屈强，目头为泪堂。目下一字平，所作皆分明。目下卧蚕纹，当生贵子孙。眼眶黄气发，修道终须达。目光兼媚好，积德多阴报。青色在中央，七日有灾殃。日中赤砂起，法死须防己。露目不露光，为官亦无妨。两目不分明，不过三十八。目反及颧高，一生不称意。眼尾两边垂，一生多别离。眼中忽白黄，作客路中亡。黑晕及两眼，三日中散财。黑雾长居三阳上，家中必主自缢人。两睛凸出兼无貌，平生无路不称意。眉目俱长，睛如点漆，富贵不日。目下无肉，一子相逐，亦主阴毒。目要神光，颧势相朝，黑多者贵。眉目皆露，黑睛又深，必陷极法。目下肉圆方，亦可入庙堂，更主子孙昌。视远者多智，视下者多毒，视平者多德。若瞻视无力，不可与共事。洪目龙颡，丝纶定掌，黑气入两目，六十日亡。只入右目，百二十日亡。左目小妨妻，右目小妨夫。左目小先损父，右目小先损母。虎目鸢肩与牛腹，贪利无餍足。两目白色通并灶，百日内暴亡。视专者多阴狠，视反者多阴贼，睛屡转者多奸计。左目属日，父相也；右目属月，母相也。重瞳卿相位，目大多贪爱，近觑无远知识。鸡目、蛇目，好做窃贼。龙目黑睛大，凤目长入发，猴目白多黑少，目圆而金色全似者贵。目多青色，真贵人。目为神游息之宫，目小终无禄，睛悬主狱亡。目有三角，心性凶恶。目左右为卧蚕部，若肥起及光彩者，主大富。女人目下青黄，平安；赤黑，产厄。目上下、堂青黑，忌，妻的亲阴人亡。两目无神光，不病似病者，谓之："神去。"六十日里亡。左目为三阳，右目为三阴，三阴三阳俱在眉。上眉、下眉、头太阳、次中阳、次少阳，乃财禄之库。如见赤色，慎火防瘟。目有些小病，必定主心毒。病轻毒轻，病重毒重。两头为牢狱部。若见赤气，形如鹰嘴，主徒刑。目忽肿赤，或误损者，不出十日有喜，男左女右，方吉。左目头下青，一月内哭父、兄、弟、长男。从左目头下，第一是父，次兄弟。次是男；右目头下青，哭母、次姨妹、次女。依前断之。眼似含笑，心里不良。两目头直下，如见白气与红相合直下者，主哭泣，亦主宅内不宁，宜祷祠。若丹砂灌于两目白下者，宅内必久有阴私、奸盗事。目大眉小中年厄。紫黄气从印堂直下，侵两目头，主孕子孙之喜。先看三阳上，青气是男；后看三阴上，红气是女。若见黑白灌之，主子母离隔。眼睛朝眼尾，多轻忽。目尾后有穴如粟大，谓之："聪眼。"眼生濛溟，名曰："天罗。"入目浅，主破家；深，主失禄，庶人亡。目有浮气，欺心而多贪，及终必败。诸位明白，终身无过。男女单目者，谓之："桃花杀。"常爱色欲。目赤好杀，两目尾为奸门。要光净，如破陷，多奸盗、牢狱事。以子午卯酉岁占之，亦名妻位。

口

火主夏，夏主心，心主舌，舌主礼，丰盛之时也。口之主唇，朱名诵堂。开口睡，命夭滞。唇微缺，财歇灭。舌宫秃，财不足。唇青厚，命不久。水星得地，唇口必方。唇多纹理，子孙必贵。黑子在唇，命有食人。口不见唇，主兵马权。黄色临口，横财入手。口宽舌薄，心好歌乐。唇如四字，多财有智。口如缩螺，常乐独歌。口开齿露，无基失所。语若见唇，有禄不存。口急见齿，老不成立。唇下黑

气，冬有春亡。口上紫色，贪财好色。口如缩肚，多子多妒。唇细横长，多言少信。口如吹火，无子寒饥。哆口食物，无情轻忽。唇口不佳，出言不信。口边无媚，好扬人恶。舌上长理，当为三公。舌至准头，必主封侯。唇急齿露，亲朋不顾。唇有黑子，妨害长子。口部黄气起，千日内朱紫。唇紫足衣食，唇赤为上客。唇宽端正好，出语有文章。唇上下相当，必好习文章。唇上薄下厚，母位化成尘。口薄两角垂，多是被人欺。口小餐美食，食罗多呕逆。齿来覆唇下，刑伤破家财。唇红齿白食天禄，多艺多才又多福。未语唇先进，心性奸邪多不足。女人唇齿不相盖，妨产终伤害。下唇过上必妨夫，上唇过下又多痴。口边黑色贯地阁，切是防毒药。上唇不相盖，常怀偷物，终身不富。上唇不盖下，主刀兵下亡。唇红过面，五十七年称意。口薄人不提携，被人毁誉。口大言多妄，鼠口谗毁人。口尖爱争竞，纵理入口多饥饿。口急如禽语，或撮聚，多口舌。女唇紫，夫早死，亦妨子。唇黑色路死，厄。下唇长，贪食忙。口头小，贵法令。纹入口角填沟壑。妇人贵在唇红齿白，纵有貌而齿黄黑者，终贱。唇薄与齿齐，富贵兼是非。孕妇左畔青色至口，是男；右畔红色至口，是女。黑气从口中入耳，七日内亡，左男右女。绕口青色，女多奸。口部青，百二十日多灾；白，九十日破财；黑，一千日亡父母。唇蹇齿露，虽是恶相，视其唇与舌，而红色；观其口，方正有棱角；视其齿，清白而平长，如此六相，自不妨贵。

鼻

金主秋，秋主肺，肺主鼻，鼻主义，收藏之仓也。面之主，兰台起，声誉美。鼻端妍，声誉传。鼻高昂，主官昌。鼻如截，富不歇。鼻柱薄，主立诺。鼻破缺，多薄劣。鼻梁小，无胆志。蜣螂鼻，无意智。鼻广而长，技艺非常。鼻如悬胆，财帛积万。鼻偏无妨，得地须正。鼻如狮子，聪明达士。鼻如缩囊，至老吉昌。兰台黑色，防州县厄。鼻梁柱折，男多防厄。鼻梁柱曲，男多淫欲。鼻有黑子，子不得力。鼻孔仰天，贪色无厌，亦主客亡。鼻不分明，无禄位人。鼻有纵理，主养他子。鼻高而孤，一子相呼。鼻毛出外，谤毁亡害，无准相应，做事不准。鼻头短小，意智浅少。鼻上多横，胡人有者贵。鼻曲人情薄，鼻小永，无官毒人。鹰嘴鼻准小，休求禄。山根青，三日内逢贵人。山根紫，七七日得财。山根黄，七日内远书喜至。山根白，多疾厄、黄白病。黑斑驳，主宿疾，或犬伤。山根平美，及有奇骨，伏起为婚骨，主得极贵妻。先看骨法，有势无势。鼻要直，至山根上无破，一生怀抱忠信。山根黄色，连准头地阁者，冬有春得官。山根骨陷，子孙夭散。山根白，五十日内外服。山根黑，六十日内公挠。山根赤，二七日内慎火。若山根陷次，看人中，有不分明及鼻有纵理，刑却不孤，止一子，不可止凭一处遽定子孙，余形准此。年上青，十日内得财。年上赤，一千日内死。年上白，外服厄。年上黑，怨至。年上黄，二十日内见阴人喜。年上紫，七日内生贵子。年上紫色下，贯寿；上者，喜至。年上红色，紫赤有官事，欲知食禄在久任者，先看年上发色长短。长一分，主一年；二分，二年；准此细详。若恶色相间者，当年不利。年上、寿上赤色，十日坠井。年上黑子，男妨妻，女孤独，亦主父母横亡。年上、寿上黑色，四十日亡。年上、寿上青色，主长病。年上、寿上非时生气色，吉少凶多。年上、寿上光，一生少病。寿上四时黄，官显而寿长。女人寿上黄，怀孕得平康；寿上黑，二十七日亡；寿上白，半月小口亡；寿上青，六十日家。阙。万物发生于土，土在鼻中央。五色之气，或起于年上、寿上。准头紫，七七日进阴人。准头四季生光，吉。准头黄，与甲匮相连称意立。至准势正者，老为五品官。绕准黄色转者，三日内得大财。准头黑色，百二十日亡。准头白，九十日亡。准头赤，百二十日厄。准头青，九十日灾。准头红线亦如钩，损财又损牛。准头低曲，鼻孔小缩，悭悋无足。无兰台而有法令，官职终难进。兰台端正升兰省，法令圆长理讼平。左为兰台，右为廷尉，鼻窍上是也。鼻窍两，名兰台。鼻之势起于边地，乃学堂之基址。鼻要耸直而圆阔，而光洪，而长厚，而刚。鼻不高，则山不灵；眼不深，则渊不清。鼻乃面之主山。鼻狭高危兄弟少，鼻平无媚主愚痴，鼻柱不平主他姓，鼻上横理主忧厄。年中鼻滞垂，末年万事无依。鼻若狭小，常有黑斑气贯之，主宿疾。男鼻有靥主刑亡，女鼻有靥先私情。青色从鼻入风门，四十日内杀妻。鼻窍仰天，天，女淫不廉。鹤鼻、鹭鼻、鼻急神慢，皆不过四十。鼻曲向左，先损父；鼻曲向右，先损母。鼻两窍下为风门。鼻大口小，末年厄。

耳

水主冬，冬主肾，肾主耳，耳主智，万物伏匿之日也。头为主，左为城，右为阙。耳生毫，寿数高。耳露轮，无科名。耳穴塞，智见没。耳尖，多辛苦。右耳小，是也男。耳如刀环，名勒燕山。耳如田字，名标青史。耳轮贴肉，满堂金玉。耳边无媚，心拙性鄙。耳无轮廓，久虚囊橐。头大耳小，多弱多拗。命门有痣，长寿多智。元珠有痣，主子孝义。青色出耳，不久官事。天轮有痣，欢乐百岁。天城有痣，一品之位。耳穴深且圆，心虚而识元。耳根双黑子，定去他乡死。耳青黑而皮又粗，为客异乡居。耳薄卖田无祖业，晚年纵得自营生，肥人。耳下内白生，防病多灾危。青黑气在两耳下，宿冤索命冤难释。耳白过面，声闻天下，亦主五十七年遂意。善相耳，先相色，后相形。耳高于目，合受他禄，后为人师。耳高眉一寸永，无病贫困。耳须朝大海，轮窍要分明，垂肩方是贵。耳孔小，骨节曲，没意智。命门、黑子，男聪明，女夫缺。女人左耳厚，先生男；右耳厚，先生女。女人青黑从口入耳，怀孕男女子。耳上尖者，一生无积财；中反者，做事无记；下反者，无藏库。耳轮与堂生黑子，必遭阴人害。若得眼尾相应者，无害。耳大小不等，主异父母，左异父，右异母。鼠耳全似，杀之不死，亦主偷物。耳反人无识。耳不明，不过三十。耳门外有三立理纹者，学道成立。在神光后有青色入左右耳，乃阴阳相通，不久父母灾。青黑色从左耳直连福堂上横过，乃元索之气，七日内自缢死。黑气从耳来，至地阁，日下亡。从耳到食仓上，来年卯巳月亡。青色从耳出，到年上、寿上，名曰：“垂阔。”若子有，灾父；父有，灾子；子有，灾母；母有，灾子；兄有，灾弟；弟有，灾兄；姐有，灾妹；妹有，灾姐；夫有，灾妻；妻有，灾夫。详细验之。两耳忽出赤气，十日内坠马卒。耳大永无知，似禽者不相。耳鼻如鸾凤者，虽耳鼻不佳，人中短促，自不妨贵与寿。以理推之，禹耳三漏，文王四乳。然则，世人亦有四乳者，驽马一毛似骥也。

人中

土主季夏，夏主脾，脾主唇，唇主信，万物结实之月也，人中之主。人中赤，多谗斗。人中曲，爱淫欲。人中浅，多破财。人中广平，养子不成。人中横纹，若朋非朋。人中交纹，溺水招魂。人中白色，七日哭声。人中短小，子孙失夭。人中高厚，受命不久。人中平长，有寿无郎。人中分明，正直如神。人中立理，妨子无义。人中青白气，必定见乖离。人中不分明，无子是非人。人中黑人口，百日内受馁。人中双黑子，妇人必双生。人中青，十日内喜至。人中紫，七日内得财。人中黄，百二十日内生贵子。人中上狭下阔，巧计人。人中黑子，主养他子，亦主善终。人中虽深阔，中间却高，子晚方成。人中有痣，娶妻容易。

眉

尧眉八彩，舜目重瞳，非以其似八字也。眉毛平，尊贵人。眉过目，智过人。眉露骨，多夭卒。眉间黄，喜事长。眉细弯弯，学识多般。眉直头昂，意气雄强。眉有阵云，武艺成名。眉疏而散，暂富终贫。眉上立理，女妨夫婿。眉过鬓生，常怀不足。眉浓发厚，心贼损寿。眉过眼角，兄弟五六。眉如扫帚，兄弟八九。眉毛婆娑，儿少女多。眉短于目，多主孤独，纵有兄弟，非是同腹。眉分八字；眉里三纹，女终再嫁；男主再婚。眉中黑子，必有术艺，男主妨妻，女必妨夫。眉心赤气满三阳，七日妻满床。眉毛左右旋，豪子正当权，重眉主勇健。眉如弓者善，眉连休望禄，又好偷钱谷，不得强。攒眉多招横祸，隋郭林宗曰：“久攒则纹深，深者谓之破家。”煞眉中直，上有纹，耽酒赌钱人。眉心有纹如水字，虽贵终狱死。倒生眉，多是非。眉毛逆起，怨双亲。眉缺，无信。眉如画者，一生得阴人财。眉上有骨陡高者，谓之：“久绾骨。”常上包含之志。重眉上为官禄，其上要横而阔，润而光，一生无官殃。眉重初年厄，眉心十月丹砂如云雾起者，乃牢狱发。眉头两边为交友，驿马，青主失脱，白不宜出入，主半路回程。左边眉尾淡，妨三妻；右边眉尾淡，妨四妻；两眉尾都淡，果有患。眉为山，鬓为林，眉粗阔而厚重者，多滞；有髭须相应者，亦可也。

手足

手臂须长，语须如簧，项须粗短，足须厚方。手足厚长，立使在傍。指如春葱，食禄万钟。臂如过膝，贵人提携。手掌无纹，做事遭论。指臂纹多，一世蹉跎。手足如绵，荣贵终年。臂长好舍，臂短好取。手如噀血，富贵不绝。手如竹节，衣食歇灭。指头方怼，见事迟退。苦乐观其手足，智慧察其皮毛。指有鹅皮纹，方知淳善人。手如猪蹄，志气昏迷。两足薄，在路多。无脚跟，天寿人。手狭长，福禄强。手中黑子或纹痣有者，皆吉利。手足虚摇，坐立不正，倔强少定。身长手短，不过五十，少有称意，老不成立。指尖细或委媚，多仗义，能乐器，或妙艺。贵人臂，滑如绵，直而圆，龙吞虎者是也。男子通关文，先期两度婚，女有妨夫。

手

左手短者主无文，右手短者主无武。左手指屈者不安，右手指屈横发财，而横失。左手多指而举者初贫后富，右手多指而举者贫贱。左手指并连者孤贫，右手指并连者孤贱、夭折。左手多指齐集者贵晚，右手多指齐集者贵早。爪下白者好淫，如刚坚者贵气也。爪如薄而易断者下人也。左爪反凹者主武功，右爪反凹者奴隶也。左手四指齐平者主文贵，右手四指齐平者主武贵。

足

左足短者主孤贫，右足短者幼贱长贫。左足指勾掘者下贱，右足指勾掘者主刑己。左足指多而举者孤寒，右足指多而举者流离贫贱。左足多指齐集者清贵，右足多指齐集者傍贵。左足五指平齐者宰执，右足五指平齐者名将。左右爪下白者梦遗，左足爪凹反者刑己。右足爪凹反者横己，左足指并连者孤寒，右足指并连者刑死。

上局四

其一曰：文贵学堂，在眼须得长秀、黑白分明、动有神光，下如卧蚕，主文章，声誉高贵也。

其二曰：禄贵学堂，在耳须得红润，色白于面，圆厚不缺。主爵禄丰厚，衣食充足，富贵非常人比也。

其三曰：聪贵学堂，在耳前二分，须得平完、清润、展阔，看有异光如珠蚌色，主聪，贵天下。

其四曰：天印学堂，在上中二部间，有平如半指、一二指、大及三指。若镜无瑕而有异光，中或有纹及异气，主符印刊文之贵。

中局四

其一曰：武贵学堂，在边地，隐隐一骨，入两眉，与耳相接下印堂，至山根，有彩，主武威，声动天下。

其二曰：谏诤学堂，在眉准间，耸直有剑纹，首尾生逆毛。视有清气，准势掀烈，直有剑脊露锋，主清廉公正不屈。

其三曰：天寿学堂，在耳后一二指，有骨如准，明净红润，主福寿远大，逾九九之数，神仙多有此骨。

其四曰：清贵学堂，在颧寿间，一骨耸直入耳，与眉骨相应，而有光彩，主清高隐逸孤贵。

下局四

其一曰：智勇学堂，在眉尾，二骨丰隆耸起，秀有奇文，露棱骨，主心智勇敢多信义，亦清贵。

其二曰：平准学堂，在准头，圆净光润，主做事平正无亏歹。若圆而露尖者，非也。

其三曰：技艺学堂，在正面眉间，面平润，眉弯曲，手纤长，骨细，主文艺，方技精善，盖世也。

其四曰：禄食学堂，在齿，端正不邪，侧缜密完满无破缺，光净如银，主多禄食，身体充悦。

十二煞歌

孤独煞：君看孤独煞，
额上有寒毛。
左见烟云起，
呼为杀父刀。
天罗煞：三尖光彻骨，
浮露号天罗。
妻子终难保，
衰亡奈若何。
暗金煞：二眉尖又逆，
名号暗金星。
伤杀临边阵，
颧高败又成。
刀剑煞：赤脉贯瞳子，
双眸首尾尖。
不唯凶恶死，
仍恐行伤廉。
内奸煞：奸门痕疡黑，
黑子更斑斑。
男子多淫欲，
双妻命不还。
天刑煞：左眼一头破，
青痕定有刑。
命中遭横祸，
那解见功成。
天狱煞：右眼头边破，

名为狱户开。
一生安静坐，
也解有灾来。
贪饕煞：尖鼻曲如钩，
贪饕卒未休。
纵饶君积富，
终见子孙忧。
横亡煞：横肉面生筋，
逢人恰似嗔。
中年应暴死，
凶暴累双亲。
短命煞：唇掀兼齿豁，
舌缩见身亡。
若更咽喉结，
知君死异乡。
悖逆煞：耳反兼乌黑，
名为悖逆郎。
只宜孤独立，
不解顺忠良。
破败煞：地阁倾还破，
唇掀败尔家。
若还声不润，
怎得见荣华。

看部位吉凶必准之要

凡额上有骨皆为奇。如伏犀，如日月，如龙角、虎角。诸部之骨皆欲隐隐，不宜太露。或额上骨磊块如峰，或如鸡子圆突，谓之：“僧骨。”高则主孤，低则主

天，若作一片平起，必许富贵寿考。

凡眉疏薄如无，其中、晚年或有数根长者，福寿子孙，必皆许之。粗硬浓重俱长过眼寸余者，谓之：“罗汉眉。”独主寿耳。孤蹇驳杂，绝后无嗣相也。

凡印堂多有青痕交乱者，谓之：“鬼门关。”二七十四俱跳不过。印堂毫连如色目人，无害；如南人，则早失估恃，年不过三十。凡眼下无肉泪，堂陷，除火木形外，俱孤。卧蚕明黄细起，子嗣三五数，断之。

凡眼下晚年中年肉缓烂如囊垂者，谓之：“烂蚕。”平生多子，临终时俱见伤克无收成。眼上下堂包有血点如粒粟者，主孝服；上则应上人，下则应下人。一年内见，如应即消。

凡两颧高齐天仓陷，必以孤克妻子。断之如木火二形，则不妨妻子。不可一概论。

凡天仓诸部水土形，人自是丰满；火木形，人个个缺陷。或有丰满，贵不可量。

凡颧骨垂下者必贱。若入耳，不过寿。耳如隐隐插入天仓而入鬓者，必主甚贵。

凡鼻木形，人贵隆。水土，人贵平。端金形，以圆明为上。火形，则凸凹不齐。面大鼻小，谓之：“耗土。”平生多蹇。面小鼻大，谓之：“滞土。”中晚一年一破。不少井灶昂露，皆为穷苦。如或梁柱隆直而下，虽露不妨。但怕梁陷柱偏而露。

凡耳小而高者，聪明而不富贵。贴肉垂珠者，富而少贵。白过于面，贵而少富。耳坚而大，窍内毫长，寿而少乐。不以大小而拘。

凡口须要紧密，不可略绰。如上唇掩过下唇者，克妻无疑。齿高陷入于里者，损子必准。

凡看肉骨法，俱欲峻起，不欲陷论。骨则木直金圆水土贵，藏火形，尖陷亦自无妨论。肉则不欲缓，垂而急绷，缓而垂囊，破败相也。急而绷鼓，短折相也。如土形，稍缓又加燕颔以承之，则无伤也。面上肉光薄，神在眼浮流，不寿。不贵相之大忌者也。

三元星度纪例总括

夫相之大要，以定形为先，然后即五行而起限度。形定则限定矣。是以按天地之三元，班十一曜之部位，起限之法。如水形，则其数，水一、火二、木三、金四、土五，皆欲辨其形之真实，而取则不易。或形之全，则兼取之。如金、木、土、火之类是也。然但以第二字为主，上一字则夹带而已。凡两部星辰之管限，亦各有次序焉。初主天元火独十年，而后罗计共十年，气则五年，而交承中主矣。中主人元掌五年，而后日月共十年。继之以土独十年，则归之。末主矣，末主地、元、金、木共十年，继之以水十年，三元之星共司七十年之限，地极一转而回天矣。凡星辰之发用，全凭化曜为准绳。化善则以吉为寿，化恶则以凶为夭。化曜之，善恶已定，则吉凶、寿夭无差矣。然祸福又无关于星辰，亦必有气也。夫色上察气如雪，上认霜，不可轻发。色自色，气自气，须观发于何部耳。春观印堂，夏观准头，秋观墙壁，冬观日月角。春青、夏赤、秋白、冬黑，此四时之定色。若无比和反逆，当以五行生克定之，决无差矣。

凡看气色，大要以准头为主。准既明矣，诸部昏暗，凶中必吉；诸部虽明，准头昏暗，吉中必凶。形局既定，变曜无差，又从而详之。以气色如此而不准者，未之有也。

六气

青龙之气如祥云衬日，朱雀之气如明霞映水，勾陈之气如晚烟和雾，螣蛇之气如草木将灰，白虎之气如凝脂涂油，元武之气如黑风吹云。六气唯有青龙为吉，其余主哭泣、破耗、伤残等事。气浮者死，气乱者死，气沉者死，气散者死，黑气四起谓之死气。天罗天之苍苍，其色正也。云霞烟雾乃其气耳，夫色上察气如雪，上认霜。腾腾炽燃四起者，气也。夫色者，春青、夏赤、秋白、冬黑，唯土为中央之正。每季各旺十八日，如瓜蒌之状。

气色满庭芳

春色青黄，眉间额角两边，颧骨相，鲜文书、财帛目下喜无边。印上红花明润，家添人口，喜气绵绵。破财主面俱白色，是惊恐来缠。青光兼气，耳中边地，灾病应先。口边重黑应破财，灾延人。口凶横有害，五十日祸至。由天须仔细看之，不错，卒亡暴死堪言。

夏色红黄，天仓地边，准上直至印堂，七旬二日财禄喜，荣昌吉象，骤然而至，十分称意，事徜徉。耳红赤，官灾忧恼即至，必难防。眉间青黑色，妻儿骨肉破耗血光，二旬二日应祸，至难量。眼下微微白色，百日内妻子兼伤。火光盈面，先为获利，目下便惊惶。

秋里瓜蒌，气生眉眼，四七财帛重来，文书自有举动，却非宜。小人、奴仆失脱，自身不至有他。非庭准亮，增添女子，喜事定应知。赤色盈面，上破财，非横外事，惊疑孕妇产厄，有忧悲。黑色来充眼下边地，遭讼无疑。目下见青，秋天气高，事可详推。

冬看冬害，印堂郊外四畔，黄色光明，文书即至，财帛坐求成生。月中间而见高人，须著眼。眼青赤，能求横宝，春后事犹奇。青蓝兼黑色印堂准上，若非重服，必是分尸。天仓白色，金匮耳畔相辉，财须破，只宜求仕，春主喜相随。

四时之色，春青、夏赤、秋白、冬黑。若是正气，无杂皆吉。加以黄色，主喜。更看人所属命数，金、木、水、火、土无相犯正色，皆吉。若更相克，不应时，则皆凶。若以远年期许，却随宫分部位详之，又推旦晚，酒色之候，不可一例求之。宜定神默运，自以真气，方可看人祸福。

白云歌

人之所禀气与形，以火为神水为精。火本为心，水为肾，精合而后神方生。神生而后形方备，形备而后色分明。是知色随形所出，自然气乃逐声鸣。有形又不如有骨，有骨又争如有神。有神又不如有气，神气相得旺如春。大都神气赋于人，有若油兮又似灯。神安本自精之实，油清而后灯方明。其间认取清中浊，有时又有浊

中清。要看生就与未就，一时旋生终不久。或然未好色先好，花未开时子已生。老人不欲似少年，少者还须带老成。男人不欲带女相，女人不欲带男形。阴反夫阳夫必死，老带嫩容寿必倾。丈夫女人两般相，女要和柔男要刚。妇人属阴本要静，未言先笑即非良。良人有威而无媚，娼妇有媚而无威，令人一见便生晦，所以生身落贱微。木要瘦兮金要方，水肥土厚火尖长。形体相生最为贵，忽然相克便为殃。金得金，福禄生。木得木，资财足。水得水，文学贵。火得火，有成果。土得土，多仓库。金不金，多伏吟。木不木，多孤独。水不水，多官鬼。火不火，多灾祸。土不土，多辛苦。且如形体本先瘦，次后若肥最为妙。忽然始瘦又干枯，木带金兮灾与俱。金形体兮本方正，须后背隆最相应。若见面方下脚尖，金带火兮灾与添。初看最好未为好，后看好兮福到老。一见好兮未为好，转看转好方为好。远看不好近看好，上马大兮下马小。借问相法何为贵，面似田兮身似贝。前看方兮后看圆，远看直兮近看正。近看有媚远有威，久视愈明始似晦。信知颧骨有四般，入耳无过寿最宽。插入天仓须两府，入鬓监司并守土。少年登第步青云，眉目分明神骨清。眉目不明神骨俗，只有文章负空名。早发之人眉目秀，发迟之人眉目粗。发兮又还身涩滞，肥人肉多瘦人枯。能做文章眉目秀，少年科第显当年。不贵似贵终须贵，不贫似贫终须贫。贫中反贵何由决，看他驿马位起骨。贵者得贫又何分，肩高骨寒神多昏。视远之人志必远，视高之人气必高。平视之人心必善，下邪凶视主凶豪。清奇古怪媚秀端，七者之中亦合看。清而无神谓之寒，奇若无神安有官。古而无神谓之俗，怪若无神须主辱。秀而无神谓之薄，媚若无神多苦削。端而无神谓之粗，有神七者与常殊。要知南人体似北，身大而长并水色。欲知北人似南人，体瘦形清骨又清。南人似北终须富，北人似南亦贵荣。富人不过在于形，贵者须当辨骨神。贵在眼兮仍在额，富同贵看误于人。肥忌乎粗又忌浊，气若短兮须夭折。瘦忌乎寒又忌削，骨若露兮寿无著。肥人取之于项间，瘦人取之于地阁。肥人以肩背为主，瘦人以地阁为主。大抵相人土要强，无土之人贵发扬。称意之人自可识，要取三光并五泽。忽然有事不如心，其位自然多暗黑。形滞之人行必重，神滞之人眉不开。气滞之人言必懒，色滞之人面尘埃。形神气色都无滞，意举心谋百事谐。大凡人间气与色，气在于皮色在血。聚为气兮散为血，但看从于何处发。来时如叶去抽丝，去似鸟毛方欲彻。为福自然成点乱，为灾直须满面聚。不拘青黑白兼黄，但看发时于何部。若然随色以观之，足知为喜与为悲。泪堂深陷山根折，少逢悲泣何时歇。父母防刑欲见之，须于眉眼看高低。切妨兄弟眉粗短，耳无轮廓主无儿。更有一法辨妨妻，结喉露齿要须知。羊眼四白多孤独，眼下无肉人情稀。飞禽走兽有数般，莫将禽向兽中看。瘦长但向禽中取，肥短之人兽里观。似虎之人取颐项，似羊之人取额角，似凤之人取眼长，似鹤之人取身削。吁嗟时俗不知音，妄于飞走取其形。若入正形须大贵。依稀相似出群人。日角龙文虽谓奇，所为不吉仍何为。三尖五露不入相，所为若吉福须随。若不辨心而论相，是将人事逆天时。天时人事若相应，相逐心生信有之。

湘阳歌

浑沦一气居杳冥，至虚含元天一精。阴精澹然火神降，精神邂遇形乃成。头圆足方像天地，四体运动均五行。奈缘所票有殊异，清浊不同分富贵。或寿或夭或贫贱，凭君一鉴何如是。大都形骨既丰隆，风韵切须看仔细。曰清曰奇曰古怪，粗薄轻寒非远大。眼如皎月四分明，神气淳和终有赖。龙蟠虎踞凛威风，王朝受命重金带。声韵长兮气和裕，直视不宜长急怒。肥人色嫩贵温和，瘦人不喜三峰露。额上有骨圆且平，耸秀青云终有路。借问谁人老有钱，龙堂一指深且圆。耳下肉峰朝地阁，垂腹如囊手如绵。腹有三壬背三甲，后俯前昂形不杂。忽然眉上进长毫，贵寿百年始周匝。欲知贵人入台位，声骨轻清合神气。隆隆双角上天庭，谏诤至公无党比。本人何以命夭亡，唇缩声雌深又黄。额上云烟青四起，定知年内人泉乡。一生屯厄历辛苦，手大身粗面如女。身大脚小体不平，初若有财终不聚。手多举止必贫穷，左多自小亲凶横，右多中岁癫狂死。左多齐必贵相因，右多齐富人闲乐。足多举止祸难伸，左多齐者霜台贵，右多齐爵曹掾人。大凡手足齐多喜，生若枝柯终不贵。太原有个重厚儿，身上无衣口无语，问君相之何以然，到此还须认风土。

闽人骨，胡人鼻，浙人清，淮人重，宋人口，蜀人眼，江西人色，鲁人轩昂，此皆风土所可辨。

混同一世养天和，得丧教人争奈何。我言富贵不言寿，请君诵此湘阳歌。

面部五色

男人面要昂，女人面要方，乃合天地也。面有十二部，每部管十岁。诸部无陷，寿满一百二十。先看何部中有陷处，寿不永也，一部破滞十年。诸部丰满者，名曰“善部”。正面在眼下一寸二分，光润，有喜，宜细看之。

春三月，青色出面，木旺也，有更变喜美之事。红色出面，木生火也，因妻妾上喜，三七日里至。白色出面，金克木也，主官鬼相扰，二七日至。黑色出面，水生木也，二月间有死亡之事。黄色出面，木克土也，木为主，七七日贺，得财。

夏三月，红色出面，火旺也，得贵人提携，三五日至。青色出面，木生火也，父母上有喜庆事，七日至。白色出面，火克金也，防阴人上刑害事，三十日至。黑色出面，水克火也，诸事欠吉。黄色出面，火生土也，子孙上喜，二七日可至。

秋三月，白色出面，金旺也，七日内获阴人财，金属西方，是阴财也。青色出面，金克木也，主拾得横财，青色古器之物，三七日内至，红色出面，火克金也，因讼损财，三十日至。黑色出面，金生水也，主兄弟哭泣，二七日至。黄色出面，土生金也，父母有封赠，常人得财，七日或二十日内至。

冬三月，黑色出面，水旺也，虽得时，不足为喜，防官讼，虽有而无患，四十日至。白色出面，金生水也，得贵人扶持，七七日至。紫色出面，紫属火也，水克火，水火相交为水，家得地也，获阴人财，亦宜交易货，三五日至。青色出面，水生木也，主父母上喜庆，七七日至。黄色出面，土克水也，三七日内失财。黑色若四季有者，死亡将至。

五色者，但取五行。相生相克，有势无势，四时定，期灾祥。金生水，水生木，木生火，火生土，土生金。金克木，木克土，土克水，水克火，火克金，准此消息。面忽五色起者，三年内暴贵。人心不同有似乎面，面白腰曲，寿数短促。面如黄瓜，富贵荣华。面毛牙疏，妨子孤独。面多火色，常口吻厄。面皮薄小，破家之兆。面无好黡，头无恶骨。面如钟馗，投老无归。面如面袋，头妻妨害。面皮肉横，不过五十。面小身大，财物多破。龙泉曰：“七尺之躯，不如一尺之面。”正合此说。面瘦身肥，少病长命。面无五种色，心毒自招厄。面忽黑色起，大病明朝至，杀妇三。拳面离夫额不平，满面蜘蛛网眼生，三日卧荒坑。面多青色笑无颜，久病住人间。面上黑气若骤起，初胎生三女。如烟满面生青气，数年不称意。面虽丑，身光滑，晚年有享。面欲圆，胸欲阔，尻欲厚，背欲圆，上欲长，下欲短，五岳成，四渎清，真贵人。贵人面光泽，贱人面尘色。面毛茸茸，无风而尘者，贱。面忽肥忽瘦者，命夭。面皮厚而紫棠色者，贵。面与准头一色者，贵。三拳面。多义子，牛虎等形。面要肥若，骨目岩露者，多失禄。面干燥者，为天罗。面如抹油者，为湿天罗。有者皆滞。面如水洗光白者，犯破家杀，乃天罗也。面上忽生白斑点者，主月内死。凡面上有黑黡，左边生者，左边衣下定有黡；右边有者，同前断之。面长身短，无禄；面长而身亦长者，方应也。

九州灾祥

乾

雍州位黄色，宜求禄。白，黑，青，皆凶紫。宜事天神，若陷，主多忧，枯，主兄弟弱。

坎

冀州位青，加职，小人得财。紫润，喜至。黄，主家不宁。白，阴事凶。赤，陷人主下狱。

艮

兖州位黄，正月见者，吉。秋夏，忧父母。白，加官，常人喜财。青，防横灾。赤，主先悦后悲，主姻事。黑，防盗贼。

震

青州位白，宜出入得财。赤，宜含忍事。黄，十日内见丧服。黑，主宅不安。

青，宜守旧。碧，防水厄。紫，主横疾。

巽

徐州位赤，宜求事。碧，生贵子。黑、白，俱病。青，防阴人口舌。紫，吉。黄，凶。

离

扬州位忽黄润，大人除，拜小人喜庆。赤，大人吉，小人凶。青，主男哭别。白，宜道术。

坤

荆州位黄，喜。青，忧。白，辱。碧，灾。赤，失物。黑，心疾。紫，喜阴人私通。凡色光圆，即吉，成横纹者凶。

兑

梁州位黄，得横财。白，子孙灾。赤，主文字相干。青，谋阴人凶。

豫

豫州位黄，喜。青，惊。白，吉。赤，灾。紫，主酒食。黑，主家不睦。

天中天庭天仓三部灾祥

天中青气起，一百日喜。

天中赤气旺，二百日拜相。

天中白气盛，五十日内阴小病。

天中黄气奇，百二十日主帅。

天中紫气来，四十九日得大财。

天中生黑气，有心愿未遂。

天庭青气起，百二十日相位。

天庭常赤，做郎官职。

天庭白气光，百二十日横亡。

天庭黑色，千日内破家。

天庭黄气旺，三十日拜相。

天仓青气来，九十日内财。

天仓赤气来，百二十日内财。

天仓白色，不成灾厄。

天仓黑如雾，千日受贫苦。

天仓黄气正，六旬牵复起。

天仓满，得天禄。

地仓满，多财谷。

诸部位气色吉凶

印堂，主天下印绶，一名阙庭。印堂青，六十日内移官在私，产贵子。印堂红色，变紫，神光喜庆至。印堂赤，七日内慎火。印堂白色，一月里厄。印堂黑，半月内病。印堂黄气起，七十日内喜。印堂紫，一月内转官私，主横财。印堂上有紫色三道，直从司空天中上去，大赦免罪，七日内验。印堂广阔，加官润泽，位过三品。印堂缺陷，永无官宦。印堂黑子，市上法死。印堂不明，三十四，色不明，三十六七。其余破陷，神又不足，绝男、绝禄。印堂鼻眼皆清明，冠岁得利。

歌曰：淡淡微微起印堂，或如点漆最难当。家忧小口入冥去，又恐牵连公事殃。

学堂青，懒学。学堂赤，百廿日公挠。学堂白，无学。学堂黑，学之不成。学堂黄，聪明。学堂缺陷，不学常人。有学堂巨富，方应三辅之部。

鱼尾青色，六十日水厄。鱼尾赤，六十日灾。鱼尾白。六十日见厄。左鱼尾黑，四十日法死。右鱼尾黑，百廿日卒。鱼尾部黄，做贼不败。鱼尾道交，水厄倾遭。鱼尾丰隆，不犯赃。

驿马青黑色，大马常赶避。驿马见紫黄气，三七日仆。马至凡遇，迁移先观。驿马如见光泽，一生宜出入，得贵人。延留发蓬浓厚遮过驿马，奴仆相也。

两颧是面之关节，不宜高露，在官者灾祥，向此定之。两颧青气来，兄弟及妻灾。两颧赤，生怒。两颧白，丧服厄。两颧黑来退，职免灾，常人破财。两颧黄，恩命至。两颧灰色，父母灾厄。颧上有毛，足做权豪。

归来位在正面后，鬓角前。归来赤色，防口吻厄。归来白色，信至。归来黑色，闲信至宅。归来黄色，宜归有喜。天门者，面之道路，在眼尾鬓前，明净永无淹。天门青紫，得阴人力。天门白，主淫邪。天门、子信、寿宫，三位常紫，主贵子。天门有痣毫，聪明识贵人。

盗门青气，防官事起。盗门赤色气，生盗贼，先防避。

寿门白气正如丝，父母主分离。

命门黄气，财帛至宅。

额角高，朝廷擢用。额角陷，天中洼，主多淹抑。额促而窄，至老穷厄。日角黄色，兄弟有喜。青色，三日内坠马。左日角陷，无父；右月角陷，无母。月角黑气，一月内亡己。

奸门在目尾，近在元壁。紫，三旬内受官。子位黑子，贵子一位。子位平净，多子孙。子位赤，生贵子。

龙角丰隆，官居八座。龙骨纤直，三品侯伯。无元角，退官爵。额长，性慢。

鬼穴痣毫，不畏神抵。鬼穴上常有青气或黑气者，曰：“冤气。”宿世有冤。《唐举》云：“宜葬路旁之，骨可解。”

太阳红光又带黄，财至喜非常。

天罗纹在额角上十数条者，曾遭火殃。犯天罗地网纹者，焚身破败；轻者，小灾。

五岳成，终不贫。五岳耸，而相揖。四渎深，而不走，五行相应也。

成者，富贵；不成者，贫贱。五岳偏其一，终是不为吉。

天地陷者，一生贫。

司空黄，五十日得财。

旗庭紫气，转官资。

牢狱部圆平，一世不遭刑。

厨帐位有紫气，不日进奴婢。若是黄气起，奴婢来相累。

边地高，做权豪。

绛龙润满及有毫痣者，异人。

山林张，额阔方，禄位强。山林干黑，狼虎惊。山林有痣，山泽之官，逸士主征。山林位青，枉入幽冥。

上墓青，坟不安。离宫赤色，贯入海门，主月内卒。

武库陷缺，阵前身灭。

细厨光润，酒食来请。

池塘鹅鸭部皆要丰厚，主多血，财破陷，主损。金缕要丰隆。或红黄色，巨富。

鹅鸭赤，食之，得病。

法令过口，九旬之寿。

金匮主金银，隆光多宝珍。在官财禄荣，须要平正。若缺陷及应纹，多破败。金匮黄色，常得金帛。金匮黑色，卖尽田宅。

金甲、匮仓、财、库四部，若相贵人，皆要丰隆光润，乃贵。金匮发赤气，因财争讼起。甲匮红气起，财物时时至。甲匮名财府，隆高有绢丝。甲匮黄气起，常得财物利。甲匮紫，九十日纳美妾，或得心腹仆。

承浆，一名酒池。青，三七日喜。承浆紫，十日内得财。承浆白，七日内妇人离。承浆黑，半月内官事。承浆深广，酒食常旺，酒池须要厚，深耸，乃酒德也。偏陷者，不饮，或酒病。酒池有赤黑气，因酒上卒。

地阁属坎宫，宜平正，肥满光润。头大须要地阁应，下尖无余剩。地阁为宅，又为田，肥厚富天然。地阁厚起，世家子第。地阁尖狭，客居未达。地阁青，十日内外吉。地阁赤，常求乞。地阁白起，七日哭泣。地阁黑来，半月失财。地阁黄，七日内财帛吉。地阁紫气起，二七日财至。

杂论

凡相次，观十二位。从左边起，丑寅连连而去。若一宫有缺陷者，断其年有灾。若光满平泽，一生受福不浅。斑驳破陷看其甚。年上若临于寅，若临于卯，断其年春有灾。若临于辰巳，春末夏初有灾，准此消息。次看上停，然后断厚薄。上停好，初主旺；中停好，中主旺；下停好，末主旺。次看上自发际，下至颐颏。既看其左，复看其右。次看墙壁、腮项、三辅，面圆者为将军。凡三百六十部俱要平满，若缺陷、瘢疵、黑紫者，妨害。天有五星，地有五行，人具五行足者有禄。若四畔墙壁偏陷者，无禄。五行部偏，莫断做官。牛头四方，富贵隆昌。虎头燕颔，福禄自来。象头高广，福禄长旺。虎头圆粗，富贵有余。獐头鼠目，休求福禄。蛇头偏薄，财物萧索。蛇头薄曲，衣食不足。鸟嘴鱼腮，志浅性乖。雀腹豺身，贫穷贱人。腰如蜥蜴，性慢情密。项腰须广长，腹肚须垂囊，腰短禄难期，多被人夺取。项腰曲，不自立，依人食。腰腹相称，高视广步，九品之位。脊成渠，贱。身方腰圆者，贵。楼台者，腰与头也。若头垂腰曲者，死。谓头属火，腰属土也。腹有三壬，背有三甲，富贵聪明。腹如抱儿，名振京师。腰近上，多贵相。脐深广，福禄旺。脐突出，命夭卒。富贵论眉目，贫贱论颐颏。眼目像日月，声音象雷霆。贵看眼，贱看耳。头为五藏，定主吉昌。头小足薄，贫贱客作。男额窄，妨妇；女额窄，妨夫。额窄又性气不定，额上忽如尘污者，五十日内坠井死，名曰：“横殃休废。”额上横纹者，妨夫。项下有双绦，先期寿数高。绕项赤色，常遭凶厄。秃顶无鬓角，始终人情薄。野狐鬓，难期信。鬓中靥，吉。赤，主阵亡。三毛肉一穴，位显多贤哲。髭乱生性好争，髭赤黄好吃食。齿如龙齿，养子多贵。当唇两齿为内学堂，明白有学，黄黑无学。齿三十六及三十二者，贵。齿高身暴卒，齿露终不和，齿疏缺欠，狂妄穷夭，却主记诵。笑不见齿，深藏不测。锯齿食肉，齿平食菜，齿黑多妨克，三十以后多不遂意。露齿结喉，贫贱终年。若只结喉，无害，事不利，头妻并长子亦不妨贵，但清苦。瘦人结喉尚可，肥人结喉多祸。一呼一吸谓之息，一昼夜计一万三千五百息。肥人则气短，或卧而不喘谓之：“龟息。”寿相也。肥不得露肉，瘦不得露骨。若面貌反露者，终贱。胸膛阔者，贪财争竞。脑后

见腮，莫与往来。形容初见虽平淡，久视精神愈出奇。男身似女，破家；女身似男，妨夫。四仓俱满，骨角俱明，一品位人。素不相识，见而似识者，极贵。语言动止无故，令人恶见者，终身迍滞，更勿究灾祥。独坐如山者，贵。下停长者，贱。肩露、臂露，多贫、多妒。身短小，命蹇夭。远小近大，贵；远大近小，贱。喘息急促，命夭福薄。中部属人，有人者寿，寿带从鼻两边生而垂至口前者是也。颧上黑子，刀剑下亡，主好窃，男左女右。颧骨不相朝，兄弟不相饶。颧骨圆起，兄弟和美。颧骨仰，老无妻。两颧破，终身祸。食急者肥，食慢者瘦，食次多遗饭，钱财多星散。食疾少病，心明如镜。暂坐而摇膝或跷足或斜坐或眼扎者，心多不足，秀而不实，乃中心无主也。女人掩口笑，无故掠眉头，倚物闲来立，随人走外州。女人因对话，低首弄衣襟，欲识个中意，私情似海深。

五声

宫声发喉，喉声雄亮，雄亮者如钟，黄钟之钟也。

商声发舌，舌声清泠，清泠者如铮铮，太常之铮也。

角声发牙，牙声沺洪，沺洪者如角，晚角之角也。

征声发齿，齿声疏豁，疏豁者如篪篪，乐官之篪也。

羽声发唇，唇声呜呼，呜呼者如竽竽，匏竽之竽也。

以上五声，言其发也，成言之间为五音。凡人得一声而全，全而不杂者富贵也。又须以形相合，才得当，与形殊别，可以胜者，或有富而不贵、贵而不富也。

宫声人

得金形宫属土，是土生金，内生于外。此不过守财产，为官不大。

得土形宫属土，与土比和，不过富有资财，贵为县令也。

得水形宫属土，是土克水，内克于外，此不过先贫后富。强蓄资财，贵为五马监司也。

得木形宫属土，是木克土，外克于内。此不过因营富贵，中遭刑戮也。

得火形宫属土，是火生土，外生于内。此四季月生，至宰相；他月生，入八座。

商声人

得土形商属金，是土生金，外生于内。此主宰相，吉中秋生，封王；他月，亦吉。

得金形商属金，与金比和，此不过有资财，贵为县令也。

得水形商属金，是金生水，内发于外。此不过富有资财，为官不大。

得木形商属金，是金克木，内克于外。此应先贫后富，起为五马监司。

得火形商属金。是火克金，外克乎内。此不过因营富贵，中遭刑戮也。

角声人

得土形角属木，是木克土，内克于外。此不过先贫后富，官至五马台院。

得金形角属木，是金克木，外克于内。此因营富贵遭戮，春月生，虽至相位，亦见杀也。

得水形角属木，是水生木，外生于内。多月生，至宰相，封王，吉终；他月生，亦八座。

得木形角属木，木与木比和。此不过富有资财，官为县令。春三月生，主为天子耳目之官。

得火形角属木，是木生火，内生于外。此主富有资财，官至五马监司。春三月生，人为侍从。

征声人

得土形征属火，是火生土，内生于外。此主富有资财，为官不大。夏月生，为武帅守臣。

得金形征属火，是火克金，内克于外，主营富贵，官至五马监司。夏月生，为武太尉。

得水形征属火，是水克火，外克于内。此主入相位。夏月生，封王。终不免

刑戮。

得木形征属火，是木生火，外生于内。春夏生，主拜相、封王。他月，亦八座。

得火刑征属火，与火比和。此不过富有资财，为官百里。夏月生，亦主察院。

羽声人

得土形羽属水，是土克水，外克于内。此不过先贫后富贵，由富中不善终。

得金形羽属水，是金生水，外生于内。秋冬生，拜相、封王，春、夏生，当方面。

得木形羽属水，是水生木，内生于外。不过有资财。为官不峻。冬月生，主武帅。

得火形羽属水，是水克火，内克于外。此主先贫后富，官至五马监司。冬月生，为大将。

得水形羽属水，与水比和。不过富有资财，贵为县令。冬月生，位入霜台。

五形

瘠而润者金之形。瘠者，骨节之露也；润者，泽而不油。油，则贱。满而脆者水之形。满者，四平无缺也；脆者，肥而不急。急，则暴死。

修而疏者木之形。修者，貌长而古也；疏者，四灵不蹙。蹙，则贫贱。

锐而隆者火之形。锐者，尖上而下阔也；隆者，四灵皆起。不起，则下贱。

平而敦者土之形。平者，方而不露也；敦者，扁而方整。不整，则下贱。

瘦宜黄，枯黄则死无日矣。白，则丧服。黑，则失财。赤，则官刑。苍则劳苦。此乃时下之形也。常枯疾病而夭，常白一生贫，常黑贫贱下流，常赤没世官刑，常苍一生孤苦。唯黄而润，润而不枯者，终身富贵。此平生之形也。

满宜白，拥白则死无日矣。黄，则官刑。赤，则孤苦。黑，则贫苍，则丧病。此乃时下之形也。常臃，疾而病夭。常黄，没世官刑。常赤，平生孤苦。常黑，终身贫寒。常苍，贱而不立。唯白而脆，脆而不拥者，终身富贵。此平生之形也。

修宜苍，露苍则死无日矣。黄，则夭贱。赤，则孤丧。黑，则劳苦。白，则官刑。此乃时下之形也。常露，疾而贫夭。常黄，没世贫寒。常赤，孤寒不易。常黑，一世贫劳。常白，没世官刑。唯苍而疏，疏而不露者，终身富贵。此平生之形也。

锐宜赤，焦赤则死无日矣。黄，则贫没。白，则丧病。黑，则官刑。苍，则失财。此乃时下之形也。常焦，疾而贫夭。常黄，一世贫劳。常白，疾病不离。常黑，没世官刑。常苍，贫寒下贱。唯赤而隆，隆而不焦者，终身富贵。此平生之形也。

平宜黑，浮黑则死无日矣。黄，则灾病。白，则失财。苍，则官刑。赤，则贱没。此乃时下之形也。常黑，疾而病夭。常黄，刑而夭亡。常白，贫而劳苦。常苍，没世官刑。常赤，孤寒不易。唯黑而敦，敦而不浮者，终身富贵。此平生之形也。

黄而臃者贫寒，露则夭，焦则刑，浮则下贱。

白而枯者刑夭，露则贱，焦则刑，浮则贫乏。

苍而焦者贫贱，浮则邪伪，枯则孤贫，臃则夭贱。

赤而焦者夭折，臃则贫寒，露则夭折，浮则失所。

黑而枯者夭折，臃则贫乏，露则刑戮，焦则下贱。

以上声形五行，不分男女生时，失令皆断其孤。失令者如火声，人不生春夏，生于秋冬也。

冀州人，宜水声形；青州人，宜木声形；徐扬州人，宜火声形；荆豫州人，宜土声形；秦雍州人，宜金声形。不如此，富贵有减。

问平生气数，以三朝早晨观之，声形如一则可断也。如三朝早晨声形如一，上寿声正形小殊，期中寿声正形大殊，期壮寿形正声小殊，期壮寿形正声大殊。期夭折，斯在贤者默识而详言之。上寿九十余，中寿五十，壮寿三十，以下为夭折。

问时下气数，以问之日起数，以六十日为声形，吉凶之限也。

十看

一看他趋跄而进，步缓情闲，气色垂豫，言简，坐不动，情不率者，贵人也。

二看他进见之间，人客众多，彼来如傍若无人见，揖舒伸躬，坐如塑者，贵人也。

三看他饮食之间，不自遑顾，情闲如家庭者，贵人也。

四看他。

五看他鬓网不牵不动者，贵人也。

鬓网，鬓边之脉。

六看他心有大恶，性情闲畅，举止不遑者，贵人也。

七看他退去之际，如蛇入穴，不遑者，贵人也。

八看他退去步履安缓，如水如风，流行自然，不蹶不逆者，贵人也。

九看他道傍相见，闲情有余，不自挥霍者，贵人也。

十看他言不枝蔓，事不泛杂者，贵人也。

右十相，舍此皆下贱。纵然声形有取而贵，非形则夭，及孤露贫穷。此月屋口授者，故录于帙后云。

第十七章　相术总论

《荀子》

非相篇

相人，古之人无有也，学者不道也。古者有姑布子卿，今之世梁有唐举，相人之形状颜色，而知其吉凶妖祥，世俗称之。古之人无有也，学者不道也。故相形不如论心，论心不如择术。形不胜心，心不胜术。术正而心顺之，则形相虽恶而心术善，无害为君子也。形相虽善而心术恶，无害为小人也。君子之谓吉，小人之谓凶。故长短、小大、善恶，形相非吉凶也。古之人无有也，学者不道也。盖帝尧长，帝舜短；文王长，周公短；仲尼长，子弓短。昔者，卫灵公有臣曰公孙吕，身长七尺，面长三尺焉，广三寸鼻目耳，具而名动天下。楚之孙叔敖，期思之鄙人也，突秃长左，轩较之下，而以楚霸。叶公子高，微小短瘠，行若将不胜其衣然。白公之乱也，令尹子西、司马子期，皆死焉。叶公子高入据楚，诛白公，定楚国如反手耳，仁义功名善于后世。故事不揣长，不挈大，不权轻重，亦将志乎心耳。长短、小大、美恶，形相岂论也哉？且徐偃王之状，目可瞻焉。仲尼之状，面如蒙魌。周公之状，身如断菑。皋陶之状，色如削瓜。闳夭之状，面无见肤。傅说之状，身如植鳍。伊尹之状，面无须麋。禹跳汤偏，尧舜参牟子。从者将论志意，比类文学邪？直将差长短，辨美恶，而相欺傲邪？古者，桀纣长巨姣美，天下之杰也；筋力越劲，百人之敌也。然身死国亡，为天下大僇，后世言恶则必稽焉，是非容貌之患也？闻见之不众，论议之卑尔！今世俗之乱君，乡曲之儇子，莫不美丽妖冶，奇衣妇饰，血气态度拟于女子，妇人莫不愿得以为夫，处女莫不愿得以为士，

弃其亲家而欲奔之者，比肩并起。然而中君羞以为臣，中父羞以为子，中兄羞以为弟，中人羞以为友。俄则束乎有司，戮乎大市，莫不呼天啼哭，苦伤其今而后悔其始，是非容貌之患也？闻见之不众，论议之卑尔！然则从者将孰可也？人有三不祥：幼而不肯事长，贱而不肯事贵，不肖而不肯事贤，是人之三不祥也。人有三必穷：为上则不能爱下，为下则好非其上，是人之一必穷也；乡则不若，背则谩之，是人之二必穷也；知行浅薄，曲直有以县矣，然而仁不能推，知不能明，是人之三必穷也。人有此三数行者，以为上则必危，为下则必灭。诗曰："雨雪瀌瀌，见晛聿消。莫肯下遗，式居娄骄。"此之谓也。人之所以为人者，何以也？曰："以其有辨也。"饥而欲食，寒而欲暖，劳而欲息，好利而恶害，是人之所生而有也，是无待而然者也，是禹桀之所同也。然则人之所以为人者，非特以其二足无毛也，以其有辨也。今夫猩猩形状，亦二足无毛也，然而君子啜其羹，食其胾。故人之所以为人者，非特以其二足而无毛也，以其有辨也。夫禽兽为父子，而无父子之亲；有牝牡，而无男女之别。故人道莫不有辨。辨莫大于分，分莫大于礼，礼莫大于圣王。圣王有百，吾孰法焉？故曰："文久而息，节奏久而绝，守法数之有司，极礼而褫。"故曰："欲观圣王之迹，则于其粲然者矣，后王是也。"彼后王者，天下之君也。舍后王而道上古，譬之是犹舍己之君而事人之君也。故曰："欲观千岁，则审今日。欲知亿万，则审一二。欲知上世，则审周道。欲知周道，则审其人所贵君子。"故曰："以近知远，以一知万。"以微知明，此之谓也。夫妄人曰："古今异情，以其治乱者异道。"而众人惑焉。彼众人者，愚而无说，陋而无度者也。其所见焉，犹可欺也，而况于千世之传也。妄人者，门庭之间，犹可诬欺焉，而况于千世之上乎！圣人何以不欺？曰："圣人者，以己度者也。故以人度人，以情度情，以类度类，以说度功，以道观尽古今一度也。"类不悖，虽久同理。故乡于邪曲而不迷，观乎杂物而不惑。以此度之，五帝之外无传人，非无贤人也，久故也。禹汤有传政，而不若周之察也，非无善政也，久故也。传者久则论略，近则论详，略则举大，详则举小。愚者闻其略而不知其详，闻其详而不知其大也。是以文久而灭，节奏久而绝。凡言不合先王，不顺礼义，谓之奸言。虽辨，君子不听。法先王，顺礼义，党学者。然而不好言，不乐言，则必非诚士也。故君子之于言也，志好之，行安之，乐言之，故君子必辨。凡人莫不好言其所善，而君子为甚，故赠人以言，重于金石珠玉。观人以言，美于黼黻文章。听人之言，乐于钟鼓琴瑟。故君子之于言无厌，鄙夫反是，好其实不恤其文，是以终身不免埤污庸俗。故《易》曰“括囊无咎无誉”，腐儒之谓也。凡说之难，以至高遇至卑，以至治接至乱，未可直至也。远举则病缪，近世则病佣。善者于是间也，亦必远举而不缪，近世而不佣，与时迁徙，与世偃仰，缓急嬴绌，俯然若渠堰檃括之于己也。曲得所谓焉，然而不折伤。故君子之度己则以绳，接人则用抴。度己以绳，故足以为天下法则矣；接人用抴，故能宽容，因众以成天下之大事矣。故君子贤而能容罢，知而能容愚，博而能容浅，粹而能容杂，夫是之谓兼术。诗曰：“徐方既同，天子之功。”此之谓也。谈说之术，齐庄以莅之，端诚以处之，坚强以持之，分别以喻之，譬称以明之，欣欢芬芗以送之、宝之、珍之、贵之、神之。如是，则说常无不受。虽不说人，人莫不贵，夫是之谓为能贵其所贵。传曰：“唯君子为能贵其所贵。”此之谓也。君子必辨，凡人莫不好言其所善，而君子为甚焉。是以小人辨言险，而君子辨言仁也。言而非仁之中也，则其言不若其默也，其辨不若呐也。而言仁之中也，则好言者上矣，不好言者下也。故仁言大矣。起于上所以道于下，正令是也。起于下所以忠于上，谋救是也。故君子之行仁也无厌，志好之，行安之，乐言之，故言君子必辨。小辨不如见端，见端不如见本分。小辨而察，见端而明，本分而理，圣人士君子之分具矣。有小人之辨者，有士君子之辨者，有圣人之辨者，不先虑，不早谋，发之而当，成文而类，居错迁徙，应变不穷，是圣人之辨者也。先虑之，早谋之，斯须之言而足听，文而致实，博而党正，是士君子之辨也。听其言则辞辨而无统，用其身则多诈而无功，上不足以顺明王，下不足以和齐百姓，然而口舌之均，噡唯则节，足以为奇伟偃却之属，夫是之谓好人之雄。圣王起，所以先诛也，然后盗贼次之，盗贼得变，此不得变也。

《论衡》

骨相篇

人曰命难知，命甚易知。知之何用？用之骨体。人命禀于天，则有表候于体。察表候以知命，犹察斗斛以知容矣。表候者，骨法之谓也。传言黄帝龙颜，颛顼戴午，帝喾骈齿，尧眉八彩，舜目重瞳，禹耳三漏，汤臂再肘，文王四乳，武王望阳，周公背偻，皋陶马口，孔子反羽。斯十二圣者，皆在帝王之位，或辅主忧世，世所共闻，儒所共说。在经传者，较著可信，若夫短书俗记，竹帛引文，非儒者所见，众多非一。苍颉四目，为黄帝史。晋公子重耳仳胁，为诸侯霸。苏秦骨鼻，为六国相。张仪仳胁，亦相秦魏。项羽重瞳，云虞舜之后，与高祖分王天下。陈平贫而饮食不足，貌体佼好，而众人怪之曰："平何食而肥？"及韩信为滕公所鉴，免于铁质，亦以面状有异。面状肥佼，亦一相也。高祖隆准、龙颜、美须，左股有七十二黑子。单父吕公善相，见高祖状貌，奇之，因以其女妻高祖，吕后是也，卒生孝惠王、鲁元公主。高祖为泗上亭长，当去归之田，与吕后及两子居田。有一老公过，请饮，因相吕氏曰："夫人天下贵人也。"令相两子，见孝惠曰："夫人所以贵者，乃此男也。"相鲁元曰："皆贵。"老公去，高祖从外来，吕后言于高祖。高祖追及老公，止使自相。老公曰："乡者夫人、婴儿，相皆似君，君相贵不可言也。"后高祖得天下，如老公言。推此以况，一室之人，皆有富贵之相矣。类同气钧，性体法相固自相似。异气殊类，亦两相遇。富贵之男，娶得富贵之妻，女亦得富贵之男。夫二相不钧而相遇，则有立死；若未相适，有豫亡之祸也。王莽姑正君许嫁，至期当行时，夫辄死。如此者再，乃献之赵王。赵王未取，又薨，清河南宫大有与正君父稚君善者，遇相君，曰："贵为天下母。"是时宣帝世，元帝为太子，稚君乃因魏郡都尉纳之太子，太子幸之，生子君上。宣帝崩，太子立，正君为皇后，君上为太子。元帝崩，太子立，是为成帝，正君为皇太后，竟为天下母。夫正君之相，当为天下母。而前所许二家及赵王，为无天下父之相，故未行。而二夫死，赵王薨，是则二夫、赵王无帝王大命，而正君不当与三家相遇之验也。丞相黄次公，故为阳夏游徼，与善相者同车俱行。见一妇人，年十七八。相者指之曰：“此妇人当大富，贵为封侯者夫人。”次公止车，审视之。相者曰：“令此妇人不富贵，卜书不用也。”次公问之，乃其旁里人巫家子也，即娶以为妻。其后次公果大富贵，位至丞相，封为列侯。夫次公富贵，妇人当配之，故果相遇，遂俱富贵。使次公命贱，不得妇人为偶。不宜为夫妇之时，则有二夫、赵王之祸。夫举家皆富贵之命，然后乃任富贵之事。骨法形体，有不应者，则必别离死亡，不得久享介福。故富贵之家，役使奴童，育养牛马，必有与众不同者矣。童奴则有不死亡之相，牛马则有数字乳之性，田则有种孳速熟之谷，商则有居善疾售之货。是故知命之人，见富贵于贫贱，睹贫贱于富贵。案骨节之法，察皮肤之理，以审人之性命，无不应者。赵简子使姑布子卿相诸子，莫吉。至翟婢之子无恤，而以为贵。无恤最贤，又有贵相，简子后废太子，而立无恤，卒为诸侯，襄子是矣。相工相黥布当先刑而乃王，后竟被刑乃封王。卫青父郑季与杨信公主家僮卫媪通，生青。在建章宫时，钳徒相之，曰：“贵至封侯。”青曰：“人奴之道，得不笞骂足矣，安敢望封侯？”其后青为军吏，战数有功，超封增官，遂为大将军，封为万户侯。周亚夫未封侯之时，许负相之，曰：“君后三岁而入将相，持国秉，贵重矣，于人臣无两。其后九岁，而君饿死。”亚夫笑曰：“臣之兄已代侯矣，有如父卒，子当代，亚夫何说侯乎！然既已贵，如负言，又何说饿死？指示我！”许负指其口，有纵理入口，曰：“此饿死法也。”居三岁，其兄绛侯胜有罪，文帝择绛侯子贤者，推亚夫，乃封条侯，续绛侯后。文帝之后六年，匈奴入边，乃以亚夫为将军。至景帝之时，亚夫为丞相，后以疾免。其子为亚夫买工官、尚方甲盾五百被可以为葬者，取庸苦之，不与钱。庸知其盗买官器，怨而上告其子。景帝下吏责问。因不食五日，呕血而死。当邓通之幸文帝也，贵在公卿之上，赏赐亿万，与上齐体。相工相之曰：“当贫贱饿死。”文帝崩，景帝立，通有盗铸钱之罪，景帝考验，通亡，寄死人家，不名一钱。韩太傅为诸生时，借相工五十钱，与之俱入璧雍之中，相璧雍弟子谁当贵者。相工指倪宽曰：“彼生当贵，秩至三公。”韩生谢遣相工，通刺倪宽，结胶漆之交，尽觔力之敬，徙舍从宽，深自附纳之。宽常甚病，韩生养视如仆状，恩深逾于骨肉，后名闻于天下。倪宽位至御史大夫，州郡承旨召请，擢用举在本朝，遂至太傅。夫钳徒、许负及相邓通、倪宽之工，可谓知

命之工矣。故知命之工，察骨体之证，睹富贵贫贱，犹人见盘盂之器，知所设用也。善器必用贵人，恶器必施贱者。尊鼎不在陪厕之侧，匏瓜不在堂殿之上，明矣。富贵之骨不遇贫贱之苦，贫贱之相不遭富贵之乐，亦犹此也。器之盛物有，斗石之量，犹人爵有高下之差也。器过其量，物溢弃遗；爵过其差，死亡不存。论命者如比之于器，以察骨体之法，则命在于身形，定矣。非徒富贵贫贱有骨体也，而操行清浊，亦有法理。贵贱贫富，命也；操行清浊，性也。非徒命有骨法，性亦有骨法。唯知命有明相，莫知性有骨法，此见命之表证，不见性之符验也。范蠡去越，自齐遗大夫种书曰："飞鸟尽，良弓藏，狡兔死，走狗烹。越王为人，长颈鸟喙，可与共患难，不可与共荣乐，子何不去？"大夫种不能去，称病不朝，赐剑而死。大梁人尉缭说秦始皇以并天下之计，始皇从其策，与之亢礼，衣服饮食与之齐同。缭曰："秦王为人，隆准长目，鸷膺豺声，少恩，虎视狼心。居约易以下人，得志亦轻视人。我布衣也，然见我常身自下我。诚使秦王须得志，天下皆为虏矣，不可与交游。"乃亡去。故范蠡、尉缭见性行之证，而以定处来事之实，实有其效，如其法相。由此言之，性命系于形体，明矣。以史书所载，世所共见。准况古今，不闻者必众多非一，皆有其实。禀气于天，立形于地，察在地之形，以知在天之命，莫不得其实也。有传孔子相澹台子羽、唐举占蔡泽不验之文，此失之不审。何隐匿微妙之表也。相或在内，或在外，或在形体，或在声气。察外者遗其内，在形体者亡其声气。孔子适郑，与弟子相失。孔子独立郑东门，郑人或问子贡曰："东门有人，其头似尧，其项若皋陶，肩类子产，然自腰以下不及禹三寸，儽儽若丧家之狗。"子贡以告孔子，孔子欣然笑曰："形状未也。如丧家狗，然哉！然哉！"夫孔子之相，郑人失其实。郑人不明，法术浅也。孔子之失子羽，唐举惑于蔡泽，犹郑人相孔子，不能具见形状之实也。以貌取人，失于子羽；以言取人，失于宰予也。

《潜夫论》

相列

《诗》所谓："天生烝民，有物有则。"是故人身体、形貌皆有象类，骨法角肉各有分部，以著性命之期，显贵贱之表。一人之身，而五行八卦之气具焉。故师旷曰“赤色不寿”，火家性易灭也。《易》之《说卦》：“巽为人多白眼”，相“扬四白者兵死”，此犹金伐木也。《经》曰：“近取诸身，远取诸物。”“圣人有见天下之至赜，而拟诸形容，象其物宜”，此亦贤人之所察，纪往以知来，而著为宪则也。人之相法，或在面部，或在手足，或在行步，或在声响。面部欲博平润泽，手足欲深细明直，行步欲安稳覆载，音声欲温和中宫。头面手足、身形骨节，皆欲相副称，此其略要也。夫骨法为禄相表，气色为吉凶候，部位为年时，德行为三者招，天授性命决然。表有显微，色有浓淡，行有薄厚，命有去就。是以吉凶期会，禄位成败，有不必。非聪明慧智，用心精密，孰能以中。昔内史叔服过鲁，公孙敖闻其能相人也，而见其二子焉。叔服曰：“谷也食子，难也收子。谷也丰下，必有后于鲁。”及稷伯之老也，文伯居养。其死也，惠叔典哭。鲁竟立献子，以续孟氏之后。及王孙说相乔如，子上几商臣，子文忧越椒，叔姬恶食我，单襄公察晋厉，子贡观邾鲁，臧文听御说，陈咸见张阙，贤人达士，察以善心，无不中矣。及唐举之相李兑、蔡泽，许负之相邓通、条侯，虽司命班禄，追叙行事，弗能过也。虽然，人之有骨法也，犹万物之有种类，材木之有常宜。巧匠因象，各有所授。曲者宜为舆，檀宜作辐，榆宜作毂，此其正法通率也。若有其质而工不材，可如何？故凡相者，能期其所极，不能使之必至。十种之地，膏壤虽肥，弗耕不获；千里之马，骨法虽具，弗策不致。夫觚而弗琢，不成于器；士而弗仕，不成于位。若此者，天地所不能贵贱，鬼神所不能贫富也。或王公孙子，仕宦终老，不至于谷。或庶隶厮贱，无故腾跃，穷极爵位。此受天性命，当必然者也。《诗》称“天难忱斯”，性命之质，德行之招，参错授受，不易者也。然其大要，骨法为主，气色为候。五色之见，王废有时。智者见祥，修善迎之。其有忧色，循行改尤。愚者反戾，不自省思，虽休征见相，福转为灾。于戏君子，可不敬哉！

第十八章　相术名流列传一

周

姑布子卿

按《韩诗外传》：孔子出卫之东门，逆姑布子卿曰："二三子引车避，有人将来，必相我者也，志之。"姑布子卿亦曰："二三子引车避，有圣人将来。"孔子下步，姑布子卿迎而视之五十步，从而望之五十步，顾子贡曰："是何为者也？"子贡曰："赐之师也，所谓鲁孔丘也。"姑布子卿曰："是鲁孔丘欤，吾固闻之。"子贡曰："赐之师，何如？"姑布子卿曰："得尧之颡，舜之目，禹之颈，皋陶之喙。从前视之，盎盎乎似有王者；从后视之，高肩弱脊，此惟不及四圣者也。"子贡吁然。姑布子卿曰："子何患焉？汗面而不恶，葭喙而不藉，远而望之，羸乎若丧家之狗，子何患焉？子何患焉？"子贡以告孔子，孔子无辞，独辞丧家之狗耳。曰："丘何敢乎？"子贡曰："汗面而不恶，葭喙而不藉，赐以知之矣，不知丧家狗何足辞也。"子曰："赐，汝独不见夫丧家之狗欤！既敛而椁，布器而祭，顾望无人。意欲施之，上无明王，下无贤士方伯。王道衰，政教失，强陵弱，众暴寡，百姓纵心，莫之纲纪。是人固以丘为欲当之者也，丘何敢乎？"

按《史记·赵世家》：姑布子卿见简子，简子遍召诸子相之。子卿曰："无为将军者。"简子曰："赵氏其灭乎？"子卿曰："吾尝见一子于路，殆君之子也。"简子召子毋恤，毋恤至。则子卿起曰："此真将军矣。"简子曰："此其母贱，翟婢也，奚道贵哉？"子卿曰："天所授，虽贱必贵，自是之。"后简子尽召诸子与语，毋恤最贤。简子乃告诸子曰："吾藏宝符于常山上，先得者赏。"诸子驰之常山上，求无所得。毋恤还，曰："已得符矣。"节子曰："奏之。"毋恤曰："从常山上临代，代可取也。"简子于是知毋恤果贤，乃废太子伯鲁，而以毋恤为太子。

吴市吏

按《吴越春秋》：吴公子光欲谋杀王僚，未有所与合议。阴求贤，乃命善相者为吴市吏。伍子胥奔吴，被发佯狂，跣足涂面，行乞于市。吴市吏见之，曰："吾相人多矣，未尝见斯人也，非异国之亡臣乎？"遂与俱，见王僚。

唐举

按《史记·蔡泽传》：蔡泽者，燕人也，游学干诸侯，小大甚众，不遇。而从唐举相，曰："吾闻先生相李兑，曰百日之内持国秉政，有之乎？"曰："有之。"曰："若臣者何如？"唐举孰视而笑曰："先生曷鼻、巨肩、魋颜、蹙齃、膝挛，吾闻圣人不相，殆先生乎？"蔡泽知唐举戏之，乃曰："富贵吾所自有。吾所不知者寿也，愿闻之。"唐举曰："先生之寿，从今以往者，四十三岁。"蔡泽笑谢而去，谓其御者曰："吾持粱刺齿肥，跃马疾驱，怀黄金之印，结紫绶于腰，揖让人主之前，食肉富贵，四十三年足矣。"

汉

许负

按《史记·外戚世家》：薄太后，父吴人，姓薄氏，秦时与故魏王宗家女魏媪通，生薄姬，而薄父死山阴，因葬焉。及诸侯畔秦，魏豹立为魏王，而魏媪内其女于魏宫。媪之许负所相，相薄姬，云"当生天子"。是时项羽方与汉王相距荥阳，天下未有所定。豹初与汉击楚，及闻许负言，心独喜，因背汉而畔，中立，更与楚连和。汉使曹参等击虏魏王豹，以其国为郡，而薄姬输织室。豹已死，汉王入织室，见薄姬有色，诏内后宫，岁余不得幸。始姬少时，与管夫人、赵子儿相爱，约曰："先贵无相忘。"已而管夫人、赵子儿先幸汉王，汉王坐河南宫成皋台，此两美人相与笑薄姬初时约。汉王闻之，问其故，两人具以实告汉王。汉王心惨然，怜薄姬，是日召而幸之。薄姬曰："昨暮夜，妾梦苍龙据吾腹。"高帝曰："此贵征也，吾与女遂成之。"一幸生男，是为代王。

按《绛侯传》：条侯亚夫自未侯为河内守时，许负相之，曰："君后三岁而侯。侯八岁为将相，持国秉，贵重矣，于人臣无两。其后九岁，而君饿死。"亚夫笑曰："臣之兄已代父侯矣，有如卒，子当代。亚夫何说侯乎？然既已贵，如负言，又何说饿死？指示我。"许负指其口曰："有从理入口，此饿死法也。"居三岁，其兄绛侯胜之有罪，孝文帝择绛侯子贤者，皆推亚夫，乃封亚夫为条侯，续绛侯后。景帝中三年，以病免相。顷之，景帝居禁中，召条侯赐食，独置大胾，无切肉，又不置箸。条侯心不平，顾谓尚席取箸。景帝视而笑曰："此非不足君所乎？"条侯免冠谢。上起，条侯因趋出。景帝以目送之，曰："此怏怏者，非少主臣也。"居无何，条侯子为父买工官尚方甲楯五百被可以葬者，取庸苦之，不予钱。庸知其盗买县官器，怒而上变告子，事连汙条侯。书既闻上，上下吏。吏簿责条侯，条侯不对。景帝骂之曰："吾不用也。"召诣廷尉，廷尉责曰："君侯欲反邪！"亚夫曰："臣所买器，乃葬器也，何谓反邪？"吏曰："君侯纵不反地上，即欲反地下耳。"吏侵之益急。初，吏捕条侯，条侯欲自杀，夫人止之，以故不得死。遂入廷尉，因不食五日，呕血而死。

按《怀庆府志》：负，河内温人，善相人。负所著有《德器歌》、《五官杂论》、《听声相行》等篇。

后汉

朱建平

按《魏志·朱建平传》：朱建平，沛国人也，善相术，于闾巷之间，效验非一。太祖为魏公，闻之，召为郎。文帝为五官将，坐上会客三十余人。文帝问己年寿，又令遍相众宾。建平曰："将军当寿八十。至四十时，当有小厄，愿谨护之。"谓夏侯威曰："君四十九位为州牧，而当有厄。厄若得过，可年至七十，致位公辅。"谓应璩曰："君六十二位为常伯，而当有厄。先此一年，当独见一白狗，而旁人不见也。"谓曹彪曰："君据藩国，至五十七当厄于兵，宜善防之。"初，颍川荀攸、锺繇相与亲善，攸先亡，子幼，繇经纪其门户，欲嫁其妾，与人书曰："吾与公达曾共使朱建平相，建平曰：'荀君虽少，然当以后事付锺君。'吾时啁之曰：'惟当嫁卿阿骛耳。'何意此子竟早陨没，戏言遂验乎！今欲嫁阿骛，使得善处。追思建平之妙，虽唐举、许负何以复加也。"文帝黄初七年，年四十，病困，谓左右曰："建平所言八十，谓昼夜也，吾其决矣。"顷之，果崩。夏侯威为兖州刺史，年四十九，十二月上旬得疾，念建平之言，自分必死，豫作遗令及送丧之备，咸使素办。至下旬转差，垂以平复。三十日日昃，请纪纲大吏设酒，曰："吾所苦渐平，明日鸡鸣，年便五十，建平之戒，真必过矣。"威罢客之后，合瞑疾动，夜半遂卒。璩六十一为侍中，直省内，欻见白狗，问之众人，悉无见者。于是数聚会，并急游观田里，饮宴自娱，过期一年，六十三卒。曹彪封楚王，年五十七，坐与王凌通谋，赐死。凡说此辈，无不如言，不能具详，故粗记数事。惟相司空王昶、征北将军程喜、中领军王肃有蹉跌云。肃年六十二，疾笃，众医并以为不愈。肃夫人问以遗言，肃云："建平相我逾七十，位至三公，今皆未也，将何虑乎？"而肃竟卒。建平又善相马，文帝将出，取马外入，建平道遇之，语曰："此马之相，今日死矣。"帝将乘马，马恶衣香，惊啮文帝膝。帝大怒，即便杀之。建平黄初中卒。

宋

韦叟

按《武进县志》：叟，晋陵人，善相。宋刘裕始为镇军将军，桓攸令视裕当得州否？叟曰："得边州。"退而私于裕曰："君贵不可言。"裕笑曰："若中，当用为司马。"其后，叟诣之曰："成王不负桐叶之言，公应不忘司马之言。今不敢希镇军

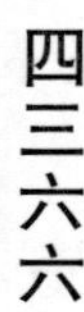

司马，得军佐足矣。”卒与之。

北齐

皇甫玉

按《北齐书·皇甫玉传》：皇甫玉，不知何许人，善相人，常游王侯家。世宗自颍川振旅而还，显祖从后。玉于道旁纵观，谓人曰：“大将军不作物，会是道北垂鼻涕者。”显祖既即位，试玉相术，故以帛巾袜其眼，而使历摸诸人。至于显祖，曰：“此是最大达官。”于任城王，曰：“当至丞相。”于常山、长广二王并亦贵，而各私掐之。至石动桶，曰：“此弄痴人。”至供膳，曰：“正得好饮食而已。”玉尝为高归彦相，曰：“位极人臣，但莫反。”归彦曰：“我何为反?”玉曰：“不然，公有反骨。”玉谓其妻曰：“殿上者，不过二年。”妻以告舍人斛斯庆，庆以启帝。帝怒召之。玉每照镜，自言当兵死。及被召，谓其妻曰：“我今去不还，若得过日午时，或当得活。”既至正中，遂斩之。

按《北史·皇甫玉传》：时有御史贾子儒，亦能相人。崔暹尝将子儒私视文襄，子儒曰：“人有七尺之形，不如一尺之面。一尺之面，不如一寸之眼。大将军脸薄眄速，非帝王相也。”竟如言。

吴士

按《北齐书·皇甫玉传》：世宗时，有吴士，双盲，妙于声相。世宗历试之，闻刘桃枝之声，曰：“有所系属然，当大富贵。王侯将相，多死其手。譬如鹰犬，为人所使。”闻赵道德之声，曰：“亦系属人，富贵翕赫，不及前人。”闻太原公之声，曰：“当为人主。”闻世宗之声，不动，崔暹私掐之，乃谬言：“亦国主也。”世宗以为我群奴犹当极贵，况吾身也。

解法选

按《北齐书·解法选传》：解法选，河内人，少明相术，鉴照人物，皆如其言。

频为和士开相中，士开牒为府参军。

按《北史·解法选传》：陈郡袁叔德，以太子庶子出行博陵太守，不愿之官。法选为叔德相，云："公邑邑，终为吏部尚书，鉴照人物。"后如言。

隋

韦鼎

按《隋书·韦鼎传》：鼎字超盛，京兆杜陵人也。高祖元，隐于商山，因而归宋。祖睿，梁开府仪同三司。父正，黄门侍郎。鼎少通脱，博涉经史，明阴阳逆刺，尤善相术。仕梁，起家湘东王法曹参军。遭父忧，水浆不入口者五日，哀毁过礼，殆将灭性。服阕，为邵陵王主簿。侯景之乱，鼎兄昂卒于京城。鼎负尸出，寄于中兴寺，求棺无所得，鼎哀愤恸哭。忽见江中有物，流至鼎所，鼎切异之。往见，乃新棺也，因以充殓。元帝闻之，以为精诚所感。侯景平，司徒王僧辩以为户曹属，历太尉掾，大司马从事，中书侍郎。陈武帝在南徐州，鼎望气知其当王，遂寄孥焉。因谓陈武帝曰："明年有大臣诛死，后四岁，梁其代终。天之历数，当归舜后。昔周灭殷氏，封妫满于宛丘，其裔子孙因为陈氏。仆观明公，天纵神武，继绝统者，无乃是乎？"武帝阴有图僧辩意，闻其言大喜，因而定策。及受禅，拜黄门侍郎，俄迁司农卿、司徒右长史、贞威将军，领安右晋安王长史、行府国事，转廷尉卿。太建中，为聘周主使，加散骑常侍，寻为秘书监、宣远将军，转临海王长史，行吴兴郡事。入为太府卿。至德初，鼎尽质货田宅，寓居僧寺。友人大匠卿毛彪问其故，答曰："江东王气尽于此矣，吾与尔当葬长安，期运将及，故破产耳。"初，鼎之聘周也，尝与高祖相遇，鼎谓高祖曰："观公容貌，故非常人，而神监深远，亦非群贤所逮也。不久必大贵，贵则天下一家。岁一周天。老夫当委质。公相不可言，愿深自爱。"及陈平，上驰召之，授上仪同三司，待遇甚厚。上每与公王宴赏，鼎恒预焉。高祖尝从容谓之曰："韦世康与公相去远近？"鼎对曰："臣宗族分派，南北孤绝，自生以来，未尝访问。"帝曰："公百世卿族，何得尔也？"乃命

官给酒肴，遣世康与鼎还杜陵，乐饮十余日。鼎乃考校昭穆，自楚太傅孟以下二十余世，作《韦氏谱》七卷。时兰陵公主寡，上为之求夫，选亲卫柳述及萧场等，以示于鼎。鼎曰："场当封侯，而无贵妻之相；述亦通显，而守位不终。"上曰："位由我耳。"遂以主降述。上又问鼎："诸儿谁得嗣？"答曰："至尊皇后所最爱者，即当与之，非臣敢预知也。"上笑曰："不肯显言乎？"开皇十二年，除光州刺史，以仁义教导，务弘清静。州中有土豪，外修边幅，而内行不轨，常为劫盗。鼎于都会时谓之曰："卿是好人，那忽作贼。"因条其徒党谋议逗留，其人惊惧，即自首伏。又有人客游，通主家之妾，及其还去，妾盗珍物于夜亡，寻于草中为人所杀。主家知客与妾通，因告客杀之。县司鞫问，具得奸状，因断客死。狱成，上于鼎，鼎览之曰："此客实奸而杀非也。乃某寺僧詃妾盗物，令奴杀之，赃在某处。"即放此客，遣掩僧，并获赃物。自是部内肃然不言，咸称其有神。道无拾遗。寻追入京，以年老多病，累加优赐。顷之，卒，年七十九。

来和

按《隋书·来和传》：来和，字弘顺，京兆长安人也。少好相术，所言多验。大冢宰宇文护引之左右，由是出入公卿之门。初为夏官府下士，累迁少卜上士，赐爵安定乡男。迁畿伯下大夫，进封洹水县男。高祖微时，来诣和相，和待人去，谓高祖曰："公当王有四海。"及为丞相，拜仪同，既受禅，进爵为子。开皇末，和上表自陈曰："臣早奉龙颜，自周代天和三年已来，数蒙陛下顾问，当时具言至尊膺图受命，光宅区宇。此乃天授，非由人事所及。臣无劳效，坐致五品，二十余年。臣是何人，敢不惭惧？愚臣不任区区之至，谨录陛下龙潜之时。臣有所言一得，书之秘府，死无所恨。昔陛下在周，尝与永富公窦荣定语臣曰：'我闻有行声，即识其人。'臣当时即言公眼如曙星，无所不照，当王有天下，愿忍诛杀。建德四年五月，周武帝在云阳宫谓臣曰：'诸公皆汝所识，隋公相禄何如？'臣报武帝曰：'隋公止是守节人，可镇一方。若为将领，阵无不破。'臣即于宫东南奏闻。陛下谓臣，此语不忘。明年，乌丸轨言于武帝曰：'隋公非人臣。'帝寻以问臣，臣知帝有疑，臣诡报曰：'是节臣，更无异相。'于时王谊、梁彦光等知臣此语。大象二年五月，至尊从永巷东门入，臣在永巷门东，北面立，陛下问臣曰：‘我无灾障不？’臣奏陛下曰：‘公骨法、气色相应，天命已有付属。’未几，遂总百揆。”上览之大悦，进位开府，赐物五百段，米三百石，地十顷。和同郡韩则，尝诣和相，和谓之曰：“后四五当得大官。”人初不知所谓。则至开皇十五年五月而终。人问其故，和曰：“十五年为三五，加以五月为四五。大官，椁也。”和言多此类。著《相经》四十卷，道士张宾、焦子顺，雁门人董子华，此三人，当高祖龙潜时，并私谓高祖曰：“公当为天子，善自爱。”及践阼，以张宾为华州刺史，子顺为开府，子华为上仪同。

唐

袁天纲

按《唐书·袁天纲传》：袁天纲，益州成都人，仕隋，为盐官令。在洛阳与杜淹、王珪、韦挺游。天纲谓淹曰：“公兰台、学堂全且博，将以文章显。”谓珪：“法令成，天地相临，不十年官五品。”谓挺：“面如虎，当以武处官。”“然三君久当皆得谴，吾且见之。”淹以侍御史入天策为学士，珪太子中允，挺善隐太子荐为左卫率，武德中，俱以事流巂州。见天纲，曰：“公等终且贵。杜位三品，难与言寿。王、韦亦三品，后于杜而寿过之，但晚节皆困。”见窦轨曰：“君伏犀贯玉枕，辅角完起，十年且显立，功其在梁，益间邪。”轨后为益州行台仆射。天纲复曰：“赤脉干瞳，方语而浮赤入大宅，公为将必多杀，愿自戒。”轨果坐事见召，天纲曰：“公毋忧，右辅泽而动，不久必还。”果还为都督。贞观初，太宗召见曰：“古有君平，朕今得尔，何如?”对曰：“彼不逢时，臣固胜之。”武后之幼，天纲见其母曰：“夫人法生贵子。”乃见二子元庆、元爽，曰：“官三品，保家主也。”见韩国夫人曰：“此女贵而不利夫。”后最幼，姆抱以见，给以男。天纲视其步与目，惊曰：“龙瞳凤颈，极贵验也。若为女，当作天子。”帝在九成宫，令视岑文本，曰：“学堂莹夷眉过目，故文章振天下。首生骨未成，自前而视，法三品。肉不称骨，非寿兆也。"张行成、马周见，曰："马君伏犀贯脑，背若有负，贵验也。近古君臣相遇，未有及公者。然面泽赤而耳无根，后骨不隆，寿不长也。张晚得官，终位宰相。"其术精类如此。高士廉曰："君终作何官？"谢曰："仆及夏四月，数既尽。"如期，以火山令卒。子客师，亦传其术，为廪牺令。高宗置一鼠于奁，令术家射，皆曰鼠。客师独曰："虽实鼠，然入则一，出则四。"发之，鼠生三子。尝度江，叩舟而还。左右请故，曰："舟中人鼻下气皆墨，不可以济。"俄有一男子，跛而负，直就舟。客师曰："贵人在，吾可以济。"江中风忽起，几覆而免。跛男子乃娄师德也。

按《全唐诗话》：杜淹始见袁天纲于洛，天纲谓曰："兰台成就，学堂广宽。"又曰："二十年外，终恐责黜，暂去即还。"武德六年，以善隐太子，俱配流巂州。淹至益州，见天纲曰："洛邑之言何其神也？"天纲曰："不久即回。"至九年六月召入。天纲曰："杜公至京师，即得三品要职。"淹至京，拜御史大夫、检校、吏部尚书，赠天纲诗曰："伊吕深可慕，松乔定是虚。系风终不得，脱屣欲安如。且珍纨素美，当与薜萝疏。既逢杨得意，非复久闲居。"

按《大唐新语》：李义府侨居于蜀，袁天纲见而奇之曰："此郎君贵极人臣，但寿不长耳。"因请舍之，托其子，曰："此子七品相，愿公提挈之。"义府许诺，因问天纲："寿几何？"对曰："五十二，外非所知也。"安抚使李大亮、侍中刘泊等连荐之，召见试，令咏鸟，立成其诗曰："日里飏朝彩，琴中半夜啼。上林许多树，不借一枝栖。"太宗深赏之，曰："我将全树借汝，岂惟一枝？"自门下典仪，超拜监察御史。其后位寿咸如天纲之言。

张憬藏

按《唐书·袁天纲传》：时有长社人张憬藏，技与天纲埒。太子詹事蒋俨有所问，答曰："公厄在三尺土下，尽六年而贵，六十位蒲州刺史，无有禄矣。"俨使高丽，为莫离支所囚，居土室六年还。及为蒲州，岁如期，则召掾史、妻子，告当死。俄诏听致仕。刘仁轨与乡人靖贤请占，憬藏答曰："刘公当五品而谴终，位冠人臣。"谓贤曰："君法客死。"仁轨为尚书仆射。贤猥曰："我三子皆富田宅，吾何客死？”俄丧三子，尽鬻田宅，寄死友家。魏元忠尚少，往见憬藏，问之，久不答。元忠怒曰：“穷通有命，何预君邪？”拂衣去，憬藏遽起，曰：“君之相，在怒时，位必卿相。”姚崇、李迥秀、杜景佺从之游，憬藏曰：“三人者，皆宰相，然姚最贵。”郎中裴珪妻赵，见之，憬藏曰：“夫人目修缓，法曰豕视，淫。”又曰：“目有四白，五夫守宅，夫人且得罪。”俄坐奸，没入掖廷。裴光廷当国，憬藏以纸大书“台”字投之。光廷曰：“吾既台司矣，尚何事？”后三日，贬台州刺史。

按《耳目记》：周郎中某妻赵氏有美色，曾就张憬藏卜年命。憬藏曰：“夫人目长而慢，准相书，猪视者淫。妇人目有四白，五夫守宅，夫人终以奸废，宜慎之。”赵笑而去。后果以与合宫尉卢崇道奸，没入掖廷。

乙弗弘礼

按《唐书·袁天纲传》：隋末，又有高唐人乙弗弘礼，当炀帝居藩，召见，弘礼贺曰：“大王为万乘主，所戒在德而已。”及即位，悉诏请术家，坊处之，使弘礼总摄。海内浸乱，帝曰：“而昔言朕，既验，然终当奈何？”弘礼逡巡，帝知之，乃曰：“不言且死。”弘礼曰：“臣观人臣相与陛下类者不长，然圣人不相，故臣不能知。”由是，敕有司监视，毋得与外语。薛大鼎坐事，没为奴。及贞观时，有请于弘礼，答曰：“君奴也，欲何事，请解衣视之。”弘礼指腰而下曰：“位方岳。”

金梁凤

按《唐书·袁天纲传》：元宗时，有金梁凤者，颇言人贵贱夭寿。裴冕为河西留后，梁凤辄言：“不半岁兵起，君当以御史中丞除宰相。”又言：“一日向雒，一日向蜀，一日向朔方，此时公当国冕妖。”其言绝之。俄而禄山反，冕以御史中丞召，因问“三日”，答曰：“雒日即灭，蜀日不能久，朔方日愈明。”肃宗即位，而冕遂相，荐于帝，拜都水使者。梁凤谓吕諲曰：“君且辅政，须大怖乃得。”諲责驿史，榜之。史突入，射连两矢，几中，走而免。明年知政事。李揆、卢允毁服绐谒，梁凤不许。二人语以情，梁凤曰：“李自舍人，阅岁为相；卢不过郎官。揆已相，擢允吏部郎中。”

陈昭

按《金华府志》：唐陈昭，婺州人。仆射房琯、相国崔涣尝贬睦，歙州官，昭见之云："二公他日并为宰相，然崔公为一大使，来江左。"及至德初，明皇入蜀，房崔二公同时拜相，崔后为选补使，按行江东。

夏荣

按《宣城县志》：唐夏荣有相术。萧嵩、陆象先为僚婿，萧未仕，陆已任洛阳尉。荣谓象先曰："陆郎十年内位极人臣，然不及萧一门贵而且寿。"人未之信。天宝中，嵩兼中书令，年八十余。子华，历中书侍郎，同平章事，乃服其冰鉴云。

骆山人

按《怀庆府志》：山人，济源人。长庆元年，王庭凑使河阳，回及沇水，酒困，寝于道。山人熟视之曰："贵当列土，在今年秋。"既归，遇田弘正之难，军士拥为留后。访山人，待以函丈之礼，乃别构一亭。去则悬榻，号骆氏亭。

龙复本

按《剧谈录》：开成中，有龙复本者，无目，善听声揣骨。每言休咎，无不必中。凡有象简、竹笏，以手捻之，必知官禄、年寿。宋祁补阙有盛名于世，缙绅之士靡不倾属，屈指翘足，期于贵达。时永乐萧相亦居谏署，同日诣之，授以所持竹笏。复本执萧相笏良久，置于案上曰："宰相笏。"次至宋补阙笏，曰："长官笏。"宋闻之不乐。相国曰："无凭之言，安足介意。"经月余，同列于中书，候见宰相。时李朱崖方秉钧轴，威震朝野，未见间，伫立闲谈，互有谐谑。顷之，丞相遽出，宋以手板障面，笑犹未已。朱崖目之，回顾左右曰："宋补阙笑其何事？"闻之者莫不寒心股栗。未旬日，出为河清县令。岁余遂终所任。其后萧相扬历清途，自浙西观察使，入判户部，非久乃居廊庙，俱如复本之言。

丁重

按《剧谈录》：自咸通乾符以来，京国家相者殊多，言事适中者甚少。愚之所识处士丁重，善于相人吉凶，屡有奇验。于都尉方判盐铁，频有宰弼之耗。时路相国秉钧持权，与之不叶。一旦，重在新昌私第，值于公适至，路曰："某与之宾朋。处士垂箔，细看此人，终作宰相否?"备陈饮馔，留连数刻。既去，问之曰："所见何如?"重曰："入相必矣，兼在旬日之内。"路公笑曰："见是帝王密亲，复作盐铁使尔。"重曰："不然，请问于之恩泽，何如宣宗朝郑都尉?"相国曰："又安可比乎?"重曰："郑为宣宗注意久之，而竟不为相，岂将人事可以斟酌?某熟识于侍郎，今日见之，观其骨状，真为贵者。其次风仪秀整，礼貌谦揖，如百斛巨器，所贮尚空其半，安使不受益于禄位哉！苟逾月不居廊庙，某无复敢至门下。"路曰："处士可谓弘远矣。"其后浃旬，果登台铉。路相国每见朝士，大为称赏。由兹声动京邑，车马造门者甚众。凡有所说，其言皆验。后居终南山，好事者亦至其所。

后唐

周元豹

按《北梦琐言》：周元豹，燕人，少为僧。其师有知人之鉴，从游十年，不惮辛苦，遂传其秘，还乡归俗。卢澄为道士，与同志三人谒之。元豹退，谓人曰："适二君子，明年花发，俱为故人。唯彼道士，他年甚贵。"来岁，二人果卒，卢果登庸，后归晋阳。张承业犹重之，言事多中。承业俾明宗易服，列于诸校之下，以他人请之，曰："此非也。"元豹指明宗于末缀，曰："骨法非常，此为内衙太保乎?"或问前程，唯云末后为镇帅。明宗夏皇后方事巾栉，有时忤旨，大犯夏楚。元豹曰："此人有藩侯夫人之位，当生贵子。"其言果验。凡言吉凶，莫不神中，事多不载。明宗自镇帅入篡，谓侍臣曰："周元豹昔曾言朕事，颇有征，可诏北京津置赴阙。"赵凤曰："袁许之事，元豹所长。若诏至辇下，即争问吉凶，恐近于妖

惑。”乃令就赐金帛，官至光禄卿，年八十而终。

宋

麻衣道者

按《湘山野录》：钱文僖公若水，少时谒陈抟，求相骨法。陈戒曰：“过半月，请子却来。”钱如期而往，至则邀入山斋地炉中，一老僧拥坏衲，瞑目附火于炉旁。钱揖之，其僧开目微应，无遇待之礼。钱颇慊之，三人者默坐持久。陈发语曰：“如何？”僧摆头曰：“无此等骨。”既而钱公先起，陈戒之曰：“子三两日却来。”钱曰：“唯。”后如期谒之。抟曰：“吾始见子，神观清粹，谓子可学神仙，有升举之分。然见之未精，不敢奉许，特召此僧决之，渠言子无仙骨，但可作贵人卿耳。”钱问曰：“其僧者何人？”曰：“麻衣道者。”

僧妙应

按《江宁府志》：僧妙应，六合人，姓李氏，受业于释迦院。诵经典，欲造佛殿，化缘扬州市。有道人以相法授之，遂精其术。游京师，以东明二字赠蔡京，京始谓其字无益，后贬潭州，卒于东明寺，始验。尝游湖湘间，都督张魏公遇于大梁，师一见奇之，谓：“公必为国家建功立业。”后公为作塔，铭云：“行纯而勤，心亦以诚。修有为果，证无漏身。岳之麓，湘之滨，是为师坟。我揭以铭，百世莫迁，考我以文。”

按《杭州府志》：宋僧妙应，江南人，佯狂，知人休咎。蔡京罢居钱塘。相其貌似虎，书壁有“看取明年作宰相，舞爪张牙吃众生”之句。又书云：“众生受苦，两纪都休。”悉如其言。

傅珏

按《桯史》：内黄傅珏者，以财雄大名，父世隆，决科为二千石。珏不力于学，弁鹖碌碌下僚，独能知人，尝坐都市，阅公卿车骑之过者，言它日位所至，无毫发差。初不能相术，每曰：“予自得于心，亦不能解也。”尝寓北海，王沂公曾始就乡举，珏偶俟其姻于棘围之外，遇之，明日以双笔要而遗之曰：“公必冠多士，位宰相，它日无相忘。”闻者皆笑，珏不为怍，遂定交，倾资以助其用，沂公赖之。既而如言，故沂公与其二弟以兄事之，终身不少替。前辈风谊凛凛固可敬，而珏之识亦未易多得也。珏死明道间，官止右班殿直，监博州酒。其孙献简尧俞，元祐中为中书侍郎，自志其墓。余旧尝见前辈所记，与志微不同。

刘虚白

按《江宁府志》：刘虚白，金陵人，善相。陈执中为抚州通判，使者将劾之。虚白曰：“无患。公当作宰相。”使者果被召，半道而去。王益知韶州日几大拜，还金陵，召虚白问状。虚白曰：“当得一都官止耳。”益大不怿，以他事讼系之，已而益果终都官郎中。

布袍道者

按《浙江通志》：布袍道者，不知何许人。贾似道尝驰马出游湖山，小憩栖霞岭下，道者瞪目视曰：“官人可自爱重，将来功名不在韩魏公下。”贾意其侮而去，既而醉博平康，至于破面。他日复遇，道者顿足惊叹曰：“可惜！可惜！天堂已破，必不能令终矣。”其后悉验。

妙应方

按《扬州府志》：妙应方善相，名闻天下。高宗驻维扬，应方馆于张浚家。一日自外归，语浚：“适见城中人有死气十七八，必金兵将至之兆，宜劝上南渡。”浚素神其术，即入奏上。欲留元夜观灯，未决。俄粘罕寇至，车驾亟行，城中死者无数。

耿听声

按《杭州府志》：宋耿听声，不知何许人，以能听声而知吉凶贵贱，故名。其嗅衣物亦如之。德寿闻其名，取宫人扇百余，杂以上及中宫所御，令小黄门持叩之。耿嗅中宫扇曰："此圣人也，然有阴气。"至上扇，乃呼："万岁！"上奇之，呼入北宫，又取妃嫔珠冠十数示之。至一冠，奏云："此有尸气。"时张贵妃薨，此其故物也。家在候潮门内。夏震微时，尝为殿帅，馈酒于耿，耿闻其声，知其必贵，遂以女妻其子。时郭棣为殿帅，耿谒之曰："君部中有三节使，他日皆为三衙。"叩为何人，则曰："周虎、彭辂、夏震也。"虎、辂时为将官，独震方为帐前佩印官。郭曰："周、彭地位或未可知，震安得遽尔乎？"耿曰："吾所见如此。"已而悉验。

元

李国用

按《辍耕录》：国初有李国用者，自北来杭，能望气占休咎，能相人。其人崖岸倨傲，而时贵咸敬之。谢后诸孙字退乐者，设早馔延致。至即据中位，省幕官皆坐下坐，不得其一言以及祸福。时赵文敏公谓之七司户，与谢姻戚，屈来同饭。文敏公风疮满面，李遥见即起迎，谓坐客曰："我过江，仅见此人耳，疮愈即面君，公辈记取。异日官至一品，名闻四海。"方襄阳未破时，世皇命其即军中望气，行逾三两舍，遄还。奏曰："臣见卒伍中往往有台辅器，襄阳不破，江南不平，置此人于何地？"噫！李之术亦神矣。国用登州人，尝为卒，遇神仙教以观日之法，能洞见肺腑，世称神相。

蔡槐

按《江宁府志》：蔡槐，德兴人，侨居建康，工相术，莫知所师受。与人言，率肆意指陈，无所讳避，人信而畏之。至元间，世祖问："朕寿几何？"对曰："寿及八旬。"时春宫未建，尝见便殿，俾定储君于诸皇孙中，对曰："某位他日必为太平天子。"即成宗也。久之，大臣有为奸利者，请休咎，槐拒不往见。他日见于朝，辞色甚怒，槐为言曰："相公能忧国爱民，自可享耆颐之福。"然亦惧其谗间，授集贤学士，辞不拜，乞归田里。从之，复其家税役。隐居锺山，台省以下，恒岁时存问。数年时相果败。元贞初复召，不赴，以疾终。

第十九章　相术名流列传二

明

吴国才

按《浙江通志》：吴国才，奉化人，悉心唐举之术。远归，访故旧不在，其孙开肆，缄留而去。祖归，孙曰："顷有吴叟留书。"曰："此国才先生也，风鉴最妙，相汝色，汝妇当粉骨碎身，其慎之。"及期，俾妇坐新室，竟日不出。抵暮食既，启槛取水，虎爪之入山以食。门人袁柳庄侍成祖，问其所与，以国才对。遣使召试之，果然。将锡以官，国才以福薄辞。果卒。

袁珙

按《明外史·袁珙传》：袁珙，字廷玉，鄞人。高祖镛，宋季举进士，元兵至，不屈，举家十七人皆死。父士元，翰林检阅官。珙生有异禀，好学能诗，尝游海外洛伽山，遇异僧别古崖，授以相人术。先仰视皎日，目尽眩，令辨暗室赤黑豆，又悬五色线窗外，令映月别其色。所试皆无讹，然后相人。其法以夜中然两炬视人形状气色，而参以所生年月，百无一谬。元至正时，出游浙西，与宪史陈泰、项昕、沈博、郑文祖交。谓泰"神庭、金匮有黑气，日中当黜"，谓昕"地角有鱼鳞文，不三日家将火"，谓博"中部赤白气贯，点点若梅花，三月内有父服"，谓文祖"印堂、山根红气见，夏秋当赴辟，辟必南方"。泰于其日午漏上为主者纠退，昕次日所居屋灾，博以父忧去，果三阅月。文祖为福建帅府史，亦如期。宪副李志、宪金坚不花孛术、鲁育、普颜达失、史铨有所问，答曰："李公兰台色惨，将旬日死。

坚公天庭色红，四十九日迁官南方。鲁公口有气光而青黑乘之，三百日内不禄。普公阴位微红，主禄位，然不宜动，动则凶。史公禄库、颧准赤黑气如云行，兼之法令，有白气，三七日解官。”李以次年正月卒，坚三迁皆南地，鲁至期以丧讣，普时失官旋复职，后寄死野人家。史以言不行，去位家居。时南台大夫普化帖木儿由闽海道宁见珙，珙曰：“公神气严肃，举动风生，大贵验也。但印堂、司空有赤气，到官一百十四日当夺印。然守正秉忠，名垂后世，愿自勉。”普署台事于越，果为张士诚逼取印绶，抗节死。见江西宪副程徐曰：“君帝座上黄紫再见，千日内有二美除，但冷笑无情，非忠节相也。”徐于一年后拜兵部侍郎，擢尚书。后任明太祖为吏部侍郎。刘仁本、张启源、郑文宝、丘楠请占，珙视仁本清中有浊，启源浊中有清，视文宝、楠九州光泽，精神澄澈，曰：“公等不十年官二品，且晚节皆得谴，吾且见之。”其后俱授枢密分院副使。明太祖初，启源、文宝就戮，仁本死狱中，楠亦责贬。启源在分院时，珙曰：“公山根赤色浮现，二日内当有大厄。”次夕，启源家毁。质明又曰：“火气犹未退。”启源猥曰：“我家已毁尽，尚何火？”俄而别业亦焚。南台中丞月鲁不花、治书胡均、兵部侍郎揭法将赴北，会于上虞，珙曰：“月公肤似凝脂，目如点漆，聪睿而文，官上品。今秋有中台之命，然不宜往，往则不祥。”问故，珙曰：“面有黑赤气如玉印统。玉印，除拜象也。然紫赤火色，岂宜往水位。胡公鼻梁耸，得阴贵助，司空扬州分野，红气润泽，六八日内除南方台职。揭公骨气巉岩，举动端悫，馆阁器也。但神庭、金匮黑气如弓，此去大不利。纵有美擢，而到任难矣。”月泛海而北，果为倭寇所害，妻妾皆被掠。胡拜侍御史，开府于闽。揭与倭寇之难，脱身赴北，授秘书少监，未任而国事去。珙见方国瑛，谓之曰：“公神气不常，举动急速，性灵而气暴，当以武起家，十年至一品。”乃见其从子明巩、明敏，曰：“明巩眼长而眉太重，额广而日角不莹，非丧父，官不显也。明敏边地赤气如刀剑纹，二九日内因父功进爵，可二品。”国瑛官浙江省，后至平章。明巩父死于兵，对品袭职，至分省左丞。明敏从父克太仓有功，封分省参政。陶凯、张顺祖、杨天显往见，珙曰：“陶君五岳朝揖而气色未开，五星分明而光泽未见，宜藏器待时，不十年以文进，为异代臣，官二品。其在荆扬间乎？张君面如浇而中准黑，兰台惨，福去祸来，非寿征也。杨君色青身小，语言清亮，亦主

以文进。其边地有气如云行月出，交夏四七日，远动得吉。”凯后为礼部尚书、湖广行省参政。顺祖次年病死。天显赴北，为省都事。其术之精类如此。洪武中，遇姚广孝于嵩山寺，谓之曰：“公刘秉忠之铸也，幸自爱。”后广孝荐于燕王，召至北平，王偕卫士类己者九人，操弓矢，杂饮肆中。珙一见，即前跪曰：“殿下何轻身至此？”九人者笑其谬。珙言愈切，王乃起，入宫召见。珙谛视曰：“龙行虎步，日角插天，太平天子也。年四十，须过脐，即登大宝矣。”已见藩邸诸校卒，皆许以公侯、将帅。王虑语泄，遣之还，及即位，召拜太常寺丞，赐冠服、鞍马、文绮、宝钞及居第。帝将建东宫而意有所属，故久不决。俾珙相仁宗，曰：“天子也。”相宣宗，曰：“万岁！”天子储位乃定。珙相人即知其心术善恶，人不畏义而畏祸患，往往因其不善导之于善，从而改行者甚多。为人孝友端厚，待族党有恩，自号柳庄居士，有《柳庄集》。以永乐八年卒，年七十有六。赐祭葬，赠太常少卿。子忠彻，字静思，幼传父术。从父谒燕王，王厚遇之。建文中，复召至。王宴北平诸文武，使忠彻视之，谓：“都督宋忠面方耳大，身短气浮；布政使张昺面方五小，行步如蛇；都指挥谢贵臃肿蚤肥而气短；都督耿瓛颧骨插鬓，色如飞火；佥都御史景清身短声雄，于法皆当以刑死。”王大喜，起兵意益决。及为帝，即召授鸿胪序班，赐赉甚厚，迁尚宝司丞。永乐五年，改中书舍人，扈驾北巡。驾旋，皇太子为谗言所中，帝怒，榜午门，凡东宫所处分事悉不行。太子忧惧得疾，帝命蹇义金忠偕忠彻视之，还奏：“东宫面带青蓝，惊忧象也，收午门榜可愈。”帝从之，太子疾果已。帝尝屏左右，密问武臣朱福、朱能、张辅、李远、柳升、陈懋、薛禄，文臣姚广孝、夏原吉、蹇义、金忠、吕震、方宾、吴中、李庆等祸福，后悉符其言。九载秩满，复为尚宝司丞，进少卿。宣德初，睹帝容色，曰：“七日内宗室当有谋叛者。”汉王果叛。尝坐事下吏，罚赎。正统中复坐事下吏，休致。居二十余年卒，年八十有三。忠彻相术不殊其父，世所传逸事甚多，不具载。其相王文谓：“面无人色，法曰沥血头。”相于谦谓：“目常上视，法曰望刀眼。”复果如其言。然性阴贼，不如其父，与群臣有隙，即缘相法于上前龄龁之。颇好读书，所著有《人相大成》及《凤池吟稿》《将台外集》云。

李槐

按《江宁府志》：槐善风鉴，居金陵。朱兰嵎太史为诸生时，槐决其必中。及会试入京，遇槐，复相之曰："精采殊常，鼻端已正，决中元无疑。脚趾甲如有楞，当有万里之行。"榜发，果验。后册封高丽，如其言。一日谓太史曰："尊人数已尽，恐不能越冬至，当备后事。"杜村公果以冬至前卒。太史丁艰家居，槐之子忽载槐柩至，太史赠以金及酒米等物。其子出父书，则俱载书中，盖已前知之矣。

冯鹤鹿

按《江宁府志》：鹤鹿，句容人。早岁不识一丁，壮遇异人，遂精相术，且通义理。有陈某求其相判，云："宴罢琼林志气豪，洛阳新柳映宫袍。文章事业俱堪羡，不使霜飞上鬓毛。"其人竟发而不寿。又相兴化一人，戒其元正勿出户，恐有大灾，其人从之。至初五日，为妻所逼，出拜妇翁。行至桥上，值有弄狮戏者，为观者所排，殒于桥下。生平语多奇验如此。随李文定公门下三十余年，数月之前，自言死日，果卒。

僧如兰

按《浙江通志》：明僧如兰，富阳人，善相术。于肃愍公少时，博戏市中，如兰见之曰："少年何不自爱？异时救世才也。"时有道人在旁曰："相如斯已乎？"如兰更熟视曰："惜不令终。"道人曰："和尚可教矣。"问其姓名，不答而去。

张田

按《镇江府志》：张田，丹阳人，工相术。一日与客语，邻舍儿有还其所负者，田反其金而速之去。客怪之，田曰："是儿当命尽此时。"遂逆计曰："不过太尉庙。"儿至太尉庙，果蹶死。晨起视镜曰："吾家居当及祸。"遂之九里庙避之。见神像，急走出，曰："神祸甚于我。"未三日而庙焚。田子故业贾，将渡江兴贩。田饮之酒，其妇怪其珍美异平时。田曰："儿去，当堕水死。父子恩，宁不诀别耶？"

妇曰："盍止之？"田曰："数也。可逃乎？"妇不听而止之。未几，失足水瓮中溺死。其神异多此类。田相术得之清道人，约勿更他授，其术不传也。

王仁美

按《苏州府志》：王仁美，字安之，善相，决死生休咎，奇验。人号为"王电目"。

刘鉴

按《扬州府志》：刘鉴，高邮人，永乐丙戌进士。为诸生时，有训导董光善相，以鉴目有神，遂授以相法。言人贵贱生死，无不验。有江湘三举子就鉴相，熟视良久，云："一伙进士。"既去，告人曰："伙者，火也，是当皆有火厄。"已而春闱灾，三人皆焚死。见农家子，方六七龄，曰："此子当登科第，为执法官。"乃御史葛萱也。

赵楷

按《畿辅通志》：赵楷，乐亭人，邑诸生，少聪敏，得《麻衣诀》，然不欲以术售。抚宁翟中丞鹏林居，楷望见辄语人曰："翟当起重用，第不终耳。"亡何起至大司马，总督六镇，遭厄。王司徒好问不偶，意郁然，楷曰："君当清贵可上卿，无忧不第。"后果然。又能自知休咎，俱言如左券。

陈清

按《开封府志》：清，仪封人，正统十二年乡举，任淳化县训导。尝遇异人，传授风鉴术，一经品题，吉凶悔吝，如持左券。及殁，有司尝即其家求之。其书虽存，而秘诀竟不传。

裘鲁恭

按《天台县志》：裘鲁恭通相术，言人生死、寿夭、祸福、富贵、贫贱，数十年后多应。一时神之，至今父老犹能详言其事。

崔勉

按《兖州府志》：勉，东阿诸生，有相人术，奇中。以贡至京师，大雪饮酒市楼，有夫妇行乞者上楼，勉相其夫曰："尔贵人也，当系玉带，奈何行乞?"相其妻，亦贵为夫人。乃探囊中金数铢与之，曰："第以为一餐费，即当贵，无忘我。"乞者乃袁都督彬也，时隶禁旅，贫极，问勉姓名，顿首谢去。后彬以校尉扈驾北征还，为都督。一日有指挥走谒勉求相。勉闻其叩门声，即匿不出。其仆怪之，勉曰："此人已无头矣，尚何可相?"不数日，北边警至，指挥战死。又道中尝逢一屠儿妻，勉相其当贵受封。同行者笑，勉曰："君他日第访之。"问其姓名而去。已而屠死，一贫生取之，生后来登第。他如此类甚众，不可殚述。

顾节

按《无锡县志》：节，字公理，性伉质好，面折人过。常减息缓急于人，然晚而所殖益厚。善许负术，自谓其女当大贵。时邵文庄宝三岁，丧父，家甚贫，无肯以女妻者。节一见之，喜曰："吾女之贵，乃在此子也。"即许字焉，且抚视甚至。后人以此服之。

唐古风

按《无锡县志》：唐古风者，不知其名，居熙春里，工相术。为女择婿，见张惠冈国维于崇安寺，曰："此可七品，且多男，而寿足矣。"乞张所善顾举人应龙为媒，而纳女焉。其明年嘉靖辛酉，国维举于乡。一旦宴其同年，唐坐而观焉，退而谓人曰："郭龙潭、顾少岩，皆不久于世。钱虚堂、华石门、周儆庵皆有贵子，而儆庵爵甚高，特不甚永年耳。"儆庵，周子义也，官少宰，子炳漠宗伯。钱、华之子，皆进士。国维后仕，终浮梁知县。

吴从善

按《江西通志》：吴从善，鄱阳人，本道师，善相法。郡守宁公弟貌相肖，初，令假衣冠坐廨中试之。从善揖而不拜，曰："此非四品骨。"众皆失笑。见税课吕铭曰："官当至二千石。"后果擢刑部郎，出知西安府。见鄱主簿孙诞曰："公本鸾凤，岂终枳棘之栖。"后官迁至山西按察佥事。言无不验，人又呼为聋道士。

毛童

按《江西通志》：毛童，鄱阳人，容貌鄙猥，衣褴褛，每匿术托为佣。其相法一目辄辨。县吏聂文政役满，问童，童曰："未有衙门可安乐，百日外得矣。"文政到京，三阅月卒。

第二十章　相术艺文

相术艺文（一）

相论

（魏）王朗

仲尼之门，童冠之群，不言形相之事，抑亦难据故也。古之人固有怀不副其貌，行不称其声者，是故夫子以言信行，失之于宰予；以貌度性，失之于子羽。圣人之于听察精矣，然犹或有所不得。以此推之，则彼度表、扪骨、指色、摘理，不常中必矣。若夫周之叔服，汉之许负，各以善相称于前世，而书传纪其效验之尤著者，不过公孙氏之二子，与夫周氏之条侯而已。

相论

曹植

世固有人，身瘠而志立，体小而名高者，于圣则否。是以尧眉八彩，舜目重瞳，禹耳参漏，文王四乳。然则世亦有四乳者，此则驽马一毛似骥耳。宋臣有公孙吕者，长七尺，面长三尺，广三寸，名震天下。若此之状，盖远代而求，非一世之异也。使形殊于外，道合其中，名震天下，不亦宜乎。语云："无忧而戚，忧必及之；无庆而欢，乐必随之。此心有先动，而神有先知，则色有先见也。"故扁鹊见

桓公，知其将亡；申叔见巫臣，知其窃妻而逃也。

相经序

（梁）陶弘景

相者，盖性命之著乎形骨，吉凶之表乎气貌，亦犹事先谋而后动，心先动而后应。表里相感，莫知所以。然且富贵寿天，各值其数。董贤甫在弱冠，便位过三公，资半于国，而裁出三十，身摧家破。冯唐裤穿郎署，扬雄壁立高阁，而并至白首。或垂老玉食，而官不过尉史；或颖慧若神，仅至龆龀；或不辨菽麦，更保黄耇，此又明其偏有得也。

相经序

刘峻

夫命之与相，犹声之与响，声动乎几，响穷乎应。虽寿夭参差，贤愚不一，其间大较，可得闻矣。若乃生而神睿，弱而能言，八彩光眉，四瞳丽目，斯实天姿之特达，圣人之符表。洎乎日角月偃之奇，龙栖虎踞之美；地静镇于城缠，天关运于掌策；金槌玉枕，磊落相望；伏犀起盖，隐辚交映；井宅既兼，食匮已实，抑亦帝王卿相之明效也。及其深目长颈，颓颜蹙頞，蛇行鸷立，猳喙鸟味，筋不束体，血不华色，手无春荑之柔，发有寒蓬之悴，或先吉而后凶，或少长乎穷乏，不其悲欤！至如姬公凝负图之容，孔父眇栖遑之迹，丰本知其有后，黄中明其可贵。其间或跃马膳珍，或飞而食肉，或皂隶晚侯，初形未正，铜岩无以保生，玉馔终乎饿死。因斯以观，何事非命？

蔡泽就唐生相赞

（北周）庚信

蔡泽羁旅，唐生决疑。无劳神策，不问灵龟。富贵自取，年寿须期。虽云异相，会待逢时。

杂说

（唐）韩愈

谈生为《崔山君传》，称鹤言者，岂不怪哉！然吾观于人，其能尽其性而不类于禽兽异物者希矣，将愤世嫉邪长往而不来者之所为乎？昔之圣者，其首有若牛者，其形有若蛇者，其喙有若鸟者，其面有若蒙魌者，彼皆貌似而心不同焉，可谓之非人邪？即有平胁曼肤，颜如渥丹，美而狠者，貌则人矣，其心则禽兽，又恶可谓之人也？然则观貌之是非，不若论其心与其行事之（可否）为不失也。怪神之事，孔子之徒不言，予将特取其愤世嫉邪而作之，故题之云耳。

折群疑相论

李德裕

夫相之相，在于清明；将之相，在于雄杰。清明者，珠玉是也，为天下所宝。雄杰者，虎兕是也，为百兽所伏。然清者必得大权，不能享丰富；雄者必当昌侈，不能得大柄。无而有之者，在乎粹美而已。余顷岁莅淮海属县，有盱眙山，多珉玉，剖而为器，清明洞澈，虽水精明冰不如也，而价不及于凡玉，终不得为至宝，以其不粹也。清而粹者，天也，故高不可测。清而澈者，泉也，故深亦可察。此其大略也。余尝精而求之，多士以才为命，妇人以色为命，天赋是美者，必将有以贵之。才高者，虽孟尝眇小，蔡泽折頞，亦居万人之上。色美者，虽钩弋之拳，子夫之贱，亦为万乘之偶。然不如清而粹者，必身名俱荣，福禄终泰，张良是也。择士能用此术，可以拔十得九，无所疑也。

相论

杜牧

吕公善相人，言女吕后当大贵，宜以配季。季后为天子，吕后复称制天下，王吕氏子弟，悉以大国。隋文帝，相工来和辈数人，亦言当为帝者，后篡窃，果得之。诚相法之不谬矣。吕氏自称制通为后，凡二十有余年间；隋氏自篡至灭，凡三十六年间，男女族属，杀灭殆尽，当秦末，吕氏大族也。周末，杨氏为八柱国，公侯相袭久矣。且以一女子、一男子偷窃位号，不三二十年间，壮老婴儿，皆不得其死，不知一女子为吕氏之福耶？为祸耶？一男子为杨氏之福耶？为祸耶？得一时之贵，灭百世之族，彼知相法者，当曰此必为吕氏、杨氏之祸，乃可谓善相矣。今断一指得四海，凡人不欲为，况以一女子、一男子易一族哉！余读荀卿《非相》，因感吕氏、杨氏，知卿为大儒矣。

相解

皮日休

今之相工言人相者，必曰某相类龙，某相类凤，某相类牛马。某至公侯，某至卿相。是其相类禽兽则富贵也。噫！立形于天地，分性于万物，其贵者不过人焉。有真人形而贫贱，类禽兽而富贵哉？将今之人，言其貌类禽兽则喜，真人形则怒；言其行类禽兽则怒，真人心则喜。夫以凤为禽耶，凤则仁义禽也。以驺虞为兽耶，驺虞则仁义之兽也。今之人也，仁义能符于是哉！是其行又不若于禽兽也，宜矣哉。或曰："相者有乎哉？"曰："上善出于性，大恶亦出于性。中庸之人，善恶在其化者也。"上善出于性，若文王在母不忧，重耳弱不好弄是也。大恶亦出于性者，若商臣之蜂目豺声，必杀其父；叔鱼之虎目豕腹，必以贿死是也。中庸之人，善恶在其化者，若大舜设化而有苗格，仲尼垂谕而子路服，是从善而化者也。若齐桓公、管仲辅之则伯，竖刁辅之则乱，是从恶而化者也。故舜相于尧而天下平，禹相于舜而大灾弭。咎繇相禹，所谓相者也。见人知其贤愚，见国知其治乱，亦相也。或曰：“贤愚者，见行事而知也。敢问圣人之相人，知其有位哉?”曰：“尧之于舜，任之以天下，知其有位也。舜之于四凶，投之于四裔，知其无位也。”曰：“苟若是，圣人之能相人也，是必贤者得其位，不肖者不立朝。三苗九黎，焉得以国?飞廉恶来，焉得以爵?”曰：“有是者，其君不能相也。将其国之是灭，岂暇相人而用哉！是则三苗九黎，未闻不灭；飞廉恶来，未闻不诛。”呜呼！圣人之相人也，不差忽微，不失累黍，言其善必善，言其恶必恶，言其胜任必胜任。今之人，不以是术相其心，区区求子卿、唐举之术，居其穷，处其困，不思以道达，不能以德进。言其有位，必翻然自负。坐白屋有公侯之姿，食藜羹有卿相之色，盖不能自相其心者也。或有士居穷处困，望一金之助，已有没齿之难。有妄诞之人，自称精子卿、唐举之术，取其金则易于反掌耳。有能以圣贤之道自相其心哉?呜呼！举世从之，吾独戾也，其不胜明矣。

跋朱相士赠卷

（宋）刘克庄

往时，楼旸叔有文名。君谓余：楼眉浓，不能为清望官。钱宏祖帅江西，年甫四十余。君又谓余：钱且暴死。既而皆然。独言某人当为二府，某人当为侍从，某人鬼形主凶，久而未验。余观君造次之言多中，揣摩之论辄差，岂非有心而售术，不若无心而信术欤！君颈长而膊耸，面瘠而下锐，望之若鸛鹤。余虽不晓风鉴，然知君非腰钱十万，封侯万户之相也决矣。余方以实语规君，君无以虚谈戏我。

相术艺文（二）

赠马相士二首

（宋）刘克庄

奼貌何妨至辅臣，

猴形亦有上麒麟。
伏波眉目空如画，
不是云台剑佩人。
荀卿初了心形者，
蒯彻安知背面哉。
别有精微书不载，
待君见了季咸来。

赠镜湖相士

文天祥

五月五日扬子江，
心水铸作道人双。
瞳子吾面碟子大，
安用镜照二百里。

赠秋月叶相士

前人

急流勇退神仙，跛鳖龙钟将相。
借问华山山中，何似天津桥上。

宣州罢任再赠杨相士

前人

贫贱元无富贵思，

泥涂滑滑总危机。
世无徐庶不如卧，
见到渊明便合归。
流落丹心天肯未，
峥嵘青眼古来稀。
西风为语岩前桂，
若更多言却又非。

赠相士钱子章

高翥

先生受命圣明朝，
凤诏欣然脱锦袍。
流落子孙从有失，
等闲轩冕未容招。
家贫术不因钱卖，
势合平生为酒豪。
近日人间能食肉，
请君著眼看班超。

欧阳相士谒书诣梁权郡诗以代之

方岳

江皋误洗荷锄手，
滴尽沧浪书满家。
第一讳穷人谬甚，

再三称好子虚耶。
霜眠茅屋可无酒，
春到梅梢怕有花。
烦见歙州梁别驾，
为言诗骨雪槎牙。

赠相者

（元）赵孟頫

吾闻伯乐善相马，
一顾千金长高价。
何人倜傥买权奇，
满眼驽骀居枥下。
张君年少目有神，
走半江湖多阅人。
我生瘦惙乏骏骨，
浪许腾骧防失真。
连朝春雨今始晴，
花枝照眼生春情。
楼前山色横翠霭，
湖上柳黄飞乱莺。
便须沽酒与君饮，
醉倒花前犹满引。
懒从唐举问流年，
欲向德翁谋小隐。

赠薛相士

郑元佑

子有唐生术，谁知范叔寒。
知无狼顾骨，可有鹖皮冠。
野日晴犹嫩，春泥晓未干。
多君远相顾，不用画灰看。

马周见太宗图

（明）高启

封事朝闻夕拜官，新丰无复客衣单。
书生未有鸢肩相，只说君臣际会难。

赠相士

张宣

桂丛始华香满院，
炁龙有客来相见。
自言幼读许负书，
烂烂双瞳炯若电。
瞪余丰采夸再三，
昔何蠖屈今豹变。
穷官得之谈笑顷，
不用文场苦鏖战。
人生所贵能自知，

我尝镜中见吾面。
两颧赪色耳无轮，
龌龊低头共鄙贱。
纵如眉目差疏秀，
已分半生食破研。
长吟抱膝倚青天，
看尽投林飞鸟倦。
封侯骨相岂不殊，
飞虎头颅加颔燕。
拨灰煨芋且勿言，
门外秋江净如练。

第二十一章　相术纪事一

《汲冢周书·太子晋解》：师旷见太子晋曰："瞑臣无见，为人辩也，唯耳之恃。而耳又寡闻而易穷。王子汝将为天下宗乎？"王子曰："太师何汝贱我乎。自太师疑昊以下至于尧舜禹，未有一姓而再有天下者。夫大当时而不伐，天何可得？且吾问汝之人年长短，告吾。"师旷对曰："汝声清汗，汝色赤白，火色不寿。"王子曰："吾后三年上宾于帝所，汝慎无言，□（殃）将及汝。"师旷归。未及三年，告死者至。

《左传·文公元年》：春，王使内史叔服来会葬。公孙敖闻其能相人也，见其二子焉，服曰："谷也食子，难也收子。谷也丰下，必有后于鲁国。"

初，楚子将以商臣为太子，访诸令尹子上。子上曰："君之齿，未也，而又多爱，黜乃乱也。楚国之举，恒在少者。且是人也，蜂目而豺声，忍人也，不可立也。"弗听，既又欲立王子职，而黜太子商臣。商臣闻之，以宫甲围成王，王请食熊蹯而死，弗听。丁未，王缢。

《史记·越世家》：勾践已平吴，周元王赐勾践胙，命为伯。当是时，越兵横行于江淮东，诸侯毕贺，号称霸王。范蠡遂去，遗大夫种书曰："蜚鸟尽，良弓藏，狡兔死，走狗烹。越王为人，长颈鸟啄，可与共患难，不可与共安乐。子何不去？"种见书，称疾不朝。人或谗种且作乱，越王乃赐种剑曰："子教寡人伐吴七术，寡人用其三而败吴。其四在子，子为我从先王试之。"种遂自杀。

《左传·宣公四年》：初，楚司马子良生子越椒，子文曰："必杀之。是子也，熊虎之状而豺狼之声，弗杀，必灭若敖氏矣。谚曰：'狼子野心。'是乃狼也，其可畜乎？"子良不可，子文以为大戚。及将死，聚其族曰："椒也知政，乃速行矣，无及于难。"且泣曰："鬼犹求食，若敖氏之鬼，不其馁而！"及令尹子文卒，斗般为令尹，子越为司马。蒍贾为工正，谮子扬而杀之。子越为令尹，己为司马。子越又恶之，乃以若敖氏之族圄伯嬴于轑阳而杀之。遂处烝野，将攻王。王以三王之子为质焉，弗受。师于漳澨。秋七月戊戌，楚子与若敖氏战于皋浒，伯棼射王，汰辀，及鼓跗，著于丁宁。又射汰辀，以贯笠毂。师惧，退。王使巡师曰："吾先君文王克息，获三矢焉，伯棼窃其二，尽于是矣。"鼓而进之，遂灭若敖氏。

《哀公十三年》：夏，公会单平公、晋定公、吴夫差于黄池。秋七月辛丑，盟。吴、晋争先。吴人曰："于周室，我为长。"晋人曰："于姬姓，我为伯。"赵鞅呼司马寅曰："日旰矣，大事未成，二臣之罪也。建鼓整列，二臣死之，长幼必可知也。"对曰："请姑视之。"反，曰："肉食者无墨。今吴王有墨，国胜乎？大子死乎？且夷德轻，不忍久，请少待之。"乃先晋人。

《庄子·徐无鬼篇》：子綦有八子，陈诸前，召九方歅曰："为我相吾子，孰为祥？"九方歅曰："梱也为祥。"子綦瞿然喜曰："奚若？"曰："梱也，将与国君同食，以终其身。"子綦索然出涕曰："吾子何为，以至于是极也？"九方歅曰："夫与国君同食，泽及三族，而况父母乎？今夫子闻之而泣，是御福也。子则祥矣，父则不祥。"子綦曰："歅，女何足以识之？而梱祥邪？尽于酒肉，入于鼻口矣，而何足以知其所自来！吾未尝为牧，而牂生于奥；未尝好田，而鹑生于鹑。若勿怪，何邪？吾所与吾子游者，游于天地，吾与之邀乐于天，吾与之邀食于地，吾不与之为事，不与之为谋，不与之为怪。吾与之乘天地之诚，而不以物与之相樱；吾与之一委蛇，而不与之为事所宜，今也然，有世俗之偿焉。凡有怪征者，必有怪行，殆乎非我与吾子之罪，几天与之也。吾是以泣也。"无几何，而使梱之于燕，盗得之于道。全而鬻之则难，不若刖之则易。于是乎刖而鬻之于齐，适当渠公之街，终身食肉而终。

《孔丛子·执节篇》：魏安釐王问子顺曰："马回之为人，虽少才文，梗梗亮直，有大丈夫之节，吾欲以为相，可乎？"答曰："知臣莫若君，何有不可？至于亮直之节，臣未明也。"王曰："何故？"答曰："闻诸孙卿云：'其为人也，长目而豕视者，必体方而心圆。'每以其法相人，千百不失。臣见回非不伟其体干也，然甚疑其目。"王卒用之，三月果以谄得罪。

《春秋后语》：平原君对赵王曰："渑池之会，臣察武安君之为人也，小头而锐，瞳子白黑分明，眡瞻不转。小头而锐，断敢行也。瞳子黑白分明者，见事明也。眡瞻不转者，执志强也。可与持久，难与争锋。廉颇为人勇鸷而爱士，知难而忍耻，与之野战则恐不如，守足以当之。”王从其计。

《汉书·高祖本纪》：单父人吕公善沛令，避仇从之客，因家焉。吕公者，好相人，见高祖状貌，因重敬之，曰：“臣少好相人，相人多矣，无如季相，愿季自爱。巨有息女，愿为箕帚妾。”酒罢，吕媪怒吕公曰：“公始常欲寄此女与贵人。沛令善公，求之不与，何自妄许与刘季？”吕公曰：“此非尔女子所知。”卒与高祖。吕公女，即吕后也，生孝惠帝、鲁元公主。高祖尝告归之田，吕后与两子居田中耨。有一老父过，请饮，吕后因铺之，老父相后曰：“夫人天下贵人也。”令相两子，见孝惠帝曰：“夫人所以贵者，乃此男也。”相鲁元公主，亦皆贵。老父已去，高祖适从旁舍来，吕后具言客有过，相我子母皆大贵。高祖问，曰：“未远。”乃追及。问老父，老父曰：“乡者，夫人儿子贵皆以君，君相贵不可言。”高祖乃谢曰：“诚如父言，不敢忘德。”及高祖贵，遂不知老父处。

《黥布传》：黥布，姓英氏。少时，客相之当刑而王。及壮坐法，黥布欣然笑曰：“人相我当刑而王。”几是乎人有闻者，共戏笑之。

《吴王濞传》：高祖立濞于沛，为吴王，王三郡、五十城。已拜受印，高祖召濞，相之曰：“若状有反相。”独悔业已拜，因拊其背曰：“汉后五十年，东南有乱，岂若邪？然天下同姓一家，慎无反。”濞顿首曰：“不敢。”

《卫青传》：青父郑季，以县吏给事侯家。平阳侯曹寿尚武帝姊阳信长公主。季与主家卫媪通，生青。青有同母兄卫长君及姊子夫。子夫自平阳公主家得幸武帝，故青冒姓为卫氏。青为侯家人，少时归其父，父使牧羊。民母之子皆奴畜之，不以为兄弟数。青尝从人至甘泉居室，有一钳徒相青曰：“贵人也，官至封侯。”青笑曰：“人奴之生，得无笞骂即足矣，安得封侯事乎？”青壮，为侯家骑。建元二年，青姊子夫得入宫幸上，召青为建章监，侍中。元光六年，拜车骑将军，击匈奴。元朔二年，取河南地，为朔方郡，封长平侯。五年，拜大将军。

《邓通传》：通官至上大夫。上使善相人者相通，曰：“当贫饿死。”上曰：“能富通者在我，何说贫？”于是赐通蜀严道铜山，得自铸钱。邓氏钱布天下，其富如此。文帝尝病痈，邓通常为上嗽吮之。上不乐，从容问曰："天下谁最爱我者乎？"通曰："宜莫若太子。"太子入问疾，上使太子齰痈，太子齰痈而色难之。已而闻通尝为上齰之，太子惭，由是心恨通。及文帝崩，景帝立，邓通免，家居。居无何，人有告通盗出徼外铸钱，下吏验问，颇有，遂竟案，尽没入之，通家尚负债数巨万，长公主赐邓通，吏辄随没入之，一簪不得着身。于是长公主乃令假衣食，竟不得名一钱，寄死人家。

《史记·韦丞相贤传》：丞相贤者，鲁人也。以读书术为吏，至大鸿胪。有相工相之，当至丞相。有男四人，使相工相之，至第二子，其名元成。相工曰："此子贵，当封。"韦丞相言曰："我即为丞相，有长子，是安从得之？"后竟为丞相。病死，而长子有罪论，不得嗣，而立元成。元成时佯狂，不肯立，竟立之，有让国之名。后坐骑至庙，不敬，有诏夺爵一级，为关内侯。元成少时好读书，明于《诗》、《论语》。为吏至卫尉，徙为太子大傅。御史大夫薛君免，为御史大夫。于丞相乞骸骨免，而为丞相，因封故邑，为扶阳侯。数年，病死，孝元帝亲临丧，赐赏甚厚。子嗣后。其治容容，随世俗浮沉，而见谓谄巧。而相工本谓之当为侯代父，而后失之；复自游宦而起至丞相。父子俱为丞相，世间美之，岂不命哉！相工其先知之。

《邴丞相吉传》：长安有善相工田文者，与韦丞相、魏丞相、邴丞相微贱时会于客家。田文言曰："今此三君者皆丞相也。"其后三人竟更相代为丞相，何见之明也。

《汉书·黄霸传》：霸少为阳夏游微，与善相人者共载出。见一妇人，相者言："此妇人当富贵，不然相书不可用也。"霸推问之，乃其乡里巫家女也。霸即娶为妻，与之终身，为丞相，后徙杜陵。

《翟方进传》：方进，字子威，汝南上蔡人也，家世微贱。至方进父翟公好学，为郡文学。方进年十二三，失父，孤学，给事太守府，为小吏，号迟顿不及事，数为掾史所詈辱。方进自伤，乃从汝南蔡父相，问己能所宜。蔡父大奇其形貌，谓曰："小吏有封侯骨，当以经术进，努力为诸生学问。"方进既厌为小吏，闻蔡父言，心喜，因病归家，辞其后母，欲西至京师受经。母怜其幼，随之长安，织履以给方进读。经博士受《春秋》。积十余年，经学明习，徒众日广，诸儒称之。以射策甲科为郎。后为丞相，封高陵侯。

《许皇后传》：掖庭令张贺养视皇曾孙甚厚。时许广汉为暴室啬夫，有女平君，年十四五，当为内者令欧侯氏子妇。临当入，欧侯氏子死。其母将行卜相，言当大贵，母独喜。贺闻许啬夫有女，乃置酒请之，为言曾孙体近下人，乃关内侯，可妻也。广汉许诺。明日，妪闻之，怒。广汉重令为介，遂与曾孙，一岁生元帝。数月，曾孙立为帝，平君为倢伃。是时霍将军有小女，与皇太后有亲，公卿议更立皇后，皆心仪霍将军女，亦未有言。上乃诏求微时故剑，大臣知指，白立许倢伃为皇后。

《李陵传》：李陵为匈奴所围，上欲陵死战，召陵母及妇，使相者视之，无死丧色。后闻陵降，上怒甚。

《后汉书·朱佑传》：朱佑，字仲先，南阳宛人也。世祖为大司马，以佑为护军，常见亲幸，舍止于中。佑侍宴，从容曰："长安政乱，公有日角之相，此天命也。"

《马皇后纪》：明德马皇后，伏波将军援之小女也。少丧父母。兄客卿敏惠早夭，母蔺夫人悲伤发疾慌惚。后时年十岁，干理家事，敕制僮御，内外咨禀，事同成人。初，诸家莫知者，后闻之，咸叹"异焉。"后尝久疾，太夫人令筮之。筮者曰："此女虽有患状，而当大贵，兆不可言也。"后又呼相者使占诸女，见后，大惊曰："我必为此女称臣。然贵而少子，若养他子者得力，乃当逾于所生。"后选后入太子宫。显宗即位，以后为贵人。时后前母姊女贾氏亦以选入，生肃宗，帝以后无子，命令养之，谓曰："人未必当自生子，但患爱养不至耳。"后于是尽心抚育，劳悴过于所生。肃宗亦孝性惇笃，恩性天至。母子慈爱，始终无纤介之间。后常以皇嗣未广，每怀忧叹，荐达左右，若恐不及。后宫有进见者，每加慰纳。若数所宠引，辄增隆遇。永平三年春，有司奏立长秋宫，帝未有所言。皇太后曰："马贵人德冠后宫，即其人也。"遂立为皇后。

《班超传》：超行诣相者，曰："祭酒，布衣诸生耳，而当封侯万里之外。"超问其状，相者指曰："生燕颔虎颈，飞而食肉，此万里侯相也。"

《窦皇后纪》：章德窦皇后讳某，扶风平陵人，大司徒融之曾孙也。祖穆，父勋，坐事死，事在《窦融传》。勋尚东海恭王强女沘阳公主，后其长女也。家既废

坏，数呼相工问息耗。见后者皆言："当大尊贵，非臣妾容貌。"年六岁，能书，亲家皆奇之。建初二年后，与女弟俱以选例入见长乐宫，进止有序，风容甚盛。肃宗先闻后有才色，数以讯诸姬傅。及见，雅以为美。马太后亦异焉，因入掖庭，见于北宫章德殿。后性敏给，倾心承接，称誉日闻。明年，遂立为皇后。

《邓皇后纪》：相者见后，惊曰："此成汤之法也。"家人窃喜而不敢宣。

《梁皇后纪》：永建三年，与姑俱选入掖庭，时年十三。相工茅通见后惊，再拜，贺曰："此所谓日角偃月，相之极贵，臣所未尝见也。"

《太平御览》：龙渊善相，刘宏造渊，渊闻宏声，乃起迎曰："公当继位也。"宏曰："家贫负债，可得贵乎？"渊曰："公勿然也。"张济就相，渊曰："事刘宏，可至三公。"济事宏，宏后为解犊侯。既去南阳，桓帝崩，迎解犊侯为天子，是为灵帝。济为司空。

《后汉书·赵壹传》：光和元年，壹举郡上计。后经弘农侯太守，门者不即通。壹遂遁去，终于家。初，袁逢使善相者相壹云："仕不过郡吏。"竟如其言。

《吴志·孙权传》：权字仲谋。兄策，既定诸郡时，权年十五，以为阳羡长。郡察孝廉，州举茂才，行奉义校尉。汉以策远修职贡，遣使者刘琬加锡命。琬语人曰："吾观孙氏兄弟，虽各才秀明达，然皆禄祚不终。惟中弟孝廉，形貌奇伟，骨体不恒，有大贵之表。年又最寿，尔试识之。"

《魏志·钟繇传》：繇字元常，颖川长社人也。尝与族父瑜俱至洛阳，道遇相者，曰："此童有贵相，然当厄于水，努力慎之。"行未十里，度桥马惊，堕水几死。瑜以相者言中，益贵繇，而供给资费，使得专学，举孝廉。

《管辂传》：辂族兄孝国居在斥丘，辂往从之，与二客会。客去后，辂谓孝国曰："此二人天庭及口耳之间同有凶气，异变俱起，双魂无宅，流魂于海，骨归于家，少许时当并死也。"复数十日，二人饮酒醉，夜共载车，牛惊下道，入漳河中，皆即溺死也。

辂见何晏、邓飏，言语切至，辂舅谓辂狂悖。十余日，晏、飏皆诛。注《辂别传》曰："舅问辂，前见何、邓之日，为已有凶气未也？"辂言："与祸人共会，然后知神明交错。与吉人相近，又知圣贤求精之妙。夫邓之行步，则筋不束骨，脉不制肉，起立倾倚，若无手足，谓之‘鬼躁’。何之视候，则魂不守宅，血不华色，精爽烟浮，容若槁木，谓之‘鬼幽’。故鬼躁者为风所收，鬼幽者为火所烧。自然之符，不可以蔽也。”

《蜀志·邓芝传》：芝字伯苗，义阳新野人，汉司徒禹之后也。汉末入蜀，未见知待。时益州从事张裕善相，芝往从之，裕谓芝曰：“君年过七十，位至大将军，封侯。”芝闻巴西太守庞羲好士，往依焉。后历前将军，领兖州刺史，封阳武亭侯，为大将军二十余年。

《魏志·管辂传》：正元二年，弟辰谓辂曰：“大将军待君意厚，冀当富贵乎？”辂长叹曰：“吾自知有分直耳，然天与我才明，不与我年寿，恐四十七八间，不见女嫁儿娶妇也。若得免此，欲作洛阳令，可使路不拾遗，抱鼓不鸣。但恐至太山治鬼，不得治生人，如何！”辰问其故，辂曰：“吾额上无生骨，眼中无守精，鼻无梁柱，脚无天根，背无三甲，腹无三壬，此皆不寿之验。又吾本命在寅，加月食夜生。天有常数，不可得讳，但人不知耳。吾前后相当死者过百人，略无错也。”是岁八月，为少府丞。明年二月卒，年四十八。

《晋书·羊祜传》：祜少丧父，尝游汶水之滨，遇父老，谓之曰：“孺子有好相，年未满六十，必建大功于天下。”既而去，莫知其所在。

《张华传》：初，吴之未灭也，斗牛之间常有紫气。华要、雷焕登楼仰视，曰：“是何祥也？”焕曰：“宝剑之精，上彻于天耳。”华曰：“君言得之。吾少时，有相者言吾出六十，位登三事，当得宝剑佩之，斯言岂效欤！”

《裴秀传》：初，文帝未定嗣，而属意舞阳侯攸。武帝惧不得立，问秀曰：“人有相否？”因以奇表示之。秀后言于文帝曰：“中抚军人望既茂，天表如此，固非人臣之相也。”由是世子乃定。

《武元杨皇后传》：后讳艳，字琼芝，弘农华阴人也。父文宗，母天水赵氏，早卒。后依舅家，舅妻仁爱，亲乳养后，遣他人乳其子。及长，又随后母段氏依其家。后少聪慧，善书，姿质美丽，闲于女工。有善相者尝相后，当极贵。文帝闻而为世子聘焉，甚被宠遇。生毗陵悼王轨，惠帝衷，献王柬，平阳新丰阳平公主。武帝即位，立为皇后。

《陶侃传》：有善相者师圭，谓侃曰："君左手中指有竖理，当为公。若彻于上，贵不可言。"侃以针决之，见血洒壁，而为公字。以纸裹手，公字愈明。

《陈训传》：甘卓为历阳太守，训私谓所亲曰："甘侯头低而视仰，相法名为盼刀，又目有赤脉，自外而入，不出十年，必以兵死，不领兵则可以免。"卓果为王敦所害。丞相王导多病，每自忧虑，以问训，训曰："公耳竖垂肩，必寿，亦大贵，子孙当兴于江东。"咸如其言。

《周访传》：访少时，遇善相庐江陈训，谓访与陶侃曰："二君皆位至方岳，功名略同，但陶得上寿，周得下寿，优劣更由年耳。"访小侃一岁，太兴三年卒，时年六十有一。

《孝武文李太后传》：李太后，讳陵容，本出微贱。始简文帝为会稽王，有三子，俱夭。自道生废黜，献王早世，其后诸姬绝孕将十年。帝令卜者扈谦筮之，曰："后房中有一女，当育二贵男，其一终盛晋室。"时徐贵人生新安公主，以德美见宠，帝常冀之，有娠而弥年无子。会有道士许迈者，朝臣时望多称其得道。帝从容问焉，答曰："迈是好山水人，本无道术，斯事岂所能判？但殿下德厚庆深，宜隆奕世之绪，当从扈谦之言，以存广接之道。"帝然之，更加采纳。又数年无子，乃令善相者召诸姬妾而示之，皆云非其人。又悉以诸婢媵示焉。时后为宫人，在织坊中，形长而色黑，宫人皆谓之昆仑。既至，相者惊云："此其人也。"帝以大计，召之侍寝，后数梦两龙枕膝，日月入怀，意以为吉祥，向侪类说之，帝闻而异焉。遂生孝武帝及会稽文孝王、鄱阳长公主。

《檀凭之传》：义旗之建，刘裕以凭之为建武将军。裕将义举，尝与何无忌、魏咏之同会凭之所，会善相者晋陵韦叟见凭之，大惊曰："卿有急兵之厄，其候不过三四日耳。且深藏以避之，不可轻出。"及桓元将皇甫敷之至罗落桥也，凭之与裕各领一队而战，军败，为敷军所害。

《魏咏之传》：咏之，字长道，任城人也。家世贫素，而躬耕为事，好学不倦。生而兔缺。有善相者谓之曰："卿当富贵。"年十八，闻荆州刺史殷仲堪帐下有名医能疗之，贫无行装，谓家人曰："残丑如此，用活何为？"遂赍数斛米西上，以投仲堪。既至，造门自通，仲堪与语，嘉其盛意，召医视之。医曰："可割而补之，但须百日进粥，不得笑语。”咏之曰：“半生不语，而有半生，亦当疗之，况百日耶！”仲堪于是处之别屋，令医善疗之。咏之遂闭口不语，唯食薄粥，其厉志如此。及补，仲堪厚资遣之。

《载记》：刘元海父豹，豹妻呼延氏，魏嘉平中祈子于龙门。俄而有一大鱼，顶有二角，轩鬐跃鳞而至祭所，久之乃去。其夜梦旦所见鱼变为人，左手把一物，大如半鸡子，光景非常，授呼延氏曰：“此是日精，服之生贵子。”寤而告豹，豹曰：“吉征也。吾昔从邯郸张冏母司徒氏相，云吾当有贵子孙，三世必大昌，仿像相符矣。”自是十三月而生元海，左手纹有其名，遂以名焉。

屯留崔懿之、襄陵公师彧等皆善相人，及见元海，惊而相谓曰：“此人形貌非常，吾所未见也。”

石季龙，勒之从子也，名犯太祖庙讳，故称字焉。祖曰訇邪，父曰寇觅。勒父朱幼而子季龙，故或称勒弟焉。年六七岁，有善相者曰：“此儿貌奇，有壮骨，贵不可言。”

苻坚年七岁，聪敏好施，举止不逾规矩。每侍洪侧，辄量洪举措，取与不失机候。洪每曰：“此儿姿貌瑰伟，质性过人，非常相也。”高平徐统有知人之鉴，遇坚于路，异之，执其手曰：“苻郎，此官之御街，小儿敢戏于此，不畏司隶缚邪。”坚曰：“司隶缚罪人，不缚小儿戏也。”统谓左右曰：“此儿有霸王之相。”左右怪之，统曰：“非尔所及也。”后又遇之，统下车屏人，密谓之曰：“苻郎骨相不恒，后当大贵，但仆不见，如何！”坚曰：“诚如公言，不敢忘德。”

《十六国春秋·蜀录》：李雄，字仲隽，特第三子，长八尺三寸，美容貌。相工相之，曰：“此君将贵。其相有四：目如重云，鼻如龟龙，口方如器，耳如相望。法为大贵，位过三公不疑。”

《南燕录》：慕容超，字祖，明德兄北海王纳之子。秦灭燕，张掖太守苻昌诛纳及德之诸子。纳妻段氏，以怀妊未决，逃于羌中而生超焉。后因吕隆归秦，秦徙凉州民于长安，超因而东归至长安，佯狂行乞。济阴人宗正谦善卜相，西至长安，卖术于路。超行而遇之，因就谦相。谦奇其姿貌，超乃不告母妻，与谦俱归，至诸关禁，自称张伏生。

第二十二章　相术纪事二

《宋书·高祖本纪》：高祖与何无忌等讨桓元，以孟昶为长史，总摄后事，檀凭之为司马，百姓愿从者千余人。三月，戊午朔，遇吴甫之于江乘。甫之，元骁将也，其兵甚锐。高祖躬执长刀，大呼以冲之，众皆披靡，即斩甫之。进至罗落桥，皇甫敷率数千人逆战。宁远将军檀凭之与高祖各御一队，凭之战败见杀，其众退散。高祖进战弥厉，前后奋击，应时摧破，即斩敷首。初，高祖与何无忌等共建大谋，有善相者，相高祖及无忌等并当大贵，其应甚近，惟云“凭之无相。”高祖与无忌密相谓曰：“吾等既为同舟，理无偏异。吾徒咸皆富贵，则檀不应独殊。”深不解相者之言。至是而凭之战死，高祖知其事必捷。

《沈攸之传》：初，攸之贱时，与吴郡孙超之、全景文，共乘小船出京都。三人共上引埭，有一人止而相之曰：“君三人皆当至方伯。”攸之曰：“岂有三人俱有此相？”相者曰：“骨法如此。若有不验，便是相书误耳。”其后，攸之为郢刑二州，超之广州，景文豫州刺史。

《南史·李安人传》：安人，兰陵承人也。祖嶷，卫军将军。父钦之，薛令。安人随父在县。宋元嘉中，县被魏克，安人寻率部曲自拔南归。明帝时，稍迁武卫将军，领水军讨晋安王子勋，所向克捷。事平，明帝大会新亭楼，劳诸军主。樗蒱官赌，安人五掷皆卢，帝大惊，目安人曰：“卿面方如田，封侯相也。”安人少时贫，有一人从门过，相之曰：“君后当大富贵，与天子交手共戏。”至是，安人寻此人，不知所在。

《南齐书王僧虔传》：世祖即位，僧虔以风疾欲陈解，会选侍中、左光禄大夫、开府仪同三司。僧虔少时，群从宗族并会，客有相之者云：“僧虔年位最高，仕当至公，余人莫及也。”

《南史·齐高帝诸子传》：武陵昭王昱，字宣昭，高帝第五子也。建元二年，为会稽太守，加都督。武帝即位，历中书令、祠部尚书。巫觋或言：“昱有非常之相。”以此自负。武帝闻之，故无宠。

《王敬则传》：敬则，临淮射阳人也。母为女巫，常谓人云：“敬则生时，胞衣紫色，应得鸣鼓角。”人笑之曰：“汝子得为人吹角可矣。”敬则年长而两腋下生乳，各长数寸，善拍张，补刀戟左右。宋前废帝使敬则跳刀，甚为儇捷，补侠毂队，主领细铠左右。及明帝即位，以为直阁将军，封重安县子。齐建元元年，封浔阳郡公，永明二年，给鼓吹一部。

《江祏传》：祏，字弘业，济阳考城人也。祏姑为齐高帝兄始安贞王道生妃。生齐明帝。拓少为明帝所亲，恩如兄弟。明帝辅政，委以腹心。时新立海陵，人情未服，祏每说明帝以君臣大节，明帝转顾而不言。明帝胛上有赤痣，常秘不传，既而拓劝帝出以示人。晋寿太守王洪范罢任还，上袒示之，曰：“人皆谓此是日月相，卿幸无泄之。”洪范曰：“公日月在躯，如何可隐？转当言之公卿。”上大悦。

《南齐书·张欣泰传》：欣泰少时，有人相其当得三公。而年裁三十后，屋瓦堕伤额，又问相者，云：“无复公相，年寿更增，亦可得方伯耳。”死时，年四十六。

《梁书·吕僧珍传》：僧珍，字元瑜，东海范阳人。世居广陵，起自寒贱，童儿时从师学，有相工历观诸生，指僧珍谓博士曰：“此有奇声，封侯相也。”

《陈书·章昭达传》：昭达，字伯通，吴兴武康人也。祖道盖，齐广平太守。父法尚，梁扬州议曹从事。昭达性倜傥，轻财尚气，少时尝遇相者，谓昭达曰：“卿容貌甚善，须小亏损，则当富贵。”梁大同中，昭达为东宫直，后因醉坠马，鬓角小伤。昭达喜之，相者曰：“未也。”及侯景之乱，昭达率募乡人援台城，为流矢所中，眇其一目。相者见之曰：“卿相善矣，不久当贵。”京城陷，昭达还乡里，与世祖游，因结君臣之分。侯景平，世祖为吴兴太守，昭达杖策来谒世祖。世祖见之大喜，因委以将帅，恩宠优渥，超于侪等。

《魏书·卢元传》：元子度世，度世子渊，车驾南伐，加渊使持节安南将军。初，渊年四十，尝诣长安。将还，诸相饯送者五十余人，别于渭北。有相者扶风人王伯达曰：“诸君皆不如此卢郎，虽位不副实，然德声甚盛，望逾公辅。后二十余年，当制命关右，愿不相忘此行也。”相者年过八十，诣军门请见，言叙平生焉。

《寇赞传》：赞身长八尺，姿容严凝，非礼不动。历爵河南公加安南将军，领护南蛮校尉，仍刺史，分洛豫二州之侨郡以益之。虽位高爵重，而接待不倦。初，赞之未贵也，尝从相者唐文相，文曰："君额上黑子入帻，位当至方伯封公。"及贵也，文以民礼拜谒，仍曰："明公忆民畴昔之言乎？尔日但知公当贵，然不能自知得为州民也。"赞曰："往时卿言杜琼不得官长，人咸谓不然，及琼被选为盩厔令，卿犹言相中不见，而琼果以暴疾，未拜而终。昔魏舒见主人儿死，自知已必至公，吾常以卿言琼之验，亦复不息此望也。"

《王显传》：王显出入禁中，奉医药。肃宗践祚，显参奉玺策，随从临哭，微为忧惧。显既蒙任遇，兼为法官，恃势使威，为时所疾。朝宰托以侍疗无效，执之禁中。诏削爵位，临执呼冤。直阁以刀镮撞其腋下，伤中吐血，至右卫府一宿死。始显布衣为诸生，有沙门相显后当富贵，诫其勿为吏官，吏官必败。由是世宗时，或欲令其遂摄吏部，每殷勤避之。及世宗崩，肃宗夜即位，受玺册于仪，须兼太尉乃吏部，仓卒百官不具，以显兼吏部行事矣。

《北齐书·文宣帝本纪》：帝讳洋字。子进，高祖第二子，世宗之母弟。黑色，大颊兑下，鳞身重踝，不好戏弄，深沉大度。晋阳有沙门，乍愚乍智，时人不测，呼为阿秃师。帝曾与诸童共见之，历问禄位。至帝举手再三，指天而已，口无所言，见者异之。帝内虽明敏，貌若不足。世宗每嗤之，云："此人亦得富贵，相法亦何由可解。"唯高祖异之。

《暴显传》：暴显，字思祖，魏郡斥丘人也。祖喟，魏琅琊太守、朔州刺史，因家边朔。父诞，魏恒州刺史、左卫将军，乐安公。显幼时，见一沙门指之，曰："此郎子有好相表，大必为良将，贵极人臣。"语终失僧，莫知所去。

《周书·孝闵帝本纪》：孝闵皇帝讳觉，字陁罗尼，太祖第三子也。母曰元皇后。大统八年，生于同州官舍，九岁封略阳郡公。时有善相者史元华见帝，退谓所亲曰："此公子有至贵之相，但恨其寿不足以称之耳。"

《辛庆之传》：庆之族子昂。昂字进君，年数岁便有成人志行。有善相人者，谓其父仲略曰："公家虽世载冠冕，然名德富贵，莫有及此儿者。"仲略亦重昂志气，深以为然。

《念贤传》：贤字盖卢，美容质，颇涉书史。为儿童时，在学中读书，有善相者过学，诸生竞诣之，贤独不往，笑谓诸生曰："男儿死生富贵在天也，何遽相乎！"

《隋书·宇文述传》：述年十一，时有相者谓述曰："公子善自爱，后当位极人臣。"周武帝时，以父军功起家，拜开府。

《高祖本纪》：高祖为人龙颜，额上有五柱入顶，目光外射。有文在手，曰"王"。长上短下，沉深严重。初入太学，虽至亲昵不敢狎也。年十四，京兆尹薛善辟为功曹。十五，以太祖勋，授散骑常侍、车骑大将军仪同三司，封成纪县公。十六，迁骠骑大将军加开府。周太祖见而叹曰："此儿风骨，不似代间人。"明帝即位，授右小宫伯，进封大兴郡公。帝尝遣善相者赵昭视之，昭诡对曰："不过作柱国耳。"既而阴谓高祖曰："公当为天下君，必大诛杀而后定，善记鄙言。"武帝聘高祖长女为皇太子妃，益加礼重。齐王宪言于帝曰："普六茹坚相貌非常，臣每见之不觉自失，恐非人下，请早除之。"帝曰："此子可为将耳。"内史王轨骤言于帝曰："皇太子非社稷主，普六茹坚貌有反相。"帝不悦，曰："必天命有在，将若之何？"高祖甚惧，深自晦匿。

《牛弘传》：弘字里仁，安定鹑觚人也。本姓尞氏。祖炽，郡中正。父允，魏侍中、工部尚书。临泾公赐姓为牛氏。弘初在襁褓，有相者见之，谓其父曰："此儿当贵，善爱养之。"及长，须貌甚伟。

《太平御览》：唐高祖生，长安紫气充庭，神光照室，体有三乳，左腋下有紫痣如龙。初，有善相者史良言曰："公骨相非常，必为人主。至于命，非所敢知。"久之，史良复遇高祖，乃大惊曰："骨法如旧。年寿之相，顿异昔时。勿忘鄙言，愿深自爱。"高祖益自负。

《龙城录》：武居常，天后高祖也。少时游洛，下人呼为猴猻郎，以居常颐下有须若猿颔也。其上有四靥。一日伊水上遇一丐者，曰："郎君当有身后名，面骨法当刑，然有女，当八十年后起，家暴贵，寻亦浸微。"居常不信，后卒如言。丐者岂非异人乎！

《太平御览》：隋尚食奉御郭弘道，字大宝，弘农华阴人也。炀帝时，征为奉御。高祖为殿内少监，深善之，往来情契。弘道善相，因言曰："公天庭、伏犀下接于眉，此非人臣之相，愿深自爱。”高祖取弘道银盆置之于地，引弓射之，谓弘道曰：“倘言有验，一发中之。”既发，应弦而中。弘道曰：“愿公事验之后，赐赏金盆。”高祖大悦。

《唐书·太宗本纪》：太宗生四岁，有书生谒高祖曰：“公在相法贵人也，然必有贵子。”及见太宗，曰：“龙凤之姿，天日之表。其年及冠，必能济世安民。”书生已辞去，高祖惧其语泄，使人追杀之，而不知其所往。因以为神，乃采其语，名之曰：“世民。”

《谈宾录》：李勣每临阵选将，必相有福禄者而后遣之。人问其故，对曰：“薄命之人，不足与成功名。”君子以为知言。

《朝野佥载》：唐王显与文武皇帝有严子陵之旧，每掣裈为戏，捋帽为欢。帝微时尝戏曰：“王显抵老不作茧。”及帝登极，而显谒，因奏曰：“臣今日得作茧耶。”帝笑曰：“未可知也。”召其三子，皆授五品，显独不及。谓曰：“卿无贵相，朕非为卿惜也。”曰：“朝贵而夕死足矣。”时仆射房玄龄曰：“陛下既有龙潜之旧，何不试与之。”帝与之三品，取紫袍金带赐之，其夜卒。

《唐书·郑朗传》：朗举进士，有相者言：“君当贵，然不可以科第进。”俄而有司擢朗第一，既又覆实，被放。相者贺曰：“安之。”已而果相。

《高智周传》：智周始与郝处俊、来济、孙处约共依江都石仲览。仲览倾产结四人欢，因请各语所期。处俊曰：“丈夫惟无仕，仕至宰相乃可。”智周、济如之。处约曰：“得为舍人，在殿中周旋吐纳可也。”仲览使相工视之，工语仲览曰：“高之贵，君不及见之，来早显而末踬，高晚显而寿。吾闻速登者易颠，徐进者少患，天道也。”后济居吏部，处约以瀛州参军入调。济曰：“如志。”拟通事舍人，毕，降阶劳问平生。既仲览卒，而济等益显。智周所善义兴蒋子慎，有客尝视两人，曰：“高公位极人臣，而嗣少弱。蒋侯宦不达，后且兴。”子慎终达安尉。其子缯往见智周，智周方贵，以女妻之，生子挺，历湖延二州刺史。生子洌、涣，皆擢进士。洌为尚书左丞，涣永泰初历鸿胪。卿日，本使尝遗金帛，不纳，唯取笺一番，为书以贻其副云。挺之卒，洌兄弟庐墓侧植松柏千余。涣终礼部尚书，封汝南公。洌子炼，涣子铢，又有清白名，而高氏后无闻。

《刘沔传》：刘沔，字子汪，徐州彭城人。父廷珍，以羽林军扈德宗奉天，以战功官左骁骑大将军、东阳郡王。沔少孤，客振武，节度使范希朝署牙将。军中大会，沔捉刀立堂下，希朝奇之，召谓曰："后日必处吾坐。"希朝卒入为神策将，太和末累迁大将军，擢泾原节度使。

《柳浑传》：柳浑，字夷旷，一字惟深，本名载，梁仆射惔六世孙，后籍襄州。早孤，方十余岁，有巫告曰："儿相夭且浅，为浮屠道可缓死。"诸父欲从其言，浑曰："去圣教为异术，不若速死。"学愈笃。

《萧嵩传》：嵩，瓘子，貌伟秀，美须髯。始，娶会稽贺晦女。僚婿陆象先，宰相子，时为洛阳尉，已有名，士争往交。而嵩汩汩未仕，人不之异。夏荣者善相，谓象先曰："君后十年，贵冠人臣，然不若萧郎位高年艾，举门蕃炽。"

《定命录》：御史裴周使幽州日，见参谋姓胡，云是易州人，项有刀痕。问之，对曰："某昔为番官，曾事特进李峤。峤奖某聪明，每有诗什，皆令收掌，尝熟视谓之曰：'汝甚聪明，然命薄少官禄，年至六十以上，方有两政。三十有重厄，不知得过否。'尔后轗轲，至三十，忽遇张佺北征，便随入军，军败，贼刃颈不断，于积尸中卧，经一宿乃得活。"自此以后，每忆李公之言，更不敢觅官。于寺中洒扫，辗转至六十。因至盐州，于刺史郭某家为客。有日者见之，谓刺史曰："此人有官禄，今合举荐，前十月当得官。"刺史曰："此边远下州，某无公望，岂敢辄荐举人。"俄属有恩赦，令天下刺史各举一人。其年五月，郭举此人有兵谋。至十月，策问及第，得东宫卫佐官，仍参谋范阳军事。

张文瓘少时，曾有人相，云当为相，然不得堂饭吃。及在此位，每升堂欲食，即腹胀痛霍乱，每日惟吃一碗浆水粥。后数年，因犯堂食一顿，其夜便卒。

《明皇杂记》：开元末，杭州有孙生者善相人。因至睦州，郡守令遍相僚吏。时房琯为司户，崔涣自万年县尉贬桐庐丞。孙生曰："二君位皆至台辅，然房神器大宝合在掌握中，崔后合为杭州刺史，某虽不见，亦合蒙其恩惠。"既而房以宰辅赍册书，自蜀往灵武授肃宗。崔后果为杭州刺史，下车访孙生，即已亡旬日矣。署其子为牙将，以粟帛赈恤其家。

《嘉话录》：薛邕侍郎有宰相望。时有张山人善相。崔造相公方为兵部郎中，与

前进士姜公辅同在薛侍郎坐，薛问张山人曰："坐中有宰相否？"张曰："有。"曰："几人？"曰："有两人。"曰："何人？"曰："崔姜二人必同时宰相。"薛默然不乐。既而崔郎中徐问张曰："何以同时？"意谓姜公始前进士，已正郎，势不相近也。曰："命合如此。仍郎中在姜之后。"后姜为京兆尹功曹，充翰林学士。时众知泾将姚令言入城，的取朱泚。泚曾帅泾，得其军心，乃上疏令防虞之。疏入十日，德宗幸奉天，悔不纳姜言，遂于行在擢姜为给事中平章事。崔后姜半年以夕郎拜相，果同时而崔在姜后。薛侍郎竟终于列曹。

《前定录》：宝应二年，户部郎中裴谞出为庐州刺史。郡有二迁客，其一曰武彻，自殿中侍御史，贬为长史。其一曰卜仲卿，自刑部员外郎贬为别驾。谞至郡三日，二人来候谒。谞方与座，俄而吏持一刺云："寄客前巢县主簿房观请谒。"谞方与二客话旧，不欲见观，语吏云："谢房主簿相访，方对二客，请俟他日。"吏以告观，观曰："某与使君有旧，宜以今日谒，固不受命。"吏又入白谞，谞曰："吾中外无有房氏为旧者。"乃令疏其祖父官讳，观具以对。又于怀中探一纸旧书，以受吏。谞览之愀然，遽命素服引于东庑而吊之，甚哀。既出，未及易服，顾左右曰："此有府职月请八九千者乎？"左右曰："有名逐要者是也。"遽命吏出牒以署观。时二客相顾，甚异之，而莫敢发问。谞既就榻叹息，因谓二客曰："君无为复患迁谪，事固已前定。某开元七年，罢河南府文学。时至大梁，有陆仕佳为浚仪尉。某往候之，仕佳座客有陈留尉李揆、开封主簿崔器方食，有前襄州功曹参军房安禹继来。时坐客闻其善相人，皆请之。安禹无所让，先谓仕佳曰：'官当再易，后十三年而终。'次谓器曰：'君此去二十年，当为府寺官长，有权位而不见曹局，亦有寿考。'次谓揆曰：'君今岁名闻至尊，十三年间位极人臣，后二十年废业失志，不知其所以然也。'次谓某曰：'此后历践清要，然无将相，年至八十。'言讫将去，私谓某曰：'少间有以奉托，幸一至逆旅。'安禹既归，某即继往。至则言款甚密，曰：''君后二十八年，当从正郎为汝南郡守。某明年当有一子，后合为所守郡一官。君至三日，当令奉谒。然此子命薄，不可厚禄，愿假俸十千已下。'此即安禹子也。"彻等咸异其事，仕佳后再受监察御史，卒。器后为司农丞。肃宗在灵武，以策称旨，骤拜大司农。及归长安，累奉使。后十余年，竟不至本曹局。揆其年授右拾遗，累至宰相。后与时不叶，放逐南中二十年。除国子祭酒，充吐蕃会盟使。既将行而终。皆如其言。安禹开元二十一年进士及第，官止南阳令。

乔琳以天宝元年冬，自太原赴举。至大梁，舍于逆旅。时天寒雪甚，琳马死，佣仆皆去。闻浚仪尉刘彦庄喜宾客，遂往告之。彦庄客申屠生者善鉴人，自云“八十已上”，颇箕踞傲物。座虽知名之士，未尝与之揖让。及琳至，则言款甚狎，彦庄异之。琳既出，彦庄谓生曰：“他宾客贤与不肖，未尝见生与之一言。向者乔生，一布衣耳，何词之密欤？”生笑曰：“此固非常人也，且当为君之长吏，宜善视之，必获其报。向与之言，盖为君结交耳，然惜其情反于气，心不称质，若处极位，不至百日；年过七十，当主非命。子其志之。”彦庄遂馆之数日，厚与车马，遂至长安。而申屠生亦告去，且曰：“吾辱君之惠，今有以报矣，请从此辞。”竟不知所在。琳后擢进士，登第累佐大府。大历中，除州刺史时，彦庄任修武令，误断狱有死者，为其家讼冤。诏下御史劾其事，及琳至，竟获免。建中初，征拜中书侍郎平章事，在位八十七日，以疾罢。后朱泚构逆，方削发为僧。泚知之，竟逼受逆命。及收复，亦陈其状，太尉李晟欲免其死，上不可，遂诛之，时年七十一矣。

彭城刘邈之天宝中调授岐州陈仓尉，邈之从母弟吴郡陆康自江南来，有主簿杨豫尉、张颖者闻康至，皆来贺邈之。时冬寒，因饮酒方酣，适有魏山人琮来，邈之命下帘帏迎于庭，且问其所欲。琮曰：“某将入关，请一食而去。”邈之顾左右，命具刍米于馆。琮曰：“某非悠悠求一食者，今将追延山人，就于驿日旰矣。若就馆则虑不及，请于此食而过。”邈之以方饮，有难色。琮曰：“某颇能知人，若果从容，亦有所献。”邈之闻之喜，遽命褰帷而坐，客亦乐闻其说，咸与揖让而坐。时康已醉卧于东榻，邈之乃具馔，既食，邈之有所请，琮曰：“自此当再名闻某，官至二邑宰而不主务，二十五年而终。”言论将去，豫、颖固止之，皆有所问。谓豫曰：“君八月勿食驴肉，食之遇疾，当不可救。”次谓颖曰：“君后政官，宜与同僚善，勿与官长不叶。如或不叶，必为所害。”豫、颖不悦，琮知其意，乃曰：“某先知者，非能为君祸福也。”因指康曰：“如醉者不知为谁也，明年当成名，历官十余政，寿考、禄位，诸君子不及也。”言讫遂去，亦不知所往。明年，逆胡陷两京，元宗幸蜀，陈仓当路。时豫主邮务，常念琮之言，记之于手板。及驿骑交至，或有与豫旧者，因召与食，误啖驴肠数脔。至暮，腹胀而卒。颖后为临濮丞，时有寇至，郡守不能制，为贼所陷。临濮令薛景先率吏及武士持刀与贼战，贼退郡平。节度使以闻，即日拜景先为长吏，领郡务。而颖常与不叶，及此因事笞之，遂阴污而卒。邈之后楼某下登科，拜汝州临汝县令，转润州上元县令。在任无政，皆假掾以终考。明年，康明经及第，授秘书省正字，充陇右巡官。府罢，调授咸阳尉，迁监察御史盩屋令比部员外郎。连典大郡，历官二十二考。

武殷者，邺郡林虑人也。少有名誉，乡里信爱，尝欲娶同郡郑氏，则殷从母之女也。姿色绝世，雅有令德，殷甚悦慕，女意亦愿从之。因求为婿，有成约矣。无何逼于知己所荐，将举进士，期以三年，从母许之。殷至洛阳，闻勾龙生善相人，兼好饮酒，时殷持榼造焉。生极喜，与之竟夕。因谓殷曰：“子之禄与寿甚厚，然而晚遇未至，七十而小厄。”殷曰：“今日之虑未暇于此，请以近事言之。”生曰：“君言近事，非名与婚乎？”殷曰：“然。”生曰：“自此三年，必成大名。如其婚娶，殊未有兆。”殷曰：“约有娶，何言无兆？”生笑曰：“君之娶郑氏乎？”曰：“然。”生曰：“此固非君之妻也，君当娶韦氏，后二年始生，生十七而君娶之。时当官，未逾年而韦氏卒。”殷异其言，固问郑氏之夫，即同郡郭子元也。子元娶五年而卒，然将嫁之夕，君其梦之。既二年，殷下第，有内黄人郭绍，家富于财，闻郑氏美，纳赂以求其婚。郑之母聚其族谋曰：“女年既笄，殷未成事。吾老矣，且愿见其所适。今有郭绍者求娶，吾欲许之，如何？”诸子曰：“唯命。”郑氏闻之泣恚，将断发为尼者数四。及嫁之夕，忽得疾昏眩，若将不救。时殷在京师，其夕梦一女子，呜咽流涕，似有所诉。视之即郑氏也。殷惊问其故，良久言曰：“某尝仰慕君子之德，亦知君之意，且曾许事君矣。今不幸为尊长所逼，将适他氏。没身之恨，知复何言？”遂相对而泣，因惊觉悲惋，且异其事，乃发使验之，则果适人。问其姓氏，则郭绍也。殷数日思勾龙生言颇验，然疑其名之异耳。及肃宗在储邸名绍，遂改子元。殷明年擢第。更二年，而子元卒。后十余年，殷历位清显，每求娶辄不应。后自尚书郎谪官韶阳，郡守韦安贞固以女妻之。殷念勾龙生之言，恳辞，不免，娶数月而韦氏亡矣。其后皆验，如勾龙生之言。

《定命录》：户部尚书范阳卢承庆有兄子将笄而嫁之，谓弟尚书左丞承业曰：

"吾为此女择得一婿，乃曰裴居道，其相位极人臣，然恐其非命破家，不可嫁也。"承业曰："不知此女相命终他富贵否？"因呼其侄女出，兄弟熟视之。承业又曰："裴郎位至郎官，其女即合丧逝，纵后遭事不相及也。"卒嫁与之。居道官至郎中，其妻果殁。后居道竟拜中书令，被诛籍没，久而方雪。

《因话录》：王蒙者，与赵门下憬，布衣之旧，常知其吏才。及公入相，蒙自前吉州新淦令来谒。公见喜极，结恤甚厚，将擢为御史。时宪僚数至少，德宗甚难于除授，而赵公秉政，其言多行，蒙坐待绣衣之拜矣。一日，偶诣慈恩僧寺占色者，忘其名。蒙问："早晚得官？"僧曰："观君之色殊，未见喜兆，此后若干年，当得一边上御史。"蒙大笑而归。数日，宰臣对，赵公乘间奏曰："御史府阙人太多，就中监察尤为要者，臣欲选择三数人。"德宗曰："非不欲补其阙员，此官须得孤直茂实者充选，料卿只应取轻薄后生，朝中子弟耳，此不如不置。"赵公曰："臣之愚见，正如圣虑，欲于录事、参军、县令中求之。"上大喜，曰："如此即朕之意，卿有人未？"公因荐二人，其一即蒙也。上曰："且将状来。"公既出，逢裴延龄，时以度支次对。问公曰："相公奏何事称意，喜色充溢？"公不之对，延龄愠骂而去，云："看此老兵，所请得行否？"既见上，奏事毕，因问曰："赵憬向论请何事？"上云："赵憬极公心。"因说御史事。延龄曰："此大不可，陛下何故信之？且赵憬身为宰相，岂谙州县官绩效，向二人又不为人所称说，憬何由自知之？必私也。复至，陛下但诘其所自即知矣。"他日上阁，问云："卿何以知此二人？"公曰："一是故人，一与臣微亲，谙熟之。"上无言。他日，延龄又入，上曰："赵憬所请，果如卿料。"遂寝不行。蒙却归故林，而赵公薨于相位。后数年，边帅奏为从事，得假御史焉。

《杜阳杂编》：贾竦布衣时，谒滑台节度使贾耽。耽以竦宗党，复喜其文才宏丽，由是延纳之。忽一日，宾客大会，有善相者在耽座中。及竦退，而相者谓曰："向来贾公子神气俊逸，当位极人臣。然当执政之时，朝廷微变。若当此际，诸公宜早避焉。"耽颔之，以至动容。及太和中，竦秉钧衡，有知者潜匿于山谷间，十有三四。

《摭言》：裴晋公质状眇小，有相者曰："郎君形神不入相书，若不至贵，即当

饿死。今殊未见贵处。”一日游香山寺，有妇人致一缇缯于僧伽兰楯，祈祝掷筊，瞻拜而去，度见其所致，收取至暮，妇人竟不至。诘旦复携来，向者妇人疾趋，抚膺曰：“阿父无罪被系，昨告人假得玉带二犀带一，以赂津要，不幸遗失。老父之祸，无所逃矣。”度因授之，妇人拜泣，请留其一，度不答而去。后见相者，曰：“必有阴德及物，前途万里，非某所知也。”度果位极人臣。

《东观奏记》：孝明郑太后，润州人也，本姓朱氏。李锜据浙西反，相士言于锜曰：“朱氏有奇相，当生天子。”锜取致于家。锜诛死后，入掖庭为郭太后侍儿。宪宗皇帝爱而幸之，生宣宗皇帝，为母天下。十四年，懿宗即位，尊为太皇太后。

《玉泉子》：杜羔，字中立。少年时赡于财产，它无所求。其所与游者，徒利于酒肉，其实蔑视之也。一日，同送迎于城外逆旅，客有善相者，历观诸宾侣，独指中立曰：“此子异日当为将矣。”一座大笑。中立后尚真源公主，竟为沧州节度使。

李业之举进士，因下第，过陕虢山路，阻暴雨，投村舍避之。邻里甚远，村家只有一小童看舍。业牵驴，庇于檐下。时左军李生与行官杨镇亦投舍中，李有一马，相与入止舍内，及稍霁已暮矣。小童曰：“阿翁即欲归，不喜见客，可去矣。”业谓曰：“此去人家极远，日势已晚，固不可前去也。”须臾，老翁归，见客欣然，异礼延接，留连止宿。既晓，恳留欲备馔。业已谢愧再三，言曰：“孙子云‘阿翁不爱客’，某又碍夜，前去不得。甚忧怪，乃不意过礼周旋，何以当此。”公曰：“某家贫无以待宾，惭于接客，非不好客也。然三人皆节度使，某何敢不祗奉耶?”业曰：“三人之中，一人行官，尔言之过矣。”老翁曰：“行官领节钺，在兵马使之前。秀才节制，在兵马使之后。然秀才五领节钺，勉自爱也。”业既数年不第，从戎幕矣。杨镇为仇士良开府擢用，累职至军使，除泾州节度使。李与镇同时为军使，领邠州节度使，业以讨党项功除镇武汾泾，凡五镇麾钺，一如老翁之言。

《贾氏谈录》：李赞皇初掌北门奏记，有相者谓：“公他日位极人臣，但厄在白马耳。”及登相位，虽亲族亦未尝有畜白马者。会昌初，再入庙堂，专持国柄，平上党，破回鹘，立功殊异，策拜太尉，封魏国公。然性多忌刻，当途之士有不协者必遭谴逐。翰林学士白敏中大惧，遂讽给事中韦弘景上言：“相府不合兼领三司钱谷，专政太甚。”武宗由是疑之。及宣宗即位，出德裕为荆南节度使，旋属淮海。

李缃有娱女，纳之狱上。刑部侍郎马植专鞫其事，尽得德裕党庇之恶，由是坐罪窜南海，殁而不返。厄在白马，其信乎？

唐蔡荆尚书为天德军使，衙前小将顾彦朗、彦晖，知使宅市买。八座有知人之鉴，或一日，俾其子叔向已下，备酒馔于山亭，召二顾赐宴。八座俄而即席，约令勿起。二顾惶惑，莫谕其意。八座勉之曰："公弟兄俱有封侯之相，善自保爱，他年愿以子孙相依。"因迁其职级。洎黄寇犯阙，顾彦朗领本军立收复功，除东川，加使相。蔡叔向兄弟往依之，请叔向为节度副使，仍以丈人行拜之，军府大事皆咨谋焉。大顾薨，其弟彦晖嗣之，亦至使相。

《五代史·吴越世家》：钱镠，字具美，杭州临安人也。临安里中有大木，镠幼时与群儿戏木下。镠坐大石，指麾群儿为队伍，号令颇有法，群儿皆惮之。及壮，无赖，不喜事生业，以贩盐为盗。县录事钟起有子数人，与镠饮博。起尝禁其诸子，诸子多窃从之游。豫章人有善术者，望牛斗间有王气。牛斗，钱塘分也。因游钱塘，占之在临安，以相法隐市中，阴求其人。起与术者善，术者私谓起曰："占君县有贵人，求之市中不可得。视君之相贵矣，然不足当之。"起乃为置酒，悉召县中贤豪为会，阴令术者遍视之，皆不足当。术者过起家，镠适从外来，见起反走。术者望见之，大惊曰："此真贵人也。"起笑曰："此吾旁舍钱生尔。"术者召镠至，熟视之，顾起曰："君之贵者，因此人也。"乃慰镠曰："子骨法非常，愿自爱。"因与起诀曰："吾求其人者，非有所欲也，直欲质吾术尔。"明日乃去。起始纵其子等与*游，时时贷其穷乏。

《周世宗宣懿皇后符氏传》：宣懿皇后符氏，其祖秦王存审，父魏王彦卿。后世王家，出于将相之贵，为人明果有大志。初适李守贞子崇训。守贞事汉，为河中节度使，已挟异志。有术者，善听人声，以知吉凶。守贞出其家人使听之。术者闻后声，惊曰："此天下之母也。"守贞益自负，曰："吾妇犹为天下母，吾取天下复何疑哉！"于是决反。而汉遣周太祖讨之，逾年攻破其城。崇训知不免，手自杀其家人，次以及后。后走匿，以帷幔自蔽。崇训惶遽求后不得，遂自杀。汉兵入其家，后俨然坐堂上，顾军士曰："郭公与吾王父有旧，汝辈无犯我。"军士见之，不敢迫。太祖闻之，以谓一女子能使乱兵不敢犯，奇之，为加慰勉，以归彦卿。后感太祖不杀，拜太祖为父。其母以后夫家灭亡，而独脱死兵刃之间，以为天幸，欲使削发为尼。后不肯，曰："死生有命，天也。何必妄毁形发。"为太祖于后有恩，而世宗性特英锐，闻后如此，益奇之。及刘夫人卒，遂纳以为继室。世宗即位，册为皇后。

《李周传》：周年十六，为内丘捕贼将，以勇闻。是时梁晋兵争，山东群盗充斥道路，行者必以兵卫。内丘人卢岳将徙家太原，舍逆旅，彷徨不敢进。周意怜之，为送至西山。有盗从林中射岳，中其马。周大呼曰："吾在此，孰敢尔耶！"盗闻其声，曰："此李周也。"因各溃去。周送岳至太原，岳谓之曰："吾少学星历，且工相人，子方颐隆准，眉目疏彻，身长七尺，真将相也。吾占天象，晋必有天下，子宜留事晋，以图富贵。"

《南唐近事》：宋齐丘微时，日者相之曰："君贵不可说。然亚夫下狱之相，君实有之。位极之日，当早引退，庶几保全。"齐丘登相位数载致仕，复以大司徒就征。保大末，坐陈觉谋于纪事，乃饥死于青阳。

《蜀梼杌》：王建，字光图，其先颍州郾城，后徙居填城。隆眉广颡，身长七尺，与晋晖辈以剽窃为事，被重罪系许昌，而狱吏纵之，使去武当。僧处洪谓曰："子骨相异常，贵不可言，何自陷为盗？"感其言，因隶军于忠武。

《湘山野录》：江南钟辐者，金陵之才生，恃少年有文，气豪体傲。一老僧相之曰："先辈寿则有矣，若及第则家亡，记之。"生大诗，曰："吾方掇高第以起家，何亡之有？"时樊若水女才质双盛，爱辐之才而妻之。始宴尔，科诏遂下。时后周都洛，辐入洛应书，果中选于甲科第二。方得意，狂放不还，携一女仆，曰青箱，所在疏纵。过华州之蒲城，其宰乃故人，亦酝藉之士，延留久之。一夕盛暑，追凉于县楼，痛饮而寝，青箱侍之。是夕，梦其妻出一诗为示，怨责颇深。诗曰："楚水平如练，双双白鸟飞。金陵几多地，一去不言归。"梦中怀愧，亦戏答一诗曰："还吴东下过蒲城，楼上清风酒半醒。想得到家春已暮，海棠千树欲凋零。"既寤，颇厌之，因理装渐归。将至采石渡，青箱心疼，数刻暴卒。生感悼无奈，匆匆槁葬于一新坟之侧，急图到家。至则门巷空阒，榛荆封蔀，妻亦亡已数月。访亲邻，樊亡之夜，乃梦于县楼之夕也。后数日，亲友具舟，携辐致奠于葬所，即青箱槁葬之侧新坟。乃是不植他木，惟海棠数枝，方叶凋萼谢，正合诗中之句。因拊膺长恸曰：“信乎，浮屠师及第家亡之告。”因竟不仕，隐钟山著书守道，寿八十余。江南诸书及小说皆无，惟《潘祐集》中有《樊氏墓志》，事与此稍同。

第二十三章　相术纪事三

《续闻见近录》：钱公若水诣陈希夷，留数日不得辞。一日召钱至围炉，见一僧，据榻而坐，希夷甚敬之。希夷曰："此子疑有仙骨。"僧顾视曰："急流中引退者也。"钱公退问："何人也？"希夷曰："白阁道者。"后钱为枢密副使，时吕相端罢。太宗明日谓辅臣曰："闻吕端命下哭泣不已。"钱公叹曰："安有此？"退语诸公曰："我辈眷恋爵禄，为上见薄如此。"遂力请罢。

先晋公之谪华州也，一日，召伯祖、叔祖同诣陈希夷。希夷不出户，而接之坐，久不语。忽问曰："更有子乎？"晋公曰："仲子在舍。"希夷曰："召之。"及至门，希夷出门迎，顾先文正曰："二十年太平宰相。"顾伯祖曰："进士及第。"叔祖曰："倚兄作官。"或问希夷曰："此君鼻偏，如何？"希夷曰："今日拜相，明日鼻正。"又恳文正曰："他日至此，愿放此地租税。"其后卒如其言。及真宗西祀汾阴，文正以前言启之，上即诏释雪台观租。

《东轩笔录》：种放隐终南山，往华山访陈抟。抟闻其来，倒屣迎之。既即坐，熟视曰："君他日甚显，官至丞郎。"种曰："我之来也，求道义之益，而乃言及爵禄，非我意也。"陈笑曰："人之贵贱，莫不有命，贵者不可为贱，亦犹贱者不可为贵也。君骨法合为此官，虽晦迹山林，终恐不能安耳。今虽不信，他日当自知之。"放不怿而去。至真宗时，以司谏召至阙下，及辞还山，迁谏议大夫。东封改给事中，西祀改工部侍郎而卒，竟如抟之相也。

王克正仕江南，历贵官。归本朝，直舍人院，及死无子。其家修佛事为道场，唯一女十余岁，缞绖跪炉于像前。会陈抟入吊出，语人曰："王氏女吾虽不见其面，但观其捧炉手相甚贵，若是男子，当白衣入翰林。女子，嫁即为国夫人矣。"后数年，陈晋公恕为参知政事。一日便坐奏事，太宗从容问曰："卿娶谁氏，有几子？"晋公对曰："臣无妻，今有二子。"太宗曰："王克正江南旧族，身后唯一女，颇闻令淑，朕甚念之，卿可作配。”晋公辞以年高，不愿娶。太宗敦谕再三，晋公不敢辞，遂纳为室。不数日，封郡夫人，如陈之相也。

马尚书亮，以尚书员外郎直史馆，使淮南时，吕许公夷简尚为布衣，方侍其父罢江外县令，亦至淮甸，上书求见。马公一阅，知其必贵，遂以女妻之。后许公果为宰相。马公知江宁府时，陈恭公执中以光禄寺丞经过，马接之极厚，且谓曰：“寺丞他日必至真宰。”令其数子出，拜曰：“愿以老夫之故，他日稍在陶铸之末。”曾谏议致尧性刚介，少许可。一日，在李侍郎虚己坐上，见晏元献公。晏，李之婿也，时方为奉礼郎。谏议熟视之，曰：“宴奉礼他日贵甚，但老夫耄矣，不及见子为相也。”吕许公夷简为相日，文潞公彦博为太常博士进谒，许公改容礼接，因语之曰：“太博此去十年，当践某位。”夏英公竦谪守黄州，时庞颖公司理参军，英公曰：“庞司理他日富贵远过于我。”既而四公皆至元宰。古云贵人多识贵人，信有之也。

冯拯之父为中令赵普家内知。内知，盖勾当本宅事者也。一日，中令下帘独坐，拯方十余岁，弹雀于帘前。中令熟视之，召坐与语。其父遽至，惶恐谢过。中令曰：“吾视汝之子乃至贵人也。”因指其所坐榻曰：“此子他日当至吾位。”冯后相真宗、仁宗，位至侍中。

《宋史·范质传》：质既登朝，犹手不释卷，人或劳之，质曰：“有善相者，谓我异日位宰辅。诚如其言，不学，何术以处之？”后从世宗征淮南，诏令多出其手，吴中文士莫不惊伏。

《漳泉世家》：陈文颈，本文显子。初，洪进在泉州，有相者言：“一门受禄，当至万石。”时洪进与三子皆领州郡，而文顼始生，乃以文顼为子，欲应其言。初补泉州衙内都校，又为衙内都监使。朝命领顺州刺史，归朝为登州刺史。

《祖士衡传》：士衡同知通进、银台司，降监江州税。士衡儿时，过外家，有僧善相，见之语人曰：“是儿神骨秀异，他日有名于时。若年过四十，当位极人臣。”年三十九卒于官。

《王彦超传》：彦超，大名临清人。性温和恭谨，能礼下士。少事后唐魏王继岌，从继岌讨蜀还，至渭南会明宗即位，继岌遇害，左右遁去。彦超乃依凤翔重云

山僧含晖道人为徒。晖善观人，谓彦超曰："子富贵人也，安能久居此！"给资帛遣之。时晋祖帅陕，乃召至帐下，委以心腹，入宋为金吾卫上将军，封郃国公。

《李遵勖传》：遵勖，字公武，崇矩孙继昌子也。生数岁，相者曰："是当以姻戚贵。"少学骑射，驰冰雪间，马逸坠崖下，众以为死，遵勖徐起，亡恙也。及长，好为文词，举进士。大中祥符间，召对便殿，尚万寿长公主。初名勖，帝益遵字，升其行，为崇矩子，授左龙武军，驸马都尉，赐第永宁里。

《丁谓传》：谓初通判饶州，遇异人，曰："君貌类李赞皇。"既而曰："赞皇不及也。"

《耿全斌传》：全斌，冀州信都人。父颢，怀顺军校。全斌少丰伟，颢携谒陈抟，抟谓："有藩侯相。"

《嬾真子》：韩魏公父谏议大夫国华，尝仕于蜀。蜀中士人胡广善相术，见谏议而奇之，曰："是必生贵子，请纳女焉。"后谏议出守泉州。祥符元年，戊申岁七月二日，生魏公于泉州。州宅仆与韩氏交游，尝见谏议、胡夫人画像，皆奇伟，宜其生贵人也。世言魏公世居河朔，故其状貌奇伟而有厚重之德。然生于泉州，故为人亦微。任术数深不可测，有闽之风，皆其土风然也。闻者以为然。

《归田录》：钱副枢若水，尝遇异人传相法，其事甚怪。钱公后传杨大年，故世称此二人有知人之鉴。仲简，扬州人也。少习明经，以贫佣书大年门下。大年一见，奇之曰："子当进士及第，官至清显。"乃教以诗赋。简天禧中举进士第一甲及第，官至正郎、天章阁待制以卒。谢希深为奉礼郎，大年尤喜其文，每见则欣然延接，既去则叹息不已。郑天休在公门下，见其如此，怪而问之。大年曰："此子官亦清要，但年不及中寿尔。"希深官至兵部员外郎知制诰，卒年四十六，皆如其言。希深初以奉礼郎锁厅应进士举，以启事谒见大年。有云："曳铃其空，上念无君子者；解组不顾，公其如苍生何？"大年自书此四句于扇曰："此文中虎也。"由是知名。

《宋史·王延范传》：延范，江陵人。形貌奇伟，性豪率，为江南转运使。有刘昴卖卜于吉州市，言多验，谓延范曰："公当偏霸一方。"又有徐肇为延范推九宫算法，得八少一。肇惊起曰："君侯大贵不可言，如江南李国主。"前戎城主簿田辨自言善相，谓延范曰："君是坐天王形、频伽眼、仙人鼻、雌龙耳、虎望，有大威德，猛烈富贵之相也，即日当乘四门辇。"后怀勇小将张霸告延范将谋不轨，斩广州市。

《闻见前录》：章献明肃太后，成都华阳人，少随父下峡，至玉泉寺。有长老者善相人，谓其父曰："君贵人也。"及见后，则大惊曰："君之贵以此女。"既而曰："远方不足留，盍游京师乎？"父以贫为辞，长老者赠以中金百两，后之家至京师。真宗判南衙，因张耆纳后宫中。帝即位，为才人，进宸妃，至正位，宫闱声势动天下。仁宗即位，以太皇太后垂帘听政。

《谈苑》：太宗三子，真宗第三，封寿王。诏一异僧，遍相诸公。僧已见七王，惟寿王未起。僧奏曰："遍观诸公，皆不及寿王。"上曰："卿未见，安知之？"僧曰："适见三仆立于门，皆将相材器。其仆即尔，主可知矣。"三仆乃张相耆、杨相崇勋、郭太尉承佑也。

《邻几杂志》：江南一节使召相者，命内子立群婢中，令辨之。相者云："夫人头上自有黄气。"群婢皆窃视之，然后告云某是。柁上火儿杂立，使辨何者是柁人。云："面上有水波纹是。"亦用前术。

《画墁录》：西京留台李建中，博雅多艺。其子宗鲁善相人。一年春榜之京师，命择婿。行次任村逆旅，宗方就食，有丈夫荷布囊从驱驴，亦就食于逆旅，宗鲁一见，前揖寒温，延之共案，询其所。自曰："今春不第，将还洛也。"宗鲁不复之京师，与之同归洛中。其父诘之，曰："今既得贵婿，可复回矣。此人生不出选调，死封真王。"于是婿之，乃张尧封也。实生温成皇后。天圣中登进士第，终亳州军事推官，后封清河郡王。

《陆轸日记》：天圣中，陆同判衢州。一旦早起，觉印堂痒，以手揣之，司空部上有肉突起，如指面大，两日渐坚实。又至两月，天庭亦然。又一日，天部辅角部亦然。又两月，左右龙角骨起，映得印堂甚低。当月印堂、连山根起，与二龙角相应相次，左右眉棱连额角。每以相书考验此诸部骨起，皆主封侯公相之贵。然公官不过吏部郎中，直昭文馆典数郡而已。其后孙佃入政府，赠公官至司空。以知此之赠官，亦不虚也。

《湘山野录》：王冀公钦若乡荐赴阙，张仆射齐贤时为江南漕，以书荐谒钱希

白。公易时以才名方独步馆阁，适会延一术士，以考休咎。不容通谒，冀公局促门下，因厉声诟阍人。术者遥闻之，谓钱曰："不知何人耶？若声形相称，世无此贵者。但恐形不副声耳，愿邀之，使某获见。"希曰："召之。"冀公单微远人，神骨疏瘦，复赘于颈，而举止山野。希白蔑视之。术者悚然，侧目瞻视。冀公起，术者稽颡兴叹曰："人中之贵有此十全者。"钱戏曰："中堂内便有此等宰相乎？"术人正色曰："公何言欤？且宰相何时而无？此君不作则已，若作之，则天下康富而君臣相得，至死有庆而无吊。不完者，但无子尔。"钱戏曰："他日将陶铸吾辈乎？"术者曰："恐不在他日，即日可待，愿公毋忽。"后希白方为翰林学士，冀公已真拜。

《洞微志》：庐多逊未第时，面极黑，有相者告曰："此名败土色，贵即明润，复来必多灾。"多逊历贵仕，面色甚莹；将败，数日忽暗黑如故。

《明道杂志》：余所闻相工之验者固多，其尤异非常，法所到者有三事。其一，欧阳文忠公应举时，常游京师浴室院。有一僧熟视公，公因问之曰："吾师能相人乎？"僧曰："然，足下贵人也。然有二事：耳白于面，当名满天了；须不掩齿，一生常遭入谤骂。"其后公以文章名世，而屡为言者中以阴事，然卒践二府。其二，江邻几学士在馆阁时有，名，诸公多欲引之；而邻几流落不偶，与故相吴正宪善。时有一僧能相人，且善医，游江吴二家。无几，江被召，修起居注，吴相甚喜。一日谓僧曰："江舍人修注，殊可贺也。"僧愀然曰："事未可知。"吴诘其故，僧曰："江舍人金形人，于法当贵，而留滞至今，久不解其故，近方能了耳。"吴曰："何也？"僧曰："非佳金，铅金耳。修注当日在君侧，本朝火德，铅在火侧，安能久也。"吴亦未以为信。后百余日，江得肺疾，遂不起。其三：苏舜钦除名居姑苏，唐询彦猷守湖州，苏与唐善，因拏舟自苏访之。时湖有报本长老居简，有异术，善知人。唐因谓居简使相苏。简曰："试使来院中。"苏他日往过简，简乃设食具榻，留之竟日，遂留宿。中夜，简乃登苏卧榻，若听其息者，苏觉，乃诊其臂若切脉然，良久曰："来得也曷。"更无他语。他日，唐问简，简亦以前四言对之，唐亦不晓。苏将行，又过简，因问之曰："来得也曷，是何等语耶？"简从容曰："若得一州县官肯起否？"苏大不意，因不复言。而舜钦以明年蒙恩，牵复为湖州别驾，遂不赴官，无几何物故。此三事，相术之异者。

某初除秘书省正字时，与今刘端明奉世同谢，刘时除左史。余旧见相人术，贵天地相临。余见刘有此相，又精爽明润，心颇奇之。归谓同舍晁无咎曰："刘左史不迟作两府。"晁不以为然，刘竟再岁签书西府，无咎尝怪余言之验。许将罢成都，入北门。晁二言冲元非学士可留，不久当执政，不知何以知之。已而许果除右辖。晁二谓余云："君言刘签书固如神，我相许右丞也不疏。"

《龙川别志》：章郇公虽闽人，然其为人厚重。少时有相工知人贵贱，公父以兄弟见之，相者曰："中有一人大贵。"公就位，舍去不复问，公弟从之不已。父曰："所谓贵者谁也？"相者曰："舍去者是也。"

《青箱杂记》：夏文庄公谪守黄州时，庞颖公为郡掾。文庄识之，异礼优待。而庞尝有疾，以为不起，遂属文庄后事。文庄亲临之，曰："异日当为贫宰相，亦有年寿，疾非其所忧。"庞语之曰："已为宰相，岂得贫耶？"文庄曰："但于一等人中为贫耳。"故庞公晚年退老，作诗述其事曰："田园贫宰相，图史富书生。"为是故也。

又文庄守安州，宋莒公兄弟尚皆布衣，文庄亦异待，命作《落花诗》。莒公一联曰："汉皋珮冷临江失，金谷楼危到地香。"子京一联曰："将飞更作回风舞，已落犹成半面妆。"是岁诏下，兄弟将应举。文庄曰："咏落花而不言落，大宋君当状元及第。又风骨秀重，异日做宰相。小宋君非所及，然亦须登严近。"后皆如其言。故文庄在河阳，莒公登庸，以别纸贺曰："所喜者，昔年安陆已识台光。"盖为是也。

又：枢密孙公固亦小官时，曾谒文庄，文庄许他日当践枢幄，今亦验焉。

杨公大年尤负藻鉴，在翰林日与章郇公共事，尝言郇公异日必作相，己所不及。又见著作佐郎张士进，知其有宰器，即荐之，由此大拜。又乡人吴待问常从公学，公语其徒曰："汝辈勿轻小吴，小吴异日须登八座，亦有年寿。"后皆如其言。待问即春卿、冲卿父也。

马尚书亮知庐州，见翰林王公诔为小官，马公曰："子全似宋白，异日官至八座。"由此异待。通判疾之，后罗织王公，遂以罪免，乃曰："你这回更做宋尚

书。"其后，王公竟登近侍，及卒，赠尚书。

龙图刘公暠未第前，娶赵尚书晃之长女，早亡。而赵氏犹有二妹，皆未适人。既而刘公登科，晃已捐馆，夫人复欲妻之，使媒妇通意。刘公曰："若是武有之德，则不敢为姻；如言禹别之州，则庶可从命。"盖刘公不欲七姨为匹，意欲九姨议姻故也。夫人诘之曰："谚云薄饼从上揭，刘郎才及第，岂得便简点人家女。"刘公曰："非敢有择，但七姨骨相寒薄，非某之对。九姨乃宜匹。"遂娶九姨，后生七子，皆至大官。七姨后适关生，竟不第，落泊寒馁。暮年，刘氏养之终身。

陈执中好阅人，而解宾王最受知。初为登州黄县令，素不相识。执中一见，即大用，敕举京官。及后做相，又荐馆职。宾王仕至工部侍郎，致政。家雄富，诸子皆京秩，年七十余卒。宾王为人，方颐大口，敦庞重厚，左足下有黑子甚明大。

《闻见前录》：富韩公之父贫甚，客吕文穆公门下。一日白公曰："某儿子十许岁，欲令入书院事廷评太祝。"公许之。其子韩公也。文穆见之，惊曰："此儿他日名位与吾相似。"亟令诸子同学，供给甚厚。文穆两入相，以司徒致仕。后韩公亦两人相，以司徒致仕。文穆知人之术如此。文靖公亦受其术，文潞公自兖州通判代归，文靖一见奇之，问潞公曰："有兖州墨携以来。"明日，潞公进墨，文靖熟视久之，盖欲相潞公手也。荐潞公为殿中侍御史，为从官，平贝州，出入将相五十年，以太师致仕，年逾九十。天下谓之"文富"。

杜祁公少时客济源，有县令者能相人，厚遇之。与县之大姓相里氏议婚，不成，祁公亦别娶。久之，祁公妻死。令曰："相里女子当做国夫人矣。"相里兄弟二人，前却祁公之议者兄也。令召其弟曰："秀才杜君，人材足依也，当以女弟妻之。"议定，其兄尤之，弟曰："杜君，令之重客。令之意，其可违？"兄怅然曰："姑从之，俾教诸儿读书耳。"祁公未成婚，赴试京师，登科。相里之兄厚资往见，公曰："婚已议定，其敢违。某既出仕，颇忧门下无教儿读书者尔。"兄遗却之，相里之兄大惭以归。祁公既娶相里夫人，至从官，以两郊礼奏异姓恩任，相里之弟后官至员外郎。

潞州长子县西寺中有王文康公祠，其老僧言：文康公之父，邑人也，以教授村童为业。有儿年七八岁，不能养，欲施寺之祖师。祖师善相，谓曰："儿相贵，可令读书。”因以钱币资之，是谓文康公。后公贵，祖师已死，命寺僧因祠之。文康公有子益恭、益柔，益柔官龙图阁直学士，有时名。

《孙公谈圃》：王青监仓门时，有一朝士在坐，求青相。青云眼昏，看人不中。朝士曰：“某不远千里而来，幸无辞也。”青曰：“无所讳则言，官人山林中有冤气，所以平生坎坷，守官多事，不冲破即差替也。”朝士愕然，曰：“某五岁时，所生母死于江行，父遽焚于水滨，即解舟而去。后求骨已亡矣，无一日不恨。”青曰：“如此，不必问相也。”

蓝大卿丞知吉州日，朝廷议行新法，自念年老，乞致仕。忽有相手纹者曰：“大卿正做官，何故要闲？”蓝惊曰：“吾虽有意而未发，言何以知之？”相者曰：“只为手中一道纹分明。”蓝之子方病，观其手曰：“有两横纹相侵则不可救。”已而纹侵，果卒。

马亮善相人，为夔路监司日，吕文靖父为州职官。一见文靖，即许以女嫁之。其妻怒曰：“君尝以此女为国夫人，何为与选人子？”亮曰：“此所以为国夫人也。”

《金华记》：李宽为常侍，有门下卢生善相，或问李公何如。答曰：“据其面部，所无者三，无子、无宅、无冢。”公有数子，皆先公卒；有宅，未尝还，乡居死于池州；乘舟归，舟破，沉其骨。

《百家诗话》：陈莹中尝入朝，已立班上，御朝差晚，杲日照耀，蔡京注目视日，久而不瞬。莹中私谓同省曰：“此公视日不瞬，真贵人也。”

《癸辛杂识》：文时学昔为秘书郎日，有金钩相士，朝省会日，挤于厅吏辈入省中，遍阅识馆职，继而扣之云：“左偏坐二人，一月皆当补外，潘墀王世杰也；末坐一少年，最不佳，官虽极穹，然当受极刑。”扣其何以知之？云：“顶有拳发，此受刑之相也。凡人若具此相，无得免者。”盖文宋瑞时为正字，居末坐也。未几，潘王果出，而宋瑞之事乃验于两纪之后，可谓神矣。又尝见宋瑞自云：“平生凡十余次梦中见髑髅，满前后无数。”此何祥也？然则异时之事，岂偶然哉！

《春渚纪闻》：余杭沈野字醇仲，权智之士也。喜蓄书画，颇有精识。尝于钱塘与一道士杨希孟醇叟相遇，喜其开爽善谈，既延与同邸而居。沈善谈人伦，而不知醇叟妙于此术也。时蔡元长自翰长斥居西湖，日遣人邀致。醇叟一日晚归，沈语杨

曰："余尝观翰林风骨气字，皆足以贵，而定不入相。"杨徐曰："子目力未至。此人如美玉琢成，百体完就，无一不佳者。是人当做二十年太平宰相，但其终未可尽谈也。"

《瑞桂堂暇录》：东坡自谪海南归，人有问其迁谪艰苦者。坡答曰：此乃骨相所招。少时入京师，有相者云："一双学士眼，半个配军头。异日文章虽当知名，然有迁徙不测之祸。"今日悉符其语。

《却扫编》：刘器之待制对客多默坐，往往不交一谈，至于终日。客意甚倦，或请去，辄不听，至留之再三。有问之者，曰："人能终日矜庄危坐而不欠伸欹侧者，盖百无一二焉。其能之者，必贵人也。"盖常以其言验之，诚然。

《渑水燕谈录》：史延寿，嘉州人，以善相游京师，贵人争延之视贵贱。如一坐辄箕踞尔我，人号曰"史不拘"，又曰"史我"。吕文靖公尝邀之，延寿至，怒阍者不开门，批之。阍者曰："此相公宅，虽侍臣亦就客次。"延寿曰："彼来者，皆有求于相公。我无求，相公自欲见我耳。不开门，我竟还矣。"阍者走白公，开门迎之。延寿挟术以游，无心于用舍，故能自重如此。

初，寇莱公十九擢进士第。有善相者曰："君相甚贵，但及第太早，恐不善终。若成功早退，庶免深祸。盖君骨类卢多逊耳。"后果如其言。

《闻见前录》：韩参政亿、李参政若谷、王丞相随未第时，同于嵩山法王寺读书。有一男子自言善相，曰："王君，宰相才也；韩、李二君，皆当为执政。王君官虽高，子孙不及韩李二君之盛。"后韩参政之子绛、缜皆为宰相，维为参知政事，李参政之子淑领三院学士，有文名。两家曾孙官学至今不衰，王丞相之后微矣。异哉！韩参政之孙宗师侍郎云。

《泊宅编》：朱晓容，不详何许人。常为浮屠，以善相游公卿间，号"容大师。"后因事返初，惟工相贵人，他人虽强之使言，终非所喜而中者亦寡。初，朱临、姚辟久同场屋，每试榜出，姚往往在朱上。冯太尉京榜中，二人俱赴廷入对，未唱名前数日，京师忽传小赋，乃朱君殿试之作也。姚谓人曰："果尔，纵不魁多士，亦须在第一甲。"自叹平时滥居其先，及至鱼龙变化之地，便尔悬绝。诣术士，以二人命率质之，亦访容师，未见。殿唱日，禁门未开，曈昽未明，或云晓容立茶肆中。姚闻之走觅，容果与一白袍偶坐。姚连揖，恳容略屈邻邸，一观气色。容指偶坐者曰："状元已在此，何劳他阅。"姚力挽之，容不得已，为就邻邸灯火下视之，曰："姚第几甲，朱第几甲。"言讫，复还前肆，相次辨色。入听胪传，皆如师言。

朱正夫临年未四十，以大理寺丞致仕，居吴兴城，乃取训词中"仰而高风"之语，作"仰高亭"于城上。常杜门谢客。忽一日，晓容自京师来谒，公欣然接之。是时二子行中、久中，秋试不利，皆在侍下，公强使冠带而出。容一见惊起，贺曰："后举状元也。"睥睨久之，径辞去。公留之不可，问以何适。容曰："老僧自此不复更阅人。"便往杭州六和寺，求一小室闲坐，以待科场开乃西游尔。公初未之信，后三年春，久中薄游会稽，谋赴举之资。潮，船绝江。暮至六和，才泊岸。见容在寺门，遥揖，久中归与之款。因叩伯仲行期，久中告之。师曰："某是月亦当离杭矣。"久中至家道之，公笑，且怪其任术之笃如此。是秋，至京师，二朱舍开宝塔寺，容寓智海禅刹。相次，行中预荐明年省闱优等，惟殿试病作，不能执笔。是时，王氏之学，士人未多得，时行中独记其诗义最详，因信笔写，以答所问，极不如意。卷上，日方午，遂经御览，神宗良爱之。行中不知也。日与同舍蔡冲、允蹈、丁葆光经围棋，每拈子欲下，必骂曰："贼秃。"盖恨容许之误也。未唱名前数日，有士人通谒。行中方棋，遽使人却之。须臾，谒者又至，且云："见朱先辈。"行中叱，其仆曰："此必有下第举人，欲丐出关之资。吾捐闷中，谁能见之？"然士人立于门不肯去。冲、允曰："事不可知，何惜一见。"行中乃出，延之坐。不暇寒温，揖行中，起附耳而语曰："乃梁御药门客，御药特令奉报：足下卷子，上已置在魁等，他日幸相记。"行中唯唯而入，再执棋子，手辄颤，缘宠辱交战，不能自持。冲、允觉而叩之，具述士人之言。冲、允曰："曾询梁氏所居否？"曰："不曾。"或曰："在州西。"急赁马偕往，欲审其事。至梁门，日已曛，度不能返，遂复归。而行中念容，独往智海宿。容闻其来，迎门握手曰："非晚唱名，何为来见老僧，必是得甚消息来。"行中曰："久不相见，略来问讯尔。"师曰："胡不实告吾？冯当世未唱名时，气象亦如此。"行中知不可欺，因道萧氏之事。师喜甚为开尊设具，且曰："吾奉许固有素，只有一人未见，尔当为邀来同饮。"仍戒曰："此人褴褛，不可倨见，亦不得发问，问则彼行矣。"烛至，师引寺廊，一丐者人，见行中，不甚为礼，便据上坐。相与饮酒斗余，不交一谈。师徐曰："此子当唱名，先生能一留目否？"丐者曰："尔曰何？"师曰："已定他冠多士。"丐者摆头曰："第二人。"蹑行中足，使起，密征其意。但曰："偶数多。"更无他语，遂罢去。明日饭罢，率行中寺庭闲步。出门遥见余行老亦入寺，师不觉拊髀，惊谓行中曰："始吾见子，以为天下之美尽此矣，不知乃有此人。"行中曰："此常州小余也，某识之，何遽及是。"师曰："子正怕此人，昨日闻"偶多"之说，今又睹此人，兹事可知矣。"及听胪，行老果第一，行中次之。行中解褐，了往谢师，师劳之曰："子诚福人，今日日辰，以法推之，魁天下者官不显，子至侍从。"其后余止馆职，知湖州，卒。行老名中服，行中至中书舍人。

《宋史·萧注传》：注能相人，自陕西还。帝问注："韩绛为安抚使，施设何如？"对曰："庙算深远，臣不能窥，然知绛当位极将相。"帝喜曰："果如卿言，绛必成功。"问王安石，曰："安石牛目虎顾，视物如射，意行直前，敢当天下大事。然不如绛得和气多，唯气和能养万物尔。"王韶为建昌参军，注曰："君他日类孙沔，但寿不及。"后皆如其言。

《清波杂志》：萧注，字岩夫，临江新喻人。熙宁中，上殿奏对罢，上问："今臣僚中孰贵？"曰："文彦博。"又问其次，曰："韩琦。"又问："王安石如何？"注曰："牛形人，任重而道远。"一说：裕陵问："文彦博跛履，韩琦嘶声，何为皆贵？"注曰："若不跛履与嘶声，陛下不得而臣。"又问："朕如何？"注曰："龙凤之姿，天日之表，臣无得而言。"又问："卿如何？"注曰："陛下已许。"上曰："闻卿有袁许之学。"因问韩绛、王安石、冯京。注曰："安石牛目虎头，视物如射，意行直前，敢当天下大事。然不如绛得和气多，唯和气能养万物。京得五行之秀，远之若可爱，近之若廉隅。"

《老学庵笔记》：韩魏公声雌，文潞公步碎。相者以为二公若无此二事，皆非大臣之相。

庆历中，河北道士贾众妙善相，以为人能得龙之一体者皆贵极人爵。见豫章黄库手曰："左手得龙爪，虽当魁天下而不仕。若右手得之，则贵矣。"库果为南省第一，不及廷对而死。

《续博物志》：相家说人臣得龙之一体，当至公相。曾公亮得龙之脊，王安石得龙之睛。

《东坡志林》：欧阳文忠公尝言："少时有僧，相我耳白于面，名满天下；唇不著齿，无事得谤其言，颇验。"耳白于面，则众所共见；唇不著齿，余亦不敢问。公不知其何如也。

《瑞州府志·无名相士》：海州推官王务本言，筠州太守闻有一部民精于风鉴者，乃召宾僚，令遍视之。时曹利用为巡检在坐，相者言："利用后当极贵。"坐客皆笑。守复问："务本何时登第？"曰："须巡检入两府时。"耳客皆曰："乌有是。"后利用以使契丹有功，为阁门使，十年间历位枢府。而务本适登第，其言竟验。

《过庭录·一相士》：黄生见鲁直，恳求数字，取信为游谒之资。鲁直大书遗曰："黄生相予，官为两制，寿至八十，是所谓大葫芦种也。一笑。"黄生得之欣然。士夫间莫解其意。先祖见鲁直，因问之。鲁笑曰："一时戏谑耳。"某顷年见京师相国寺中卖大葫芦种，仍背一葫芦甚大，一粒数百金，人竞买。至春种，结仍乃瓠尔。盖讥黄术之难信也。

《玉照新志》：崇宁初，蔡元长召拜同知枢密院事，卒于位，恩数甚渥。后二年，其子郯擢福建转运判官登对，归与客言："穆若之容不合相法，终当有播迁之厄。"客告其语，遂坐诛。

《齐东野语》：赵忠肃方开京西阃日，郑忠定丞相清之，初任夷陵教官，首诣台参。郑素癯瘁，若不胜衣。赵一见，即异待之，延入中堂，出三子，俾执师弟子礼。局蹐不自安，旁观怪之。即日，免衙参等礼以行，复命诸子饯之前途，且各出《云萍录》，书之而去。他日，忠肃问诸郎曰："郑教如何？"长公答曰："清固清矣，恐寒薄耳。"公笑曰："非尔所知。寒薄不失为太平宰相。"后忠肃疾革，诸子侍侧，顾其长葵曰："汝读书可喜，然不过监司太守。"次语其仲范曰："汝须开阃，终无结果。三哥葵甚有福，但不可做宰相耳。"时帐前提举官赵胜，素与都统制扈再兴之子不协，泣而言曰："万一相公不讳，赵胜必死于扈再兴之手，告相公保全。"时西京施漕偶在旁，公笑曰："赵胜会做殿帅，扈再兴安能杀之。"其后所言，无一不验。

《嬾真子》：蔡忠怀确持正，其父本泉州人，晚年为陈州幕官，遂不复归。持正年二十许岁时，家苦贫，衣服稍敝。一日，与群士人张湜师是同行，张亦贫儒也。俄有道人至，注视持正久之。因谩问曰："先生能相乎？"曰："然。"又问曰："何如？"曰："先辈状貌极似李德裕。"持正以为戏己，因戏问曰："为相乎？"曰："然。""南迁乎？"曰："然。"复相师是，曰："当为卿监，家五十口时。"指持正云："公当死矣。"道人既去，二人大笑曰："狂哉道人，以吾二人贫儒，故相戏耳。"后持正滴新州，凡五年。一日，得师是书云："以为司农无补，然阖门五十口居京师，食贫。近蒙恩守汝州。"持正读至此，忽忆道人之言，遂不复读。数日得疾而卒。闻之于忠怀之孙樟子正。

《随手杂录》：蔡持正居宛丘。一日雪作，与里人黄好谦游一倡家，入门见其肴醴特盛。他时，有美少年青巾白裘，据席而坐。蔡、黄方引去，少年亟俾倡邀，二公欣然就席。酒酣，少年顾持正曰："君正如李德裕。"顾黄曰："君俟此公贵，凭藉亦显。"语毕，少年亦引去。二公问倡："何人也？"倡曰："朝来赍钱具饮，亦不知谁氏也。"后如其言，持正为侍御史，荐黄为御史云。

《泊宅编》：尚书右丞胡宗愈夫人丁氏，司封员外郎宗臣之女。自幼颖慧，无所不能。其善相人，盖出天性。在西府时，常于窗隙遥见蔡丞相确，谓右丞曰："蔡相全似卢多逊。"或以卢蔡肥瘠色貌不同诘之，丁氏曰："吾虽不及见卢，但常一观其画像，与今丞相神采相似。"尔后蔡果南窜。又户部尚书李常除老龙尹，成都途中贻右丞书。丁氏一见其字画，惊曰："此人身笔已倒，不久数尽，须病咽喉而死。"李公行次凤翔，中毒而卒。如此之类不一。初，司封有杨妃数美人真，挂后堂。丁氏年未笄，每晨兴省问尊亲了，必戏道："诸妃万福。"一日，潘妃忽答云："夫人万福。"家人辈大怪之，欲毁其真。惟其叔宝臣令勿毁，此女他日未可量也。乡人多能道其事。

《黟县志》：卢臣忠，字仲信，登政和二年第。建炎初，由临安府司理累迁右正言。上欲大用，命相者视之，曰："有膺无背，官不过此。"后扈驾至靖康，敌使有逼近御舟者，臣忠叱退之，势益迫，臣忠失足坠水中。数日，上求臣忠所在，左右记其处以对，使没得其尸，拱立如生。帝悯其忠，赐水银以殓，赠右谏议大夫，官其二子。

《清波杂志》：高宗初被命渡河，随军一裨将某善鉴人，密语同列曰："大王神观甚佳，此行必成大事。舍人观察，亦保终吉。但资政气貌甚恶，祸只在旦夕。"资政谓王云也，时以资政殿学士辅行。行至磁州，果被害于应王庙。中书舍人耿延禧、观察使高世作，时皆参谋，议于幕府。

《宋史·光宗慈懿李皇后传》：李皇后，安阳人，庆远军节度使赠太尉道之中女。初后生，有黑凤集道营前石上，道心异之，遂字后曰"凤娘"。道帅湖北，闻道士皇甫坦善相人，乃出诸女拜坦。坦见后，惊不敢受拜，曰："此女当母天下。"坦言于高宗，遂聘为恭王妃，封荣国夫人，进定国夫人。乾道四年生嘉王，七年立为皇太子妃，及太子即位，册为皇后。

《齐东野语》：徐谓礼尝涉袁李之书，自夸阅人贵贱多奇中，与贾师宪丞相为姻联。贾时年少，荒于饮博，其生母胡夫人苦之，因扣徐云："儿子跌宕若此，以君相法言之，何如?"徐曰："夫人勿多忧，异日必可做小郡太守。"母喜而记其言。他日，贾居相位，徐以亲故求进，久之不遂。贾母为言之，贾不获已，答曰："徐亲骨相寒薄，止可做小郡太守耳。"遂以上饶郡与之，以终其身，盖深御前言也。然师宪日常驰马，出游湖山，小憩栖霞岭下。忽有衣裘道者瞪视曰："官人可自爱重，将来功名不在韩魏公下。"贾意其见侮而去，既而醉博平康，至于破面。他日复遇，道者顿足惊叹曰："可惜！可惜！天堂已破，必不能令终矣。"其后悉验。

《宋史·余天锡传》：天锡，字纯，父庆元府昌国人。丞相史弥远延为弟子师。性谨愿，绝不预外事，弥远器重之。是时弥远在相位久，皇子竑深恶之，念欲有废置。会沂王宫无后，丞相欲借是阴立为后备。天锡秋告归试于乡，弥远曰："今沂王无后，宗子贤厚者幸具以来。"天锡绝江，无越僧同舟。舟抵西门，大雨，僧言："门左有全保长者可避雨。"如其言，过之。保长知丞相馆客，具鸡黍甚肃。须臾，有二子侍立，全曰："此吾外孙也，日者尝言二儿后极贵。"问其姓，长曰赵与莒，次曰与芮。天锡忆弥远所属，其行亦良是，告于弥远，命二子来。保长大喜，鬻田治衣冠，心以为沂邸后可冀也，集姻党且诧其遇以行。天锡引见，弥远善相，大奇

之。计事泄不便，遽复使归。保长大惭，其乡人亦窃笑之。逾年，弥远忽谓天锡曰："二子可复来乎？"保长谢不遣。弥远密谕曰："二子长最贵，宜抚于父家。"遂载与归。天锡母朱为沐浴教字，礼度益闲习。未几，召入嗣沂王，迄即帝位，是为理宗。

《金史·施宜生传》：施宜生，字明望，邵武人也。博闻强记，未冠由乡贡人太学。宋政和四年，擢上舍第，试学官，授颍州教授。及王师入汴，宜生走江南。复以罪北走齐，上书陈取宋之策。齐以为大总管府议事官。失意于刘麟，左迁彰信军节度判官。齐国废，擢为太常博士，迁殿中侍御史，转尚书吏部员外郎，为本部郎中。寻改礼部，出为隰州刺史。天德二年，用参知政事张浩荐宜生可备顾问，海陵召为翰林直学士，撰《太师梁王宗弼墓铭》，进宫两阶。正隆元年，出知深州，召为尚书礼部侍郎，迁翰林侍讲学士。四年冬，为宋国正旦使。宜生自以得罪北走，耻见宋人，力辞，不许。宋命张焘馆之都亭，因间以首丘风之。宜生顾其介不在旁，为廋语曰："今日北风甚劲。"又取几间笔扣之曰："笔来，笔来。"于是，宋始警。其副使耶律辟离刺使还以闻，坐是烹死。初宜生困于场屋，遇僧善风鉴，谓之曰："子面有权骨，可公可卿。而视子身之毛，皆逆上，且覆腕，必有以合乎此而后可贵也。"宜生闻其言大喜，竟从范汝为于建、剑。已而汝为败，变服为佣泰之吴翁家三年，翁异之。一日，屏人诘其姓名，宜生曰："我服佣事，唯谨主人，乃亦置疑邪？"翁固诘之，则请其故。翁曰："日者燕客，执事咸馂，而汝独孙诸侪，且撤器有叹声，是以识汝非真佣也。"宜生遂告之故。翁赆之金，夜济淮以归。试《一日获熊三十六赋》擢第一。其后竟如僧言。

《元史·洪福源传》：君祥小字双叔，福源第五子也。年十四，随兄茶丘，见世祖于上京。帝悦，命刘秉忠相之。秉忠曰："是儿目视不凡，后必以功名显。但当致力于学耳。"令选师儒诲之。

《正乙天师传》：张留孙者，字师汉，信州贵溪人。少时入龙虎山为道士，有道人相之曰："神仙宰相也。"

《诚斋杂记》：赵王李德诚镇江西，有日者自称世人贵贱，一见辄分。王使女妓数人，与其妻滕国君同妆梳服饰，偕立庭中，请辨良贱。客俯躬而进曰："国君头上有黄云。”群妓不觉皆仰首。日者曰：“此是国君也。”王悦而遣之。

《遂昌杂录》：谢后既北迁，其支裔在杭者固多。谢君退乐一人也，退乐尝言：江南始内附，有所谓李信卿者自北来，谓能相人望气，崖岸倨甚。退乐与贵官咸敬之，亦设早馔以延致之。李至即中坐，省幕官皆下坐，不得其一言。时赵文敏公谓之七司户，固退乐姻戚也。屈公来同饭时，文敏风疮满面。李遥见即起，迎文敏谓众人曰：“我过江仅见此人耳。疮愈即面君，公辈记取。异时官至一品，名满四海。”李之术亦精矣。襄阳未破时，世祖令其即军中望气，行逾三两舍，即还言于世祖曰：“臣见卒伍中往往有公辅贵人，襄阳不破，江南不平，何处著许多富贵人?”呜呼，此与南衙士卒皆将相者何异哉!

《辍耕录》：昔真州一巨商，每岁贩鬻至杭。时有挟姑布子之术曰鬼眼者，设肆省前，言皆奇中，故门常如市。商方坐下坐，忽指之曰：“公大富人也。惜乎中秋前后，三日内数不可逃。”商惧，即戒程。时八月之初，舟次扬子江，见江滨一妇仰天大号。商问焉，答曰：“妾之夫做小经纪，止有本钱五十缗，每卖鹅鸭过江，货卖归，则计本于妾，然后持赢息易柴米。余资尽付酒家，率以为常。今妾偶遗失所留本钱，非唯饮食之计无所措，亦必被棰死，宁自沉。”商闻之叹曰：“我今厄于命，设令铸金可代，我无虞矣。彼乃自天其生，哀哉。”亟赠钱一百缗，妇感谢去。商至家，具以鬼眼之言告父母，且与亲戚故旧叙永诀，闭户待尽。父母、亲故婉转宽解，终弗自悟。逾期无他，故复之杭。舟阻风，偶泊向时赠钱处，登岸散步，适此妇襁负婴孩，遇诸道，迎拜且告曰：“自蒙恩府持拔，数日后乃产，母子二人没齿感再生之赐者，岂敢忘哉!”商至杭，便过鬼眼所，惊顾曰：“公中秋胡不死?”乃详观形色，而笑曰：“公阴德所致，必曾救一老阴少阳之命矣。”商异其术，揭钱若干以报之。

《霏雪录》：洪武中有胡僧善相，在某寺见三僧与寺主别，胡谓主者曰：“彼三僧何之?”主者曰：“礼普陀。”胡僧亟令召回，否则皆有水厄。主者令追之，不及，果俱溺死。胡僧后见四明袁庭礼，欲授其术，乃令袁视日。久之，杂以黑白豆令拣之。袁目不眩，遂以其术传之。袁亦多奇验，尝相戴九灵先生日后当有一难。壬戌冬，果死囹圄。

《椒宫旧事》：皇妃郭氏，山甫之女也。高皇微时过临淮，山甫见之惊异，急具馔与交欢。酒酣跪上，备陈天表之异，他日贵不可言，幸无相忘。上去，山甫语诸子："吾视若曹，皆非田舍郎，往往可封侯，今始知皆以此公，宜谨事之。"复以女入侍，从渡江，协孝慈以肇家。孝慈崩，尝摄六宫事，号皇妃。追封山甫营国公。

《明外史·姚广孝传》：广孝，长州人，本医家子。年十四，度为僧，名道衍。尝游嵩山寺，相者袁珙曰："是何异僧？目三角形，如病虎，性必嗜杀，刘秉忠流也。"道衍大喜。

《李时勉传》：时勉与陈敬宗同在翰林，袁忠彻常相之。曳二人并列曰："二公他日功名相埒，敬宗仪观魁梧，时勉貌稍寝。"后二人各为南北祭酒，终明之世，称贤祭酒者，曰"南陈北李"。

《泳化类编》：徐昂，泰州人，登弘治甲辰进士。初无嗣，因赴试，遇京有相士王姓者，言多中。士大夫皆神其术。昂往问嗣，王曰："君相不容嗣，为之奈何。"徐初亦不为愤，及登第，出守西安，因途纳一嬖，颇妍。徐诘其姓，嬖详告之曰："予某地人，父名某，做某官，丧于某年。向以岁饥，为贼暴掠，售于此。"徐悯其为故家女也，即焚券，不令为妾。及之任，择郡民行修者出簪服配之，秩满复入京。王见之，惊曰："君相异矣，子星满容，讵非培德所致乎？"后徐氏庶妾一岁而育五子，咸磊落越人。

第二十四章　相术杂录

《申鉴》：或问："人形有相?"曰："盖有之焉。夫神气形容之相包也，自然矣。贰之于行，参之于时，相成也，亦参相败也。其数众矣，其变多矣，亦有上、中、下品云尔。"

《北史·皇甫玉传》：齐代善相者，有馆客赵琼。其妇叔奇弓，弓已转在人处，尽知之。时人疑其别有假托，不然，则姑布子卿不如也。初，魏正始前，有沙门学相，游怀朔，举目见人，皆有富贵之表。以为必无此理。燔其书。而后皆如言，乃知相法不虚也。

《钱氏私志》：唐一行尝语人曰："吾得古人相法。相人之法，以洪范、五福、六极为主，观其所由，察其所安，可得大概。若其人忠孝仁义，所作所为，言行相应，颠沛造次，必归于善者吉人也。若不忠、不孝、不仁、不义，言行不相应，颠沛造次，必归于恶者凶人也。吉人必获五福之报，凶人必获六极之刑。不于其身，必于其子孙。若但于风骨气色中料其前程休咎，岂能悉中也。"

《齐东野语》：前辈名公巨人，往往有知人之明。如马尚书亮之于吕许公、陈恭公，曾谏议致尧之于晏元献。吕许公之于文潞公，夏英公之于庞颖公，皆自布衣小官时即许以元宰之贵，盖不可一二数。初非有袁李之术，特眼力高阅人多故耳。

《续明道杂志》：凡观人之术无他，但做事神气足者，不富贵即寿考。但人做十事，若一一中理无可议者，也自难得，况终身做事中理耶?其次莫若观其所受，此最切要。升不受斗，不覆即毁，物理之不可移者。

《孔氏杂说》：相之不可凭也。《南史》：庾敻家富于财，食必列鼎，且其貌丰美，颐颊开张，人皆谓必为方伯。及魏克江陵，复以饿死。时又有水军都督褚蕴，面甚尖危，从理入口，竟保衣食而终。唐柳浑十余岁，有巫告曰："儿相夭且贱，出家可免死。"浑不从，仕至宰相。魏朱建平善相，钟繇以为唐举、许负何以复加。

然相王肃，年逾七十，位至三公。肃六十二，终于中领军耳。史氏以为蹉跌，吾以为相不可凭也。《南史》：徐陵八岁属文，十三通庄老，光宅寺慧云法师每叹陵早夭。陵仕至太子少傅，年至七十七。《唐孔若思传》：孔季诩擢制科，授校书郎，陈子昂尝称其神清韵达，可比卫玠，而季诩终于左补阙使。徐陵夭而不寿，季诩遂至显官，则人遂以为风鉴之验矣。吾以此知风鉴之不可凭也。

《青箱杂记》：荀子曰："相形不如论心。"谚曰："有心无相，相遂心生；有相无心，相随心灭。"此言人以心相为上也。故心相有三十六相，夫人尝言意气求官，自须如此，一也；为事有刚有柔，二也；慕善近君子，三也；有美食常分惠人，四也；不近小人，五也；常行阴德，每事方便，六也；从小能治家，七也；不厌人乞觅，八也；利人克己，九也；不遂恶贪杀，十也；闻事不惊张，十一也；与人期不失信，十二也；不易行改操，十三也；夜卧不便睡着，十四也；马上不回头顾，十五也；夜不令人生憎怒，十六也；不文过饰非，十七也；为人做事周匝，十八也；得人恩力不忘，十九也；自小便有大量，二十也；不毁善害恶，二十一也；怜孤济寡急物，二十二也；不助强欺弱，二十三也；不忘故旧之分，二十四也；为事众人用之，二十五也；不多言妄语，二十六也；得人物每生惭愧，二十七也；声美音有序，二十八也；当人语次不先起，二十九也；常言人善事，三十也；不嫌恶衣恶食，三十一也；方圆曲直随时，三十二也；闻善行之不倦，三十三也；知人饥渴劳苦，常有以恤之，三十四也；不念旧恶，三十五也；故旧有难，竭力救之，三十六也。以上三十六善皆全者，当位极人臣，寿考令终。或有不全，则祸福相折，以次减杀。具二十者，刺史之位；具十以上，令佐之官；具五七者，亦须大富。

人之心相亦见于目。孟子曰："知人者莫良于眸子。胸中正则眸子瞭焉，胸中不正则眸子眊焉。"此其大概也。而其间善恶又更多端，凡眥睮呹嗫者，嫉妒人也；盱睢䁆䀏者，恶性人也；瞌矘晃者，憨人也；䀡䁠眠䁩者，淫乱人也；睢盱睒烁者，邪人也；弥词瞢䁬者，奸诈人也；应征拗眑者，倔犟人也；羊目䀎瞳者，毒害人也；睛色杂而光浮浅者，心不定无信人也；睛色光彩溢出者，聪明人也；睛色紫黑而光彩端谛者，好隐遁人也；睛色黄瞻、视端直者，慕道术人也；睛多光而不溢不散，彻而瞻视端直者，慕道术人也；睛急眨者，若不嫉妒，即虚妄人也。

又商臣、王敦蜂目，王莽露眼赤睛，梁冀洞睛睆眄，则恶逆之相亦见于目。余昔年尝任汀州掌狱录，见杀母黄曾，其目睛黄小而光跌，宛若蜂状，则蜂目之恶逆尤验也。

昔人谓："官至三品，不读相书，自识贵人。"以其阅人多故也。本朝巨公吕文清、夏文庄、杨大年、马尚书，皆有人伦之鉴，故其赏罚未尝妄谬，而任使之际亦多成功。李勣曰："无福之人不可与共事。"斯言信矣。

余尝谓风鉴一事，乃昔贤甄识人物、拔擢贤才之所急，非市井卜相之流用以贾鬻取资者。故《春秋》单襄公、成肃公之徒，每遇会同，则先观威仪，以省祸福。而前世郭林宗、裴行俭，又考器识，以言臧否。然余亦粗知大概，常与苗文忠公论之。文公曰："观子之论，多取丰厚，是则屠儿饩饩师皆贵矣。"余复思之，大凡相之所先，全在神器与心术，更或丰厚，其福十全。《国语》曰："今王远角犀丰盈，而比顽童穷固。"则丰盈固贤哲相也。

《扪虱新话》：予又尝爱吴处厚能论相，云心相有三十六善。予不敢谓全有，亦不敢谓全无。有之固非难事，无之实为累德。予故尝以二十失、十八蔽自攻其过，以后三十六善自饰其明。

僧文晓者以相法自言。予与之语，诘其所得。晓曰："吾法不从人授。吾少读《法华经》，至第六卷，见吾佛言：'若复有人，语予人言，有《法华经》，可共往听，是人功德，转身得与陀罗尼菩萨共生一处。利根智慧，百千万世，终不喑哑，口气不臭，舌常无病，口亦无病，齿不垢黑，不黄不疏，亦不缺落，不差不曲。唇不下垂，亦不褰缩，不粗涩，不疮疹，亦不缺坏，亦不㖞斜，不厚不大，亦不黧黑。无诸可恶。鼻不扁匾，亦不曲戾，面色不黑，亦不狭长，亦不窊曲。无有一切不可喜相。唇舌牙齿，悉皆严好。鼻修高直，面貌圆满，眉高而长，额广平正，人相具足。吾三复玩味，于是得相法焉。"予初骇其言，因戏语晓曰："佛法无妄者，听《法华经》，人得如是相，好无疑矣。然持此法，以往必须见有如此人，乃合此法耳。且如吾书中言：帝尧长、帝舜短，文王长、周公短，仲尼长、子弓短。卫灵臣公孙吕身七尺，面三尺，广三尺鼻目耳，具而名动天下。楚叔敖突秃长左，轩较之下，而以楚伯叶公子高短瘠微小，行若不胜其衣，然白公之乱，定楚国如反掌。

徐偃王之状，日可瞻焉。仲尼之状，面如蒙魌。周公之状，身如断后。皋陶之状，色如削瓜。闳夭之状，面无见肤。傅说之状，身如植鳍。伊尹之状，面无须眉。尧舜参眸子，桀纣长巨姣美，筋力越劲，然身死国亡，为天下之僇。如此等人，与《法华经》所说已是不合尔，当以何法相?”晓无语，固知其无术。然能言因《法华经》而得相法，亦可喜。世必有悟此者，但晓非其人耳。因记于此，几一见耳。

《穷愁志》：夫相之相，在乎清明。将之相，在乎雄杰。清明者，珠玉是也，为天下所宝。雄杰者，虎兕是也，为百兽所伏。然清者必得大权不能享丰富，雄者必当昌侈不能为大柄。兼而有之者，在乎粹美而已。余顷岁莅淮海，属县有盱眙，而山多珉玉。剖而为器，清明洞澈，虽水精明冰不如也，而价不及凡玉，终不得为至宝，以其不粹也。清而粹者天也，故高不可测。清而澈者泉也，故深不可察。此其大略也。余尝精而求之，多士以才为命，妇人以色为命，天赋是美者，必将有以贵之。才高者虽孟尝眇小，蔡泽折頞，亦居万人之上。色美者，虽钩弋之拳，李夫人之贱，亦为万乘之偶。然不如面粹者，必身名俱荣，福禄终泰，张良是也。择士能用此术，可以拔十得九，无所疑也。

《爱日斋藂抄》：相人之法古矣，而物无不可。《相史》云：黄鲁直、陈君天相马，留长孺相彘，荥阳褚氏相牛。《吕览》又记：古有善相马者，寒风相口齿，麻衣相颊，子女厉相目，卫忌相髡，许鄙相尻，投代褐相胸胁，管青相膹肳，陈悲相股脚，秦牙相前，君赞相后。与兽群详焉，人可知矣。《昭德读书志》：伯乐《相马经》，浮丘伯《相鹤经》，宁戚《相牛经》。《郑氏通志》又加以周穆王《相马经》，诸葛颖、徐成《相马经》，高堂隆《相牛经》，淮南八公《相鹄经》《相鸭经》《相鸡经》《相鹅经》，抑皆古事也，不惟是也，凡物皆然。故自西都《艺文》之目已著《相人》《相宝剑刀》《相六畜》。班孟坚谓：相人及六畜骨法之度数，器物之形容，以求其声气、贵贱、吉凶，要其术如是而已。世代相传，当有存者。陈氏书曰：《相贝经》，未详何书。《纬略》云：师旷有《禽经》，浮丘伯有《鹤经》。虽六畜，亦有《牛经》《马经》《狗经》，下至虫、鱼，有《龟经》《鱼经》，唯米仲所传《贝经》奇怪，岂即《相贝经》欤？或述其名类而谓相也。《纬略》又举东方朔《相笏经》，袁天纲、郭先《相笏经》，陈混常《相笏经》，古《相手板经》，亦验人祸福也。齐綦母称之在州时，有一手板相者云："富贵。"又《吴氏漫录》引陆长源《辨志》载：唐天宝中，有李旺称善相笏，验之以事，卒皆无验。以为不可概论，遂记。开宝末，聂长史相水立蛮三笏：一王侯笏，生人不敢秉；一宰相笏；一卿监笏；亦为节度而作。其后一归钱武肃祠堂，一归沈相，一归钱昭晏，以卫尉卿守滑州。真庙朝老道士为沈良择笏，云："此借绯笏，兼是吉州通判。"沈时除吉州通判借绯，又云："侯罢任，别为拣朝官笏。"期明年六月，沈果以是时卒。由前一事则贵贱在笏，由后一事则吉凶在人。《漫录》云：馆中有陈混常《相笏经》，其说唯本管辂、李淳风之言。又常氏《相板印法》，魏程伯《相印法》，盖相笏之类。而有《相字法》者，术亦传也。

《漫笑录》：李宾王利用鄱易，躬行君子人也。尝云："郭林宗作《玉管通神》，有四句云：贵贱视其眉目，安否察其皮毛，苦乐观其手足，贫富观其颐颊。"

《王氏谈录》：欧大云：凡相人，最好于得失荣辱之际观其动否，便可知其气之大小也，然后见其人之前程也。

《鸡肋编》：小人之相，亦多有相验者。有一绝句云："欲识为人贱，先须看四般；饭迟屙屎疾，睡重著衣难。"盖无不应。

《希通录》：《荀子》："仲尼之状如蒙魌。"韩退之注："四目为方。相两目为倛。"

《古今考》：《汉高帝纪》："吕公者好相人。""相人"二字，始见于《左传·文公元年》"内史叔服能相人"。至荀卿始为书非之，然未得其要。大抵吕公能相高帝之当贵，而不能相吕后之覆宗。此《大学》云："莫知其子之恶。"其是之谓欤！

《方洲杂录》：袁尚宝忠彻，世善相人。人干之则叱骂，甚有往还终身不得一言者。士大夫至其家，为之留连，饮酌久之，俟其喜而自言，十中八九。人谓其高贵不肯轻用其术，予谓此正专乎术者也。凡人贵贱、寿夭、祸福，根于心而动乎体，固有隐而难见者，必从容玩狎得其真而后言，否则宁不言也。使不善自固其术，易干而好谈，一日所接，岂止数十，内鉴不精，目力随乱，岂真一一奇中哉！忠彻非能尽相人，能用相人之术耳。

《偃曝谈》：余历查古人异相，见于书史者，如吕望之眉，唐叔生而有手纹，曰“虞”，遂以为名。吴夫差肉食而有墨色。仲子鲁惠公夫人生有手纹，曰“为鲁夫人”。干将子眉广三寸。公孙吕面长三尺，广三尺。张良手纹如琴。陈平手纹有兵符，其妻萧氏手有帝金花印。诸葛亮手长八尺，形细面粗，犹如松柏，皮肤枯槁，文理润泽。石崇声似鼓。顾思远头有肉角长寸许，寿一百二十岁，七子迨死，少子六十矣。杜皇后长犹无齿，晋成纳采之日，一夕尽生。刘曜须髯百根，长五尺，身长九尺三寸。苻秦背有文隐起，曰“草付”。幕容鮵版齿。吕光左肘有肉印。刘元须三尺，当心有赤毫三根，长三尺。萧道成鳞纹遍体。梁武舌成八字，两髈骈，骨项上隆起，有文在右手，曰“武”。梁简文眉翠色，梁武妃丁贵嫔左臂有赤痣，上有五彩，而体多疣，纳之，其疣并失。沈约左目重瞳，腰有紫痣。王敬则两腋下生乳，各长数寸。侯景左足上有赤瘤，状如龟，战应克捷，瘤则隐起分明；如不胜，瘤低。及王僧辨至石头，瘤隐陷肉中。又左足偏短，不便弓马。章昭达少遇相者，曰：“卿貌甚善，须小亏则贵。”后醉堕马，鬓角小伤。侯景之乱，中流矢眇一目，相者曰：“卿相善矣。”仕陈，位至司空。释昙如足白于面，虽跣涉泥水，未尝污浊。陈武章皇后手爪长五寸，色并红白，每遇期功之服，则先折一爪。张丽华发长七尺。后魏拓拔浚立发委地，每卧则须垂至脐。高澄贾子儒相之曰：“人有七尺之躯，不如一尺之面；一尺之面，不如一寸之目。”崔浩纤研洁白，如美妇人。杨大眼眼如车轮。卢曹身长九尺，臂毛逆如猪鬣，力能拔树，尝卧疾，犹申足举二人。黄巢足有“黄巢”二字。唐高祖体生三乳。马周妻卖饼媪也，袁天纲见之，言：“法当贵。”周纳之，封夫人。高力士胸有七黑子。安禄山双足黑痣有毫。李光弼之母有须数十，长五寸许。封国夫人杨都女生而连眉，果得仙。王钦若项有附疣。朱仲晦面有七星。秦桧眼有夜光。吕文德足长尺余有咫。赵子昂尖头小书生。